GUIDE

JUDICIAIRE ET PRATIQUE

EN MATIÈRE

DE FAILLITES

Tout exemplaire non revêtu de la signature de l'auteur sera réputé contrefait.

PARIS. — IMPRIMERIE DE E. MARTINET, RUE MIGNON, 2.

GUIDE

JUDICIAIRE ET PRATIQUE

EN MATIÈRE

DE FAILLITES

PAR

CH. DUCOIN

GREFFIER DU TRIBUNAL DE COMMERCE DE MARSEILLE

INSTRUCTIONS GÉNÉRALES

POUR LES JUGES-COMMISSAIRES ET LES SYNDICS.

LOI DE 1838 SUR LES FAILLITES

Code de Commerce, Livre III : art. 437 à 614

ACTES ET FORMULES

MODÈLES

JURISPRUDENCE

JUGEMENTS ET ARRÊTS DEPUIS 1808. — DÉCISIONS. — CIRCULAIRES
ET INSTRUCTIONS MINISTÉRIELLES

COMPTABILITÉ DES GREFFES ET DES TRIBUNAUX

PARIS

COTILLON, ÉDITEUR, LIBRAIRE DU CONSEIL D'ÉTAT

RUE SOUFFLOT, 24

1875

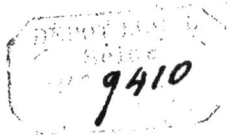

AVIS AU LECTEUR

Après l'impression définitive du livre, nous avons constaté diverses irrégularités ou omissions; nous avons dû les relever et réunir avec ordre et méthode, dans un errata (voir page VII), les rectifications qu'elles comportent. Nous croyons devoir prier le lecteur, dans l'intérêt même de l'usage qu'il fera de ce *Guide*, de vouloir bien se reporter, dès le début, aux divers passages qui doivent être régularisés ou complétés, afin d'y annoter immédiatement, à titre d'avertissement, le numéro de la rectification correspondante.

Nous avons aussi été amené à recueillir de nouveaux arrêts des Cours d'appel et de cassation, qui nous ont paru d'un intérêt réel et de nature à compléter utilement notre première collection (page 60); nous n'avons pas hésité à les produire en les classant dans le même ordre que les précédents. Ils font l'objet d'un appendice, placé à la fin de l'ouvrage, que le lecteur ne manquera pas de consulter toutes les fois qu'il aura à connaître les décisions intervenues. (Voir page 351.)

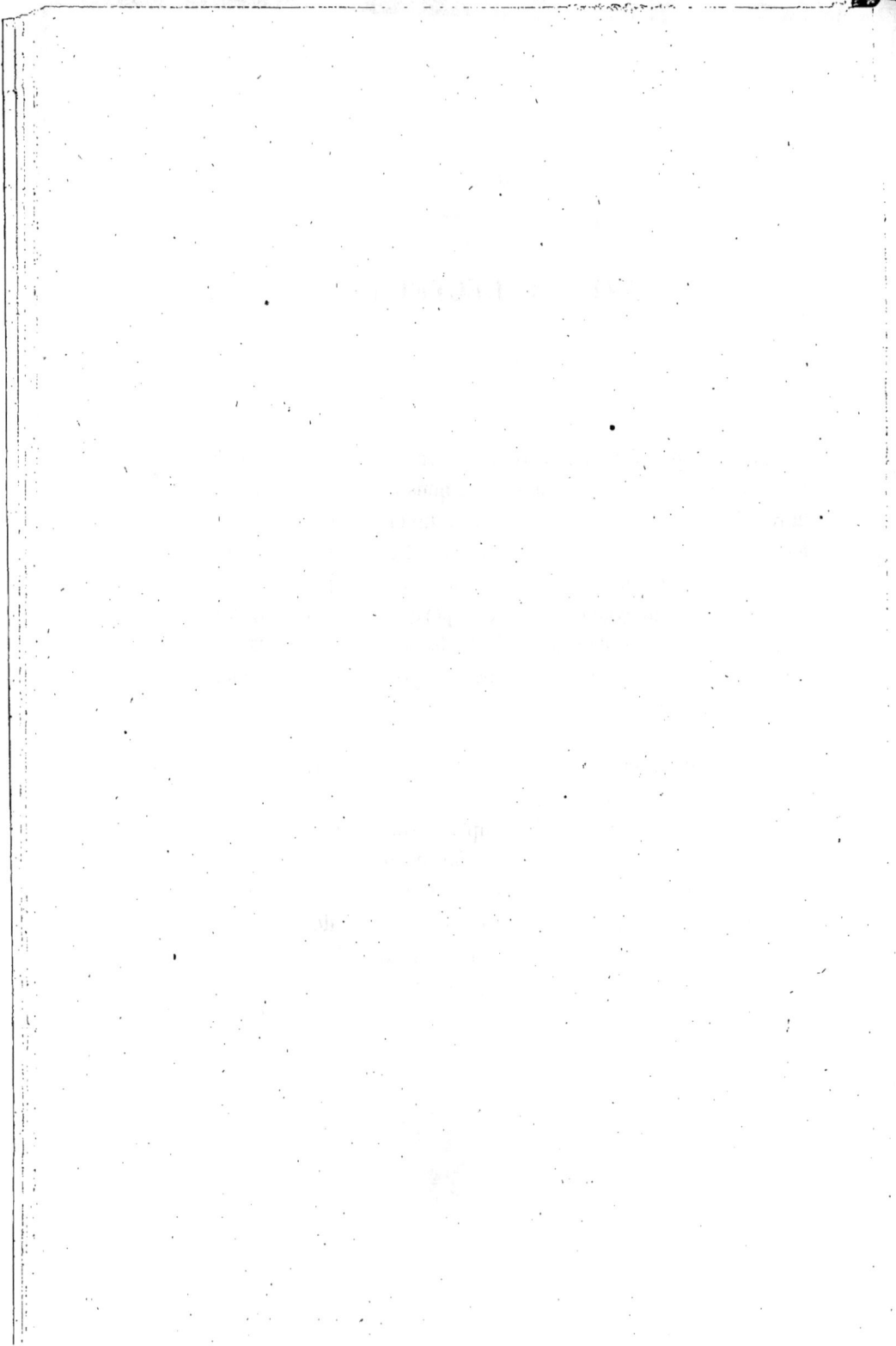

ERRATA

(Les modèles des actes et formules provenant de ces errata se trouvent dans le supplément, page 382.)

Pages	Lignes	ERRATA	TEXTE RECTIFIÉ
9	34	*Au lieu de* et cela afin de ne pas discréditer en même temps que le *liquidateur* le débiteur qui liquide,	*Lisez* et cela afin de ne pas discréditer *le débiteur* qui liquide en même temps que le liquidateur,
10	5,6,7	*Au lieu de*	*Lisez*
		9° Concordat. Rapport du liquidateur, constatation des deux majorités.	9° Concordat. Propositions du débiteur. Rapport du liquidateur. Avis des créanciers.
		10° Homologation.	10° Homologation. Refus ou acceptation par le Tribunal.
			(Le but essentiel de cette rectification est de faire ressortir que le débiteur, dans le cas de la liquidation judiciaire, ne doit pas être laissé à la merci de ses créanciers, qu'il doit être à l'abri de toute pression ; que le Tribunal seul, appréciant la moralité de ses actes, doit approuver ou désapprouver la valeur de ses propositions.)
14	21	*Ajouter*	
		15. JOURNAL du Palais.	
		16. ROGRON. Code de commerce, édition 1868.	
		17. SIREY. — —	
		18. TEULET et CAMBERLIN. Manuel des Tribunaux de commerce.	
		19. ALLAIN. Des Juges de paix.	
		20. COUTURIER. Des justices de paix.	
23	10	*Au lieu de* discussion possible des actes.	*Lisez* discussion possible de ses actes.
27	5	*Au lieu de* toutes les faillites	*Lisez* toutes ses faillites

VIII ERRATA.

Pages	Lignes	ERRATA	TEXTE RECTIFIÉ
38	7	*Après les mots* sur la demande du juge-commissaire,	*Ajoutez* ou à défaut sur celle du failli,
38	10	*Après* 472.	*Ajoutez* 473.
38	27	*Après* bordereau.	*Ajoutez au-dessous* Acte de clôture des livres par le juge de paix (n° 15 *bis*).
39	2	*Après* Jugement.	*Ajoutez au-dessous* Acte de caution (n° 15 *ter*).
41	9	*Au lieu de* Le syndic remet en même temps au juge-commissaire	*Lisez* Le syndic remet en même temps au greffe une notice sur le failli destinée à dresser le bulletin individuel pour le casier judiciaire ; le bulletin est transmis à cet effet par le greffier au parquet. (Instructions des 6 novembre et 30 décembre 1850).
41	20	*Après* Ordonnance.	*Ajoutez* Procès-verbal de non-comparution du failli (n° 155 *bis*).
45	29	*Au lieu de* à autant de voix qu'il réunit de créances affirmées.	*Lisez* n'a qu'une voix au concordat.
45	35	*Sous la lettre* b.	*Ajoutez* Ordonnance de convocation fixant jour pour statuer sur poursuites en banqueroute (n° 135 *bis*). Lettres de convocation (n° 111 *bis*).
47	12	*Au lieu de* n° 137.	*Lisez* n° 135 *ter*.
49	13	*Sous la lettre* f, *après* Requête.	*Ajoutez* Ordonnance de convocation (continuation exploitation (n° 136 *bis*). Lettres de convocation (n° 111 *ter*).
49	17	*Sous la lettre* g, *avant* Insertion.	*Ajoutez* Ordonnance de convocation pour reddition annuelle de comptes (n° 138 *bis*) Lettres de convocation (n° 111 *quater*). Procès-verbal de reddition annuelle des comptes (n° 168 *bis*).
50	4	*Sous la lettre* a, *après* Insertion.	*Ajoutez* Lettre d'avis au parquet (n° 111 *quinquies*).
50	5	*Sous la lettre* b, *avant* Jugement.	*Ajoutez* Requête en réouverture de faillite (n° 205 *bis*).
50	8	*Sous la lettre* b, *après* Insertion.	*Ajoutez* Lettre d'avis au parquet (n° 111 *sexies*).
60	24	*Au lieu de* opposition.	*Lisez* opposition.
168	9	*Au lieu de* Bordereaux vérifiés, mais non affirmés.	*Lisez* Confection ou rectification du bilan par débiteurs et créanciers...... 1 50

Pages	Lignes	ERRATA	TEXTE RECTIFIÉ		
168	10	*Au lieu de* Bordereaux affirmés.	Bordereaux vérifiés et affirmés..	2	50
			— vérifiés mais non affirmés..................	1	50
170		Modèle n° 12.	*Reporter* la colonne 12 (Nature des créances) après la colonne 9. La colonne 12 prend ainsi le n° 10.		
178	36	*Au lieu de* Y a-t-il lieu	*Lisez* Y a-t-il eu lieu		
179	29	*Au lieu de* Y a-t-il opposi-tion	*Lisez* Y a-t-il eu opposition		
189	31	*Au lieu de* tant de	*Lisez* tant des		
191	2	Modèle n° 39 et 40, *au lieu de* l'art. 491.	*Lisez* Articles 491 et 492.		
204		Aux Insertions, après le titre INSERTIONS, *lisez*			

NOTA. — D'une manière générale, bien préciser : 1° les noms, prénoms, genres de commerce, adresses par rues et numéros des faillis ; 2° les adresses des syndics ; 3° les jours et heures des réunions. La rédaction proposée répond au cas où les insertions paraissent ensemble à des jours déterminés ; elles sont classées par nature : 1° Insertions d'avis, 2° Insertions de convocations.

Chaque série d'insertions doit être précédée de l'objet de l'avis ou de celui de la convocation.

En tête des Insertions doit être l'avis suivant :

« Messieurs les créanciers sont invités à faire connaître leur adresse » au greffe où, d'ailleurs, ils peuvent prendre tous les renseignements » qui les intéressent en matière de faillite, tous les jours de (telle heure » à telle heure). »

Aux termes de l'art. 42 du Code de commerce, les Tribunaux de commerce désignaient, au chef-lieu de leur ressort, un ou plusieurs journaux où devaient être insérées les publications légales.

Aux termes du décret du 17 février 1852, le soin de cette désignation a été remis aux préfets qui réglaient en même temps le tarif des impressions des annonces.

Enfin, aux termes du décret du 28 décembre 1870, les annonces judiciaires sont insérées au choix des parties dans l'un des journaux publiés dans le département. Seulement les annonces judiciaires relatives à une même procédure doivent être insérées dans le même journal.

Telle est la législation actuellement en vigueur.

Il est justifié de l'insertion par un exemplaire du journal, certifié par l'imprimeur, légalisé par le maire et enregistré dans les trois mois de sa date. (Loi du 31 mars 1833).

En matière de faillite, les insertions de jugements déclaratifs ou de jugements de report d'ouverture sont les seuls soumis à la formalité de l'enregistrement, les autres insertions n'ayant qu'un simple but de convocation et par suite de publicité.

Aussi, pour répondre à cet ordre d'idées, c'est au greffier qu'il appartient d'apprécier l'opportunité d'insérer les avis de convocation dans plusieurs journaux.

Pages	Lignes	ERRATA	TEXTE RECTIFIÉ
206		Insertion n° 61.	*Lisez au titre* Homologation ou refus d'homologation de concordat.
			Dans le corps de l'Insertion, *lisez* homologué ou non homologué
207	4	*Au lieu de* annulé	*Lisez* Résolu
208		Insertion n° 72.	*Ajoutez*, après l'insertion :
			Les créanciers qui auraient des oppositions à faire à ladite demande en rétractation sont invités à les faire connaître, soit au greffe, soit au syndic, M. , rue , n° .
210		*Après* le titre JUGEMENTS	*Ajoutez :*
			NOTA. — D'une manière générale, ne pas omettre : 1° les noms, prénoms des faillis, genres de commerce et adresses par rues et numéros ; 2° les adresses des syndics.
			D'une manière générale aussi, dans tous les jugements non susceptibles d'opposition ou d'appel, prévus par l'article 583 du C. de commerce, *ajoutez :* ordonne que le présent jugement sera exécuté selon sa forme et teneur (voir les formules des Jugements n°s 79, 80, 81, 83, 85. En conséquence, supprimer cette prescription aux formules n°s 82, 88, 93).
217	10	*Rectifier* ainsi ce Jugement :	*(Ou bien :)* Attendu que les prescriptions légales n'ont pas été remplies, notamment
			(Indiquer les infractions.)
			1er cas. Considérant qu'une telle situation est de nature à entraîner le blâme du Tribunal et à rendre le failli indigne du concordat que ses créanciers ont pu lui consentir.
			2e cas. Considérant qu'il y a lieu de régulariser la procédure en se conformant strictement aux prescriptions légales.
			Ouï le rapport de M. le juge-commissaire.
			Vu l'art. 515 du Code de commerce.
			Par ces motifs, etc.
219	2	*Après* (énoncer les manquements).	*Ajoutez :* Vu l'art. 520 du Code de commerce.
231	11	*Au lieu de* aux art. 536 et 537	*Lisez* à l'art. 537

250   *Au* n° 6 : Cas où les scellés sont apposés à la requête des syndics :

OBSERVATION. Il serait à désirer que les juges de paix, lorsqu'ils apposent les scellés, laissassent en dehors les livres du failli que le syndic a intérêt à connaître et qu'il ne peut pas consulter et vérifier au détriment des intérêts de la masse ou de la moralité des actes du failli, lorsque les ressources de la faillite ne lui permettent pas de provoquer la levée des scellés, formalité qui n'est pas comprise dans celles qui sont susceptibles de remboursement des frais par le Trésor.

Les livres devraient être portés au prétoire de la Justice de paix et, après avoir été arrêtés par les Juges de paix, remis au syndic.

Dans certaines villes, les chefs du Parquet ont donné aux Juges de paix des instructions dans ce sens, notamment à Marseille.

GUIDE JUDICIAIRE ET PRATIQUE

EN MATIÈRE

DE FAILLITES

OBSERVATIONS PRÉLIMINAIRES. — ATTRIBUTIONS

Ce livre nous a été inspiré par le désir de venir en aide à tous ceux que les devoirs de leurs charges ou fonctions appellent à participer à l'administration des faillites.

Depuis longtemps, nous avons pu nous convaincre combien étaient dignes de sollicitude les intérêts engagés dans les faillites, combien était grande la responsabilité de chacun; nous avons pensé faire une œuvre utile en soumettant au public un travail pratique, fruit de dix années d'expérience, et de nature, s'il est bien compris, à apporter par la régularité et l'uniformité qui en seront la conséquence, les améliorations dont cette partie du service judiciaire a, en général, un si grand besoin.

Juge-Commissaire. — Le juge-commissaire, chargé de surveiller les opérations de la faillite et la gestion du syndic, a une mission multiple à l'égard des créanciers.

Soit individuellement, soit dans leurs réunions sous sa présidence, il doit les éclairer sur l'étendue de leurs droits et devoirs, sur l'objet de ces assemblées, les prévenir contre les déchéances et contre les peines auxquelles l'inexpérience pourrait les exposer.

Syndic. — Le syndic représente la masse des créanciers et le débiteur; il gère et liquide l'actif, sous la surveillance du juge, au mieux des intérêts de tous. Il est l'administrateur judiciaire de la faillite en même temps que l'auxiliaire de la justice répressive. Ses fonctions sont des plus délicates et des plus difficiles; elles réclament la plus extrême honnêteté en même temps qu'une aptitude spéciale, qualités indispensables pour lui assurer l'estime et la considération.

Greffier. — Le greffier, assistant le juge-commissaire, rédige pour ce dernier, et sous sa responsabilité, les procès-verbaux, libelle les ordonnances et tous actes qui, au greffe, se rattachent à la faillite dont il centralise, dans les dossiers, toutes les opérations. Il est de son devoir d'être prévoyant pour les uns et pour les autres. Il est de sa mission de se trouver constamment en mesure de pouvoir, en tout état de cause, renseigner les juges et le tribunal sur les actes judiciaires de la faillite aussi bien que sur les opérations financières. Membre du tribunal, il participe dans une certaine limite et dans l'intérêt commun à la responsabilité morale du juge.

Mandataire. — Le mandataire doit diriger les intérêts de son mandant avec connaissance de la loi, afin de le prémunir contre des démarches imprudentes ou compromettantes.

Juges de paix et greffiers de justices de paix. — Les juges de paix et greffiers de justices de paix trouveront dans ce livre des indications utiles relativement à leur intervention, prévue par les articles 455, 457, 458, 468, 469, 471, 479, 480, 484, 522 du Code de commerce, ainsi que les actes et formules qui en sont la conséquence.

Le juge de paix ne doit pas perdre de vue qu'il a dans les faillites un rôle important à remplir; que de sa connaissance de la loi sur les faillites, de sa sagacité et de son empressement, dépendent la conservation de l'actif et la sécurité des intérêts moraux et matériels.

Le greffier est auprès du juge de paix ce que le greffier du tribunal de commerce est auprès du juge-commissaire; son concours est d'autant plus utile, que, pénétré de ses obligations, il connaît d'avance dans quelles mesures et dans quels termes il doit intervenir.

Officiers ministériels. — Les officiers ministériels (commissaires-priseurs, courtiers, huissiers) trouveront dans ce livre, avec la connaissance de leurs devoirs et de leurs droits, les éléments nécessaires à l'accomplissement de leur ministère.

Président. — Le Président, qui embrasse l'ensemble des services et dont les moments sont comptés, doit avoir à sa disposition des moyens pratiques et rapides pour exercer sûrement sa surveillance.

Parquet. — Les officiers du ministère public, dont l'intervention dans les faillites est prévue par les articles 482 et 483 du Code de commerce, exerceront une surveillance d'autant plus utile que la marche des faillites sera uniforme et dégagée d'usages trop souvent invoqués comme justification d'actes ou de gestions insolites.

Enfin, ce traité pratique ne sera pas indifférent au commerce tout entier, parce que chacun y apprendra, en même temps que ses droits dans les faillites, la marche à suivre pour les défendre sûrement et légalement.

Le but de cet ouvrage est donc de répondre aussi complétement que possible à ces diverses exigences. L'atteindre est toute notre ambition.

L'exposé de la division de notre travail en fera ressortir, nous l'espérons, l'utilité.

DIVISION DE L'OUVRAGE

L'ouvrage se compose de quatre parties.

Première partie. — La première partie comprend :

1° Des instructions dans lesquelles sont tracés, d'une manière générale, les devoirs et les obligations des juges-commissaires et des syndics en matière de faillites.

2° La loi du 28 mai 1838 sur les faillites (*Code de commerce*, liv. III de l'art. 437 à 614).

Les divers chapitres de cette loi sont classés au point de vue pratique et usuel, et, dans ce but, sont précédés d'un sommaire qui fait rapidement connaître leur objet.

A la suite de chaque chapitre sont indiqués les divers actes et formalités à effectuer conformément aux prescriptions légales, avec les numéros des modèles qui répondent à ces actes et qui se trouvent dans la deuxième partie.

3° Une collection de décisions émanant des tribunaux de commerce, des cours d'appel et de la cour de cassation.

Ces divers jugements et arrêts établissent d'une manière générale la jurisprudence en matière de faillites.

Ils sont classés dans le même ordre que celui qui a été suivi pour la division pratique de la loi de 1838, et désignés sous les mêmes titres, afin d'en faciliter le rapprochement.

4° Enfin les circulaires, décisions et documents relatifs aux faillites publiés depuis la promulgation de la loi du 28 mai et notamment la circulaire ministérielle du 8 juin 1838.

Cette instruction complète ce que la loi paraît avoir d'insuffisant au point de vue de son interprétation.

Deuxième partie. — La deuxième partie comprend les modèles des actes et formules qui se subdivisent en sept catégories :

1° Modèles d'actes divers,

2°   —   d'insertions,

3°   —   de jugements,

4°   —   de lettres,

5° Modèles de procès-verbaux,
6° — d'ordonnances,
7° — de requêtes.

Ces modèles, classés par catégories afin d'être plus tôt retrouvés, sont disposés dans l'ordre des articles du code qui les prescrivent.

Tout en venant en aide à ceux qui ont à en faire usage, ils contribueront à rendre uniforme la marche et la procédure des faillites.

Troisième partie. — La troisième partie est réservée aux répartitions de dividendes.

La répartition des dividendes est une des opérations délicates des faillites, tant au point de vue du contrôle que de la distribution elle-même; Nous avons cru devoir lui consacrer une place spéciale.

Nous rappelons la loi de 1816 (loi des finances) en vertu de laquelle la Caisse des dépôts est désignée officiellement comme devant recevoir les fonds provenant des faillites, et la marche tracée par cette même loi pour opérer la répartition aux créanciers au moyen de cette caisse et par voie de mandats.

Quatrième partie. — La quatrième partie est spéciale à la comptabilité des faillites; elle comprend :
1° La comptabilité particulière du greffe.
2° La comptabilité générale du tribunal.

La comptabilité particulière du greffe, qui doit toujours être évidente, a pour objet de reproduire exactement les opérations faites au greffe, de constater les recettes et les dépenses et de donner à chaque instant la situation rigoureuse et vraie de la faillite. Le compte de la faillite, où tous les actes sont inscrits dans l'ordre de date de leur production, peut être considéré comme un bordereau des pièces formant le dossier.

Pour le greffier, ce bordereau est essentiel; s'il a intérêt à connaître la situation financière des faillites, il ne lui importe pas moins, eu égard à la responsabilité qui lui incombe, d'être sûr du bon état et de l'intégralité des dossiers.

La comptabilité générale des faillites a une portée d'ordre public; elle vient utilement en aide au tribunal qui doit à tous une direction éclairée et vigilante. Elle s'étend au greffe et au syndicat des faillites dont la situation doit toujours être claire et précise. Elle comprend la partie financière et la partie judiciaire.

Cette comptabilité, régulièrement tenue, permet au tribunal de pouvoir constamment contrôler d'une manière efficace et rassurante toutes les opérations de la faillite.

La surveillance d'ensemble exercée par le Président, et qui est la conséquence de ce système, est complétée par des relevés statistiques qui, tout en facilitant des appréciations utiles sur la marche et la nature des faillites, permettent de répondre aux exigences de la statistique générale annuelle du ministère de la justice.

Le livre se termine par deux tables, l'une générale, l'autre alphabétique, qui en font connaître les matières.

Cet ouvrage sera, nous aimons à l'espérer, utile à tous; mais le bien en vue duquel il a été fait ne sera complet que lorsque la loi de 1838 sur les faillites sera modifiée en ce sens qu'elle distinguera le débiteur malheureux du débiteur malhonnête.

Nous ne croyons pouvoir mieux faire pour justifier notre conviction que de reproduire le travail que nous avons déjà été appelé à publier en 1871 à l'occasion des concordats amiables.

RÉPONSE

AU

QUESTIONNAIRE SUR LES CONCORDATS AMIABLES

PROJET DE LOI

Présenté par M. DUCUING aux Chambres et Tribunaux de Commerce de France ainsi qu'aux Chambres syndicales, par la Commission parlementaire saisie de la question.

La loi de 1838, dont on ne saurait contester l'esprit sage et éclairé, a été rendue à une époque où les faillites, se produisant à de rares intervalles, étaient considérées comme de véritables événements; dans l'opinion publique, qui disait faillite, disait banqueroute.

La loi était des plus prévoyantes, et, par suite, des plus rassurantes à l'encontre du commerçant malhonnête, tant au point de vue des créanciers que de la vindicte publique.

Depuis que les relations ont été rendues plus faciles et plus rapides, les transactions se sont multipliées; une grande part a été faite à la spéculation, aux entreprises plus ou moins téméraires, à l'ambition démesurée; les risques, les dangers, la fraude, ont suivi le courant, et les conditions du commerce ont été tellement modifiées, que la loi de 1838, nécessaire en principe, n'a plus été suffisante, atteignant indistinctement, de la même manière, le commerçant de bonne foi, victime des événements ou de son trop de confiance, et le commerçant malhonnête, presque assuré d'avance de sa réussite au détriment de la fortune des autres.

Depuis longtemps les gouvernements et les économistes, plus théoriciens que pratiques, se sont préoccupés de mettre cette loi en rapport avec les exigences nouvelles, et de mieux l'adapter à cet esprit de liberté en toutes choses créé par le progrès moderne, oubliant que la liberté n'est possible qu'à la condition d'être protégée.

Les dispositions étaient telles, lorsque, le 7 septembre 1870, le gouvernement, justement soucieux des conséquences que pourraient avoir pour le commerce les événements qui venaient ou étaient à la veille de se produire, a rendu le décret qui a fait revivre celui déjà rendu en 1848, dans des circonstances à peu près pareilles, et portant que les cessations de payements survenues depuis le 10 juillet, pendant la guerre, seraient traitées en liquidations judiciaires, lorsqu'il y aurait dépôt de bilan.

Depuis, le décret a été prorogé jusqu'à la fin de décembre 1871 ; une commission a été chargée d'étudier pendant ce temps la question générale des faillites ; plusieurs projets ont été présentés ; celui de M. Ducuing reposant sur les concordats amiables fait en ce moment l'objet de l'enquête et du questionnaire auxquels le tribunal a à répondre.

La réponse est toute tracée dans le discours d'installation du tribunal de Marseille. [Renouvellement de 1869] (1).

M. le Président, profondément pénétré de la question des faillites, y expose clairement de quelles manières elles se produisent, dans les grands centres, surtout depuis que les relations et les conditions commerciales ont changé ; il en fait ressortir les dangers ; il les signale à l'attention scrupuleuse des personnes appelées à veiller aux intérêts généraux du commerce ; il en fait une question d'ordre économique et social qui intéresse au plus haut point la réputation commerciale et le crédit public ; il en fait une question d'équité et d'humanité pour le commerçant de bonne foi, victime des événements ou de son trop de confiance, et, tout en réclamant l'intervention rigoureuse de la loi, il conclut à ce que la loi de 1838 sur les faillites soit maintenue sans correctif pour le débiteur malhonnête, mais à ce qu'elle soit modifiée pour le débiteur malheureux et honnête ; il demande, en faveur de ce dernier, la liquidation pure et simple, mais judiciaire.

Cette pensée que M. le Président exprimait en 1869 a reçu en partie sa consécration par le décret du 7 septembre 1870.

La question aujourd'hui est de rendre définitive cette solution dictée alors par les événements, et de la compléter par les modifications inspirées par une étude approfondie et pratique du sujet.

Pour bien établir les modifications dont ce décret, applicable en principe, doit être l'objet, il importe de rechercher avant tout, ce qui se produit tous les jours :

Presque toujours celui qui dépose son bilan ne s'y résout qu'à la dernière extrémité. Effrayé par le mot de faillite et, à juste raison, dans une certaine mesure, par ses conséquences, cédant à des suggestions en apparence bienveillantes et généreuses, mais toujours intéressées, tous ses agissements tendent à se soustraire à la faillite ; dans ce but, il s'épuise en arrangements, la plupart du temps impossibles à tenir, trop heureux

(1) Voir l'extrait de ce discours, page 11.

quand ces arrangements ne sont pas compromettants pour lui ; et, malgré tous ces efforts, il est fatalement conduit à venir tôt ou tard s'abriter sous la loi, lorsque des créanciers non satisfaits, souvent ceux-là même qui, au début, l'ont détourné de déposer son bilan avec l'espoir de conserver sur lui un ascendant productif, le poursuivent en déclaration de faillite.

Que se produit-il alors ? Plus ou presque plus d'actif, reports d'ouverture, recombrements, procès pour faire tomber des actes plus ou moins licites accomplis depuis la cessation de payements, trouble général parmi les créanciers, révélations d'écritures plus ou moins régulières, plus ou moins faites après coup et pour les besoins de la cause, intervention du parquet, poursuites, condamnations fréquentes en banqueroute simple ; dans ces conditions, rarement concordat ; les créanciers récalcitrants se refusent à tout arrangement, se trouvant en présence d'une situation épuisée. La faillite est soumise au régime de l'union ; les opérations traînent en longueur, les dividendes sont insignifiants, et bien souvent avant le concordat les opérations ont dû être arrêtées faute d'actif.

Les frais antérieurs, déjà considérables et sans profit, s'aggravent de nouveaux frais plus modérés, mais inévitables dans une liquidation normale et régulière.

Le débiteur, dans ces tristes et déplorables conditions, n'a guère plus d'espoir de se relever ; il est discrédité complétement et souvent déconsidéré.

Au lieu d'un bien, apparent du moins, que les créanciers ont cru faire en facilitant l'arrangement amiable et le tribunal en restant indifférent, contrairement au vœu de la loi, à une situation presque toujours connue, ils créent, sans le savoir, un mal d'autant plus funeste qu'il n'atteint plus seulement le débiteur, mais que, d'une manière générale, il ébranle en même temps le crédit de la place.

Où est le remède d'une telle situation ?

Dans l'intervention immédiate d'une action autorisée, légale et désintéressée.

Que la loi soit d'un accès facile, qu'elle soit débarrassée de ce qu'elle a de pénible, de rigoureux, parfois d'injuste dans sa sévérité, qu'elle soit rendue je dirai presque attrayante par sa vigilante bienveillance, il est évident que, sachant qu'en faisant appel au tribunal il y trouvera aide et protection, que sa situation, prise à temps, sera liquidée au mieux des intérêts de tous, de sa considération et de son avenir, le débiteur réellement malheureux et honnête n'hésitera plus à faire connaître sa position et à la remettre à des personnes dignes de la confiance de chacun.

Les deux distinctions du malheur et de la fraude, de la liquidation et de la faillite, étant admises en principe, la loi de 1838 reste acquise à la faillite et le décret de 1870, modifié, à la liquidation judiciaire.

Dans ce cas, il importe de ménager la situation morale du débiteur et de réduire le temps et les frais au profit des créanciers et du crédit public. En conséquence, les modifications qui devraient être apportées au décret de 1870 sont les suivantes :

1° Simple déclaration de cessation de payements au greffe pour que la liquidation soit prononcée.

Le bilan est toujours inexact; fait à la hâte, dans un moment de trouble et d'émotion inévitables, il ne peut donner de renseignements précis. La loi de 1838 l'a tellement prévu, que le syndic a mission de le rectifier ou de le dresser. (*Code de com.*, art. 476.)

Dans le cas qui nous occupe, le débiteur doit se présenter avec une comptabilité et des livres régulièrement tenus, conformément aux articles 8 et 10 du Code de commerce; leur absence constituerait un motif de faillite. Indépendamment de cette conséquence, elle donnerait lieu à une pénalité sévère; des écritures exactement tenues sont le point de départ essentiel d'une bonne et équitable liquidation.

2° Sur cette simple déclaration, nomination d'un juge-commissaire et d'un liquidateur : le liquidateur pris en dehors des créanciers.

Il faut un agent indépendant, désintéressé, qui ait la confiance du tribunal, et que le juge-commissaire puisse surveiller et diriger.

3° Pas d'apposition de scellés, pas d'inventaire par le juge de paix.

Dans le cas de la liquidation, mesure et frais inutiles; si le négociant est honnête, il n'y a pas à admettre qu'il ait rien détourné. Dans le cas contraire, avant l'apposition des scellés et avant de faire sa déclaration, il aura fait disparaître ce qu'il lui aura plu de détourner.

4° Établissement immédiat du bilan par le liquidateur, à l'aide des livres.

5° Réunion des créanciers pour leur faire connaître la position et recevoir, en même temps que leurs indications de nature à éclairer le liquidateur, leur appréciation morale sur la liquidation.

6° Maintien de la liquidation ou déclaration de faillite.

Dans l'un ou l'autre cas jugement motivé.

Dans le premier cas, continuation de l'exploitation ou du commerce, si elle est jugée possible, et cela afin de ne pas discréditer en même temps que le liquidateur le débiteur qui liquide, de ne pas déprécier l'établissement ou les marchandises, et de conserver ainsi, soit au créancier la valeur de l'installation et de la clientèle comme actif, soit au débiteur son établissement en vue de la continuation de ses affaires, si l'issue de la liquidation le lui permet, le tout bien entendu sous le contrôle du liquidateur et sans qu'il soit créé de nouvelles dettes.

7° Vérification et affirmation des créances.

Cette opération doit être d'autant plus facile et rapide que les livres étant régulièrement tenus, la discussion est simplifiée par l'évidence des comptes.

8° Avis par lettres chargées; plus d'insertions.

Dans le cas de la liquidation, publicité inutile et désobligeante.

9° Concordat.

Rapport du liquidateur, constatation des deux majorités.

10° Homologation.

Consécration dans le jugement de la qualification de liquidation, s'il y a lieu de la maintenir; dans le cas contraire, qualification spéciale de faillite avec ses conséquences légales.

11° Reddition des comptes du liquidateur.

12° Le liquidateur restera chargé de surveiller l'exécution du concordat; et, s'il est à terme, il devra faire à chaque échéance un rapport au juge-commissaire, qui ne sera dessaisi lui-même de sa mission que lorsque la libération sera complète; seulement, à partir de l'homologation, le débiteur agira seul; il n'aura plus qu'à fournir au liquidateur la justification de la tenue de ses engagements.

Il n'y a pas à prévoir le cas de l'union, parce que, dans le cas actuel, les créanciers ayant conclu à la liquidation, on ne peut supposer qu'ils reviennent sur leur décision tant que le débiteur est resté dans les conditions qui lui ont valu le bénéfice de la liquidation.

Si, contre toute attente, il en était autrement, la loi de 1838, qui, pour la liquidation, est suivie pour la partie judiciaire, serait appliquée dans son entier en vue de l'union devenue union de faillite.

Il est bien entendu d'ailleurs que si, à la réunion des créanciers, immédiatement après la déclaration, ces derniers concluent à la faillite, c'est la loi de 1838 qui est appliquée dans son entier et sans restriction aucune.

Une des conséquences de ce système est que les tribunaux, pour être justes et pour conserver à la liquidation judiciaire son caractère réel de protection et de considération pour le commerçant malheureux, mais honnête, et de prévoyante sollicitude pour les créanciers, doivent être impitoyables en cas de mauvaise foi. Ils n'hésiteront pas à intervenir d'office dès qu'une situation compromise leur sera notoirement connue ou signalée, et que le débiteur n'a pas de lui-même fait sa déclaration au greffe.

Dans les mesures à prendre, ce n'est pas tant leur effet individuel qu'il faut considérer que leur influence générale.

Il est évident qu'une place de commerce aura une réputation d'autant meilleure et d'autant plus de crédit que les transactions honorablement et sagement faites y seront mieux surveillées et protégées. A qui appartient ce droit de protection et de contrôle, si ce n'est aux tribunaux de commerce appelés à juger les différends commerciaux.

Les résultats de cette proposition seront d'autant plus favorables que la loi future sur les élections consulaires assurera aux tribunaux de commerce, une composition saine et intelligente, exempte de tout esprit de parti, uniquement préoccupée, tant au point de vue moral que matériel, de la prospérité commerciale et industrielle du pays.

Extrait du discours d'installation du tribunal de commerce de Marseille, renouvellement de 1869.

« Les faillites seules pourraient au premier abord inspirer quelques craintes, à en juger par le nombre élevé des déclarations et des clôtures pour insuffisance d'actif. Aussi permettez-moi de m'étendre un peu sur ce sujet pour en rechercher les causes et les conséquences.

» Les conditions dans lesquelles elles sont déclarées sont presque toujours les mêmes, à peu d'exceptions près. Elles peuvent se diviser en trois catégories :

» On retrouve, d'un côté, et ce sont les plus nombreux, les petits industriels qui subissent, le plus souvent, les conséquences de leur imprévoyance ou de leur témérité; de l'autre, de prétendus négociants, dont tout le talent consiste à exploiter sans pudeur la crédulité publique; enfin, et à de rares intervalles, de vrais commerçants luttant longuement contre l'adversité, et fatalement réduits à venir demander à la loi appui et secours.

» Les premiers, les petits industriels, écrasés par des loyers excessifs, par des charges en disproportion avec le chiffre d'affaires qu'il leur était raisonnablement permis d'espérer, par des crédits imprudents, quelquefois forcés, se laissent trop facilement aller à des engagements qu'ils ne peuvent tenir et qui les obligent à déposer leur bilan.

» Ils ne se décident à cette extrémité que lorsque leurs ressources sont entièrement épuisées et qu'ils sont menacés d'être déclarés en faillite, à la requête de créanciers qui comptent, par cette déclaration d'office, retrouver un moyen d'intimidation perdu pour eux depuis la loi qui a supprimé la contrainte par corps. Cette loi, au point de vue philosophique et moral, a réalisé un grand progrès, mais elle peut, au point de vue pratique et commercial, prêter à la critique.

» Les seconds s'agitent, pleins d'audace, à côté des premiers. Ils s'organisent en vue de la confiance et du crédit qu'ils veulent inspirer, et ils ne tardent pas à faire tomber dans leurs piéges les imprudents qu'attire à eux la facilité des premières relations. Ils sont bien l'objet de poursuites correctionnelles ou criminelles; mais la satisfaction donnée, soit au commerce indignement outragé, soit aux intérêts compromis, n'est souvent qu'imparfaite, ces individus, dont la prévoyance égale la mauvaise foi, étant, la plupart du temps, en fuite au moment de leur mise en faillite.

» Enfin, les derniers, par une interprétation erronée de la loi sur les faillites, cédant à un sentiment d'honneur mal entendu, cherchent à se soustraire à tout prix à l'obligation légale de déposer leur bilan. Malheureusement, après avoir consenti aux arrangements, en apparence les mieux entendus, et accédé à des conditions trop dures pour eux, ils sont presque toujours contraints, par la force des choses, de céder à un courant qu'ils ne peuvent plus remonter, et il ne leur reste que le regret d'avoir trop facilement écouté des suggestions plus ou moins intéressées, cause souvent involontaire, mais réelle, de leur ruine complète.

» Les faillites ainsi décomposées ne sauraient influer sérieusement sur les grandes opérations commerciales.

» L'absence ou l'irrégularité des livres, et par suite l'ignorance de la position, est une des causes qui entraînent le plus souvent la cessation de payements.

» Chez les uns, l'ignorance peut expliquer cet oubli de la loi ; chez d'autres, c'est un calcul, la multiplicité des combinaisons auxquelles ils se livrent rendant difficiles et dangereuses des écritures régulières.

» Les sociétés de crédit, involontairement bien entendu (car je ne saurais méconnaître les services réels qu'elles rendent au commerce), mais par le fait de leur constitution, ne sont pas étrangères aux désastres que nous avons à déplorer chaque jour.

» Le négociant, par la facilité qu'il a de réaliser immédiatement une partie de la valeur de la marchandise achetée à terme, se trouve en présence de ressources dont il n'hésite pas à disposer, et, s'il est tout à fait malhonnête, il prend souvent la fuite, emportant avec lui les avances qui lui ont été faites.

» Aussi arrive-t-il que lorsque ce négociant est déclaré en faillite, ses créanciers ne retrouvent plus aucun actif. Les prêteurs sur marchandises, ayant un privilége exclusif, absorbent tout et ne laissent aux créanciers que la vaine satisfaction de qualifier durement les établissements de prêts sur nantissement, dont le but et l'utilité sont ainsi faussés ou méconnus.

» Si j'insiste sur ce point, c'est parce que, cette année encore, nous en avons eu au tribunal de déplorables exemples.

» Il serait à souhaiter que la loi sur les warrants fût modifiée en prévision du cas de déclaration de faillite, et que des avances ne fussent faites qu'après justification de la propriété ou du payement de la marchandise mise en gage.

» Les faillites produites par les causes que je viens d'indiquer ne sauraient donc servir de base à une appréciation commerciale certaine ; elles sont des événements plus ou moins compromettants, mais inévitables, dans une ville de commerce et de luxe, dont la population s'accroît et se renouvelle sans cesse ; seulement, nous devons tous nous prémunir contre leurs dangers et nous appliquer à en atténuer les effets : ceux qui peuvent en être les victimes, en se tenant en garde contre un trop facile entraînement dans les relations ; la justice, en faisant de la loi une application bienveillante et salutaire pour ceux qui ne sont que malheureux, sévère et impitoyable pour ceux qui sont de mauvaise foi.

» J'ai souvent eu la pensée que la loi sur les faillites devrait être modifiée en vue des usages nouveaux. Faite en 1838, à une époque où les conditions du commerce étaient bien différentes de ce qu'elles sont aujourd'hui, elle aurait besoin d'être appropriée aux exigences qu'ont fait naître les relations devenues plus faciles, plus rapides et par suite plus dangereuses.

» La loi devrait, ce me semble, distinguer le cas de la mauvaise foi et celui du malheur. Dans le premier, ce serait la faillite pure et simple, avec toutes ses rigueurs ; dans le second, ce serait la liquidation judiciaire sous la surveillance d'un juge-commissaire.

» Ce dernier mode, sagement élaboré, justement appliqué, n'entraînant plus après lui les conséquences souvent injustes de la faillite, ne serait plus un sujet de crainte et de répulsion. Le commerçant honnête, réellement malheureux, ne craindrait plus de venir faire appel à la justice.

» Il y gagnerait aide, protection et tranquillité, et les créanciers se ressentiraient avantageusement d'une liquidation impartialement surveillée, faite à propos et en temps utile.

» Cette pensée, que l'expérience de tous les jours m'a suggérée, a été partagée par des esprits sérieux et pratiques qui sont convaincus, comme moi, des avantages de sa réalisation. »

AUTEURS A CONSULTER

1. ALAUZET. Commentaire des faillites et banqueroutes.
2. BÉDARRIDE. Des faillites et banqueroutes.
3. BIOCHE. Journal de procédure civile et commerciale (Répertoire général contenant l'histoire du droit, la législation, la jurisprudence et la doctrine des auteurs).
4. BONNESŒUR. Manuel de la taxe des frais.
5. BOULAY-PATY. Traité des faillites et banqueroutes suivi de quelques observations, etc.
6. DALLOZ. Tome XXIV. Faillite, n° 73.
7. FAVARD DE LANGLADE. Répertoire de la nouvelle législation civile, commerciale et administrative.
8. GEOFFROY. Code pratique des faillites.
9. LAROQUE-SAYSSINEL. Des faillites et banqueroutes, formulaire général et résumé pratique de législation, de jurisprudence et de doctrine.
10. LEHIR. Mémorial du commerce et de l'industrie, Annales de la science et du droit commercial.
11. LÉVESQUE. Faillite et banqueroute.
12. PARDESSUS. Cours de droit commercial.
13. RENOUARD. Traité des faillites et banqueroutes.
14. THIÉRIET. Code des faillites et banqueroutes.

PREMIÈRE PARTIE

Instructions générales pour les juges-commissaires. — Instructions générales pour les syndics. — Loi de 1838 sur les faillites (Code de commerce, liv. III, art. 437 à 614). — Décisions et arrêts des cours et tribunaux. — Circulaires et décisions ministérielles.

I

INSTRUCTIONS GÉNÉRALES POUR LES JUGES-COMMISSAIRES.

La faillite, dit l'art. 437, est l'état dans lequel se trouve un commerçant qui cesse ses payements; à ce point de vue les mesures prescrites par la loi sont d'ordre public et d'intérêt général.

Le tribunal, qui a l'appréciation des circonstances dans lesquelles se produit la cessation de payements d'un commerçant, peut déclarer d'office la faillite, quand elle n'est pas demandée par le failli lui-même ou par ses créanciers. Son intervention immédiate est une intervention tutélaire.

Dans cet ordre d'idées, le tribunal ne doit pas perdre de vue que le plus souvent les parties intéressées se font illusion et que le plus sûr moyen de garantir les droits des tiers est d'assurer dès le début l'exécution des formalités protectrices de la loi.

Les attributions du juge-commissaire et les fonctions du syndic sont tracées par le Code de commerce (liv. III, loi de 1838 sur les faillites).

En conséquence un des premiers devoirs de tout commerçant nouvellement élu juge au tribunal de commerce est d'étudier avec soin la loi sur les faillites, afin d'être en mesure d'en assurer utilement l'application.

Par le jugement déclaratif de faillite, le tribunal ordonne certains actes conservatoires mentionnés par les articles 455 et suivants jusqu'à 461 et par l'art. 490. Le juge-commissaire doit veiller à leur exécution.

Sa première obligation est de s'enquérir si la faillite a été déclarée sur dépôt de bilan de la part du failli, ou à la demande des créanciers, ou d'office par le tribunal, parce que, suivant le mode de déclaration, peuvent exister des présomptions favorables ou défavorables au failli.

Dans le premier cas, et si le failli s'est conformé aux articles 438 et 439, le tribunal par son jugement peut l'affranchir du dépôt dans une maison d'arrêt ou de la garde de sa personne; dans les deux autres cas le juge-commissaire doit donner son avis sur la délivrance du sauf-conduit. (Art. 472.)

Il est donc nécessaire que dès les premiers moments le juge-commissaire soit renseigné dans ce but, et le syndic doit dans les trois jours qui suivent sa nomination faire parvenir au juge, par la voie du greffe ou du secrétariat des faillites, un état sommaire de la situation apparente de la faillite. L'état sera signé par le syndic et le failli, si c'est possible.

Cet état doit indiquer si l'apposition des scellés a eu lieu ou non, s'il peut être passé outre à l'inventaire sans apposition des scellés et s'il y a dans l'actif des objets sujets à dépérissement. (Art. 468 et suivants.)

Il arrive parfois que des faillis, préparant à l'avance le dépôt de leur bilan, ont, par des actes antérieurs, fait passer en d'autres mains le peu d'actif appartenant à leurs créanciers et présentent aux syndics une situation dépourvue de tout actif.

Avant d'accueillir la requête du syndic en clôture des opérations pour insuffisance d'actif, le juge-commissaire doit être fixé par le syndic sur les actes du failli antérieurs à la déclaration de faillite, et rechercher avec lui s'il n'y a pas lieu, en faisant remonter la date de l'ouverture, de provoquer l'annulation de ces actes. (Art. 446 et suiv., — 527 et suiv.)

Dans cet examen, le syndic ne doit pas se borner à interroger le failli, parce que ce dernier peut être intéressé à lui cacher la vérité, c'est surtout auprès des créanciers que le syndic peut puiser d'utiles renseignements.

L'art. 462 ordonne que dans un délai qui n'excédera pas quinze jours, sauf empêchement absolu dont le syndic devra donner connaissance au juge, les créanciers présumés soient convoqués sur ordonnance du juge-commissaire.

Toutes les assemblées de créanciers, en matière de faillite, ont lieu sous la présidence du juge-commissaire assisté du syndic et du greffier. Cependant la première assemblée ayant surtout pour but de statuer sur le maintien définitif du syndic, la présence de ce dernier n'est pas indispensable et l'assemblée peut avoir lieu même en l'absence du syndic.

A l'ouverture de la séance, le juge-commissaire annonce aux créanciers le but de leur réunion; il donne la parole au syndic et, en son absence, au greffier pour faire la lecture du bilan et communiquer les premiers renseignements obtenus sur la faillite. Il consulte les créanciers présents à cette réunion tant sur la composition de l'état des créanciers présumés que sur le maintien du syndic; il provoque de leur part les renseignements qui seraient à leur connaissance, afin d'éclairer le syndic et le tribunal.

Ordinairement un certain nombre de syndics, agréés par le tribunal, sont spécialement chargés de la liquidation des faillites.

Cette mesure n'exclut pas, d'une manière absolue, le choix que les créanciers peuvent faire de personnes choisies parmi eux, pour coopérer, conjointement avec le syndic, à la liquidation de la faillite, mais le juge-commissaire doit être très-circonspect dans le cas où une proposition de cette nature lui serait faite, et, tout en annonçant aux créanciers qu'il prend note de leur demande, se réserver d'en référer au tribunal avant d'accepter comme syndic adjoint un créancier qui, le plus souvent, pourrait entraver, par son intervention, les opérations de la faillite.

L'art. 469 prévoit le cas de l'opportunité qu'il peut y avoir à continuer, après la déclaration de faillite, l'exploitation d'un fonds de commerce et, par suite, à ne pas apposer les scellés sur certaines marchandises; c'est une mesure toujours grave qu'il importe de ne prendre qu'avec la plus extrême précaution. — Il y a lieu de prévoir certains arrangements que le tribunal ne doit pas tolérer.

Le juge-commissaire, sur cette question, ne se contentera pas de l'avis du syndic et du failli, il en référera au président.

Les articles 471 et 479 indiquent de quelle manière le syndic est mis en possession des livres et papiers du failli, des effets de portefeuille et des biens composant l'actif de la faillite.

A ce moment le juge-commissaire exigera du syndic la copie du procès-verbal du juge de paix, le bordereau des effets de portefeuille, l'inventaire des marchandises, la copie du bilan dressé par le failli et rectifié par le syndic, s'il y a lieu, avec indication des bonnes et mauvaises créances.

Ces documents devront arriver au juge-commissaire par la voie du greffe ou du secrétariat.

L'art. 480, en indiquant de quelle manière sera dressé l'inventaire des biens du failli, autorise le syndic à se faire aider par des tiers pour la rédaction comme pour l'estimation des objets ; mais cette faculté laissée au syndic ne saurait constituer une obligation nécessairement à la charge de la faillite et qui en augmenterait les frais ; le syndic, avant de l'exercer, doit au préalable prendre l'avis du juge-commissaire qui fixera, par ordonnance dans ce cas, les émoluments à accorder aux personnes employées à l'inventaire.

Dès que le syndic possède des renseignements suffisants, il doit, aux termes de l'art. 482, remettre au juge-commissaire un rapport sur l'état apparent de la faillite, sur ses principales causes et circonstances, et sur le caractère qu'elle paraît avoir ; le juge, après en avoir conféré avec le président, dépose ce rapport au greffe ou au secrétariat d'où il est transmis au parquet.

Une fois en possession de l'actif, le syndic procède, sous la surveillance du juge-commissaire, au recouvrement des dettes actives; mais, ignorant encore si la faillite se terminera par un concordat ou par un contrat d'union entre les créanciers, il ne peut procéder à la vente des objets mobiliers ou marchandises qu'avec l'autorisation du juge-commissaire et le failli entendu ou dûment appelé.

Le juge-commissaire donne cette autorisation par ordonnance rendue sur la requête du syndic; il en est de même, en cas de transaction, pour toutes les contestations intéressant la masse. (Art. 486 et 487.)

Le juge-commissaire doit veiller à ce que les prescriptions ordonnées par l'art. 489 et relatives aux deniers provenant des ventes et recouvrements soient fidèlement observées par le syndic.

L'intérêt des créanciers aussi bien que celui du failli exigent que la vérification des créances soit faite dans le plus bref délai.

Le juge-commissaire veille à ce que ces vérifications aient lieu dans les délais prescrits par les articles 491 et suivants; les séances d'affirmation doivent commencer dans les trois jours qui suivent l'expiration de ces délais. Ces séances ont lieu aux jours et heures indiqués par ordonnance du juge-commissaire; leur nombre n'est pas fixé, il peut être augmenté suivant les circonstances et les difficultés de vérification. Tous les créanciers de la faillite doivent être convoqués à chaque séance d'affirmation, parce que tout créancier peut fournir des renseignements et s'opposer à l'admission de telle ou telle créance qui ne serait pas suffisamment justifiée. (Art. 494.)

Si la créance est admise, le juge-commissaire vise la déclaration d'admission, signée par le syndic, et fait affirmer par le créancier la sincérité de sa créance. Les créanciers affirmés signent les procès-verbaux de vérification et d'affirmation.

En cas de contestation le juge-commissaire renvoie l'affaire à l'audience du tribunal; il est fait mention de ce renvoi sur le procès-verbal de vérification signé par le créancier; mais, dans ce cas, les syndics doivent, au préalable, avertir le juge du mérite de la contestation, afin que le renvoi à l'audience puisse être ordonné par le juge en connaissance de cause.

Lorsque toutes les opérations préliminaires de la faillite sont terminées, que toutes les formalités ont été remplies, il est utile que, dans le plus bref délai, les créanciers puissent s'entendre sur ce qui leur reste à faire quant à l'actif de la faillite et quant à leurs droits et actions sur la personne du débiteur.

Deux modes d'opérer se présentent: le concordat et le contrat d'union.

Le concordat est un arrangement entre le failli et ses créanciers, au moyen duquel le failli rentre dans la libre disposition de ses biens, sous des conditions convenues, et prend l'engagement de payer ses créanciers, en tout ou en partie, à certaines époques.

Le contrat d'union des créanciers a pour objet de réaliser l'actif, de vendre les immeubles et de payer les créanciers proportionnellement à leurs droits et à la quotité des recettes.

L'art. 504 dit : Dans les trois jours qui suivront les délais prescrits pour l'affirmation des créances, le juge-commissaire fera convoquer les créanciers, à l'effet de délibérer sur la formation du concordat.

La séance du concordat est une des plus solennelles qui aient lieu en matière de faillites; les formalités prescrites par la loi doivent y être observées à peine de nullité.·

Le failli est appelé à cette assemblée, il doit s'y présenter en personne, ou, s'il a des motifs d'absence valables, s'y faire représenter, avec l'autorisation du juge, par un procureur fondé. (Art. 505.)

Les créanciers dont les créances ont été affirmées sont seuls appelés à cette assemblée et peuvent seuls concourir à la formation du concordat.

Après avoir annoncé l'objet de la séance, le juge-commissaire donne la parole au syndic pour entendre son rapport sur l'état de la faillite, sur les formalités qui ont été remplies et sur les opérations qui ont eu lieu.

Après cette lecture il provoque de la part du failli et des créanciers les observations qu'ils pourraient avoir à faire sur le rapport du syndic.

Il invite ensuite le failli à faire connaître ses propositions aux créanciers.

Ces propositions, rédigées par acte séparé, sont signées séance tenante par le failli ou son procureur fondé et annexées au procès-verbal.

A ce moment le juge-commissaire rappelle aux créanciers qu'ils doivent tous être traités avec une égalité parfaite et au prorata de leurs créances, que tout avantage particulier fait par le failli à tel ou tel créancier est rigoureusement défendu par la loi et entraîne pour le créancier avantagé une pénalité sévère. Il donne lecture des articles 593 et 597 du Code de commerce.

Après cette communication, le greffier fait l'appel nominal des créanciers affirmés; chaque créancier doit répondre par oui ou par non, s'il accepte ou s'il refuse les propositions du failli.

Le créancier absent ou qui s'abstient et ne répond pas à l'appel de son nom est considéré comme non acceptant.

Tous les créanciers qui ont adhéré aux propositions faites par le failli signent ces propositions.

Le concordat doit, à peine de nullité, être signé séance tenante et ne peut être obtenu que par le concours d'un nombre de créanciers formant la majorité en nombre, soit la moitié plus un, et représentant les trois quarts en somme de la totalité des créances admises. (Art. 507.)

Les votes sont relevés immédiatement par les soins du syndic et du greffier. Si les deux majorités sont obtenues, le juge-commissaire proclame l'obtention du concordat, sous réserve de son homologation par le tribunal.

Si l'on n'obtient qu'une des deux majorités, le juge prononce le renvoi de délibération à huitaine pour tout délai. (Art. 509.)

Si ni l'une ni l'autre des deux majorités n'est obtenue, le juge annonce aux créanciers qu'ils sont en état d'union. (Art. 529.)

Il les consulte immédiatement sur le maintien ou le remplacement du syndic qui, à ce moment, devient plus spécialement le mandataire des créanciers.

Le juge consulte aussi les créanciers afin de savoir si un secours pourra être accordé au failli sur l'actif de la faillite. (Art. 530.)

La loi, en réservant au tribunal l'homologation du concordat, lui laisse l'appréciation des engagements contractés par le failli ; le tribunal doit se préoccuper, à juste titre, de l'exécution de ces engagements. En cas de recouvrements importants, opérés par le syndic, avant la formation du concordat, et s'il doit être fait aux créanciers un payement comptant, il est bon de proposer à l'assemblée que ce payement soit fait par les soins du syndic. Cela vaut mieux que de remettre ces fonds au failli qui, quelquefois, après l'homologation de son concordat, se préoccupe peu de tenir les engagements qu'il a contractés.

Le juge recommandera au syndic de veiller à ce que l'homologation, qui doit être poursuivie (art. 513) par la partie la plus diligente, soit demandée sans retard. Si le failli ne la demande pas, le syndic la provoquera lui-même, et, si le failli fait défaut, le syndic demandera l'annulation du concordat, la continuation des opérations de la faillite, ou leur clôture, en cas d'insuffisance d'actif.

Lorsque les créanciers sont en état d'union, les syndics maintenus dans leurs fonctions ont seuls qualité pour procéder à la liquidation de l'actif, sous la surveillance du juge-commissaire, et pour transiger sur toutes les contestations, avec son autorisation, sans qu'il soit besoin d'appeler le failli. (Art. 529.)

L'article 536 oblige le syndic à donner, au moins une fois par an, communication aux créanciers des résultats de ses opérations; mais, suivant les circonstances, il est du devoir du syndic de donner des communications plus fréquentes, et, s'il manque à cette obligation, le juge-commissaire doit la lui rappeler.

Souvent la liquidation de certaines faillites traîne en longueur et provoque des plaintes de la part des créanciers; le juge-commissaire doit exiger que les créanciers soient tenus au courant des difficultés qui occasionnent les retards de la faillite. A cet effet, et suivant les circonstances, le juge convoque les créanciers, à des intervalles assez rapprochés, soit pour leur donner avis des causes de ces retards, soit pour les consulter sur l'opportunité des mesures à prendre, afin de terminer les opérations de la faillite. Tel est l'esprit de l'article 570 qui autorise l'union, avec le concours du tribunal, à traiter à forfait des droits et actions dont le recouvrement n'aurait pas été opéré.

Pendant la liquidation de l'union et au fur et à mesure des opérations de la faillite, le syndic doit remettre tous les mois au juge-commissaire un état de situation de la faillite et des deniers déposés à la Caisse des dépôts et consignations. (Art. 556.)

Quand il y a lieu à répartition de dividendes, cette répartition, dont la quotité est fixée par le juge-commissaire, est ordonnancée par lui sur la remise d'un état de répartition, mentionnant les noms de tous les créanciers affirmés et indiquant la quotité à répartir.

Cette répartition est faite au moyen de mandats délivrés par le juge-commissaire au nom du syndic et légalisés par le président. Ils sont remis, acquittés par le syndic, aux créanciers qui lui en donnent décharge et qui en touchent le montant à la Caisse des dépôts et consignations.

Lorsque la faillite est terminée le syndic doit rendre ses comptes.

S'il y a eu concordat, la reddition de comptes est faite au failli seulement, en présence du juge-commissaire assisté du greffier. (Art. 519.) S'il y a eu contrat d'union et liquidation complète de l'actif de la part du syndic, ce dernier rend ses comptes aux créanciers, en présence du juge-commissaire, le failli dûment appelé. (Art. 537.) Ce n'est pas à la suite d'une simple lecture et en présence des parties intéressées, que le juge peut faire d'utiles observations sur cette reddition de comptes. Le juge-commissaire, avant de convoquer à cet effet, soit le failli, soit les créanciers, doit s'assurer que, dans la huitaine qui précède cette convocation, l'état de reddition de comptes a été déposé par le syndic au greffe ou au secrétariat des faillites, que cet état a été vérifié et que communication en a été donnée au failli.

A cette séance (Art. 537), le juge-commissaire consultera les créanciers sur l'excusabilité du failli et, à la clôture de cette assemblée, il prononcera la dissolution de l'union.

Le juge doit veiller rigoureusement à ce que soient seuls admis les frais dûment justifiés, tels qu'ils résultent des pièces à l'appui.

Si, pour la liquidation d'une faillite, le syndic a besoin de recourir au ministère d'avoués ou d'avocats, il en donne avis au juge-commissaire.

Le syndic ne peut acquitter les mémoires des avoués ou avocats sans les avoir auparavant soumis à l'appréciation du juge-commissaire.

En cas d'un déplacement du syndic, entraînant des frais de voyage, le juge-commissaire doit être consulté.

Les honoraires des syndics sont fixés, après la liquidation complète de la faillite, par le juge-commissaire, qui en réfère au président, suivant l'importance de la faillite et les peines et soins auxquels elle a donné lieu. C'est par jugement qu'il est statué sur cette fixation d'honoraires, en dehors desquels les syndics n'ont droit qu'aux seuls débours faits par eux.

INSTRUCTIONS GÉNÉRALES POUR LES SYNDICS

Le syndic est un mandataire de justice qui agit aux droits du failli et fait tous actes de liquidation dans l'intérêt des créanciers.

Il faut que le tribunal puisse compter sur l'honnêteté, la capacité et le zèle du syndic; ses fonctions sont tracées par le code de commerce, il lui est donc facile, en étudiant la loi, de gérer d'une manière convenable les intérêts qui lui sont confiés.

Les grands principes qui doivent diriger le syndic sont :

1° L'activité dans les opérations;

2° L'économie dans les frais;

3° L'évidence sans discussion possible des actes.

Le premier devoir du syndic est de se pénétrer de l'importance de ses fonctions, de la gravité des intérêts qui lui sont confiés et de l'obligation qu'il y a pour lui de justifier par tous ses soins le mandat dont il est investi.

L'inquiétude des créanciers qui perdent leur argent, les difficultés qu'ils éprouvent, à cause de leurs affaires journalières, à suivre les opérations des faillites, leur font souvent mal apprécier les fonctions des personnes préposées à ces liquidations.

Le syndic, pour bien établir dans l'esprit du public l'honorabilité de sa fonction et pour obtenir, de la part des créanciers, les égards qui lui sont dus, doit se mettre facilement à leur portée, soit pour répondre aux demandes qui lui sont faites, soit pour recueillir lui-même des renseignements dans l'intérêt de la faillite.

Dès qu'il a connaissance de sa nomination, le syndic, possédant tous les droits du failli, doit faire tous les actes conservatoires que nécessite l'intérêt de la masse des créanciers qu'il représente. (Art. 455, 468 et suivants, — 490.)

Comme mesure d'ordre public, il est appelé à fournir des renseignements au tribunal et au parquet, à s'enquérir des causes qui ont amené la faillite et des caractères qu'elle peut présenter; dans ce but, il doit se rendre au domicile du failli, l'interroger, s'il est présent, et, en cas d'absence du failli, interroger ses parents et ses employés.

Dans les trois jours qui suivent sa nomination, le syndic remet au juge-commissaire, par la voie du greffe ou du secrétariat, un état sommaire des renseignements obtenus; cet état (voir *Actes divers*, n° 21) doit mentionner si l'apposition des scellés a eu lieu ou non; si, conformément à l'article 469, il peut être passé outre à l'inventaire, sans apposition des scellés, et s'il y a dans l'actif des objets sujets à dépérissement. Cet état est signé par le syndic et par le failli ou, en cas d'absence du failli, par tout autre des siens appelé à fournir des renseignements.

A la suite de cet état, le syndic donne son avis motivé sur l'opportunité qu'il y a à accorder ou à ne pas accorder le sauf-conduit. (Art. 472.)

Lorsque le failli a obtenu son sauf-conduit, le syndic le présente au juge-commissaire afin de corroborer la véracité de ses premières déclarations et de lui faire connaître quelles sont ses obligations vis-à-vis de son syndic et la nature des rapports qu'il doit avoir avec lui.

La faillite n'est pas toujours la conséquence d'un événement imprévu ; le failli peut avoir préparé à l'avance le dépôt de son bilan, et, par des actes antérieurs, accordé certaines préférences à des créanciers ou dissimulé son actif; souvent même le failli se présente au syndic avec une situation dépourvue de tout actif.

C'est dans les premiers moments que le syndic peut obtenir, sur ces divers points, d'utiles renseignements, soit auprès du failli, de ses parents ou de ses employés, soit auprès des créanciers.

En cas d'insuffisance apparente d'actif, le syndic ne doit pas se presser de demander la clôture de la faillite (art. 527), mais ne provoquer cette mesure qu'après avoir pris une connaissance parfaite des affaires du failli, examiné les actes qui ont précédé la déclaration de la faillite, et après avoir vu s'il n'y a pas lieu de critiquer ou d'annuler ces actes et de faire remonter la faillite à une époque antérieure. (Art. 446.)

Comme, à cet égard, les renseignements du failli peuvent être suspects, avant d'adresser au tribunal la requête en clôture des opérations de la faillite, le syndic doit écrire à tous les créanciers présumés pour les prévenir que la faillite ne présente aucune ressource et les inviter à l'instruire de ce qu'ils savent à ce sujet.

A la suite des premiers renseignements obtenus et si les fonds le permettent, le syndic en donne avis au juge-commissaire et au greffe, afin que (conformément à l'article 462) les créanciers présumés soient convoqués pour procéder au syndicat définitif.

Le syndic, maintenu, a qualité pour procéder aux opérations de la faillite; il doit (art. 468) s'assurer si l'apposition des scellés a eu lieu, se faire autoriser par le juge-commissaire à vendre les objets sujets à dépérissement (art. 469 et 470), prendre possession des livres du failli, des effets de portefeuille, dont il remet au juge-commissaire un bordereau avec indication des bonnes et mauvaises créances. (Art. 471 et 475.)

Il dresse ensuite le bilan, à l'aide des livres et papiers du failli et du résultat de ses informations; dans le cas où le failli aurait lui-même dressé et déposé son bilan, le syndic doit le rectifier, s'il y a lieu. (Art. 476.)

En faisant le dépôt du bilan au greffe, le syndic s'assure de l'exactitude des noms et des adresses des créanciers, et fournit au greffe une liste complète de tous les créanciers portés au bilan.

L'article 479 fait une obligation au syndic de réquérir la levée des scellés dans un bref délai.

L'article 480 indique comment doit être fait l'inventaire des biens du failli par les soins du syndic et en présence du juge de paix.

Les syndics sont libres de se faire aider, pour la rédaction de cet inventaire comme pour l'estimation des objets, par qui ils jugent convenable, mais cette faculté laissée au syndic ne saurait constituer une obligation nécessairement à la charge de la faillite et qui en augmenterait les frais. Le syndic doit donc, au préalable, prendre l'avis du juge-commissaire sur l'opportunité de cette mesure et sur la quotité des émoluments à accorder aux personnes employées à la confection de l'inventaire. Le juge accorde ou refuse par voie d'ordonnance.

Le syndic est tenu, conformément à l'article 482, de remettre au juge-commissaire un mémoire sommaire de l'état apparent de la faillite, de ses principales causes et du caractère qu'elle paraît avoir; il doit le faire avec la plus grande attention, parce que, transmis par le juge-commissaire au parquet, il sert de base aux accusations dont le failli peut être l'objet; le syndic joint à ce mémoire un bulletin de renseignements (voir *Actes divers*, nᵒˢ 2 et 22) destiné au casier judiciaire du failli.

Après l'inventaire, dont une des minutes doit être déposée au greffe du tribunal de commerce, conformément à l'article 480, le syndic, mis en possession des biens du failli et dépositaire responsable, doit s'occuper, sous la surveillance du juge-commissaire, du recouvrement des dettes actives. (Art. 485.)

Ce n'est que par mesure de précaution qu'il peut à ce moment s'occuper de la réalisation de l'actif et tout autant que cette réalisation est dictée par les circonstances.

Il a qualité pour transiger sur toutes les contestations qui intéressent la masse (art. 487); mais, ignorant encore si la faillite se terminera par un concordat ou par un contrat d'union, le syndic ne peut agir qu'avec l'autorisation du juge-commissaire et le failli entendu ou dûment appelé.

Si la faillite se termine par un concordat, le failli reprend la libre disposition de ses biens; jusque-là, les actes du syndic ne sont que des actes conservatoires dont la loi l'oblige à rendre compte au failli, en présence du juge-commissaire.

L'article 489 indique au syndic l'emploi qu'il doit faire des sommes provenant des ventes et des recouvrements; ces sommes sont déposées à la Caisse des dépôts et consignations; le syndic justifie au juge-commissaire, par la voie du greffe ou du secrétariat, de ces versements dans les trois jours des recettes, et, en cas de retard, il supporte les intérêts des sommes qu'il n'a pas versées.

Dans les tribunaux où est tenue une comptabilité générale des faillites, ce qui d'ailleurs est à désirer, le syndic remet, tous les quinze jours, au greffe ou au secrétariat, un bordereau (voir IVᵉ partie, *Comptabilité du tribunal*, modèle nº 7) présentant tous les actes opérés dans la quinzaine, ainsi que tous les mouvements de fonds, soit comme recettes et dépenses, soit comme versements à la Caisse des dépôts et consignations ou comme retraits de cette Caisse.

Le syndic, aux termes des articles 491 et suivants, procède, sans perte de temps, à la vérification des créances et à leur affirmation; dans ce but, il doit, à la suite de ses bordereaux de quinzaine, mentionner ceux des créanciers de ses diverses faillites dont il n'aurait pas reçu les titres de créances, afin qu'un nouvel avis puisse leur être adressé par la voie du greffe.

En cas de contestation sur la validité d'une créance, et avant toute séance d'affirmation, le syndic est tenu d'en donner avis au juge-commissaire, lui faire connaître la prétention du créancier et les motifs qu'il a de la repousser.

Après les opérations préliminaires de la faillite et la vérification et l'affirmation des créances, les créanciers sont convoqués pour délibérer sur la formation du concordat; le syndic (art. 506) fait à l'assemblée un rapport sur l'état de la faillite, sur les formalités qui ont été remplies et les opérations qui ont eu lieu.

Lorsque le failli obtient son concordat, le syndic veille à ce que le concordat ait son plein et entier effet; en cas de retard dans la demande d'homologation de la part du failli, le syndic doit la provoquer lui-même devant le tribunal, et, en cas de défaut de la part du failli, demander l'annulation du concordat, la continuation de la faillite ou la clôture des opérations pour insuffisance de l'actif.

Si, conformément à l'art. 529, les créanciers sont en état d'union, le syndic, maintenu, a seul qualité pour procéder à la liquidation, sous la surveillance du juge-commissaire et pour transiger sur toutes les contestations, sans qu'il soit besoin d'appeler le failli. (Art. 532.)

L'art. 566 oblige le syndic de remettre, tous les mois, au juge-commissaire, un état de la situation de la faillite et des deniers déposés à la Caisse des dépôts et consignations.

Cet état sera remis par le syndic au greffe ou au secrétariat des faillites, afin que le juge-commissaire puisse suivre les opérations de la faillite; en cas de retard de la part du syndic, le greffier ou le secrétaire doit avoir qualité pour requérir très-rigoureusement la remise de ces états mensuels. (Voir IVe partie, *Comptabilité du tribunal*, modèle n° 1.)

En outre de l'obligation prescrite par l'art. 566, le syndic doit remettre au greffe ou au secrétariat, tous les mois et pendant toute la durée des opérations de la faillite, soit avant le concordat, soit après en cas d'union, un état collectif (voir IVe partie, *Comptabilité du tribunal*, modèle n° 2) de toutes les faillites par juge-commissaire, indiquant le degré d'avancement de chacune d'elles et les mouvements de fonds opérés dans le mois, soit autant d'états qu'il y a de juges-commissaires.

Quand il y a lieu à répartition de dividendes, la répartition est faite sur ordonnance du juge et opérée au moyen de mandats délivrés par le juge-commissaire, au nom des syndics, acquittés par eux et payés par la Caisse des dépôts aux créanciers auxquels ils ont été remis par les syndics eux-mêmes, après convocation faite par le greffe.

Le syndic, en même temps qu'il adressera, par l'intermédiaire du greffe ou du secrétariat, sa requête en répartition, soumet à la signature du juge-commissaire et à la légalisation du président les mandats à répartir entre les créanciers.

Ces mandats sont accompagnés d'un état (voir IIIe partie, *Répartitions de dividendes*, modèle n° 1) certifié véritable par le juge-commissaire, et qui doit être remis à la Caisse des dépôts quelques jours avant la délivrance des mandats.

Ce travail préliminaire une fois fait, le syndic dressera trois états de répartition (voir IIIe partie, *Répartitions de dividendes*, modèle n° 2); un de ces états est remis au greffe, le second est destiné à recevoir les émargements des créanciers au fur et à mesure des payements qui leur sont faits; il reste dans les mains du syndic à titre de décharge; le troisième, émargé par duplicata, sera remis au greffe ou au secrétariat pour servir de contrôle à l'état du greffe.

A la suite de la remise au greffe de l'état de répartition, avis de la répartition est donné par les soins du greffier à la Caisse des dépôts et consignations et à tous les créanciers affirmés; l'avis donné aux créanciers indique l'époque à laquelle sera faite par le syndic la délivrance des mandats et le délai accordé pour les retirer.

L'indication de l'époque de la répartition est donnée au greffe par le syndic qui l'a lui-même prise à la Caisse des dépôts. A l'expiration du délai indiqué pour les retirer des mandats, le syndic remet à la Caisse des dépôts un état certifié par lui, visé par le juge-commissaire, faisant connaître les créanciers qui n'ont pas retiré leur mandat. Le préposé de la Caisse délivre au syndic une déclaration constatant la remise de cet état. Le syndic remet en même temps au juge-commissaire un duplicata (voir IIIe partie, *Répartitions de dividendes*, modèle n° 3), ainsi que les mandats qui y seront indiqués et qui seront immédiatement détruits.

Cet état est mis au dossier de la faillite avec les autres états relatifs à la répartition.

Les sommes revenant aux créanciers retardataires sont déduites du compte ouvert à la faillite sur le registre des consignations et transportées, valeur à la date dudit état, à un compte collectif intitulé à la caisse : *Créanciers de la faillite*..... et d'où elles sont retirées par les créanciers eux-mêmes, sur leur demande et sur la production de leurs titres de créances.

Lorsque la faillite est terminée, le syndic doit rendre ses comptes; s'il y a eu concordat, la reddition de comptes est faite au failli seulement, en présence du juge commissaire. (Art. 519.)

Si c'est à la suite du contrat d'union et après liquidation complète de l'actif par le syndic, ce dernier rend des comptes aux créanciers en présence du juge-commissaire, le failli dûment appelé. (Art. 537.)

Dans l'un et l'autre cas, le syndic, avant de faire convoquer, soit le failli, soit les créanciers, doit déposer au greffe ou au secrétariat son état de reddition de comptes; ce n'est pas dans une simple lecture, faite à la séance, en présence des parties intéressées, que le juge peut faire d'utiles observations sur cette reddition de comptes.

Administrateur judiciaire de la masse appartenant à des tiers, le syndic doit éviter tous les frais inutiles; il doit fournir au juge-commissaire, aux créanciers et au failli, non-seulement la justification des frais auxquels a donné lieu sa gestion, mais encore l'opportunité de ces frais.

La loi fixe elle-même les conditions des ventes effectuées par les syndics; ces ventes sont effectuées ou par voie amiable, entre les parties, ou par l'intermédiaire d'officiers publics.

Dans le premier cas, la vente amiable a lieu sur requête adressée au juge-commissaire; cette requête est accompagnée de la transaction et par suite elle indique les conditions auxquelles la vente aura lieu.

Dans le second cas, si la vente est faite par les soins d'un officier public, soit aux enchères, soit par la simple entremise de cet agent entre les parties, le syndic doit exiger un bordereau de vente, énonçant le produit et les frais de la vente. Le duplicata de ce bordereau est remis au greffe ou au secrétariat.

Les tribunaux, en agréant un certain nombre de syndics, doivent exiger d'eux certaines conditions d'aptitude qui leur permettront de gérer, eux-mêmes, les opérations qui leur sont confiées.

Lorsque dans certains cas le ministère des avoués ou des avocats leur paraît nécessaire, les syndics doivent, au préalable, en instruire le juge-commissaire et ne jamais accepter ni payer de notes de frais ou honoraires sans les avoir soumises à son approbation, et cela dans l'intérêt même de leur responsabilité.

Les tribunaux tenant compte, dans la fixation des honoraires à allouer aux syndics, de l'importance de la faillite et des peines et soins qu'elle a nécessités, les syndics, en dehors de cette fixation d'honoraires, n'ont droit qu'aux seuls débours faits par eux.

En cas de déplacement de la part du syndic entraînant des frais de voyage ou autres, le juge-commissaire devra être consulté sur l'opportunité de ce déplacement et de ces frais.

Quels que soient le système de surveillance adopté par les tribunaux et les documents que les syndics peuvent avoir à fournir, soit au greffe, soit au secrétariat, afin d'assurer le bon fonctionnement du service, les syndics ne doivent pas négliger les rapports personnels avec les juges-commissaires, pour les tenir au courant des faillites placées sous leur surveillance.

RÉSUMÉ DES PIÈCES ET DOCUMENTS

QUE LES SYNDICS DOIVENT REMETTRE, SOIT AU GREFFE,

SOIT AU SECRÉTARIAT DES FAILLITES,

AVEC INDICATION DES PARTIES DU LIVRE DANS LESQUELLES SE TROUVENT LES MODÈLES
CORRESPONDANTS.

1° État sommaire des renseignements obtenus sur chaque faillite (voir IIe partie, *Actes divers*, mod. n° 21).

2° Copie du bordereau dressé par le juge de paix lors de l'ouverture des faillites avec l'indication des bonnes et mauvaises créances (voir IIe partie, *Actes divers*, n° 14).

3° Copie du bilan, rectifié s'il y a lieu (voir IIe partie, *Actes divers*, n° 17).

4° Liste des créanciers portés au bilan de chaque faillite (voir IIe partie, *Actes divers*, n° 12).

5° Rapport ou mémoire prévu par l'art. 482, en double exemplaire (voir IIe partie, *Actes divers*, n° 22).

6° Bulletin de renseignements pour le casier judiciaire (voir IIe partie, *Actes divers*, n°s 1 et 2).

7° Inventaire (voir IIe partie, *Actes divers*, n° 19).

8° Bordereau de quinzaine, (voir IVe partie, *Comptabilité*, n° 1).

9° Liste des créanciers portés au bilan de chaque faillite qui, avant la clôture des vérifications, n'ont pas remis leurs titres au syndic.

10° État mensuel de toutes les faillites par juge-commissaire, prévu par l'art. 566 (voir IVe partie, *Comptabilité du tribunal*, modèle n° 2).

11° État de répartition de dividendes par faillite (voir IIIe partie, *Répartition*, mod. n° 1).

12° État de répartition, en double exemplaire au greffe, un avant la répartition, un après émargement (voir III⁰ partie, *Répartitions*, mod. n° 2).

13° Mandats (voir III⁰ partie, *Répartitions*, mod. n° 4).

14° État des créanciers qui, après la répartition, n'ont pas retiré leurs mandats (voir III⁰ partie, *Répartitions*, mod. n° 3).

15° État de reddition des comptes (voir II⁰ partie, *Actes divers*, n° 47).

———

III

LOI SUR LES FAILLITES

Code de commerce. Livre III (articles 437 à 614)

Nota. — Les numéros placés après les alinéas indiquent les articles correspondants du Code de commerce. — Les lettres intercalées dans les alinéas ou à la fin des alinéas renvoient aux indications des formules qui se trouvent à la suite de chaque chapitre. — Les numéros qui suivent ces indications sont ceux des formules elles-mêmes subdivivées en : actes divers, insertions, jugements, lettres, ordonnances, procès-verbaux, requêtes, et formant la deuxième partie de l'ouvrage.

I. — Caractères de l'état de faillite. — Sa déclaration. — Établissements à l'étranger. — Cas du décès du commerçant qui a cessé ses payements. — Société. — Établissements divers. — Détermination de l'époque de la cessation de payements. — Ouverture de la faillite. — Report de l'ouverture ; affiches ; insertions ; leur validité. — Conséquences du report. — Recomblements ou rapports à la masse. — Voies de recours contre le jugement déclaratif de faillite et contre celui qui détermine l'époque de son ouverture. — Rapport ou rétractation du jugement déclaratif de faillite.

La faillite est l'état du commerçant qui cesse ses payements. (Code de commerce, art. 437.)

La cessation de payements consiste dans le défaut d'acquitter ses engagements d'une manière collective ou consécutive plus ou moins notoire.

Ce sont surtout les circonstances du défaut de payements et l'expérience commerciale du juge qui permettent d'apprécier s'il y a ou non cessation de payements.

Un ou même plusieurs protêts ne constituent pas *de droit* l'état de cessation de payements.

Le défaut de payements doit revêtir un certain caractère général.

L'appréciation du juge est subordonnée au concours des circonstances qui démontrent la ruine entière des affaires du débiteur et son impossibilité de payer, non pas temporaire ni accidentelle, mais absolue et complète.

Le créancier, même unique, sans s'enquérir s'il en existe ou non encore d'autres, est en droit de provoquer la déclaration de la faillite de son débiteur [a], et les tribunaux sont dans le devoir de la prononcer, ou, s'ils la refusent, de rendre un jugement motivé, dont il puisse être fait appel.

La cessation de payements constituant l'état de faillite doit être *commerciale;* le manque d'acquitter des obligations civiles ne constitue pas cet état si les engagements commerciaux sont remplis.

La faillite devient banqueroute simple ou frauduleuse si le commerçant failli s'est rendu coupable d'imprudence, de fautes ou de dol.

Les mots faillite et banqueroute sont souvent confondus; ils ne sont cependant pas synonymes, car la faillite est un malheur et la banqueroute est toujours un délit ou un crime, suivant qu'elle est simple ou frauduleuse.

La déclaration de cessation de payements, accompagnée du bilan, doit être faite dans les trois jours de la cessation au greffe du tribunal de commerce par le failli, l'un des faillis ou les faillis, lorsqu'il s'agit d'une société [ʙ]. — 438, 439.

La faillite est déclarée par jugement, soit sur la déclaration du ou des faillis [ᴄ], soit à la requête d'un ou de plusieurs créanciers ou du parquet [ᴅ], soit d'office [ᴇ], d'après la notoriété publique [ꜰ] — 440, — soit même, dans ces deux derniers cas, après le décès du commerçant mort en état de cessation de payements, pourvu que le jugement soit prononcé dans l'année qui suit le décès. La veuve ou les héritiers du failli peuvent intervenir [ɢ]. — 437, 478.

La déclaration doit être faite au greffe du tribunal de commerce du domicile du failli; et, en cas de faillite d'une société en nom collectif, au greffe du tribunal dans le ressort duquel se trouve le siége du principal établissement de la société.

La faillite d'une société en nom collectif constitue en faillite chacun des associés solidaires.

Une société anonyme peut également être déclarée en faillite. (Voir Dalloz, *Dictionnaire général*, n° 32; Lainné, *Commentaire sur les faillites et banqueroutes*, p. 23; Pardessus, *Cours de droit commercial*, n° 1146.)

Le jugement de déclaration est exécutoire provisoirement. — 440.

La faillite est réputée ouverte à partir du jour de la cessation de payements; il appartient au juge d'en déterminer la date.

A défaut d'indication spéciale, l'ouverture a lieu du jour du jugement déclaratif de faillite, sans préjudice d'un jugement ultérieur pouvant faire remonter l'ouverture [ʜ], quand de plus amples renseignements ont démontré que la cessation de payements a eu lieu antérieurement à cette date. — 441.

Dans le cas de faillite après décès, la cessation de payements doit nécessairement être fixée à une époque antérieure au jugement déclaratif de faillite, puisque le débiteur est mort déjà en état de faillite et que le jugement déclaratif est, dans l'espèce, postérieur à son décès.

Le failli, dans un délai de huit jours à partir des formalités d'affiches et d'inscriptions prescrites par l'article 442, les intéressés et les créanciers, dans le délai d'un mois, peuvent faire opposition au jugement déclaratif de faillite ou à celui qui établit la date de cessation de payements [i]. — 580.

Ces délais sont de rigueur.

L'appel du jugement rendu sur l'opposition est recevable dans la quinzaine de sa signification. — 581, 582.

ACTES ET FORMULES.

[a]. Requête d'un créancier en déclaration de faillite de son débiteur (n° 171).
— Assignation à la requête du créancier qui demande la faillite (n° 3).
[b]. Acte de déclaration de cessation de payements et de dépôt de bilan (n° 4).
— Acte de déclaration de cessation de payements. — Cas d'une société (n° 5).
[c]. Jugement déclaratif de faillite sur dépôt de bilan (n° 75).
[d]. Jugement déclaratif de faillite sur requête ou assignation (n° 76).
[e]. Jugement déclaratif de faillite d'office (n° 77).
[f]. Extrait-affiche du jugement déclaratif (n° 8).
— Procès-verbal d'affiche (n° 151).
— Insertions (n° 51).
[g]. Requête de la veuve ou des héritiers du failli pour être admis à le représenter (n° 189).
— Ordonnance du juge-commissaire, autorisant ou refusant (n° 125).
[h]. Requête du syndic en report d'ouverture de la faillite (n° 172).
— Jugement de report d'ouverture (n° 78).
— Assignation à la requête d'un créancier en fixation d'époque du report d'ouverture de la faillite (n° 7).
— Extrait de l'affiche du jugement de report d'ouverture (n° 9).
— Procès-verbal d'affiche du jugement de report d'ouverture (n° 152).
— Insertions (n° 52).
— Première lettre du syndic aux créanciers pour recomblements (n° 98).
— Deuxième lettre du syndic aux créanciers pour recomblements (n° 99).
[i]. Requête du failli en rétractation de faillite (n° 223).
— Jugement ordonnant la publication avant rétractation de la faillite (n° 95).
— Insertion de publication avant rétractation (n° 72).
— Jugement rétractant la faillite (n° 96).
— Insertion de rétractation (n° 73).

---

11. — Effets de la faillite : relativement aux biens et à la personne du failli; relativement aux actes faits par lui antérieurement ou postérieurement au jugement déclaratif de faillite. — Loyer. — Bail. — Propriétaire. — Loi nouvelle de 1872.

Le premier effet de la faillite est de dessaisir le failli de l'administration de ses biens et de lui retirer la faculté de contracter à titre onéreux; néanmoins, s'il s'oblige postérieurement à sa faillite, c'est aux tiers et non à lui d'invoquer son incapacité. Sinon il est tenu.

A partir du jugement déclaratif, toute action mobilière ou immobilière ne peut plus être intentée ou suivie que contre les syndics.

Il en est de même de toute voie d'exécution, tant sur les meubles que sur les immeubles du failli. — 443.

Toutes les dettes passives du failli deviennent exigibles, quoique non échues.

Le jugement déclaratif de faillite arrête, à l'égard de la masse seulement, le cours des intérêts de toute créance non garantie par un privilége, un nantissement ou une hypothèque. — 444, 445 (Cod. Nap., 1188).

Sont nuls et sans effet pour la masse tous actes *à titre gratuit*, tous payements, de quelque nature qu'ils soient, faits par le failli dans les dix jours qui ont précédé l'époque déterminée par le tribunal pour la cessation de payements. — 446, 447, 448, 449.

Ces deux derniers articles (448, 449) sont relatifs à la validité des droits d'hypothèques et de priviléges consentis par le failli et à ceux qui, en matière de lettres de change, sont susceptibles de recomblements ou rapports à la masse.

En cas de faillite du souscripteur d'un billet à ordre, de l'accepteur d'une lettre de change ou, à défaut d'acceptation, du tireur, les autres obligés sont tenus de donner caution pour le payement à l'échéance, s'ils n'aiment mieux payer immédiatement.

La déclaration de faillite peut encore faire priver le débiteur de sa liberté [a]. — 455, 456.

Pour le surplus des effets de la faillite, voir les articles 444 à 450.

L'article 450 est relatif aux voies d'exécution pour parvenir au payement des loyers, voies d'exécution qui sont suspendues pendant trente jours à partir du jugement déclaratif, en ce qui concerne, il faut le remarquer, les effets mobiliers servant à l'exploitation du commerce du failli [b].

Les conditions du privilége du propriétaire ont été modifiées par la loi des 12 et 20 février 1872, dont le texte suit.

« ARTICLE PREMIER. — Les articles 450 et 550 du Code de commerce » sont modifiés et remplacés par les dispositions suivantes :

» 450. Les syndics auront pour les baux des immeubles affectés à l'in-
» dustrie ou au commerce du failli, y compris les locaux dépendant de
» ces immeubles et servant à l'habitation du failli et de sa famille, huit
» jours à partir de l'expiration du délai accordé par l'article 492 du
» Code de commerce aux créanciers domiciliés en France, pour la véri-
» fication de leurs créances, pendant lesquels ils pourront notifier au pro-
» priétaire leur intention de continuer le bail, à la charge de satisfaire
» à toutes les obligations du locataire.

» Cette notification ne pourra avoir lieu qu'avec l'autorisation du juge-
» commissaire et le failli entendu.

» Jusqu'à l'expiration de ces huit jours, toutes voies d'exécution sur
» les effets mobiliers servant à l'exploitation du commerce ou de l'in-

» dustrie du failli et toutes actions en résiliation du bail seront suspen-
» dues, sans préjudice de toutes mesures conservatoires et du droit qui
» serait acquis au propriétaire de reprendre possession des lieux loués.
» Dans ce cas, la suspension des voies d'exécution établie au présent
» article cessera de plein droit.

» Le bailleur devra, dans les quinze jours qui suivront la notification
» qui lui sera faite par les syndics, former sa demande en résiliation.

» Faute par lui de l'avoir formée dans ledit délai, il sera réputé avoir
» renoncé à se prévaloir des causes de résiliation déjà existantes à son
» profit.

» 550. — L'article 2102 du Code civil est ainsi modifié à l'égard de
» la faillite :

» Si le bail est résilié, le propriétaire d'immeubles affectés à l'indus-
» trie ou au commerce du failli aura privilége pour les deux dernières
» années de location échues avant le jugement déclaratif de faillite, pour
» l'année courante, pour tout ce qui concerne l'exécution du bail et
» pour les dommages-intérêts qui pourront lui être alloués par les tribu-
» naux.

» Au cas de non-résiliation, le bailleur, une fois payé de tous les loyers
» échus, ne pourra pas exiger le payement des loyers en cours ou à
» échoir, si les sûretés qui lui ont été données lors du contrat sont main-
» tenues ou si celles qui lui ont été fournies depuis la faillite sont jugées
» suffisantes.

» Lorsqu'il y aura vente et enlèvement des meubles garnissant les
» lieux loués, le bailleur pourra exercer son privilége comme au cas de
» résiliation ci-dessus, et, en outre, pour une année à échoir à partir de
» l'expiration de l'année courante, que le bail ait ou non date certaine.

» Les syndics pourront continuer ou céder le bail pour tout le temps
» restant à courir, à la charge par eux ou leurs concessionnaires de
» maintenir l'immeuble-gage suffisant et d'exécuter, au fur et à mesure
» des échéances, toutes les obligations résultant du droit ou de la con-
» vention, mais sans que la destination des lieux loués puisse être
» changée.

» Dans le cas où le bail contiendrait interdiction de céder le bail ou
» de sous-louer, les créanciers ne pourront faire leur profit de la loca-
» tion que pour le temps à raison duquel le bailleur aurait touché ses
» loyers par anticipation et toujours sans que la destination des lieux
» puisse être changée.

» Le privilége et le droit de revendication établis par le n° 4 de l'ar-
» ticle 2102 du Code civil, au profit du vendeur d'effets mobiliers, ne
» peuvent être exercés contre la faillite.

» ART. 2. — La présente loi ne s'appliquera pas aux baux qui, avant
» sa promulgation, auront acquis date certaine.

» Toutefois, le propriétaire qui, en vertu desdits baux, a privilége
» pour tout ce qui est échu et ce qui est à échoir, ne pourra exiger par
» anticipation les loyers à échoir s'il lui est donné des sûretés suffisantes
» pour en garantir le payement.

ACTES ET FORMULES.

[a]. Requête du syndic ou des créanciers en rapport de la disposition du jugement
     qui affranchit le failli du dépôt ou de la garde de sa personne (n° 176).
— Jugement statuant sur cette requête (n° 80).
[b]. Requête du syndic en transaction pour loyer et bail (n° 173).
— Ordonnance autorisant cette transaction (n° 113).

III. — Du juge-commissaire et des syndics. — Maintien ou remplacement. — Leurs
fonctions. — Ordonnances du juge. — Recours.

Le jugement déclaratif de faillite désigne un des membres du tribunal
comme juge-commissaire, ainsi qu'un syndic [a].

Le syndic gère la faillite; le juge en surveille et accélère la gestion. —
451, 452, 462.

Le juge-commissaire peut être remplacé à toute époque de la faillite
[b]. — 454.

Le juge-commissaire agit par voie d'ordonnances susceptibles de recours portés devant le tribunal de commerce [c].

Pour les cas de recours, voir les art. 466, réclamation contre les actes
du syndic; 474, secours au failli avant union; 530, secours au failli en
cas d'union; 567, réserve en cas de distribution.

Le syndic est remplacé ou maintenu par le tribunal sur le vu du procès-
verbal dressé d'après les dires des créanciers à leur première réunion
et sur le rapport du juge-commissaire [d].

ACTES ET FORMULES.

[a]. Lettre au juge-commissaire (n° 100).
— Lettre au syndic (n° 104).
[b]. Jugement remplaçant le juge-commissaire (n° 79).
[c]. Requête en pourvoi contre une ordonnance du juge-commissaire (n° 174).
[d]. Ordonnance du juge fixant le jour pour la séance du syndicat définitif (n° 117).
— Lettres de convocation aux créanciers pour cette séance (n° 105).
— Insertion de convocation des créanciers pour cette séance (n° 53).
— Procès-verbal de la séance du syndicat définitif (n° 154).
— Jugement remplaçant ou maintenant le syndic (n° 81).
— Insertion du maintien ou du remplacement du syndic (n° 54).

IV. — Des syndics. — Révocation. — Leur rôle. — Indemnité.

De un à trois syndics peuvent être nommés pour gérer la faillite; ils sont ordinairement, et c'est le plus prudent, pris en dehors des créanciers et jamais parmi les parents ou alliés du failli jusqu'au quatrième degré inclusivement. — 462, 463.

Les syndics sont sous la surveillance spéciale du juge-commissaire qui peut, même d'office, proposer leur révocation ou l'adjonction d'un syndic supplémentaire. — 466, 467.

Les syndics d'une même faillite doivent agir collectivement, sauf le cas où le juge-commissaire donne mandat spécial à l'un d'eux de faire séparément certains actes [a]. — 465.

Les syndics représentent à la fois le débiteur et la masse.

Il est arbitré par le tribunal une indemnité à accorder aux syndics. Cette indemnité est fixée à la fin de la faillite : après le concordat, avant la reddition dés comptes du syndic, et, en cas d'union, avant les répartitions, afin de pouvoir arrêter le chiffre du dividende à distribuer [b]. — 462.

ACTES ET FORMULES.

[a]. Requête d'un syndic en autorisation d'agir séparément (n° 179).
— Ordonnance du juge autorisant le syndic à agir séparément (n° 118).
[b]. Requête du syndic en fixation d'honoraires (n° 178).
— État servant à la fixation des honoraires du syndic (n° 11).
— Jugement fixant les honoraires du syndic (n° 82).

V. — Premières dispositions à l'égard des biens et de la personne du failli. — Apposition ou dispense des scellés. — Titres et livres du failli. — Leur extraction des scellés. — Vente des objets sujets à dépérissement ou dépréciation. — Arrestation du failli. — Sauf-conduit. — Secours.

Le jugement déclaratif de la faillite doit ordonner l'apposition des scellés [a] et l'incarcération préventive du débiteur ou la garde de sa personne par un officier de police ou de justice [b]. — 455 à 468.

Si l'actif du failli paraît au juge-commissaire pouvoir être inventorié en un seul jour, les scellés ne sont pas apposés [c]. — 455.

En ce qui concerne les scellés le juge peut, suivant les cas, accorder certaines dispenses ou autorisations. — 469, 470, 471, 488 :

1° Extraction des scellés des livres de commerce, des effets à courte échéance [d], des objets nécessaires au failli ou à sa famille [e] ou de ceux sujets à dépérissement.

2° Vente de ces derniers objets lorsque leur dépréciation est imminente ou leur entretien onéreux [f].

3° Continuation de l'exploitation de l'actif, avec ou sans emploi du failli dans la gestion [g]. — 488.

Dans le cas de disparition du débiteur ou de détournement d'actif, l'apposition des scellés peut être faite même avant le jugement déclaratif de faillite, par les soins du juge de paix sur réquisition des créanciers [h]. — 457.

Le tribunal, sur la demande du juge-commissaire, peut accorder, avec ou sans caution, un sauf-conduit au failli qui peut de même, par le jugement déclaratif, être dispensé de l'incarcération, s'il a déposé son bilan dans les trois jours de la cessation de payements [i]. — 456, 472.

Cette disposition relative à l'affranchissement peut toujours être rapportée.

Les créanciers peuvent faire opposition à la mise en liberté du failli.

Le jugement qui statue à cet effet n'est susceptible ni d'opposition, ni d'appel, ni de recours en cassation. — 583.

Un secours peut être accordé au failli pour lui et sa famille sur la proposition du syndic [j]. — 474.

ACTES ET FORMULES.

[a]. Lettre du greffier au juge de paix pour l'aviser de la déclaration de faillite (n° 101).

[b]. Lettre du greffier au parquet dans le même but (n° 103).

— Copie du jugement déclaratif pour le parquet (n° 6).

[c]. Requête du syndic en autorisation de procéder à l'inventaire sans apposition des scellés (n° 175).

— Ordonnance du juge-commissaire (n° 114).

[d]. Requête au juge de paix en extraction des scellés des livres et papiers de commerce (n° 185).

— Bordereau, pour le juge-commissaire, des effets à courte échéance (n° 14).

[e]. Requête du syndic au juge-commissaire en extraction ou dispense des scellés des objets prévus par l'art. 469 (n° 181).

— Ordonnance du juge-commissaire (n° 120).

— Requête du syndic au juge de paix en vertu de l'autorisation accordée (n° 182).

— Procès-verbal de levée provisoire des scellés (n° 155).

— État pour le juge-commissaire des objets à remettre au failli ou à sa famille (n° 13).

[f]. Requête du syndic au juge-commissaire en autorisation de vente des objets sujets à dépérissement ou à dépréciation (n° 184).

— Ordonnance du juge-commissaire (n° 122).

[g]. Requête du syndic en autorisation d'exploitation du fonds de commerce (n° 183).

— Ordonnance du juge-commissaire (n° 121).

— Requête du syndic en fixation des conditions du travail du failli ou autre (n° 197).

— Ordonnance du juge fixant les conditions du travail du failli (n° 128).

[h]. Requête en apposition des scellés adressée au juge de paix par un créancier avant la déclaration de faillite (n° 177).

— Ordonnance du juge de paix fixant jour et heure pour l'apposition des scellés (n° 119).

[i]. Requête du failli en obtention de sauf-conduit (n° 186).

— Avis du juge-commissaire (n° 186).

[i]. Avis du syndic (n° 186).
— Jugement statuant sur ladite requête (n° 83).
— Lettre d'avis au parquet avec copie dudit jugement (n° 106).
[j]. Requête du failli en obtention de secours alimentaires (n° 187).
— Ordonnance du juge-commissaire (n° 123).

VI. — Des mesures conservatoires et des premiers actes de l'administration des syndics.
— Inscription aux hypothèques. — Arrestation des lettres à la poste et des dépêches
au télégraphe, etc.

Toutes mesures conservatoires doivent être prises par les syndics, telles que :

Requérir l'inscription des titres hypothécaires que peut avoir le failli sur des immeubles de ses débiteurs [a] ;

Requérir l'inscription d'hypothèques au profit de la masse sur les immeubles du failli [b] — 490 ;

Requérir l'apposition des scellés si elle n'avait pas eu lieu avant leur nomination [c] — 468 ;

Après l'extraction des scellés des livres, assurer le recouvrement des effets en portefeuille à courte échéance, ou des autres créances sur quittances [d] — 471.

Arrestation des lettres à la poste et des dépêches au télégraphe. Le failli pourra assister à leur ouverture [e]. — 471. — (Instruction du 28 avril 1832, art. 75. — Instruction générale des Postes, 1868, art. 696. — Circulaire de l'administration des télégraphes, 13 avril 1859.)

ACTES ET FORMULES.

[a]. Bordereau du syndic en inscription d'hypothèques sur les immeubles des débiteurs du failli (n° 29).
[b]. Bordereau du syndic en inscription d'hypothèques sur les immeubles du failli (n° 30).
[c]. Requête du syndic au juge de paix en apposition des scellés (n° 180).
— Ordonnance du juge de paix fixant jour et heure pour apposition des scellés (n° 119).
— Procès-verbal d'apposition des scellés (n° 153).
— Lettre du juge de paix au président du tribunal de commerce (n° 102).
[d]. Protêt faute d'acceptation (n° 31).
— Protêt faute de payement (n° 32).
— Acte de perquisition et protêt (n° 33).
— Dénonciation de protêt faute d'acceptation et assignation pour donner caution afin d'assurer le payement à l'échéance (n° 34).
— Dénonciation de protêt faute de payement et assignation (n° 35).
— Requête du syndic en autorisation de faire une saisie-arrêt lorsqu'il n'y a pas de titres (n° 199).
— Ordonnance du président (n° 130).
— de saisie-arrêt ou opposition (n° 36).

[d]. Dénonciation de saisie-arrêt avec assignation en validité (n° 37).

— Assignation en déclaration affirmative (n° 38).

— Requête du syndic au président à l'effet d'être autorisé à saisir conservatoirement les effets mobiliers de l'endosseur d'une lettre de change protestée faute de payement (n° 200).

— Ordonnance du président (n° 131).

[e]. Signification au receveur des postes avec expédition du jugement déclaratif (n° 15).

— Signification au directeur du télégraphe avec expédition du jugement déclaratif (n° 15).

VII. — Du bilan.

Le syndic commence par procéder à la confection du bilan quand il n'a pas été fourni par le débiteur. — 476, 477.

Le bilan [a] est cet état que le failli doit dresser lui-même et déposer au greffe du tribunal de commerce dans les trois jours de la cessation de payements.

Le défaut de se conformer à cette prescription entraîne de droit l'incarcération du débiteur. — 456.

Le bilan énumère les dettes actives et passives du failli, le tableau de ses profits et pertes et celui de ses dépenses.

Il est dressé à l'aide des livres, factures, titres, pièces, renseignements, même verbaux, fournis par les employés et commis du failli.. — 476, 477, 478.

ACTES ET FORMULES.

[a]. Modèle de bilan (n° 17).

VIII. — Des opérations postérieures à l'apposition des scellés et à la formation du bilan.
— Levée des scellés, — Confection de l'inventaire. — Intervention du parquet. — Rapport du syndic.

Dans les trois jours de l'apposition des scellés ou du dépôt du bilan par les syndics, si le failli ne l'a déjà déposé, le syndic requiert la levée des scellés [a] et procède à l'inventaire [b] de tous les biens du failli. — 479.

Le failli doit être dûment appelé [c] pour la levée des scellés et la clôture des livres. — 475, 479.

L'inventaire est dressé en double minute, en présence du juge de paix qui le signe à chaque vacation. — 480, 481, 483.

(Ce dernier article est spécial à l'intervention des officiers du ministère public qui peuvent se transporter au domicile du failli, assister à l'inventaire et requérir à toute époque tous les documents relatifs à la faillite.)

L'une des minutes est déposée au greffe dans les vingt-quatre heures, et l'autre reste entre les mains du syndic [a].

L'inventaire portera que le syndic s'est chargé de toutes les marchandises, livres, papiers, meubles et effets du failli. — 484.

Dans la quinzaine de son entrée ou de son maintien en fonction, le syndic remet au juge-commissaire un rapport sur l'état apparent de la faillite, sur ses principales causes, circonstances et caractères. Ce rapport est transmis au parquet avec l'avis du juge-commissaire [e]. — 482.

Le syndic remet en même temps au juge-commissaire un bulletin individuel destiné au casier judiciaire du failli [f].

ACTES ET FORMULES.

[a]. Requête du syndic au juge de paix en levée des scellés (n° 190).
[b]. Inventaire (n° 19).
[c]. Lettre du syndic pour inviter le failli à assister à la clôture de ses livres (n° 107).
— Sommation au failli d'assister à la clôture de ses livres (n° 16).
— Déclaration du failli qu'il assistera à la clôture de ses livres (n° 18).
— Requête du failli au juge-commissaire en autorisation de se faire représenter à la clôture de ses livres (n° 188).
— Ordonnance du juge l'autorisant (n° 124).
[d]. Acte de dépôt de l'inventaire (n° 20).
[e]. Renseignements préliminaires pour le juge-commissaire (n° 21).
— Rapport ou mémoire du syndic sur la faillite pour le greffe ou le secrétariat et le parquet (n° 22).
— Lettre d'envoi de ce rapport au parquet (n° 108).
[f]. Notice préliminaire pour le bulletin individuel (n° 1).
— Bulletin individuel pour le casier judiciaire (n° 2).

IX. — De la vente des meubles et marchandises. — Des recouvrements. — Transactions. — Homologation.

Le syndic procède ensuite, et s'il y a intérêt pour la masse, le failli dûment entendu, à la vente des marchandises et effets mobiliers, sur l'autorisation du juge-commissaire qui décide si la vente doit être faite à l'amiable ou aux enchères; dans ce dernier cas, le juge-commissaire désigne la classe d'officiers publics dans laquelle le syndic choisira celui qui doit procéder à la vente [a]. — 486.

Le syndic procède aussi, sous la surveillance du juge-commissaire, au recouvrement des dettes actives [b]. — 485.

Il peut, sur l'autorisation du juge-commissaire, transiger sur toutes les contestations entre la masse et le failli, ce dernier dûment appelé.

Au-dessous de 300 francs la transaction est obligatoire; au-dessus, elle doit être homologuée, soit par le tribunal de commerce. soit par le tri-

bunal civil, suivant qu'il s'agira de droits mobiliers ou de droits immobiliers [c].

Le failli sera appelé à l'homologation. — 487.

Les transactions sont réglées par le Code civil. — Art. 2044 à 2058.

Les sommes touchées par le syndic doivent être, déduction faite de
celles qui sont arbitrées pour frais et dépenses de la faillite, déposées,
dans les trois jours, à la Caisse des dépôts [d]. En cas de retard, le syndic
en doit l'intérêt. — 489.

ACTES ET FORMULES.

[a]. Requête du syndic au juge-commissaire en autorisation de vente des effets mobi-
liers et marchandises de la faillite (n° 194).
— Ordonnance du juge fixant jour et heure pour entendre le failli (n° 126).
— Procès-verbal autorisant cette vente (n° 156).
— Affiche de vente (n° 26).
— Insertion (n° 55).
— Procès-verbal de vente (n° 157).
— État du produit de vente et quittance du syndic (n° 27).
— Requête du syndic au juge-commissaire en autorisation de vente de valeurs de
Bourse (n° 192).
— Requête du syndic au juge-commissaire en autorisation de vente de marchandises
retirées du Mont-de-Piété (n° 193).
[b]. Requête du syndic au préfet en dégrèvement d'impositions (n° 191).
— Quittance de recouvrements (n° 23).
— Soulèvement de saisie-arrêt (n° 24).
— Désistement de saisie-arrêt (n° 25).
[c]. Requête du syndic au juge-commissaire en transaction (n° 195).
— Ordonnance du juge l'autorisant (n° 127).
— Modèle de transaction (n° 28).
— Requête du syndic au tribunal en homologation de transaction (n° 196).
— Jugement statuant sur la transaction (n° 84).
[d]. Requête du syndic au juge-commissaire pour versement à la Caisse des dépôts et
consignations (n° 198).
— Ordonnance du juge l'autorisant et fixant la somme que le syndic doit prélever sur
ce versement pour les frais de sa gestion (n° 129).

X. — Vérification et affirmation des créances. — Remise des titres. — Délai des distances.
— Contestation des créances. — Production des livres d'un créancier. — Compulsoire.
— Sursis pour la séance du concordat. — Situation des créanciers défaillants aux
séances de vérification et d'affirmation. — Droit d'opposition des créanciers.

Dans les trois jours qui ont suivi les vingt jours accordés, après le
syndicat définitif, pour la remise des titres de créances [a], les délais
des distances observés, il est procédé à la vérification des créances [b]
(les titres ayant d'ailleurs pu être remis au greffe à partir du jugement
déclaratif [c]). — 491, 492, 493.

Les délais accordés pour les distances sont : pour les créanciers domiciliés en France hors du lieu où siége le tribunal, un jour en plus à raison de 5 myriamètres. Pour les créanciers domiciliés hors de France, voir le code de procédure, art. 73.

Corse, Algérie, Iles Britanniques, Italie, Pays-Bas, Confédérations limitrophes de la France, un mois. — Autres États de l'Europe, du littoral de la Méditerranée et de celui de la mer Noire, deux mois. — Hors d'Europe, en deçà des détroits de Malacca et de la Sonde, et au delà du cap Horn, huit mois; pour les pays d'outre-mer et en cas de guerre maritime, les délais ci-dessus seront doublés. (Loi du 3 mai 1862.)

Le délai des ajournements devant les tribunaux de l'Algérie pour les personnes domiciliées en France sera d'un mois (même loi, art. 8).

Tout créancier ou son mandataire porté au bilan a le droit d'assister à la vérification et de la contester.

Le failli a le même droit. — 494.

Le juge peut ordonner la représentation des livres de tout créancier, ou un extrait de ces livres par voie de compulsoire lorsqu'il s'agit d'un créancier domicilié hors de la ville où se trouve le tribunal [d]. — 496.

Le procès-verbal de vérification doit contenir la description des titres sur lesquels le syndic écrira : « *Admis au passif de la faillite de..... pour la somme de..... le.....* [e]. — 495, 496, 497.

Le juge-commissaire visera la déclaration.

Dans la huitaine de la vérification, chaque créancier doit venir affirmer entre les mains du juge-commissaire que sa créance (vérifiée) est sincère et véritable. — 497.

Le tribunal statue à bref délai sur la contestation d'une créance. — 497 à 503.

Dans le cas où il ne peut statuer immédiatement, eu égard au délai des distances, il décide s'il doit être sursis ou passé outre au concordat — 498, 499, 500, 501, 502, 503.

Si le sursis n'est pas accordé, le tribunal de commerce ou le tribunal civil saisi de la contestation de la créance décide si le créancier contesté sera admis à délibérer au concordat, en déterminant par provision pour quelle somme [f]. — 499, 500.

Le défaut de comparution et d'affirmation dans les délais prescrits place les défaillants en dehors des répartitions [g]. Toutefois la voie de l'opposition leur reste ouverte jusqu'à la distribution des deniers inclusivement [h]. Les frais de l'opposition sont à leur charge; c'est au tribunal à statuer sur leur opposition et sur leur admission aux répartitions suivantes. Ultérieurement admis créanciers, ils ne pourront rien toucher sur les répartitions déjà ordonnancées, mais ils auront le droit de prélever sur l'actif non encore réparti les dividendes afférents à leur créance dans les premières répartitions. — 503.

[a]. Lettres du greffier aux créanciers pour remise de titres (n° 109).
— Insertions pour remise de titres (n° 56).
[b]. Ordonnance du juge-commissaire fixant jour pour la vérification des créances (n°132).
— État des créanciers pour les vérifications et affirmations (n° 12).
— Insertions (n° 57).
— Lettres du greffier pour convoquer les créanciers (n° 110).
— Pouvoir pour représenter à une faillite (n° 42).
[c]. Bordereau indicatif des titres remis par les créanciers (n° 40).
— État des titres de créances déposés au greffe (n° 39).
— Récépissé des titres reçus par le greffier (n° 41).
[d]. Requête du syndic en prescription d'apport des livres d'un créancier ou demandant un compulsoire (n° 201).
— Ordonnance du juge-commissaire (n° 133).
[e]. Procès-verbal de vérification (n° 158).
[f]. Jugement d'admission au passif d'une faillite (n° 85).
— Jugement d'admission provisoire de créance avant concordat (n° 86).
[g]. Procès-verbal d'affirmation (n° 159).
— Procès-verbal en cas de défaut de créanciers (n° 160).
[h]. Requête d'un créancier en opposition aux répartitions (n° 202).

XI. — Convocation et assemblée des créanciers pour le concordat.

Dans les trois jours qui suivent l'affirmation, le greffier convoque les créanciers affirmés [a].

Sous la présidence du juge-commissaire, les syndics donnent connaissance du rapport qu'ils sont tenus de faire sur l'état de la faillite, sur les opérations faites et sur leur gestion [b].

Le rapport signé par eux est remis au juge, qui dresse procès-verbal des dires des créanciers et du failli, et de ce qui a été décidé dans l'assemblée [c].

Le failli doit, s'il est maintenu en liberté, assister à cette réunion et être entendu [d]. — 504, 505, 506.

[a]. Ordonnance de convocation pour concordat (n° 134).
— Insertions (n° 58).
— Lettres de convocation (n° 111).
[b]. Rapport du syndic pour le concordat (n° 44).
[c]. Procès-verbal de la séance du concordat (n° 161).
[d]. Assignation au failli de se présenter à l'assemblée du concordat (n° 43).
— Requête du failli au juge-commissaire en autorisation de se faire représenter au concordat (n° 203).
— Ordonnance du juge-commissaire (n° 135).

XII. — Du concordat. — Comment il est délibéré et arrêté. — Majorité. — Renvoi à huitaine. — Situation du créancier hypothécaire ou privilégié. — Concordat par abandon d'actif. — Liquidation suivant les règles indiquées pour l'union. — Avantages particuliers. — Conséquences. -- Cas de la banqueroute frauduleuse ou simple.

Après l'accomplissement de ces formalités, tous les créanciers ont le droit, pour leurs créances *non garanties par priviléges, gages ou hypothèques*, de délibérer sur le traité de concordat à consentir entre eux et le failli.

Ce traité n'a d'existence que s'il est consenti par la majorité en nombre des créanciers de la faillite représentant les trois quarts du passif. Vérifié et affirmé, ou admis par provision. — 507, 508.

Le concordat est, à peine de nullité, signé séance tenante.

La délibération sur le concordat est renvoyée à huitaine pour tout délai s'il n'est consenti que par la majorité en nombre ou que par celle des trois quarts en somme. Dans ce cas, tout ce qui a été résolu à cette réunion demeure sans effet [a]. — 509.

Pour ce qui concerne la banqueroute frauduleuse ou simple, voir les articles 510, 511.

En cas de poursuites, les créanciers peuvent surseoir jusqu'après leur issue pour délibérer sur le concordat [b].

Le banqueroutier frauduleux ne peut obtenir de concordat.

Un concordat peut être consenti au débiteur sous la condition de l'abandon total ou partiel de son actif [c].

La liquidation de ce concordat, ou mieux de l'actif abandonné, est faite conformément au mode suivi pour la liquidation en cas d'union, — 541, — dont il sera parlé plus bas (n° XVII).

Le créancier privilégié, en signant au concordat, perd le bénéfice de son privilége. — 508.

Le propriétaire de plusieurs créances a autant de voix qu'il réunit de créances affirmées.

ACTES ET FORMULES.

[a]. Procès-verbal de renvoi à huitaine (n° 164).
— Insertions pour nouvelles convocations (n° 59).
— Lettres pour nouvelles convocations (n° 111).
[b]. Insertion de délibération des créanciers statuant sur poursuites en banqueroute (n° 60).
— Procès-verbal de sursis au concordat ou de refus, dans le cas de poursuites en banqueroute frauduleuse (n° 162).
— Procès-verbal de sursis au concordat ou de refus, dans le cas de poursuites en banqueroute simple (n° 163).
[c]. Procès-verbal de concordat par abandon d'actif (n° 170).

XIII. — Opposition au concordat.

Tout créancier affirmé a le droit, dans la huitaine du concordat, de signifier au syndic et au failli une opposition motivée au concordat [a]. — 512.

Le créancier concordataire ne peut faire opposition qu'autant qu'il peut arguer de dol ou de fraude à l'aide desquels on aurait surpris son adhésion.

L'opposition n'est plus recevable après la huitaine. — 512.

En cas d'admission de l'opposition d'un seul créancier, le concordat est annulé pour tous. — 513.

Toutefois, un nouveau concordat pourra être accordé, suivant le motif du refus de l'homologation.

ACTES ET FORMULES.

[a]. Acte d'opposition au concordat (n° 45).

XIV. — Homologation du concordat.

Après le délai de huitaine, le tribunal statue, par un même jugement, sur les oppositions et sur l'homologation du concordat [a]. — 513.

Le juge-commissaire doit préalablement faire au tribunal un rapport sur les caractères de la faillite et sur le mérite du concordat. — 514.

L'inobservation des règles prescrites, la lésion de l'intérêt public ou des créanciers entraîneront le refus de l'homologation. — 515. (Voir au surplus les articles 507 à 515).

ACTES ET FORMULES.

[a]. Requête au tribunal en homologation de concordat (n° 204).
— Jugement homologuant le concordat (n° 87).
— Jugement refusant l'homologation du concordat (n° 88).
— Insertion faisant connaître la décision du tribunal et les conditions du concordat s'il est homologué (n° 61).

XV. — Effets du concordat. — Inscription aux hypothèques. — Reddition des comptes du syndic.

L'homologation du concordat le rend obligatoire pour tous les créanciers indistinctement. — 516.

Elle conserve l'effet de l'hypothèque prise au profit de la masse sur les immeubles du failli, suivant l'article 490.

Le syndic doit faire transcrire aux hypothèques le concordat et le jugement qui l'homologue, à moins de stipulation contraire [a]. — 517.

Le dol seul, résultant de la dissimulation de l'actif ou de l'exagération du passif, rend le concordat attaquable. A part ce cas, le jugement d'homologation a force de chose jugée et met fin au mandat des syndics. — 518.

Ceux-ci rendent au failli, en présence du juge-commissaire, leur compte définitif, qui est débattu et arrêté; ils remettent le failli en possession de ses biens, livres, papiers et effets contre décharge [b]. — 518, 519.

ACTES ET FORMULES.

[a]. Bordereau d'inscription du concordat et du jugement d'homologation (n° 46).
[b]. Ordonnance du juge-commissaire fixant le jour de la séance de reddition de comptes du syndic (n° 137).
— Procès-verbal de reddition de comptes du syndic (n° 165).
— État des comptes du syndic (n° 47).

XVI. — De l'annulation et de la résolution du concordat. — Reprise de la faillite.

L'annulation du concordat, soit pour dol, soit par suite de condamnation pour banqueroute frauduleuse, libère les cautions [a].

L'inexécution, par le failli, des conditions de son concordat, en peut entraîner la résolution qui ne libère pas les cautions [b]. — 520.

La demande en annulation pour cause d'inexécution des clauses appartient à chacun des créanciers sans le concours des autres.

L'annulation ou la résolution du concordat fait renaître de plein droit l'état de faillite [c]. Dès lors les créanciers recouvrent leurs droits pour le montant intégral de la portion de leurs créances afférentes aux dividendes impayés et à ceux restant à courir, et non pas pour la créance réduite. — 520 à 526.

Ces dispositions s'appliquent au cas d'une deuxième faillite sans qu'il y ait eu annulation ou résolution du concordat.

ACTES ET FORMULES.

[a]. Jugement annulant le concordat sur opposition (n° 89).
— Insertions d'annulation sur opposition (n° 62).
[b]. Jugement résolvant le concordat pour inexécution (n° 90).
— Insertions de résolution pour inexécution (n° 63).
[c]. Nomination du juge et du syndic (Voir le jugement déclaratif avec restriction que c'est par suite de résolution de concordat que la faillite est reprise (n° 75).
— Apposition des scellés (reprise de la faillite) (n° 180, 119, 153).
— Inventaire (reprise de la faillite) (n° 19).
— Bilan supplémentaire (reprise de la faillite) (n° 17).
— Affiche du jugement (reprise de la faillite) (n° 8).
— Insertion du jugement (reprise de la faillite) (n° 54).

[c]. Avis de remise de titres (reprise de la faillite) (n° 109).

— Les autres actes, ainsi que les précédents, comme pour l'ouverture de la faillite, toujours avec restriction que la faillite est reprise par suite de résolution de concordat.

XVII. — De l'union des créanciers. — Maintien ou remplacement des syndics. — Secours au failli. — Cas d'une société. — Concordat individuel accordé à un ou plusieurs des associés. — Situation de l'associé ou des associés concordataires. — Liquidation de l'actif de l'union par les syndics. — Ventes. — Transactions. — Cessions à forfait ou mandat donné aux syndics par les créanciers de continuer l'exploitation de l'actif. — Droit d'opposition à ce mandat. — Reddition de comptes du syndic. — Dissolution d'union. — Excusabilité ou inexcusabilité du failli.

Du défaut de concordat résulte de plein droit l'*état d'union* entre les créanciers contre le débiteur.

Il est alors délibéré sur la gestion, le maintien ou le remplacement du ou des syndics [a], — 529.

Les créanciers ont le droit, s'ils sont en majorité, d'accorder au failli, sur l'actif, et à titre de secours, une somme proposée par le syndic et fixée par le juge-commissaire [b]. — 530.

Dans le cas d'une société en faillite, il peut être consenti un concordat individuel en faveur de l'un ou de plusieurs des associés [c].

L'associé concordataire est déchargé de toute solidarité, mais tout l'actif social reste sous le régime de l'union. — 531.

Cet actif est indépendant des conditions du concordat obtenu par un ou plusieurs des associés.

L'état d'union oblige les syndics à liquider par vente [d], par transaction homologuée [e] s'il y a lieu, par exploitation de l'actif avec mandat de la part des créanciers [f], ou par voie de forfait autorisé par le tribunal, tous les biens du débiteur au profit de la masse, le tout sans qu'il soit nécessaire d'appeler le failli. — 532 à 535 inclusivement.

Après la liquidation, les syndics, qui, au moins une fois par an, doivent réunir les créanciers, rendent leurs comptes à ces derniers en présence du juge-commissaire [g], le failli présent ou dûment appelé. L'union est alors dissoute de plein droit [h]. — 536, 537.

Il est préalablement prononcé sur l'excusabilité ou l'inexcusabilité du failli [i]. — 538, 539.

Ne peuvent être déclarés excusables les banqueroutiers frauduleux, les stellionnataires, les comptables des deniers publics, les personnes condamnées pour vol, escroquerie, abus de confiance, etc., etc.

ACTES ET FORMULES.

[a]. Jugement remplaçant ou maintenant le syndic (le même qu'*avant union* avec la restriction que c'est par suite de l'état d'union), cela résulte d'ailleurs du procès-verbal qui doit être visé (n° 81).

[**a**]. nsertion (n° 66).

[**b**]. Requête du failli au juge-commissaire en obtention de secours (n° 206).

— Ordonnance du juge-commissaire (n° 136).

— Requête du syndic au tribunal en pourvoi contre le secours accordé au failli (n° 207).

[**c**]. Procès-verbal d'union (n° 167).

[**d**]. Requête du syndic au juge-commissaire en autorisation de vente (n° 209).

— Ordonnance du juge autorisant la vente (n° 137).

— État de produit de vente (n° 27).

[**e**]. Requête du syndic au juge-commissaire en transaction (n° 210).

— Ordonnance du juge-commissaire (n° 138).

— Jugement homologuant la transaction (le même qu'*avant union*) (n° 84).

[**f**]. Requête des créanciers au juge-commissaire en fixation d'un jour pour donner au syndic mandat de continuer l'exploitation (n° 208).

— Insertion pour convocation des créanciers (n° 67).

— Procès-verbal de cette séance (n° 168).

[**g**]. Insertion pour reddition de comptes annuelle de la part du syndic (n° 68).

[**h**]. Ordonnance du juge fixant le jour de la dissolution d'union (n° 140).

— Lettres du greffier pour convocation des créanciers (n° 112).

— Insertion (n° 70).

— Procès-verbal de la séance de dissolution d'union (n° 169).

— Rapport du syndic pour la séance de dissolution d'union (n° 49).

[**i**]. Jugement prononçant sur l'excusabilité ou l'inexcusabilité du failli (n° 93).

— Insertion de la décision intervenue (n° 69).

XVIII. — Clôture de la faillite en cas d'insuffisance de l'actif. — Réouverture.

Si, avant l'homologation du concordat ou la formation de l'union, le cours des opérations de la faillite est arrêté par l'insuffisance de l'actif, le tribunal peut prononcer, même d'office, sur le rapport du juge-commissaire, la clôture de la faillite [**a**]. — 527.

Le jugement fait rentrer chaque créancier dans la plénitude de ses droits et actions.

L'exécution du jugement est suspendue pendant un mois.

Le failli peut, à toute époque, faire rapporter le jugement en justifiant l'existence de fonds [**b**]. — 528.

En cas de clôture des opérations de la faillite pour insuffisance d'actif, l'avance des frais de jugement déclaratif, d'affiche, d'insertion de ce jugement, d'apposition des scellés, d'arrestation et d'incarcération du failli est faite, sur ordonnance du juge-commissaire, par le Trésor public qui en est remboursé par privilége sur les premiers recouvrements [**c**]. — 461.

XIX. — Des différentes espèces de créanciers et de leurs droits en cas de faillite. — Coobligés et cautions.

Tout porteur d'engagement souscrit, endossé, garanti par le failli ou ses coobligés eux-mêmes en faillite, est créancier et participe aux distributions de la masse pour la valeur nominale de son titre.

Tout porteur d'engagements solidaires entre le failli et d'autres coobligés qui a reçu un acompte avant la faillite ne doit être compris dans la masse que sous déduction de cet acompte, et, pour le restant, il conserve ses droits contre ces coobligés ou cautions. — 542, 543, 544.

Le cautionnement est réglé par le code civil, articles 2011 à 2039 sous les rubriques suivantes :

1° De la nature et de l'étendue du cautionnement;
2° De l'effet du cautionnement entre le créancier et la caution;
3° De l'effet du cautionnement entre le débiteur et la caution;
4° De l'effet du cautionnement contre les cofidéjusseurs;
5° De l'extinction du cautionnement.

Mais le recours pour dividendes payés n'est ouvert aux faillites des coobligés, les unes contre les autres, que lorsque la réunion des dividendes que donneraient ces faillites excéderait le montant de la créance; dans ce cas, l'excédant sera dévolu, suivant l'ordre des engagements, à ceux des coobligés qui auraient les autres pour garants. — 543, 544, 545.

XX. — Des créanciers nantis de gages et des créanciers privilégiés sur les meubles.

Les créanciers nantis de gages ne figurent dans la masse que pour mémoire. — 546.

Les gages peuvent être réintégrés dans la masse par le syndic remboursant la créance [a]. — 547.

La vente du gage par le créancier le rend débiteur de l'excédant du prix de vente sur la créance et le laisse créancier ordinaire pour la différence en moins. — 548.

Le salaire des ouvriers pendant le mois qui précède la faillite, le traitement des employés pendant les six mois sont privilégiés. — 549.

Le vendeur d'effets mobiliers, marchandises, etc., n'est pas privilégié. — 550.

Le syndic dressera, pour le juge, un état des créanciers prétendus privilégiés [b].

Le juge autorise le payement, s'il y a lieu [c]. En cas de contestation, le tribunal statue.

ACTES ET FORMULES.

[a]. Requête du syndic au juge-commissaire en retrait de gages (n° 211).
— Ordonnance du juge-commissaire (n° 141).
[b]. État, pour le juge-commissaire, des créanciers privilégiés sur les biens meubles (n° 50).
[c]. Requête du syndic au juge-commissaire en autorisation de payements de priviléges (n° 212).
— Ordonnance du juge-commissaire (n° 142).

XXI. — Des créanciers hypothécaires et privilégiés sur les immeubles.

Les créanciers hypothécaires privilégiés, non couverts par la distribution du prix des immeubles vendus, viennent dans la masse mobilière pour le surplus de leur créance après vérification préalable. — 552.

Si les créanciers privilégiés ont déjà touché une portion dans la masse chirographaire, ils n'ont droit, dans la distribution ouverte sur les immeubles vendus, qu'au surplus de leur créance. — 554.

Les sommes touchées, ainsi déduites, afférentes à leur hypothèque, retournent dans la masse chirographaire. — 501, 553, 555.

Les créanciers hypothécaires ne venant pas en ordre utile, sont considérés comme chirographaires et soumis aux effets du concordat et des opérations de la masse. — 556.

XXII. — Des droits des époux en cas de faillite de l'un d'eux.

En cas de faillite du mari, la femme dont les apports en immeubles n'ont pas été mis en communauté reprend en nature ses immeubles existants provenant de sa dot, de succession ou de donation. — 557.

Les biens acquis pendant le mariage appartiennent à la masse, à moins que la femme ne fournisse la preuve qu'ils sont acquis de ses propres deniers. — 559.

La femme reprend en nature les objets mobiliérs à elle constitués par contrat de mariage, succession, donation, testament, quand l'identité en est prouvée par acte authentique ou inventaire.

Les objets mobiliers communs, à l'usage des deux époux, appartiennent à la masse, quelle qu'en soit la provenance, sauf au syndic à remettre à la femme, avec l'autorisation du juge, les habits et linges nécessaires à son usage. — 560.

La femme n'a de recours dans la faillite, pour les dettes de son mari payées par elle, qu'autant qu'elle prouve les avoir acquittées de ses propres deniers — 561, 562 —, de même qu'à la charge pour elle des dettes et hypothèques dont les biens sont légalement grevés, soit qu'elle s'y soit obligée volontairement, soit qu'elle y ait été condamnée.—558, 559.

Le mari étant commerçant au moment du mariage ou l'étant devenu dans l'année qui a suivi, la femme n'a prise à l'hypothèque que sur les biens qui appartenaient au mari au moment du mariage, ou qui lui sont survenus par succession, donation ou testament.

Cette prise d'hypothèque s'exerce au profit :

1° Des deniers et effets mobiliers par elle apportés en dot ou advenus depuis le mariage.

2° Du remploi de ses biens aliénés.

3° Des dettes contractées par elle avec son mari. — 563.

La femme ne peut, pas plus que les créanciers, se prévaloir des avantages stipulés dans le contrat, soit à son profit, soit au profit du mari, le mari étant commerçant au moment du mariage ou l'étant devenu dans l'année qui a suivi. — 564.

XXIII. — Répartitions entre les créanciers. — État mensuel de la situation financière.

Tout l'actif mobilier du failli, franc des frais et dépenses de la faillite, y compris les sommes payées aux créanciers privilégiés [a], est partagé au marc-le-franc entre les créanciers affirmés.

Tous les mois, le syndic fournit au juge-commissaire un état de situation des recettes et dépenses [b].

Dans l'actif réalisé et déposé à la Caisse des consignations, il est fait une réserve pour la part afférente aux créanciers qui ne se trouvent pas en France.

Cette réserve reste en suspens jusqu'à l'expiration des délais prévus par l'art. 492; après le délai elle est répartie.

Le payement du dividende n'est fait que sur la remise du titre, ou, à défaut du titre, sur la production du procès-verbal de vérification et contre la décharge du créancier en marge de l'état de répartition [c]. — 565 à 570.

ACTES ET FORMULES.

[a]. Requête du syndic au juge-commissaire en répartitions de [dividendes (n° 213).
— Ordonnance du juge l'autorisant (n° 143).
[b]. État (n° 1) ....⎫
— Mandat (n° 4) ....⎪ Voir troisième partie : *Répar-*
— État (n° 2). ....\............... ⎬ *titions de dividendes.*
— Lettres (avis de distribution) aux créanciers (n° 5). ⎪
— État (n° 3). ....⎭
— Insertions (n° 71).
[c]. Requête adressée au juge-commissaire par le créancier qui n'a pas de titre ou qui
    l'a perdu, pour être autorisé à toucher son dividende sans la production de ce
    titre (n° 214).

XXIV. — De la vente des immeubles du failli.

A partir de l'union, les syndics seuls, si déjà, pendant la faillite, des
poursuites en expropriation n'ont été commencées par des créanciers
hypothécaires, ont qualité pour poursuivre la vente des immeubles du
failli [a].

La vente par les syndics doit être poursuivie dans la huitaine de l'u-
nion, sous l'autorisation du juge-commissaire. — 571, 572. — Code
de procéd. civile, 743, 744.

La surenchère des immeubles vendus doit avoir lieu dans la quinzaine
et ne peut être inférieure au sixième du prix principal de l'adjudication.
— C. de com., 573.

Tout le monde est admis à concourir à l'adjudication par suite de
surenchère. — 573, § 2.

Les tribunaux civils sont seuls compétents, à l'exclusion des tribunaux
de commerce, pour connaître de la vente des immeubles du failli. (Avis
du Conseil d'État du 4 décembre 1810, approuvé le 9 décembre 1810).

La vente des immeubles d'une faillite est réglée de la manière suivante :
Code civil, art. 459. — 2 modes de vente aux enchères.

1° Par le tribunal civil.
2° Par un notaire.

1° La vente par le tribunal civil est réglée par le code de procédure
civile; art. 957 à 965. — Art. 704, 705, 706, 707, 711, 712, 713, 729,
730, 731, 732, 733, 734, 735, 736, 737, 738, 739, 740, 741, 742. —
Art. 696, 697, 698, 699, 700, 702, 703, 704. (Ces derniers articles sont
spéciaux aux formalités générales de publicité, affiches, insertions, qui
s'appliquent à toutes les ventes d'immeubles ordonnées par justice.)

2° La vente par notaire commis sur demande en conversion est réglée
par le code de procédure civile; art. 743, 744, 745, 746, 747, 748. —
Art. 682, 685, 686. — Art. 958, 959, 960, 961, 962, 964, 965. — Art. 701.

705, 706, 707, 711, 712, 713, 733, 734, 735, 736, 737, 738, 739, 740, 741, 742.

L'art. 743 est ainsi conçu : Lorsqu'un immeuble aura été saisi réellement et lorsque la saisie aura été transcrite, il sera libre aux intéressés, s'ils sont tous majeurs et maîtres de leurs droits, de demander que l'adjudication soit faite aux enchères, devant notaire ou en justice sans autres formalités et conditions que celles qui sont indiquées aux art. 958, 959, 960, 961, 962, 964 et 965 pour la vente des immeubles appartenant à des faillis.

744. — Pourront former les mêmes demandes, ou s'y adjoindre généralement, tous les administrateurs légaux des biens d'autrui (les syndics de faillite).

745. — Les demandes autorisées par les art. 743 et 744 seront formées par une simple requête présentée au tribunal saisi de la poursuite ; cette requête sera signée par les avoués de toutes les parties. Elle contiendra une mise à prix qui servira d'estimation.

746. — Le jugement sera rendu sur le rapport du juge et sur les conclusions du ministère public.

ACTES ET FORMULES.

[a]. Requête du syndic au juge-commissaire en autorisation de vente des immeubles du failli (n° 216).
— Ordonnance du juge-commissaire (n° 144).
— Requête du syndic au tribunal civil pour être autorisé à convertir en vente judiciaire la saisie-immobilière avec vente par expropriation (n° 215).
— Jugement du tribunal civil statuant (n° 94).

XXV. — De la revendication.

Peuvent être revendiqués par leurs propriétaires :
Les remises ou effets de commerce non encore payés quand ils ont été confiés à titre de mandat ou affectés à un emploi déterminé [a]. — 574.
Toutes marchandises confiées au failli à titre de dépôt ou destinées à être vendues pour le compte du déposant. — 575.
Le prix de ces marchandises vendues et non remboursées [b]. — 575.
Les marchandises expédiées au failli, mais non livrées dans ses magasins, ou ceux de ses correspondants ou commissionnaires [c]. — 576.
Mais la revendication n'est plus recevable si les marchandises ont été vendues sans fraude avant leur arrivée. — 576.
Peuvent être retenues par le vendeur, les marchandises non encore livrées ou non expédiées. — 577.
Le syndic peut cependant, sous l'autorisation du juge, en exiger la livraison en payant le montant de la facture.

Le syndic peut aussi, sous l'autorisation du juge, admettre la revendication. — 575 à 579.

ACTES ET FORMULES.

[a]. Requête du syndic au juge-commissaire en revendication de valeurs ou d'effets remis au failli avec mandat de recouvrement ou avec destination spéciale (n° 217).
— Ordonnance du juge-commissaire (n° 145).
— Requête du syndic au juge-commissaire en revendication de sommes encaissées par lui sur des effets de commerce ou remises faites au failli à titre de mandat ou avec destination spéciale (n° 218).
— Ordonnance du juge-commissaire (n° 146).
[b]. Requête du syndic au juge-commissaire en revendication de marchandises consignées au failli (n° 219).
— Ordonnance du juge-commissaire (n° 147).
— Requête du syndic au juge-commissaire en revendication des marchandises consignées au failli et par lui vendues avant la faillite (n° 220).
— Ordonnance du juge-commissaire (n° 148).
[c]. Requête du syndic au juge-commissaire en revendication de marchandises expédiées au failli (221).
— Ordonnance du juge-commissaire (n° 149).
— Requête du syndic au juge-commissaire en revendication de marchandises expédiées au failli et déposées chez un tiers ou vendues par le syndic (n° 222).
— Ordonnance du juge-commissaire (n° 150).

XXVI. — Compétence en matière de faillites. — Voies de recours.

Le tribunal de commerce du domicile du débiteur est seul compétent en matière de faillite, quels que soient et où que soient situés les établissements divers du débiteur. En matière de société, le tribunal compétent est celui du siége principal de la société. — 635. — Code de procéd. civile, 59.

Le failli dans la huitaine, les intéressés dans le mois, peuvent recourir par voie d'opposition contre le jugement déclaratif ou contre celui qui fixe la date de la cessation de payements. Ces délais commencent le jour de l'affiche et de l'insertion constatée par le procès-verbal d'affiche, et par un exemplaire du journal légalisé et enregistré. — C. de com., 580.

Le délai d'appel pour tout jugement en matière de faillite est de quinzaine, à partir de la signification, sans préjudice du délai des distances. — 582.

Le délai d'appel et celui des distances sont réglés par le code de procédure civile :

1° Art. 1033, qui porte que le jour de la signification et celui de l'échéance ne sont jamais comptés dans le délai général fixé pour les ajournements, les citations, sommations et autres actes faits à personne ou domicile. Ce délai sera augmenté d'un jour à raison de 5 myriamètres de distance, et quand il y aura lieu à voyage, à envoi ou retour, l'augmentation sera du double. Si le dernier jour est un jour férié, le délai sera prorogé au lendemain (Loi du 3 mai 1862).

2° Art. 73, relatif aux distances et déjà rapporté au n° X, chap. des vérifications.

Les jugements qui ne sont susceptibles ni d'opposition, ni d'appel, ni de recours en cassation, sont les suivants :

1° Ceux qui nomment ou remplacent le juge-commissaire ou les syndics.

2° Ceux qui statuent sur sauf-conduit ou secours.

3° Ceux qui autorisent la vente d'effets ou marchandises.

4° Ceux qui prononcent sursis au concordat.

5° Ceux qui statuent sur les recours formés contre les ordonnances rendues par le juge-commissaire dans les limites de ses attributions.

L'opposition n'est recevable que si le jugement a été rendu par défaut.

XXVII. — Des banqueroutes. — De la banqueroute simple. — Des peines appliquées aux banqueroutiers.

La banqueroute est *fatale*, c'est-à-dire *doit* être déclarée dans les cas suivants :

Dépenses personnelles ou dépenses de maison excessives.

Absorptions de fortes sommes à des opérations de pur hasard, de bourse, fictives, ou spéculations fictives sur des marchandises.

Achat pour revendre au-dessous du cours, afin de retarder la faillite, emprunts ruineux, circulation d'effets non justifiés.

Payement d'un créancier au préjudice de la masse.

La déclaration de banqueroute est *facultative* et laissée à l'appréciation des intéressés dans les cas suivants :

Engagements pour compte d'autrui sans couverture.

Nouvelle faillite, sans que les conditions de la première aient été remplies.

Défaut de se conformer, dans le cas de mariage sous le régime dotal ou de séparations de biens, aux prescriptions légales.

Défaut de déclaration au greffe de cessation de payements dans les trois jours.

Défaut de se présenter aux syndics ou à la justice dans le cas où l'on est appelé.

Manque de livres, défaut d'inventaire.

Livres, inventaires incomplets ou irréguliers. — 585, 586.

Tous les cas ci-dessus énoncés constituent la banqueroute simple.

Tout syndic, tout créancier et le ministère public peuvent la faire déclarer.

Les syndics ne peuvent intenter de poursuites en banqueroute simple et se porter partie civile au nom de la masse qu'après délibération et autorisation des créanciers à la majorité de ceux qui sont présents.

Le remboursement des frais de poursuites est réglé par les art. 587, 588, 590.

Les banqueroutiers simples sont punis d'un emprisonnement d'un mois au moins et de deux ans au plus. — Code pénal, art. 402.

XXVIII. — De la banqueroute frauduleuse.

La banqueroute frauduleuse consiste en :

Soustraction des livres.

Dissimulation ou détournement de l'actif ou du passif.

Écritures fausses.

Reconnaissance de dettes qui n'existent pas. — C. de com., 591.

Le remboursement des frais de poursuites est réglé par l'art. 592.

Les banqueroutiers frauduleux sont condamnés aux travaux forcés à temps. — Code pénal, art. 402.

XXIX. — Des complices des banqueroutiers. — Crimes et délits commis dans les faillites par d'autres que par le failli. — Peines appliquées aux complices des banqueroutiers.

Sont soumis aux mêmes peines que les banqueroutiers :

Ceux qui ont soustrait, recélé ou dissimulé dans l'intérêt du failli des biens lui appartenant.

Ceux qui présentent et affirment des créances supposées.

Ceux qui, faisant le commerce sous le nom d'autrui ou sous un nom supposé, se seront rendus coupables des faits énoncés aux articles 591 et 593 du code de commerce.

Le conjoint, les ascendants et descendants du failli ou alliés au même degré qui auront diverti, recélé ou détourné des effets mobiliers appartenant au failli sans complicité avec celui-ci seront punis des peines du vol. — 594.

Le créancier qui se sera fait avantager sera passible de l'emprisonnement et de l'amende. — 597, 598, 599, 600. (Ce dernier article est relatif à l'affiche et la publication des jugements et arrêts intervenus.)

Le syndic coupable de malversation est puni d'un emprisonnement de deux mois à deux ans, conformément à l'art. 406 du code pénal. — 596.

Les agents de change et courtiers déclarés en faillite seront punis des travaux forcés à temps ; s'ils sont convaincus de banqueroute frauduleuse, la peine sera celle des travaux forcés à perpétuité.— Code pénal, 404.

Les cours et tribunaux saisis statuent sur la réintégration à la masse des biens, droits ou actions détournés et sur les dommages et intérêts demandés. — 595.

XXX. — De l'administration des biens en cas de banqueroute.

Les prescriptions et formalités de faillite suivent leur cours devant le tribunal de commerce malgré les poursuites en banqueroute, — 601. Sauf aux syndics à remettre au ministère public les titres, pièces et renseignements qui seront demandés. — 602.

XXXI. — De la réhabilitation.

On peut obtenir la réhabilitation par la justification du payement de toutes les dettes de la faillite, en principal, intérêts, frais et accessoires.

Dans le cas d'une société, l'associé ne pourra obtenir la réhabilitation que par le payement de toutes les dettes afférentes à la société. — 604, 605.

La réhabilitation peut avoir lieu même après la mort. — 614.

La demande doit en être faite à la cour d'appel [a].

(Procédure à suivre. — 604 à 611.)

Ne peuvent être réhabilités :

Les banqueroutiers frauduleux,

Les condamnés pour vol, escroquerie, abus de confiance, les stellionataires, les tuteurs, administrateurs et autres comptables qui n'auront pas rendu et soldé leurs comptes. — 612.

Aucun failli non réhabilité ne peut se présenter à la Bourse. — 613.

De plus, le failli non réhabilité ne peut :

1° Dans les pays étrangers, être député de la nation, assister aux assemblées (art. 45 et 51 de l'ordonnance du 3 mars 1781).

2° Remplir les fonctions publiques (décret du 21 ventôse an III, 12 octobre 1794).

3° Exercer les droits de citoyen (art. 5 de l'acte du 22 frimaire an VIII, 13 décembre 1799).

4° Être nommé agent de change ou courtier (art. 83, Code de Com.).

5° Être admis à ouvrir un théâtre (art. 13 de l'acte du gouvernement, 8 juin 1806).

6° Être admis à l'escompte de la Banque de France (art. 50 de l'acte du gouvernement du 16 janvier 1808).

Enfin assister aux assemblées pour nommer : 1° les prud'hommes (art. 14 de l'acte du gouvernement du 11 juin 1809).

2° Les membres des tribunaux et chambres de commerce.

Il a été toutefois jugé par la cour de cassation, le 10 juin 1824 et 10 mars 1839, que le failli non réhabilité n'est pas privé de ses droits civils tels que : être témoin dans un testament ou autres actes semblables.

ACTES ET FORMULES.

[n]. Requête du failli à la cour en réhabilitation (n° 224).
— Insertion de la requête du failli (n° 74).
— Affiche de la requête pendant deux mois (n° 224).
— Arrêt de la cour statuant (n° 97).

IV

JUGEMENTS ET ARRÈTS DES TRIBUNAUX ET COURS D'APPEL ET DE LA COUR DE CASSATION

I. — Caractères de l'état de faillite. — Sa déclaration. — Établissements à l'étranger. — Cas du décès du commerçant qui a cessé ses payements.— Société. — Établissements divers. — Détermination de l'époque de la cessation de payements. — Ouverture de la faillite. — Report d'ouverture; affiches; insertions; leur validité. — Conséquences du report. — Recomblements ou rapports à la masse. — Voies de recours contre le jugement déclaratif de faillite et contre celui qui détermine l'époque de son ouverture. — Rapport ou rétractation du jugement déclaratif de faillite.

1. *Date de la cessation de payements.* — La déclaration de cessation de payements du failli fait foi de sa date jusqu'à inscription de faux.

Arrêt de la Cour de Nîmes, 21 janvier 1807.

2. *Appel du jugement déclaratif sur simple requête.* — Le tribunal de commerce peut déclarer la faillite sur simple requête d'un créancier sans qu'il soit besoin d'assigner préalablement le failli. L'appel du jugement qui a rejeté la demande du créancier peut également être formé par simple requête. D'autres créanciers de la faillite peuvent intervenir en appel quoique non parties en première instance.

Art. 466, *Code de proc. civ.* Arrêt de la Cour de Besançon, 3 mai 1808.

3. *Délai des voies de recours.* — *Affiche.* — *Sa constatation par procès-verbal.* — La preuve légale de l'affiche du jugement déclaratif de la faillite, pour faire courir le délai d'opposition, ne peut résulter que d'un procès-verbal d'opposition. Ce procès-verbal ne peut être remplacé par un certificat attestant que l'affiche a eu lieu et dressé longtemps après le fait qu'il constate. Ce certificat ne peut avoir plus de force qu'une déposition de témoins, laquelle ne peut être admise, pour faire courir le délai d'opposition, au jugement qui déclare la faillite ouverte.

Cour de Douai, 27 février 1810.—Cour de cassation, 24 août 1841. — Cour de Nancy, 3 juin 1842. — Cour d'Orléans, 11 mars 1846.— Cour de cassation, 7 janvier 1856.

4. *Associé commanditaire, son droit.* — Un associé commanditaire n'est pas recevable comme associé à provoquer la déclaration de la faillite; il ne le peut même comme créancier, et sous prétexte que l'inventaire constate un déficit de valeur, lorsqu'il n'y a pas eu cessation de payements. L'inventaire dressé avec sa participation doit être pour lui une pièce confidentielle dont il ne saurait abuser pour ruiner le crédit de la société.

Cour de Colmar, 17 mars 1810.

5. *Caractère de la suspension de payements.* — La suspension de payements suivie de protêts, de condamnation et d'atermoiement est une cessation de payements dans le sens de l'art. 437.

Cour de cassation, 30 avril 1810.

6. *Ouverture de la faillite.* — *Lettre circulaire aux créanciers.* — La lettre circulaire, dans laquelle le failli a manifesté son impossibilité de payer, suffit pour déterminer l'époque de l'ouverture de la faillite lorsqu'elle se lie à une cessation antérieure de payements et d'affaires constatée par le livre-journal du failli.

Cour de Liége, 3 juillet 1812. — Cour de Nancy, 16 février 1832.

7. *Ouverture de la faillite.* — *Sa détermination même en cas de payements après protêts.* — L'ouverture de la faillite est déterminée non pas uniquement par la cessation absolue de payements, mais par toute cessation procédant de l'insolvabilité réelle du débiteur, encore qu'il ait fait quelques payements postérieurement aux condamnations ou protêts, sur lesquels peut se fonder le refus d'acquittement de ses obligations.

Cour de Rouen, 19 avril 1815.

8. *Actes de commerce passagers.* — *Déclaration de faillite.* — Bien que l'état de commerçant ne soit pas notoire, du moment qu'il est établi qu'un individu fait habituellement des actes de commerce, en vue d'un lucre, cet individu peut être déclaré en état de faillite, comme commerçant, eût-il d'ailleurs toute autre profession bien connue et étrangère au commerce.

Cour de cassation du 15 mai 1815.

9. *Déclaration de faillite.* — *Cas d'un commerçant qui ne fait plus de commerce depuis sa cessation de payements.* — Un commerçant qui aurait cessé le commerce antérieurement à la cessation de payements, ne peut être déclaré en faillite s'il n'avait, depuis, repris le commerce.

Cour de cassation du 16 mars 1818.

10. *Dettes civiles.* — Si, à raison d'autres dettes ayant un caractère commercial, la faillite vient à être déclarée, on ne peut en fixer l'ouverture à la date des actes contenant le refus d'acquitter des dettes civiles.

Cour de Metz, 17 août 1818.

11. *Déclaration provisoire de faillite.* — *Légalité de cette déclaration.* — Il est d'usage dans certains tribunaux de n'indiquer que provisoirement l'ouverture de la faillite, sauf à confirmer ou à rectifier cette indication provisoire. Il a été jugé que cet usage n'a rien d'illégal.

Cour de cassation, 24 décembre 1818.

12. *Fixation par la Cour d'appel de la date de l'ouverture de la faillite.* — Lorsque le jugement qui n'a indiqué que provisoirement l'époque de l'ouverture de la faillite est attaqué par appel, la Cour peut, *de plano*, et sans renvoyer devant les premiers juges, fixer définitivement l'époque de l'ouverture de cette faillite.

Cour de cassation, 24 décembre 1818.

13. *Retraite du débiteur.* — La retraite du débiteur qui, d'après l'article 441 du Code de commerce (ancienne rédaction), sert à fixer l'époque de sa faillite, doit être entendue en ce sens, qu'il faut que le débiteur l'ait faite pour se soustraire aux poursuites de ses créanciers.

Tribunal de Marseille, 4 août 1819.

14. *Dette échue.* — *Payement.* — Un créancier qui, antérieurement à la déclaration de faillite de son débiteur, mais postérieurement à l'époque fixée pour l'ouverture de la faillite, a reçu le payement d'une dette échue, peut être soumis à recomblement, lors même que la mauvaise foi n'est pas prouvée.

Cour d'Aix, 20 décembre 1820.

15. *Convocation de créanciers.* — *Atermoiement.* — *Report d'ouverture.* — La convocation des créanciers et l'atermoiement qui leur est demandé, ne constituent pas l'état de faillite d'un négociant, lors surtout qu'il n'a pas fait retraite et a continué à gérer ses affaires. Si donc, plus tard, la faillite est déclarée, l'ouverture n'en doit pas être fixée à l'époque de la convocation des créanciers.

Tribunal de Marseille, 29 janvier 1821. — Cour d'Angers, 27 août 1824.

16. *Travaux forcés.* — Un condamné aux travaux forcés à temps peut valablement se déclarer en état de faillite.

Cour de Paris, 18 janvier 1823.

17. *Cessation de payements.—Date de l'ouverture.—* Toutes les fois qu'il s'agit de la validité ou de l'invalidité d'un acte relativement aux tiers, l'état de la faillite, et par suite, l'incapacité du failli ne peuvent être induits que de la cessation effective, générale et notoire de payements. En conséquence, l'ouverture de la faillite ne peut être déterminée par la date de quelques protêts isolés, mais restés inconnus du public, et non suivis de poursuites judiciaires.

Tribunal de Marseille, 10 juin 1823, 12 janvier 1824. — Cour d'Aix, 18 janvier 1825. — Cour de Paris, 13 mai 1826.

18. *Actif. — Passif. —* La faillite d'un commerçant peut être déclarée, quoiqu'il n'y ait pas de sa part cessation absolue de payements, s'il est d'ailleurs constant que le montant des effets protestés et des condamnations prononcées contre lui excède son actif.

Cour de Bourges, 27 août 1824.

19. *Liquidation de créances. — État de faillite. —* La liquidation de la part d'un commerçant, de ses créances, n'est pas un signe de faillite.

Cour d'Aix, 18 janvier 1825.

20. *Ouverture de la faillite.— Jour de la déclaration. —* Le jour auquel un jugement fixe l'ouverture de la faillite est compris sans distinction d'heures dans le temps de la faillite. Dès lors, les payements faits dans ce jour sont nuls.

Cour de Rouen, 12 juillet 1825.

21. *Existence de la faillite quelle que soit la cause de la cessation de payements. —* La cessation de payements constitue le débiteur en faillite, quelle qu'en soit la cause, fût-elle attribuée à un événement de force majeure, étranger à son commerce, tel que son arrestation par mesure administrative.

Cour de cassation, du 18 mars 1826.

22. *Déclaration de faillite après protêts.—* De simples protêts non suivis de condamnation ne suffisent pas pour constituer l'état de faillite du souscripteur des effets protestés.

Cour de Paris, 13 mai 1826.

23. *Jugements déclaratifs de faillite. — Leur publicité. —* Un jugement déclaratif de faillite est nul, quoique rendu sur requête, faute d'avoir été prononcé à l'audience.

Cour de Metz, 26 avril 1827.
Cour d'Amiens, 25 avril 1839.

24. *Voies de recours.* — *Mode à suivre.* — C'est par voie d'opposition et non par appel qu'on doit se pourvoir contre les jugements déclaratifs de faillite et indicatifs d'ouverture; l'appel n'est ouvert que contre les jugements qui ont statué sur cette opposition.

Cour de Poitiers, 17 août 1828.

25. *Date de l'ouverture de la faillite.* — *Sa fixation.* — L'époque de l'ouverture de la faillite doit être fixée seulement à la cessation de paye ments, sans pouvoir être reportée à une date antérieure, encore bien qu'il soit constant, par des actes attestant des refus de payements, que le failli était dans un état d'embarras et de détresse qui ne lui permettait pas de satisfaire à ses engagements sans faire des sacrifices préjudiciables à la masse.

Cour de Paris, 7 mai 1829.

26. *Recours contre le jugement déclaratif.* — *Tierce opposition.* — La tierce opposition, formée par des créanciers hypothécaires du failli, au second jugement qui fixe définitivement la date de l'ouverture de la faillite, le rapportant à une époque antérieure à celle qui a été fixée par le jugement provisoire, est recevable lorsque le jugement leur porte préjudice. Les règles particulières ne s'appliquent qu'au premier jugement qui fixe l'ouverture de la faillite.

Cour de cassation, 15 mars 1830.

27. *Droit du créancier porteur de titres non échus.* — Le créancier ayant titre non échu peut, comme les autres, provoquer le jugement déclaratif de la faillite.

Cour de Paris, 27 décembre 1831.

28. *Jugement déclaratif.* — *Recours.* — Le jugement déclaratif de faillite n'est pas tellement d'ordre public qu'il ne puisse être révoqué sur l'opposition formée par le commerçant contre lequel il a été rendu, et non contesté par ses créanciers, si d'ailleurs l'examen de la faillite n'ayant signalé aucune contravention à l'ordre public entraînant quelque peine, le ministère public a conclu lui-même au rapport du jugement dont s'agit.

Cour de Bordeaux, 9 juillet 1832.

29. *Recouvrements.* — *Réclamations en restitution de la part du failli en cas de concordat.* — Dans le cas où un créancier du failli sera tenu envers la masse au rapport de la somme qu'il aura touchée de bonne foi, avant la déclaration de la faillite, mais postérieurement à l'époque à laquelle

l'ouverture de la faillite a été jugée devoir remonter, le failli concordataire, et agissant en son nom propre et personnel, ne pourra demander la restitution de cette somme par le motif qu'elle lui avait été abandonnée par la masse des créanciers.

> Cour de Paris, 21 mars 1833.

30. *Report d'ouverture.* — *Un seul protêt.* — Bien qu'un seul protêt, suivant les cas, ne soit pas suffisant pour faire déclarer l'ouverture d'une faillite, cependant les tribunaux ont pu faire remonter cette ouverture au premier refus de payement, si le failli a laissé successivement protester les billets qu'il avait consentis et ne justifie pas qu'il avait repris ses payements.

> Cour de Bordeaux, 19 décembre 1833, 20 juillet 1837, 10 décembre 1837.

31. *Ouverture de la déclaration de faillite.* — *Compétence du tribunal civil.* — La faillite existant par le seul fait de la cessation de payements indépendamment du jugement déclaratif, il suit qu'un tribunal civil appelé à prononcer sur la distribution du prix des biens d'un commerçant peut, sans empiéter sur la juridiction commerciale, décider que le commerçant est en état de faillite et fixer l'époque de l'ouverture de la faillite.

> Cour de Grenoble, 7 juin 1834.

32. *Billet protesté.* — *Renouvellement.* — *Fixation de la date de l'ouverture.* — Le commerçant qui, au lieu de payer réellement un de ses billets protestés ne fait que le renouveler doit être réputé en état de faillite. — En conséquence, la date de la faillite remonte à l'époque du protêt, lors même que le failli aurait été depuis à la tête de son commerce pendant plusieurs années.

> Cour de Bordeaux, 4 août 1835. — Cour de cassation, 26 avril 1841.

33. *Douane.* — *Son droit de demande en déclaration de faillite.* — L'administration des douanes a le droit de provoquer la déclaration de faillite d'un négociant redevable. — Spécialement, ce droit lui compète lors surtout qu'elle est intéressée à l'exercer pour faire tomber une hypothèque consentie à son préjudice sur les biens de son débiteur.

> Cour d'Aix, 27 novembre 1835.

34. *Association en participation.* — Dans le cas d'une association en participation, l'un des associés peut être déclaré en faillite, lorsque les

billets, souscrits dans un intérêt commun par son coassocié, sont protestés faute de payement.

Cour de Bordeaux, 23 février 1836.

35. *Insertions.* — *Journaux.* — Il n'est pas nécessaire que l'extrait
du jugement déclaratif soit inséré dans tous les journaux de la localité
désignés par l'autorité; il suffit que l'insertion ait lieu dans l'un de ces
journaux.

Cour de Toulouse, 22 avril 1837.

36. *Date de l'ouverture de la faillite.* — *Cas du concordat homologué.* —
Après un concordat passé entre le failli et ses créanciers, l'époque de
l'ouverture de la faillite ne peut plus, dans le cas où elle n'a pas été déterminée par le jugement déclaratif de la faillite, être fixée par le jugement même qui homologue le concordat.

Cour de cassation, 13 novembre 1837.

37. *Jugement déclaratif.* — *Défaut d'exécution dans les six mois.* — *Péremption.* — Le jugement, par défaut, déclaratif d'une faillite, doit être
exécuté dans les six mois de sa date, sous peine de tomber en péremption. L'exécution de ce jugement résulte de l'affiche et de l'insertion,
aux journaux, des opérations de la faillite auxquelles assiste le failli,
et mieux encore du dépôt de sa personne dans la maison d'arrêt pour
dettes.

Cour de Paris, 6 décembre 1838. — Cour d'Orléans, 31 août 1858.

38. *Insertion.* — *Enregistrement du journal.* — Le défaut d'enregistrement du journal, dans les trois mois, emporte nullité de la formalité
qui est censée n'avoir pas été remplie.

Cour de cassation, 30 janvier 1839. — Cour de Bordeaux, 5 février 1841.

39. *Suicide.* — *Insolvabilité.* — *Protêts.* — *Endossements.* — La faillite d'un
commerçant qui s'est suicidé ne peut être déclarée qu'autant qu'il y a
eu cessation de payements préexistante au décès. — La cessation de
payements de la part du décédé ne peut résulter de l'état d'insolvabilité
révélé par l'inventaire fait après le décès. — Les protêts, énoncés dans
l'inventaire, relatifs à des effets sur lesquels le décédé ne figurait que
comme endosseur sont insuffisants pour motiver la déclaration de
faillite.

Tribunal de commerce de Marseille, 14 février 1839.

40. *Titre.* — *Droit de demande en déclaration de faillite.* — Celui qui n'est

pas créancier certain, c'est-à-dire porteur d'un titre ou d'un jugement qui le déclare tel, n'a pas qualité pour faire déclarer la faillite de son prétendu débiteur.

Tribunal de commerce de Marseille, 14 février 1839.

41. *Société en commandite.* — *Gérant.* — Le gérant d'une société en commandite qui s'est borné à donner sa démission, sans provoquer, au moment de sa retraite, la dissolution et la liquidation de la société, doit être déclaré en faillite avec le nouveau gérant lorsque la société vient plus tard à cesser ses payements.

Cour de Paris, 26 mars 1840.

42. *Dette.* — *Echéance.* — *Renouvellement.* — La cessation de payements nécessaire pour déterminer l'état de faillite d'un commerçant ne peut pas s'induire des renouvellements d'engagements et prorogations de terme qu'il a obtenus de quelques-uns des créanciers pour des dettes échues, si d'ailleurs, et, dans le même temps, il a continué à payer ses autres engagements, et s'il n'y a eu alors contre lui ni protêt, ni jugement, ni poursuites judiciaires. — Il en doit être ainsi, lors même qu'en obtenant terme, il a consenti une hypothèque en remboursement d'un nantissement antérieur. — Par suite, l'ouverture de la faillite, plus tard déclarée, ne peut remonter à l'époque des prorogations de terme accordées au failli, et ne doit être fixée qu'au jour de la cessation générale et effective des payements qui a déterminé la déclaration de la faillite.

Cour d'Aix, 30 mars 1840.

43. *Créancier unique.* — La mise en faillite d'un commerçant peut être prononcée, bien qu'il n'ait qu'un seul créancier.

Cour d'Orléans, 29 mai 1840. — Cour d'Orléans, 7 juillet 1841. — Cour de cassation, 6 décembre 1841. — Tribunal de commerce de Marseille, 4 octobre 1861. — Cour de Paris, 31 mars 1865.

44. *Créanciers.* — *Action.* — *Juge-commissaire.* — L'action intentée par quelques-uns des créanciers d'une faillite contre les autres créanciers et le syndic de la même faillite, à raison d'une somme payée dont les premiers réclament le recomblement dans la masse, ne doit pas être tout premièrement portée devant le juge-commissaire, avant d'être soumise au tribunal, aux termes de l'article 466 du Code de commerce.

Tribunal de commerce de Marseille, 15 décembre 1840. — Cour d'Aix, 6 mars 1841.

45. *Dettes civiles.* — La cessation de payement des dettes civiles d'un commerçant peut constituer l'état de faillite aussi bien que l'état de cessation de payement des dettes commerciales. (Voir plus loin, Ar-

rêt contraire du Tribunal de commerce de Marseille du 29 mars 1860,
n° 60.)

Cour de Nancy, 30 juillet 1842.

46. *Société anonyme.* — Une société anonyme peut être déclarée en
faillite sur la demande de ses créanciers.

Tribunal de commerce de la Seine, 31 octobre 1843.

47. *Cessation de payements.* — *Appréciation des juges.* — *Pouvoir discrétionnaire.* — Les juges ont un pouvoir discrétionnaire pour apprécier les
circonstances et les faits qui constituent un négociant en état de cessation de payements et par suite en état de faillite.

Cour d'Orléans, 30 juillet 1844.

48. *Femme d'un failli.* — *Déclaration de faillite.* — La femme d'un
commerçant failli qui n'a fait que détailler les marchandises du commerce de son mari ne peut être déclarée en état de faillite.

Cour de Paris, 7 février 1845.

49. *Insolvabilité.* — *Déclaration de faillite.* — Le commerçant notoirement insolvable qui continue à faire ses payements au moyen de
l'assistance que lui prête un de ses créanciers, pour en obtenir une
garantie au préjudice des autres créanciers, est en état de cessation de
payements.

Cour de Paris, 7 mars 1846. — Cour de Lyon, 31 décembre 1847.

50. *Créancier avantagé.* — *Peines et rapports.* — Le créancier qui s'est
fait accorder un avantage particulier à la charge de l'actif est passible
de peines correctionnelles prononcées par l'article 597 du Code de commerce. — Toutefois, il faut, pour l'application des peines prononcées,
que le créancier, au moment où il a reçu le payement qui lui a été fait,
ait eu connaissance de l'état de faillite ou de cessation de payements de
son débiteur. Le créancier n'est tenu, dans le cas contraire, que de la
restitution de ce qu'il a reçu, aux termes de l'article 446 du Code de
commerce.

Cour de Cassation, 3 avril 1846.

51. *Déclaration.* — *Associé solidaire.* — *Commune exécution.* — *Compétence.*
— Demander la déclaration de faillite d'un négociant reconnu associé solidaire d'un autre négociant déjà déclaré en faillite par un jugement antérieur, ce n'est autre chose que demander la commune exécution de ce
jugement contre celui qui n'y avait pas été compris en l'état de l'ignorance où l'on était de sa qualité. — Par suite, cette demande d'obtenir la
commune exécution doit être portée devant le tribunal qui a rendu le

jugement dont il s'agit lors surtout que la ville où siége ce tribunal était le lieu du principal établissement de la société et que les créanciers, pour le plus grand nombre, y sont domiciliés. — L'associé solidaire contre lequel on demande la commune exécution du jugement qui a déclaré la faillite de son associé ne peut exciper de ce que sa qualité d'associé ne résulte pas d'un acte écrit, si d'ailleurs les faits l'établissent suffisamment. — Dans de telles circonstances, le silence gardé par l'associé solidaire, lors de la déclaration de faillite de son associé, constitue de sa part, à la loi et aux droits des tiers, une fraude qui ne saurait lui profiter. — Il ne peut donc se prévaloir du concordat intervenu entre son associé failli et les créanciers de celui-ci, pour repousser la demande en déclaration de faillite dirigée contre lui. — En admettant en principe que le concordat a consommé et anéanti tout ce qui concernait la première faillite, ce principe n'est pas applicable à l'associé qui a dissimulé sa qualité. — D'autre part, il est de principe que la faillite dissout la société, de telle sorte que tout ce qui a été fait par l'associé déclaré en faillite le premier, ne concerne que lui seul et ne peut profiter à ses associés alors inconnus.

Cour d'Aix, 7 juillet 1846.

52. *Faillite d'une société.* — *Silence de l'un des associés.* — *Conséquences.* — Le silence de l'un ou de plusieurs des associés, ou leur adhésion au jugement qui déclare la société en faillite ne peut nuire aux droits des autres associés et ne saurait être un obstacle à la rétractation de ce jugement, sur la demande de ceux-ci.

Cour de Lyon, 5 janvier 1849.

53. *Publicité.* — *Affiche.* — *Opposition.* — La publicité prescrite par les articles 442 et 580 du Code de commerce pour les jugements de déclaration ou de report de faillite, résulte suffisamment de l'insertion dans les journaux et de l'affiche dans la salle d'audience du tribunal de commerce. L'affiche extérieure n'est pas obligée par la loi. C'est donc à partir de l'accomplissement des formalités d'insertion et d'affiche intérieure que court le délai pour l'opposition envers ces jugements.

Tribunal de commerce de Marseille, 22 juin 1849.

54. *Jugement de report.* — *Publicité.* — *Appel.* — *Délai.* — L'appel émis par un créancier du failli envers le jugement qui reporte l'ouverture de la faillite à une époque antérieure au jugement de déclaration, n'est pas recevable s'il n'est formé qu'après les délais fixés par la loi (580, Code de commerce), à compter de l'accomplissement des formalités de publicité prescrites par l'art. 442, même Code.

Cour d'Aix, 16 janvier 1850.

55. *Déclaration.* — *Jugement.* — *Motifs.* — L'arrêt qui, appliquant à un individu la qualification de commerçant, le déclare en faillite sur le motif qu'il s'est livré à des actes de commerce nombreux et importants qui l'ont rendu justiciable du tribunal de commerce, est suffisamment motivé, quoique n'exprimant pas en termes formels que cet individu a fait du commerce sa profession habituelle.

Cour de cassation, 19 février 1850.

56. *Achat d'immeubles.* — Le fait d'acheter des immeubles pour les revendre ne constitue pas un acte de commerce. Par suite, l'habitude de ce fait n'imprime pas à son auteur la qualité de commerçant, et ne doit pas motiver contre lui une déclaration de faillite.

Cour de cassation, 4 juin 1850. — Tribunal de commerce de Marseille, 15 mars 1860.

57. *Recomblement.* — *Titres d'actions.* — *Restitution.* — Les créanciers d'un failli actionnés par le syndic en recomblement de sommes par eux reçues postérieurement à l'époque fixée pour l'ouverture de la faillite, ne sont tenus de restituer que les sommes qui leur ont été comptées en argent, et non le montant des actions dont le failli leur a remis les titres dans une nouvelle société par lui entreprise et qui n'a pas été suivie d'effet. Il suffit, quant à ce dernier objet, que les créanciers actionnés en recomblement remettent en nature au syndic les titres d'actions qu'ils ont reçus.

Tribunal de commerce de Marseille, 16 janvier 1851.

58. *Avoué.* — L'avoué qui se livre habituellement à des actes de commerce tels que des emprunts pour prêts, des souscriptions et négociations de billets à ordre et lettres de change, ou qui a un bureau d'affaires complétement étrangères à l'exercice de sa profession d'avoué, doit être réputé commerçant, et à ce titre peut être déclaré en faillite.

Cour de Rennes, 11 mars 1851.

59. *Fuite du failli.* — *Report.* — L'ouverture de la faillite ne doit pas être reportée au jour de la fuite du failli, encore bien que pendant cette journée il ait préparé sa fuite, si en même temps, sa maison est restée ouverte, et si jusqu'au dernier moment il a continué ses payements.

Cour de Rouen, 29 janvier 1858.

60. *Dettes civiles.* — Le défaut de payement, par un commerçant, de dettes purement civiles, ne permet pas de le faire déclarer en faillite. (Voir Arrêts, n° 45.)

Tribunal de commerce de Marseille, 29 mars 1860.

61. *Agent d'une compagnie de transports non susceptible d'être déclaré en faillite.* — L'agent d'une compagnie de transports par bateaux, qui n'a vis-à-vis de cette compagnie que la qualité de préposé salarié, et qui vis-à-vis des tiers n'a agi que comme représentant et engageant son mandant, ne doit pas être considéré comme commerçant et, par suite, ne saurait être déclaré en état de faillite, s'il n'a d'ailleurs pas fait le commerce en dehors de sa gestion d'agent.

Tribunal de commerce de Marseille, 1er février 1861.

62. *Créance non échue.* — *Demande d'atermoiement.* — *Cause non suffisante pour déclarer la faillite.* — Le fait par un négociant d'avoir proposé par lettre à un créancier de lui accorder terme et faculté de payer par fractions une dette non échue à ce moment, ne peut suffire pour prouver que ce négociant est en état de suspension de payements, si, d'ailleurs, il n'est relevé contre lui aucun protêt ou refus de payement de dette exigible et non contestable. En conséquence, une demande en déclaration de faillite qui n'est fondée que sur un fait pareil ne peut être accueillie.

Tribunal de commerce de Marseille, 6 mars 1863.

63. *Société de fait.* — *Déclaration individuelle.* — En cas de nullité d'une société en nom collectif pour défaut de publication et de faillite de l'association de fait à laquelle cette société a donné lieu; ce n'est pas de l'association de fait que la faillite doit être déclarée, une simple communauté de fait ne constituant pas une personne morale. Il y a donc lieu d'examiner relativement à chaque associé, s'il est réellement en état de cessation personnelle de payements, et de déclarer, suivant les circonstances, la faillite individuelle de chacun, en fixant la date au jour où elle a éclaté.

Cour de cassation, 24 août 1863.

64. *Report.* — *Délai des vérifications.* — *Fin de non-recevoir.* — *Report d'office.* — La disposition de l'art. 581 du Code de commerce, qu déclare non recevable toute demande en report de l'ouverture de la faillite, formée par les créanciers après les délais de la vérification et de l'affirmation des créances, forme obstacle même à ce que le tribunal reporte d'office l'ouverture de la faillite à une date antérieure à celle qui avait été précédemment fixée.

Cour d'Aix, 2 décembre 1863.

65. *Fournitures.* — *Cession rapportée par avance.* — *Validité.* — Si la faillite annule toutes les cessions faites par le failli à des créanciers postérieurement à l'époque à laquelle l'ouverture a été reportée, ce n'est que dans le cas où ces cessions ont été consenties en payement de créance déjà échues. Mais, si un fournisseur ne consent à faire des fournitures qu'autant qu'il obtiendra d'avance une cession pour assurer son payement, il y a lieu de considérer cette cession, non comme un payement annulable, aux termes de l'art. 446 du Code de commerce, mais comme un contrat fait à titre onéreux et de bonne foi, que la faillite laisse subsister et qui doit produire tout son effet.

Tribunal de commerce de Marseille, 18 janvier 1864.

66. *Jugement de rétractation. — Report. — Chose jugée.* — Le jugement qui rétracte la faillite d'un commerçant ne forme pas chose jugée à l'égard des créanciers sur la question de savoir si, à ce moment, ce commerçant était au-dessus de ses affaires. En conséquence, l'existence de ce jugement ne fait pas obstacle à ce que la faillite ultérieurement déclarée de nouveau soit reportée à une date antérieure à celle du jugement de rétractation.

Tribunal de commerce de Marseille, 31 octobre 1864.

67. *Syndic appelé dans l'instance en rétractation.* — Le syndic appelé dans l'instance en rétractation d'une faillite ne représente pas les créanciers dans cette instance et n'y a d'autre mission que d'éclairer le tribunal.

Tribunal de commerce de Marseille, 31 octobre 1864.

68. *Date de l'ouverture. — Cessation de payements. — Insolvabilité. — Dation d'une hypothèque.* — La cessation de payements servant à déterminer l'époque de l'ouverture de la faillite, doit être, sinon notoire et absolue, du moins effective, c'est-à-dire révélée par des actes qui soient la manifestation extérieure de l'insolvabilité du débiteur. Notamment, la dation d'une hypothèque et la cession d'une créance consentie comme supplément de gage par le débiteur à son créancier gagiste, ne peuvent être considérées comme une manifestation d'insolvabilité, lorsque d'une part ces sûretés ont été données en remplacement d'un gage frauduleusement soustrait par le débiteur, et que, d'autre part, le débiteur est resté, après cette époque et pendant plusieurs mois, à la tête de ses affaires, a fait de nombreux payements, et n'a subi ni protêts, ni poursuites.

Cour d'Aix, 5 janvier 1865. — Cour de cassation, 24 décembre 1866.

69. *Créanciers. — Atermoiement. — Rétractation.* — L'atermoiement consenti par des créanciers à l'égard de leur débiteur déclaré en faillite, laisse subsister l'état de cessation de payements, et ne peut donc suffire pour faire prononcer la rétractation de la faillite.

Tribunal de commerce de Marseille, 18 janvier 1865.

70. *Cessation de commerce.* — Un commerçant peut être déclaré en faillite à raison de ses engagements commerciaux, même après qu'il a cessé le commerce.

Cour de Paris, 31 mars 1865.

71. *Déclaration après décès.* — La faillite d'un négociant ne peut être déclarée après son décès, lorsqu'il a fait honneur à ses affaires jusqu'au dernier jour de sa vie, et que c'est après cette époque seulement que la cessation de ses payements s'est manifestée.

Tribunal de commerce de Marseille, 26 avril 1865, 21 août 1866.

72. *Société commerciale.* — *Nullité.* — *Société de fait.* — Lorsqu'une société commerciale en nom collectif est nulle, faute d'avoir été légalement publiée, l'association de fait, ayant existé entre les membres de cette société ne constitue pas, vis-à-vis des tiers, une personne morale, mais laisse subsister l'individualité distincte de chaque associé. En conséquence une telle association ne peut, comme société, être déclarée en faillite.

Cour d'Orléans, 9 août 1865.

73. *Ouverture.* — *Cessation de payements.* — *Protêt isolé.* — La date de l'ouverture de la faillite ne peut être déterminée par l'existence d'un protêt isolé et non suivi de poursuites, et si du reste, depuis lors et pendant plusieurs mois, le failli est resté à la tête de ses affaires et a continué ses opérations commerciales.

Tribunal de commerce de Marseille, 22 septembre 1865.

74. *Essai de concordat amiable.* — *Dividende distribué.* — *Déclaration judiciaire.* — *Dividende définitif.* — *Excédant restituable.* — *Intérêts.* — Les payements faits par un commerçant en état de cessation de payements, en vertu d'un concordat amiable et à titre de dividende, ne sont pas valides et légitimes si le concordat amiable n'a pas réuni les signatures de tous les créanciers. — Si donc, postérieurement, la faillite vient à être judiciairement déclarée et que le dividende définitif soit inférieur au dividende primitivement distribué, non-seulement l'excédant doit être restitué avec intérêts à partir du jour où il a été reçu, mais le créancier doit, en outre, restituer l'intérêt de la somme représentant le dividende définitif depuis le jour où il l'a indûment touchée jusqu'au jour où la distribution en a été régulièrement ordonnée par le juge-commissaire.

Tribunal de commerce de Marseille, 7 août 1866, 10 septembre 1867.

75. *Recombiements ou rapports.* — *Cas de fraude.* — Il y a lieu à rapport si le payement a été fait en fraude des droits des créanciers, par suite de manœuvres, sur remise de lettres de change ou de billets à ordre.

Cour de Lyon, 26 décembre 1866.

76. *Cessation de payements.* — *Actif supérieur au passif.* — La faillite d'un commerçant peut être prononcée lors même que son actif dépasserait son passif, si du reste la cessation de ses payements est constante.

Cour d'Aix, 15 janvier 1867.

77. *Demande en report.* — *Délai des vérifications.* — *Délai légal.* — *Délai de faveur.* — La disposition de l'article 581 du Code de commerce, qui permet de demander le report d'une faillite tant que le délai des vérifications n'est pas expiré, ne peut s'entendre que du délai légal, et non du délai de faveur. — Si donc, après la clôture légale du procès-verbal de vérification, un créancier en retard obtient que ce procès-verbal soit ouvert de nouveau, à la charge de supporter les frais de sa vérification tardive, ce fait ne peut avoir pour résultat de prolonger le délai pendant lequel la demande en rapport est recevable.

Tribunal de commerce de Marseille, 7 février 1867.

78. *Appel par le syndic.* — *Moyens nouveaux.* — Le syndic qui interjette appel d'un jugement rendu avant la faillite peut ajouter aux moyens déjà présentés tous ceux dérivant de l'état de faillite.

Cour de Paris, 10 mars 1868.

79. *Atermoiement.* — *Report d'ouverture.* — En principe, l'ouverture de la faillite doit être reportée au jour où le débiteur a fait un acte d'atermoiement amiable.

Cour de cassation, 10 mars 1868.

80. *Jugement déclaratif.* — *Appel.* — *Syndic.* — *Mise en cause.* — L'appel émis par un négociant envers le jugement qui le déclare en faillite peut être dirigé contre le créancier à la requête duquel a été rendu le jugement, sans qu'il soit nécessaire de mettre en cause le syndic provisoire.

Cour d'Aix, 1er mai 1868.

81. *Rapport.* — *Cas de non préjudice à la masse.* — Il n'y a pas lieu à rapport si le payement fait par un tiers n'a causé aucun préjudice à la masse.

Cour de cassation, 19 mai 1868.

82. *Report d'ouverture.* — *Payement.* — Le créancier qui a reçu son payement dans les dix jours antérieurs à l'époque où l'ouverture de la faillite a été reportée en doit le rapport à la masse.

Cour d'Orléans, 20 mai 1868.

83. *Huissier.— Actes de commerce.* — L'huissier qui se livre à une série d'actes de commerce doit être déclaré en faillite lorsqu'il est en état de cessation de payements.

Cour de Paris, 16 juin 1868.

84. *Atermoiement amiable. — Report de la faillite.* — L'ouverture de la faillite doit être reportée au jour où a eu lieu un atermoiement volontaire, bien qu'il ait permis au failli de continuer les affaires pendant un certain temps, surtout alors que cet armoiement a eu pour base l'entier sacrifice des droits appartenant à un mineur.

Tribunal de commerce de la Seine, 5 août 1868.

85. *Maison de commerce. — Établissement principal à l'étranger.— Succursales en France. — Déclaration de faillite à l'étranger. — Effets en France.* — La faillite d'une maison déclarée au lieu de son principal établissement entraîne la faillite de toutes ses succursales. — Alors même que le principal établissement est en pays étranger, le porteur de titres payables par une succursale établie en France ne peut obtenir que cette succursale soit l'objet d'une déclaration spéciale de faillite par le tribunal français du lieu où elle réside. Ce tribunal doit se borner à déclarer exécutoire en France la décision du juge étranger déclarant la maison entière en état de faillite, si la législation en vertu de laquelle cette décision a été rendue offre aux créanciers les mêmes garanties que la législation française.

Tribunal de commerce de Marseille, 18 août 1868.

86. *Jugement déclaratif. — Acquiescement par le failli. — Appel non recevable.* — Le failli qui a acquiescé au jugement déclaratif de sa faillite, en signant la requête pour la réalisation des marchandises, n'est pas recevable à interjeter appel.

Cour de cassation, 25 août 1868.

87. *Jugement déclaratif.— Changement de position du failli. — Opposition.* — L'opposition à un jugement déclaratif de faillite ne peut être admise que dans le cas où la cessation de payements n'existait réellement pas au moment où le jugement a été rendu. — Le retour du débiteur à une meilleure position depuis lors n'est donc pas un motif de rétracter le jugement qui a ouvert la faillite.

Tribunal de commerce de Marseille, 4 septembre 1868.

88. *État de cessation de payements.* — Il y a état complet de cessation de payements de la part de celui qui, pendant une année entière, n'a satisfait à ses échéances que sur des poursuites incessantes.

Cour de Paris, 16 novembre 1868.

89. *Créance commerciale.* — *Novation.* — *Créance civile.* — Le porteur d'une créance commerciale dans l'origine ne peut plus demander la faillite de son débiteur si elle est devenue civile par suite de novation.

Cour de cassation, 2 décembre 1868.

90. *Billet à ordre.* — *Poursuites.* — *Payement.* — *Rapport.* — Est sujette à rapport la somme payée sur poursuites faites, dans les dix jours qui ont précédé la faillite, sur billet à ordre resté impayé à l'échéance.

Cour de cassation, 9 décembre 1868.

91. *Report d'ouverture.* — *Acte dans les dix jours.* — *Nullité facultative.* — En cas de report de la faillite, le juge peut, par appréciation des circonstances, maintenir un acte passé dans les dix jours qui ont précédé le report, encore bien que le créancier eût connaissance de l'état de cessation de payements de son débiteur.

Cour de cassation, 9 décembre 1868.

92. *Failli cessionnaire.* — Le failli et le cessionnaire du failli ont le droit d'interjeter appel du jugement qui, en reportant l'ouverture de la faillite, a pour effet d'annuler la cession. Mais un créancier chirographaire, qui a été représenté par le syndic, n'a pas ce droit.

Cour d'Orléans, 10 décembre 1868.

93. *Étranger.* — On ne peut déclarer en faillite en France un étranger qui n'y a aucun établissement et n'y a fait aucune opération de commerce.

Cour de Paris, 16 décembre 1868.

94. *Rapport de la faillite.* — *Atermoiement.* — Il n'y a pas lieu à rapport de la faillite, parce que les créanciers, après le jugement déclaratif de la faillite, auraient souscrit avec le failli un acte d'atermoiement amiable.

Tribunal de commerce de Versailles, 24 février 1869.

95. *Fermier.* — *Bestiaux à l'engrais.* — Le fermier qui engraisse des bestiaux pour les revendre, n'est pas commerçant et ne peut être déclaré en faillite.

Cour de cassation, 7 avril 1869.

96. *Demande en rétractation. — Consentement des créanciers. — Payement non justifié. — Écritures irrégulières. — Créanciers inconnus. —* Le consentement des créanciers d'un débiteur failli ne suffit pas pour rétracter le jugement qui a déclaré la faillite, s'il n'en résulte pas la preuve que ces créanciers aient été réellement et intégralement payés. Dans le cas même où le failli justifierait du payement par lui fait aux créanciers connus, il ne pourrait encore obtenir la rétractation du jugement qui l'a déclaré en faillite, si l'irrégularité de ses écritures laissait supposer l'existence de créanciers autres que ceux qu'il prouve avoir désintéressés.

Tribunal de commerce de Marseille, 13 avril 1869.

97. *Décès du mari.— Cessation de payements. — Faillite non déclarée. — Droits de la veuve. —* Bien que le mari soit décédé en état complet de cessation de payements, on ne peut opposer à sa veuve l'article 563 du Code de commerce si la faillite n'a pas été déclarée dans l'année du décès.

Cour de cassation, 28 avril 1869.

98. *Commerçant (ancien). —* On ne peut déclarer en faillite un ancien commerçant à raison de faits postérieurs à sa retraite du commerce.

Cour d'Angers, 19 mai 1869.

99. *Créancier unique.— Dette civile. —* La faillite d'un commerçant ne peut être déclarée sur la poursuite d'un seul créancier pour dette civile, en l'absence de toute poursuite de la part de créanciers commerciaux.

Marseille, 25 mai 1869.

100. *Seconde faillite.— Première faillite clôturée pour insuffisance d'actif. —* Lorsqu'un commerçant, après une première faillite clôturée pour insuffisance d'actif, s'établit dans une autre ville pour y faire un autre genre de commerce, s'il se trouve de nouveau en état de cessation de payements, il en résulte une faillite nouvelle indépendante de la première.

Cour de Lyon, 12 juillet 1869.

101. *Seconde faillite. — Insuffisance d'actif sur la première. —* Il n'y a pas lieu de prononcer une deuxième faillite lorsque la première a été clôturée pour insuffisance d'actif.

Cour de Paris, 21 août 1869.

102. *Rapport de la faillite. —* Il y a lieu de rapporter le jugement déclaratif de faillite, lorsque les créanciers ont été désintéressés sur

l'appel, alors surtout qu'un seul créancier a fait des poursuites, en vertu d'un jugement frappé d'appel.

Cour de Paris, 23 et 27 août 1869, 12 février et 7 avril 1870.

103. *Construction.*—*Acte non commercial.*— Une construction à usage de location, n'étant pas un acte de commerce, on ne peut prononcer la faillite de celui qui l'a fait élever.

Cour de Paris, 15 février 1870.

104. *Faillite à l'étranger.*— *Étranger décédé en France.*— *Syndic étranger.* — Lorsqu'un étranger est décédé en France, les biens composant sa succession doivent être remis au syndic de la faillite qui a été prononcée en pays étranger, lorsque le jugement est déclaré exécutoire en France.

Tribunal civil de la Seine, 12 mars 1870.

105. *Qualité de commerçant.* — *Actes de commerce isolés.* — Des actes de commerce isolés, bien que suffisants pour rendre celui qui s'y livre justiciable des tribunaux de commerce à raison de ces actes mêmes, ne suffisent pas cependant pour le faire déclarer commerçant, et, par suite, pour le rendre susceptible d'être déclaré en faillite.

Tribunal de commerce de Marseille, 23 mars 1870.

106. *Jugement déclaratif.* — *Erreur matérielle.* — Il y a lieu de rectifier les erreurs matérielles que l'on reconnaît, en cours des opérations de la faillite, avoir été commises dans le jugement déclaratif de la faillite.

Cour de Paris, 24 mars 1870.

107. *Pharmacien non diplômé.* — Un pharmacien, bien qu'il ne soit pas diplômé, étant commerçant, doit être déclaré en faillite, lorsqu'il se trouve en état de cessation de payements.

Cour de Rouen, 29 avril 1870.

108. *Rapport de la faillite demandé par les créanciers.* — Bien que la plupart des créanciers demandent le rapport de la faillite, comme étant préjudiciable à la masse, il y a lieu de la maintenir, si le failli est en état de cessation de payements.

Tribunal de commerce de la Seine, 4 juillet 1870.

109. *Ignorance de la cessation de payements.*— *Recomblements.* — L'impossibilité d'acquitter des traites à échéances fixes ne constitue pas par elle-même, et dans tous les cas, la preuve de la cessation de payements.

Lorsqu'il s'agit notamment d'un marchand faisant un petit commerce, ce fait peut n'être que l'indice d'un état de gêne momentanée, et celui qui, en connaissance de ce fait, a reçu de ce marchand plus tard et dans les délais de l'art. 447 du Code de commerce, le payement d'une dette échue n'est pas, par cela même, réputé avoir reçu avec connaissance de la cessation de payements de son débiteur, ni, par suite, tenu à recomblement.

Tribunal de commerce de Marseille, 5 juillet 1870.

110. *Non commerçant. — Opérations multipliées de commerce.* — Doit être déclaré en état de faillite, comme étant commerçant, celui qui se livre à des opérations multipliées, sous toutes les formes et dans diverses localités, qui toutes ont un caractère déterminé de spéculations mercantiles.

Cour de Paris, 16 août 1870.

111. *Créancier unique. — Titre non commercial.* — On ne peut déclarer la faillite d'un commerçant sur la demande d'un seul créancier dont le titre n'est pas commercial, n'ayant que la simple apparence de lettre de change, et s'il est justifié d'ailleurs qu'il n'a pas eu pour cause son commerce.

Cour de Paris, 30 août 1871.

II. — Effets de la faillite : 1° relativement aux biens et à la personne du failli ; 2° relativement aux actes faits par le failli antérieurement ou postérieurement au jugement déclaratif. — Loyer. — Bail. — Propriétaire. — Loi nouvelle de 1872.

112. *Mandataire.—Ses actes.—Cas de la faillite de son mandant.* — Aux termes de l'art. 2007 du Code civil, le mandat cesse par le fait de la faillite; mais, en conséquence des art. 2008 et 2009 du Code civil, qui déclarent valables à l'égard des tiers de bonne foi, les actes faits par le mandataire depuis la fin de son mandat et alors qu'il ignorait la cause de cette cessation, tout ce qui a été fait entre le mandataire et des tiers, depuis la faillite du mandant, est valable tant que cette faillite ne leur est pas connue.

Cour de Cassation, 15 février 1808.

113. *Locataire. — Saisie gagerie des meubles. — Vente.* — La faillite du locataire survenue postérieurement à la saisie gagerie de ses meubles, et le jugement qui a déclaré cette saisie valable, ne font point obstacle à ce qu'il soit procédé à la vente des meubles en la forme ordinaire et à

la requête du propriétaire saisissant sous la conservation des droits de tous les intéressés.

Cour de Paris, 18 octobre 1808.

114. *Vente de marchandises antérieurement aux dix jours qui ont précédé le jugement déclaratif. — Cas de nullité.* — Une vente de marchandises faite par acte enregistré plus de dix jours avant la faillite, peut être annulée comme frauduleuse si elle a été faite au comptant, sans facture, sans énonciation de poids ni de quantité, et à une époque où la faillite du vendeur n'était plus douteuse pour les parties.

Cour de Dijon, 11 août 1809.

115. *Acte de vente. — Date incertaine. — Son effet.* — L'acte de vente sous seing qui n'a pas de date certaine avant les dix jours qui ont précédé l'ouverture de la faillite du vendeur, doit être déclaré nul dans l'intérêt des créanciers, quand aucune circonstance n'établit la sincérité de la date de cet acte; si donc les marchandises se trouvent encore dans le magasin du vendeur lors de la faillite, l'acheteur n'est pas fondé à les revendiquer.

Cour de Metz, 17 août 1818.

116. *Faillite à l'étranger. — Son effet en France.* — Les étrangers déclarés en faillite dans leur pays, et interdits pour fait de faillite, ne sont pas réputés faillis et interdits en France.

Cour de Colmar, 11 mars 1820.

117. *Actes sous seing privé.* — Les actes sous seing privé, émanés du failli, n'ont de date certaine à l'égard de la masse que du jour de leur enregistrement.

Cour de Liége, 21 avril 1821.

118. *Date des effets du jugement déclaratif sur les tiers.* — C'est du jour de la déclaration, et non du jour de l'insertion dans les journaux, que le jugement déclaratif produit son effet à l'égard des tiers.

Cour de cassation, 2 juillet 1821.

119. *Loyers.* — Le propriétaire de la maison louée au failli a sur les meubles qui la garnissent un privilége qui prime celui des frais d'administration de la faillite.

Cour de cassation, 20 août 1821.

120. *Vente. — Fonds de commerce.* — Le vendeur d'un fonds de commerce qui n'a pas reçu le prix n'a pas le droit, en cas de faillite de

l'acheteur, d'être payé, par privilége, sur ce fonds, ou d'en être remis en possession en demandant la résolution de la vente.

Cour de Paris, 11 décembre 1822.

121. *Commissaire.*—*Vente.*— *Nullité.*— Un négociant est en faillite dès le moment où des commissaires sont nommés amiablement pour administrer ses affaires ou surveiller ses opérations. Les commissaires ainsi institués n'ont pas capacité suffisante, avant l'ouverture de la faillite, pour vendre les facultés mobilières du failli. Une telle vente est frauduleuse et nulle de plein droit à l'égard du failli. Elle est également frauduleuse et nulle à l'égard de l'acheteur, par cela seul qu'il a traité avec les commissaires.

Tribunal de commerce de Marseille, 6 décembre 1826.

122. *Droit de posséder du failli.*— Le failli, par le fait de sa mise en état de faillite, n'est dessaisi que de l'administration de ses biens; il a toujours le droit de propriété.

Cour de Caen, 19 janvier 1827.

123. *Intérêts de la masse.*— *Instance.*— *Présence du failli.*— Le failli ne doit pas être appelé dans une instance où les intérêts seuls de la masse des créanciers sont agités.

Tribunal de commerce de Marseille, 2 mars 1827.

124. *Failli.*— *Capacité.*— *Obligation.*— *Concordat.*— Un failli, quoique dessaisi de l'administration de ses biens, a encore capacité pour contracter des obligations. Par suite, il est personnellement tenu d'acquitter les nouveaux engagements qu'il a pu contracter depuis sa faillite, lors même qu'ils ne seraient que le renouvellement d'une dette antérieure à la faillite et portée au bilan. Toutefois, ces nouveaux engagements ne peuvent préjudicier aux créanciers de la faillite.

Cour de cassation, 21 novembre 1827.

125. *Créance du propriétaire.* — *Vérification et affirmation.*— La créance du propriétaire, quoique privilégiée, est soumise à la formalité de la vérification et de l'affirmation exigée pour les créances ordinaires.

Cour de Paris, 1er juillet 1828.

126. *Loyers.*— Le propriétaire, créancier d'un failli pour loyers arriérés, est tenu, avant d'exercer son privilége sur le mobilier de son locataire, de faire vérifier et affirmer sa créance. Par suite, le tribunal civil est incompétent pour prononcer la validité d'une saisie-arrêt pratiquée par le propriétaire sur le produit de la vente du mobilier de son locataire

failli. En d'autres termes, le privilége du propriétaire pour loyers ne peut être exercé dans la faillite du locataire que suivant les formes prescrites par le Code de commerce.

> Cour de Paris, 1er juillet 1828. — Tribunal supérieur d'Alger, 3 juillet 1837.

127. *Cession de créances.* — *Défaut de signification.* — Les cessions de créances non signifiées au débiteur, cédées avant les dix jours de la faillite du cédant, n'ont pas saisi les cessionnaires au préjudice des créanciers du cédant.

> Cour de cassation, 13 juillet 1830.

128. *Bail.* — *Défaut d'enregistrement.* — Le défaut d'enregistrement d'un bail sous seing-privé ne peut, en cas que le locataire tombe en faillite, autoriser les syndics à ne considérer le bail que comme étant purement verbal à leur égard, de sorte qu'ils aient la faculté de donner congé.

> Cour de Paris, 28 avril 1831.

129. *Capacité.* — *Droits civils.* — Le failli n'est pas, par l'effet de la faillite, en état d'interdiction et privé des droits civils. Par suite, il peut valablement, en l'état de la faillite, se livrer à de nouvelles opérations de commerce avec de nouveaux moyens d'industrie.

> Cour de cassation, 6 juin 1831.

130. *Exigibilité des dettes passives.* — Les dettes passives non échues sont exigibles sans distinction entre les chirographaires et les hypothécaires.

> Cour de Bordeaux, 4 juin 1832.

131. *Administration des biens de la femme du failli et des enfants.* — *De leur tutelle.* — Le failli ne perd pas ses droits civils, conserve l'administration des biens de sa femme tant que la séparation de biens n'a pas été prononcée, et conserve aussi l'administration des biens et la tutelle de ses enfants.

> Cour de Bruxelles, 14 août 1833.

132. *Péremption de l'exécution du jugement déclaratif.* — *Effet de la péremption.* — Si le jugement déclaratif de faillite vient à tomber en péremption faute d'exécution dans les six mois, le failli est censé n'avoir pas été dessaisi de l'administration de ses biens. Les actes par lui faits depuis l'époque de l'ouverture de la faillite ne peuvent être déclarés nuls comme faits par un incapable.

> Cour de cassation, 27 février 1834.

133. *Payements faits dans les dix jours qui ont précédé la faillite.— Rapport à la masse.— Jour du rapport.* — Les payements faits par le failli dans les dix jours de sa faillite, étant nuls, le créancier doit rapporter à la masse les intérêts des sommes payées par un failli, en fraude des créanciers, non-seulement du jour de la demande, mais du jour du payement.

Cour de cassation, 2 juillet 1834.

134. *Effets de la faillite sur les engagements du failli à l'étranger.* — Le failli est tellement frappé d'incapacité par le jugement qui l'a déclaré en faillite, qu'il n'y a pas lieu de maintenir les engagements qu'il a pris depuis, en pays étrangers, et alors qu'il était physiquement impossible qu'on y connût le jugement déclaratif de la faillite.

Cour de cassation, 13 mars 1835.

135. *Créances à l'étranger. — Refus.* — Un jugement, ayant déclaré la faillite d'un commerçant, suffit pour que les créances postérieures à ce jugement soient rejetées bien qu'elles aient été souscrites en pays étranger.

Cour de cassation, 13 mai 1835.

136. *Poursuites en saisie-exécution commencées avant la faillite.— Vente.— Syndic dûment appelé.* — La faillite du débiteur saisi ne suspend pas les poursuites de saisie-exécution antérieurement commencées ; seulement il ne peut être procédé à la vente qu'en présence des syndics ou eux dûment appelés.

Cour de Paris, 16 mars 1837.

137. *Bail. — Report d'ouverture.* — Le bail fait dans l'intervalle de la déclaration de faillite du preneur à l'époque où cette faillite est reportée, est néanmoins valable à l'égard du bailleur s'il n'est pas prouvé que ce dernier eût connaissance de la cessation de payements à la date du bail ; en conséquence, le propriétaire bailleur a droit, en ce cas, au privilége pour loyer.

Cour de Paris, 6 mai 1837.

138. *Propriétaire. — Régie. — Privilége.* — Le propriétaire privilégié ne prime la régie privilégiée pour débets que pour six mois de loyers. Le droit de préférence sur la régie s'étend sur les meubles, effets mobiliers et sur tout l'actif du redevable.

Cour de Paris, 6 mai 1837.

139. *Poursuites commencées avant la faillite.*— Les poursuites commencées avant la déclaration de faillite du débiteur peuvent être continuées, après la mise en faillite, par le créancier qui les a commencées.

Cour de Paris, 21 juillet 1837.

140. *Failli.* — *Conseil de famille.* — Le failli peut être membre d'un conseil de famille. Il ne peut plus être conseiller municipal.

Arrêt du Conseil d'État, 2 mars 1839.

141. *Effets de la faillite.*— *Incapacité non absolue.*— Le dessaisissement de l'administration de ses biens ne va pas jusqu'à frapper le failli d'une incapacité absolue pour intenter action et ester en jugement. Il peut faire des actes conservatoires de ses droits et intervenir, en son nom, pour empêcher une péremption d'instance.

Cour de Bordeaux, 14 avril 1840.

142. *Biens advenant au failli pendant la faillite ou provenant de son travail.* — Les biens qui adviennent au failli tant qu'il est en faillite, même ceux qu'il acquiert par son travail personnel, tombent dans l'actif de la faillite, mais sous la déduction des dettes et charges dont ils sont grevés.

Cour de Paris, 22 janvier 1841.

143. *Transport.*— *Date sincère.*— *Sa validité.*— Le transport qui a précédé la cessation de payements du failli, bien que signifié et même enregistré postérieurement à cette cessation, mais cependant avant le jugement déclaratif de la faillite, est valable alors qu'il ne se présente aucune circonstance qui puisse faire croire que la date de la cessation ne soit pas sincère.

Cour de Lyon, 17 mars 1842. — Cour de Paris, 17 février 1849.

144. *Faillite à l'étranger.*— L'état exceptionnel dans lequel la faillite du débiteur étranger le place vis-à-vis de ses créanciers, d'après les lois qui la régissent dans le pays où elle est déclarée, ne suit pas sa personne et ne continue pas à le protéger chez les diverses nations où il peut lui convenir de venir l'invoquer, de telle sorte que les jugements déclaratifs de faillite émanés de juges étrangers, et leurs conséquences, puissent, au moyen d'un *paréatis*, devenir exécutoires en France. Par suite, le débiteur étranger qui veut se prévaloir en France de son état de faillite, ne le peut, en l'absence de traités particuliers qui l'en dispensent, qu'en faisant déclarer sa faillite en France.

Tribunal de commerce de Marseille, 1er avril 1844.

145. *Failli.* — *Dessaisissement de ses biens.* — Le failli n'est dessaisi de l'administration de ses biens que lorsqu'il y a eu jugement déclaratif.

Cour de cassation, 26 juin 1844.

146. *Droits des créanciers.* — *Mesures conservatoires antérieurement au jugement déclaratif.* — Bien que la cessation de payements soit un fait certain et notoire, les créanciers ont le droit de prendre contre leur débiteur des jugements ayant pour effet de conférer des hypothèques judiciaires, ou tout autre droit, de préférence, tant qu'un jugement n'a pas déclaré le débiteur en état de faillite.

Cour de cassation, 27 juin 1844.

147. *Transport de créances.* — *Défaut de notification.* — Les syndics peuvent demander la nullité d'un transport consenti par le failli, sur le motif que le transport n'a pas été notifié au débiteur cédé avant la faillite.

Cour de Nancy, 22 août 1844. — Cour de Riom, 8 mars 1845. — Cour de cassation, 4 janvier 1847.

148. *Fraude.* — En général, l'acte fait par un failli alors qu'il était dans la plénitude de ses droits ne peut être annulé comme fait en fraude des droits des tiers qu'autant que celui avec qui il a contracté a concouru sciemment à la fraude.

Tribunal de commerce de Marseille, 23 décembre 1844.

149. *Faillite du locataire.* — *Bail.* — La faillite du locataire ne donne pas, par elle-même, au bailleur le droit de faire prononcer la résolution du bail.

Cour de Caen, 24 août 1846.

150. *Annulation d'une cession.* — *Non restitution au cas de bonne foi.* — Au cas d'annulation d'une cession pour défaut de notification, avant la faillite du cédant, le cessionnaire ne peut être condamné à restituer les sommes qui lui ont été payées volontairement par le débiteur, avant la faillite, et qu'il a reçues de bonne foi.

Cour de cassation, 4 janvier 1847.

151. *Nantissement.* — *Défaut des formalités légales.* — Les syndics peuvent demander, en leur qualité, la nullité d'un acte de nantissement consenti par le failli sans l'observation des formalités légales.

Cour de Nîmes, 2 août 1847.

152. *Locataire.* — *Expropriation.* — *Indemnité.* — Le failli a qualité pour demander seul et en son nom une indemnité à titre de locataire d'une maison expropriée pour cause d'utilité publique.

Cour de cassation, 16 août 1852.

153. *Travail du failli.* — Le dessaisissement de l'administration de ses biens, dont la loi frappe le failli, s'étend jusqu'aux produits de ses travaux et de son industrie personnelle postérieure à sa faillite et au contrat

d'union qui en a été la suite. Seulement, dans ce cas, il y a lieu d'attribuer au failli une part rémunératrice sur ces produits.

> Cour de Paris, 6 juillet 1855.

154. *Créancier payé.— Connaissance.— Présomption.*— La présomption
que le créancier payé a la connaissance de la cessation de payements de
son débiteur, déclaré plus tard en faillite, ne résulte pas nécessairement
de cette circonstance qu'il n'aurait reçu le montant de la créance qu'après
l'obtention d'un jugement de défaut, et alors qu'il allait en poursuivre
l'exécution. En conséquence, il y a lieu de déclarer mal fondé dans sa
demande en recomblement le syndic qui n'apporte pas d'autre preuve
de la connaissance qu'aurait eue le créancier de la cessation de payements
du failli.

> Tribunal de commerce de Marseille, 11 décembre 1856.

155. *Facture acquittée.— Temps suspect.— Payement annulé.*—La remise,
par un débiteur à son créancier, d'une facture acquittée que ce dernier
doit encaisser pour compte de son débiteur, constitue une cession ou
transport de créance. En conséquence, un payement de cette nature,
même pour dette échue, est nul s'il a été fait dans les dix jours qui précèdent la date de l'ouverture de la faillite.

> Cour d'Aix, 2 décembre 1863.

156. *Protêt.— Cessation de payements.— Exigibilité des créances à terme.*
— Un protêt n'est pas par lui seul la preuve de la cessation de payements
de celui à l'encontre de qui il a été fait.— En conséquence, celui qui est
créancier du même individu à raison d'un billet protesté et de plusieurs
autres billets non échus ne peut exciper du protêt pour prétendre que
le débiteur est déchu du bénéfice du terme et demander le payement
actuel des billets non échus.

> Tribunal de commerce de Marseille, 18 mars 1864.

157. *Payement en espèces. — Vente de marchandises.*— Les payements faits
sans fraude, en espèces; pour dettes échues dans l'intervalle de la cessation de payements du débiteur ou de la période des dix jours précé-
dant le jugement déclaratif de la faillite, sont valables alors même que les
espèces ayant servi au payement proviendraient de la vente faite à des
tiers, durant la même période, de marchandises appartenant au failli.

> Cour de cassation, 6 juillet 1864.

158. *Récépissés et warrants. — Endossement. — Payement d'une dette
échue. —* Les récépissés et warrants des marchandises déposées dans les
magasins généraux ne sauraient être assimilés à des effets de commerce

dans le sens de l'article 446 du Code de commerce. — En conséquence, le payement d'une dette échue fait au moyen de l'endossement
des récépissés et warrants par le débiteur à son créancier est nul s'il
a eu lieu depuis l'époque fixée, comme étant celle de la cessation des
payements du débiteur, ou dans les dix jours qui ont précédé cette
époque.

Cour de cassation, 7 mai 1866.

159. *Propriétaire.* — *Loyers échus.* — *Loyers à échoir.* — *Admission au
passif.* — La disposition de la loi qui enlève au débiteur failli le bénéfice du terme pour toutes les dettes passives non échues ne s'applique
pas à la dette des loyers à échoir, si, du reste, le mobilier garnissant les
lieux loués et garantissant le payement de cette dette n'a pas été enlevé.
— Le propriétaire ne doit donc, dans ce cas, être admis au passif de la
faillite que pour les loyers échus.

Tribunal de commerce de Marseille, 24 avril 1867.

160. *Liquidateurs judiciaires.* — *Transaction.* — *Avantage prohibé.* —
N'est pas valable, l'acte qualifié transaction, passé entre un créancier et
les liquidateurs judiciaires de son débiteur tombé en état de cessation de
payements et plus tard déclaré en faillite, lorsque cet acte attribue au
créancier un avantage prohibé par la loi.

Cour d'Aix, 8 mai 1867.

161. *Temps suspect.* — *Dette échue.* — *Payement en bons de marchandises.*
— *Nullité.* — Des bons de marchandises ne peuvent être assimilés à des
effets de commerce dans le sens de l'article 446 du Code de commerce.
— En conséquence, le payement d'une dette échue fait au moyen de
bons de ce genre, depuis l'époque de l'ouverture de la faillite ou dans
les dix jours qui ont précédé, est sujet à rapport.

Tribunal de commerce de Marseille, 24 juin 1867.

162. *Bail.* — *Loyers à échoir.* — *Consignation.* — En cas de faillite du
preneur, le bailleur est en droit d'exiger le payement immédiat et effectif
des loyers échus et à échoir jusqu'à la fin du bail, sans être tenu d'accepter l'offre qui lui serait faite par le syndic d'en déposer le montant à
la Caisse des consignations, avec faculté pour le bailleur de les toucher
au fur et à mesure de leur échéance.

Cour de cassation, 15 juillet 1868.

163. *Faillite imminente.* — *Achat de marchandises à vil prix.* — *Rapport du
juste prix.* — Celui qui achète (même sans fraude, deuxième espèce),
mais à vil prix, des marchandises d'un commerçant dont la faillite est im-

minente n'en doit pas moins tenir compte à la masse du juste prix lorsque la faillite a été déclarée.

Cour de Paris, 17 juillet 1868.

164. *Imprimeur.* — *Brevet.* — Lorsqu'un imprimeur est déclaré en faillite, la valeur de son brevet appartient à la masse.

Tribunal de commerce de la Seine, 20 novembre 1868.

165. *Cessation de payements.* — *Caractères.* — La cessation de payements qui détermine l'état de la faillite ne résulte pas de la situation embarrassée du commerçant, ni même de la difficulté de ses payements provenant de l'indisponibilité ou de la perte même de son actif, s'il n'a d'ailleurs subi ni protêts, ni poursuites, et s'il a au contraire continué ses affaires et trouvé quelque crédit.

Cour de Bordeaux, 30 décembre 1868.

166. *Dessaisissement.* — *Effets de commerce.* — *Endossement.* — Le failli n'étant dessaisi que par le jugement déclaratif de faillite, les actes qu'il a faits avant ce jugement, mais pendant la période postérieure à l'époque de la cessation de ses payements, ne sont pas absolument nuls; ils sont seulement susceptibles d'être annulés s'ils sont frauduleux ou faits au préjudice de la masse. — En conséquence, un effet transmis à un commerçant déclaré plus tard en faillite, par un endossement translatif de propriété, dans la période de la cessation des payements, ne peut être revendiqué sous prétexte d'incapacité du bénéficiaire.

Cour de Colmar, 22 juin 1869.

167. *Transaction.* — *Bail.* — *Résiliation.* — Le syndic a le droit de faire par transaction la résiliation du bail, alors même que le failli a élevé sur le terrain loué des constructions, qui doivent du reste faire retour au propriétaire et que d'ailleurs le juge-commissaire a approuvé la transaction comme étant utile à la masse.

Cour de Paris, 6 avril 1870.

168. *Acte annulable.* — *Rapport.* — Le juge a un pouvoir discrétionnaire pour déterminer si un acte passé en temps suspect doit être maintenu ou annulé.

Cour de cassation, 13 avril et 18 mai 1870.

169. *Inventaire.* — *Mobilier.* — *Privilége du propriétaire.* — *Omission.* — Lorsque dans l'inventaire du mobilier on a omis de faire la distinction entre les objets soumis au privilége du propriétaire et ceux qui n'y sont

pas soumis, c'est au tribunal à faire cette rectification d'après les éléments de la cause.

Cour de Paris, 27 mai 1870.

170. *Privilége du propriétaire.* — *Enregistrement du bail.* — Le juge peut, par appréciation des circonstances, admettre le privilége du propriétaire, bien que le bail ait été enregistré cinq jours avant la déclaration de la faillite.

Cour de cassation, 30 mai 1870.

171. *Bail.* — *Loyers à échoir.* — *Exigibilité.* — En cas de faillite du locataire, le bailleur est en droit d'exiger le payement immédiat de tous les loyers à échoir jusqu'à la fin du bail, et, à défaut, il peut obtenir la résiliation avec dommages-intérêts.

Cour de Bordeaux, 16 juin 1870.

172. *Location de meubles.* — *Refus de privilége.* — Le privilége du propriétaire ne peut être accordé dans la faillite pour une simple location de meubles.

Cour de Paris, 20 juillet 1870.

173. *Inexécution de contrat.* — Il ne peut être accordé de dommages-intérêts contre la faillite pour inexécution d'un contrat passé par un commerçant avant sa faillite.

Tribunal de commerce de la Seine, 13 août 1870.

174. *Location d'ateliers d'ouvriers.* — On ne peut accorder le privilége de propriétaire dans la faillite pour la simple location d'ateliers d'ouvriers.

Tribunal de commerce de la Seine, 13 août 1870.

175. *Fonds de commerce.* — *Vente.* — *Bail.* — *Dissimulation.* — Lorsque le vendeur d'un fonds de commerce, dans la prévision de la faillite de l'acheteur, a dissimulé une partie du prix pour l'ajouter en augmentation du bail, il y a lieu de réduire le bail à son juste prix et de n'admettre le vendeur qu'à titre chirographaire pour le prix du fonds.

Cour de Paris, 4 juillet 1871.

176. *Propriétaire.* — *Refus d'autoriser la consignation.* — Le propriétaire peut exercer son privilége dans la faillite pour les loyers à échoir sans que le syndic puisse être admis à consigner les loyers, pour être payés au fur et à mesure des échéances.

Cour de Paris, 28 août 1871.

177. *Force motrice.— Location.— Refus de privilége.* — Le bailleur qui a loué au failli une force motrice ne peut réclamer dans la faillite le privilége de propriétaire; il n'est pour ces loyers que créancier chirographaire.

Tribunal de commerce de la Seine, 29 août 1871.

III. — Du juge-commissaire et des syndics. — Maintien ou remplacement. — Leurs fonctions. — Ordonnances du juge. — Recours.

178. *Juge-commissaire. — Ses opérations.* — Les opérations du juge-commissaire d'une faillite, quelles qu'elles soient, sont provisoires et par suite dépendent nécessairement de l'approbation ou de l'improbation du tribunal. Elles ne peuvent donc avoir le caractère d'un jugement, ni, en conséquence, donner ouverture à l'appel.

Cour de Bruxelles, 25 mai 1815.

179. *Juge-commissaire. — Visite domiciliaire. — Interrogation du failli.* — Le juge-commissaire n'a pas qualité pour faire des visites domiciliaires, pour interroger le failli ni pour le renvoyer en état d'arrestation devant le parquet.

Cour de cassation, 13 novembre 1823.

180. *Juge-commissaire. — Son intervention dans les jugements de faillite.* — Le juge-commissaire d'une faillite peut concourir aux jugements qui la concernent.

Cour de Rouen, 16 février 1829.

181. *Juge-commissaire. — Incarcération du failli.* — Le juge-commissaire d'une faillite a qualité pour faire incarcérer le failli, en exécution du jugement déclaratif de faillite qui ordonne le dépôt de la personne du failli dans la maison d'arrêt.

Cour de Toulouse, 15 juin 1836.

182. *Ventes. — Officiers publics. — Juge-commissaire.* — Le juge-commissaire appelé, en cas de vente, à déterminer la classe d'officiers publics dans laquelle sera choisi, par les syndics, celui qui procédera à la vente, est tenu de se conformer aux dispositions qui fixent les attributions des différents officiers publics. Ainsi, dans les villes où il existe des commissaires-priseurs, les huissiers ne peuvent être désignés pour procéder à la vente des marchandises.

Cour de cassation, 6 janvier 1846.

IV. — Des syndics. — Révocation. — Leur rôle. — Indemnité.

183. *Cas de plusieurs syndics.* — *Leur solidarité.* — Il y a solidarité de plein droit entre les syndics d'une faillite, à raison de leur gestion, par la raison qu'ils sont nommés par la justice et chargés conjointement d'une administration qui est commune.

Cour de cassation, 18 janvier 1814.

184. *Provocation.* — *Dommages-intérêts.* — Celui qui a provoqué la mise en faillite d'un négociant et qui, ayant été nommé agent de la faillite, remplit en cette qualité les formalités ordinaires pour la rendre publique et faire incarcérer le failli, est personnellement passible de dommages-intérêts, quand le négociant qu'il a fait déclarer en faillite obtient la révocation du jugement de déclaration.

Tribunal de commerce de Marseille, 4 août 1819.

185. *Syndic.* — *Procès.* — *Responsabilité.* — Si un syndic a intenté un procès mal fondé et qu'il ait par là compromis les intérêts de son administration, il peut être condamné aux dépens en son nom personnel, et cette condamnation peut même être prononcée d'office.

Cour de cassation, 24 mars 1823.

186. *Rapport au parquet.* — *Dommages-intérêts.* — *Responsabilité.* — Les syndics qui, par suite d'erreurs graves commises dans leur rapport pour le parquet sur l'état de la faillite, et d'opinions inconsidérées, ont occasionné des poursuites criminelles en banqueroute frauduleuse contre le failli, lequel est ensuite acquitté, peuvent être condamnés à des dommages-intérêts envers ce même failli.

Cour de cassation, 14 décembre 1825.

187. *Responsabilité du syndic en matière de loyer.* — Lorsque le syndic provisoire d'une faillite a procédé à la répartition du produit du mobilier du failli au préjudice des droits du propriétaire privilégié pour ses loyers, il doit être condamné personnellement et par corps envers ce dernier au payement de sa créance.

Cour de Paris, 9 janvier 1830.

188. *Syndics.* — *Avances.* — *Créanciers non solidaires.* — Les syndics d'une faillite n'ont pas d'action solidairement contre chacun des créanciers composant la masse pour le remboursement de leurs créances.

Cour de cassation, 23 mai 1837.

189. *Créancier.* — *Action.* — *Syndic.* — Toutes les actions d'une faillite sont déférées aux syndics et doivent être exercées par eux, de telle sorte qu'il n'appartient ni à un créancier isolé, ni à plusieurs créanciers réunis, de poursuivre, contre un autre créancier de la même faillite, le recomblement d'une somme qu'ils prétendent lui avoir été indûment payée par les syndics.

Tribunal de commerce de Marseille, 15 décembre 1840. — Cour d'Aix, 6 mars 1841.

190. *Syndics.* — *Leur responsabilité à l'égard des tiers.* — La solidarité existe à l'égard des tiers avec lesquels les syndics contractent, tout aussi nécessairement qu'au profit des créanciers.

Cour de Limoges, 2 septembre 1842. — Cour d'Orléans, 7 décembre 1843.

191. *Succursales.* — *Liquidation commune.* — *Syndic unique.* — La faillite d'une maison de commerce, déclarée au lieu de son siége principal, comprend celle des succursales que cette maison a établies sous la même raison sur diverses autres places, et attire à elle les faillites des succursales pour être liquidées en commun. Dans de telles circonstances, les dispositions des articles 39, 41, 42, du Code de commerce, relatifs aux preuves et formalités prescrites pour constater l'existence des sociétés, sont sans application pour empêcher la confusion des masses et permettre que la masse des créanciers de l'une des succursales puisse profiter de tout l'actif de celle-ci à l'exclusion des créanciers de la maison principale, et cependant venir prendre un dividende dans la faillite de cette maison. Par suite, celui qui, en la prétendue qualité de syndic de la faillite de l'une des succursales, a eu la gestion des facultés qui en dépendaient, en doit compte aux syndics de la maison principale.

Tribunal de commerce de Marseille, 25 juillet 1844.

192. *Faillite en cours d'instance.* — *État de la procédure.* — *Syndic.* — Lorsqu'une faillite est déclarée en cours d'instance, le syndic doit continuer la procédure en la prenant au point où elle se trouve.

Cour de Paris, 14 août 1868.

193. *Dépens.* — *Payement à la charge de la masse.* — Lorsque le syndic a été condamné aux dépens, le montant total de l'exécution, comprenant tous les droits d'enregistrement, doit être payé par la masse.

Cour de cassation, 20 avril 1869.

194. *Ordre ouvert avant la faillite.* — *Forclusion du failli.* — *Droit d'intervention du syndic.* — Bien que le failli ait été déclaré forclos dans un ordre ouvert avant la faillite, le syndic, comme représentant la masse, n'en a pas moins le droit de former tierce opposition, par intervention dans l'ordre, pour faire annuler des hypothèques préjudiciables à la masse.

Cour de cassation, 27 avril 1869.

195. *Syndic.* — *Émolument.* — *Jugement sur requête.* — *Opposition non recevable.* — L'opposition n'est pas admise contre le jugement rendu sur requête qui a réglé les émoluments dus à un syndic.

Tribunal de commerce de Marseille, 12 juin 1871.

V. — Premières dispositions à l'égard des biens et de la personne du failli.— Apposition ou dispense des scellés. — Titres et livres du failli. — Leur extraction des scellés. — Vente des objets sujets à dépérissement ou dépréciation. — Arrestation du failli. — Sauf-conduit. — Secours.

196. *Droit du failli sur la vente des meubles.* — Le failli peut s'opposer à la vente de ses meubles jusqu'à ce que la remise des effets que la loi lui réserve ait été effectuée.

Cour de Paris, 29 avril 1812.

197. *Mobilier.* — *Femme et enfants du failli.* — *Leur droit.* — L'épouse du failli peut obtenir une partie du mobilier, pour elle et ses enfants, sans être tenue d'en faire compte à la masse.

Cour de Colmar, 24 février 1813.

198. *Caractère provisoire de l'incarcération du failli.* — Le dépôt du failli, dans une maison d'arrêt pour dettes, est une mesure provisoire qui doit cesser du moment que la justice n'a plus rien à exiger et que les créanciers ont pris un parti définitif sur leurs intérêts.

Cour de cassation, 9 mai 1814.

199. *Secours accordé irrévocable.* — Le secours à accorder à un failli une fois déterminé par un jugement rendu contradictoirement avec les syndics définitifs, et de leur consentement, l'est irrévocablement. Ils ne peuvent en demander la révocation ni la réduction.

Cour de Rouen, 25 mars 1816.

200. *Aliments.* — Les juges peuvent, suivant les cas, refuser au failli

des aliments sur ses biens, lors même qu'il n'existe contre lui aucune présomption de banqueroute.

Cour de cassation, 17 novembre 1818.

201. *Sauf-conduit. — Révocation.* — Le sauf-conduit accordé au débiteur failli, sur la demande de l'agent de la faillite, avec l'adhésion du juge-commissaire, est valable. Le jugement qui l'accorde ne peut pas être révoqué sur la demande de quelques créanciers isolés, lors même qu'ils auraient fait incarcérer le débiteur avant la faillite.

. Tribunal de commerce de Marseille, 22 janvier 1821.

202. *Sauf-conduit. — Cas qui ne constituent pas l'indignité du failli. — Droit d'appel du jugement qui refuse l'élargissement.* — Le défaut de livres et d'une justification rigoureuse de l'emploi de toutes ses recettes de la part du failli, ainsi que le retard apporté par lui dans la déclaration de sa faillite, ne le rend point indigne de la faveur d'obtenir un sauf-conduit, si d'ailleurs il ne s'élève contre lui aucun indice de fraude ou d'inconduite, et que tout, au contraire, démontre sa bonne foi. Le jugement qui refuse au failli déjà incarcéré sa mise en liberté est susceptible d'appel, et cet appel peut être interjeté personnellement par le failli.

Cour de Pau, 26 août 1821.

203. *Femme du failli. — Provision.* — La femme d'un failli ne peut, dans l'instance en séparation de biens introduite par elle devant le tribunal civil, demander une provision alimentaire sur les biens de son mari qui forment l'actif de sa faillite. Les syndics provisoires ont qualité pour contester cette demande. Une pareille demande ne peut être faite que par le failli lui-même et devant le tribunal de commerce.

Tribunal civil de Marseille, 4 juillet 1823.

204. *Arrestation et interrogatoire du failli. — Officiers de police judiciaire et juges d'instruction.* — Le juge-commissaire d'une faillite n'a aucun caractère pour faire rechercher des objets prétendus recelés par le failli. Le droit d'interroger le failli et de le mettre en arrestation n'appartient qu'aux officiers de police judiciaire et aux juges d'instruction.

Cour de cassation, 13 novembre 1823.

205. *Incarcération. — Sauf-conduit. — Compétence.* — Lorsque le dépôt du failli dans une maison d'arrêt pour dettes a été ordonné par un jugement du tribunal de commerce pendant que le failli subissait l'emprisonnement auquel il a été condamné comme banqueroutier simple, ce n'est pas au tribunal civil que le failli doit s'adresser pour faire pro-

noncer la nullité du jugement du tribunal de commerce, mais à la cour à laquelle il doit déférer par appel le jugement du tribunal de commerce.

Cour de cassation, 9 novembre 1824.

206. *Incarcération du failli.* — *Voie de recours.* — Le failli ne peut appeler du jugement qui, conformément à l'article 455, ordonne le dépôt de sa personne dans la maison d'arrêt. Il ne peut que présenter requête au tribunal pour obtenir son élargissement.

Cour de Bordeaux, 8 décembre 1829.

207. *Incarcération du failli.* — *Son âge.* — Le dépôt d'un failli dans la maison d'arrêt pour dettes peut être ordonné même contre un septuagénaire.

Cour de Paris, 23 décembre 1847.

208. *Autorisation de faire le commerce.* — Le failli ne peut demander au tribunal de commerce l'autorisation de faire le commerce avec des ressources étrangères mises à sa disposition.

Tribunal de commerce de la Seine, 6 janvier 1869.

———————

VI. — Des mesures conservatoires et des premiers actes de l'administration des syndics. — Inscription aux hypothèques. — Arrestation des lettres à la poste et des dépêches au télégraphe, etc.

209. *Administration des domaines.* — *Saisie-arrêt.* — *Validité.* — La saisie-arrêt pratiquée par l'administration des domaines sur un failli, entre les mains d'un syndic, est valable.

Cour de Rennes, 20 janvier 1811.

210. *Communication des livres aux créanciers.* — Dans une instance en faillite, la communication des livres, papiers et registres, demandée par un créancier, doit lui être faite au greffe et non chez le syndic.

Cour de Rennes, 4 octobre 1811.

211. *Droit du syndic provisoire de provoquer la faillite d'un associé du failli.* — Le syndic provisoire d'une faillite a qualité pour provoquer la déclaration de faillite d'un associé du failli; c'est là un acte conservatoire.

Cour de Paris, 6 janvier 1836.

212. *Inscription aux hypothèques.* — *Droits des créanciers de la faillite.*

— *Droit des créanciers de la succession.* — L'inscription prise en vertu de l'art. 500 du Code de commerce par les syndics d'une faillite, sur les immeubles échus au failli dans une succession ouverte à son profit, ne confère pas de droits hypothécaires aux créanciers de la faillite au préjudice des créanciers de la succession, et n'empêche pas ceux-ci de demander la séparation des patrimoines, encore qu'ils n'aient pas pris d'inscription dans les délais prescrits par l'art. 2111 du Code civil. — En d'autres termes, l'inscription prise en vertu de l'art. 500 du Code de commerce, n'est que l'accomplissement d'une formalité ayant pour objet de donner une plus grande publicité à la faillite. Elle n'est donc pas une véritable inscription hypothécaire produisant, à l'égard des tiers, les effets d'une telle inscription.

Cour de cassation, 22 juin 1841.

213. *Inscription hypothécaire pour la masse.* — *Ses effets.* — L'inscription prise par le syndic ne donne à la masse qu'un droit sur le prix, et non sur l'immeuble vendu par le failli, alors qu'il était *in bonis*, à moins que la vente ne fût pas transcrite au jour où l'inscription a été prise.

Cour de cassation, 5 août 1869.

214. *Commission rogatoire.* — *Mesures conservatoires.* — Si l'immeuble est situé à l'étranger, le tribunal français, sur la demande du syndic, peut donner une commission rogatoire pour que toutes les mesures conservatoires (inventaire et vente du mobilier) soient prises jusqu'à la décision du procès sur la propriété.

Cour de Paris, 30 mai et 1er juin 1870.

VII. — Du bilan.

215. *Rectification du bilan.* — *États supplémentaires.* — Un bilan peut être rectifié par des états supplémentaires sans que ces rectifications puissent être regardées comme des indices de fraude dans le bilan.

Cour de Paris, 6 messidor an XIII.

216. *Bilan non déposé.* — *Continuation du commerce du failli.* — Les syndics qui ont laissé le failli continuer son commerce et disposer de l'actif sans avoir déposé le bilan, sont responsables, vis-à-vis des créanciers, de l'inobservation de ces formalités.

Cour de Paris, 11 février 1815.

217. *Défaut de bilan.* — *Mise en liberté du failli.* — Le défaut de bilan

n'élève pas contre un failli une présomption de fraude qui le rende indigne de sa mise en liberté provisoire.

Cour de Pau, 26 août 1824.

218. *Omission dans le bilan d'effets appartenant au failli.* — L'omission, dans un bilan dressé par le failli, d'effets qui lui appartiennent réellement, ne donne pas par elle-même, et en l'absence de toute intention frauduleuse, ouverture à l'action en nullité du concordat pour cause de dol.

Cour de Bordeaux, 11 janvier 1833.

219. *Bilan. — Énumération des immeubles.* — Le failli qui se dispense de faire figurer, dans son bilan, ses immeubles, parce qu'ils sont grevés d'hypothèques ou autres charges, ne peut obtenir l'homologation de son concordat.

Cour de Besançon, 29 novembre 1843.

VIII. — Des opérations postérieures à l'apposition des scellés et à la formation du bilan. — Levée des scellés.— Confection de l'inventaire. — Intervention du parquet.— Rapport du syndic.

220. *Rapport du syndic. — Atteinte à la réputation du failli.* — Le syndic, qui, en donnant au parquet les renseignements exigés par la loi sur l'état de la faillite, porte atteinte à la réputation du failli, est tenu de dommages et intérêts envers ce dernier lorsque, par suite des erreurs graves qu'il a commises dans son rapport, le failli a été renvoyé devant la cour d'assises, qui l'a néanmoins acquitté. Le syndic contre qui les dommages et intérêts sont réclamés ne peut, dans ce cas, se prévaloir de ce que le failli ne les a pas demandés devant la cour d'assises avant le jugement.

Cour de cassation, 14 décembre 1825.

221. *Inventaire. — Enregistrement. — Double droit. — Responsabilité du syndic.* — La loi qui oblige les syndics provisoires à procéder à l'inventaire des biens du failli les soumet, par cela seul, à remplir les formalités dont il doit être accompagné, et à acquitter, sauf le recours contre la faillite, les droits d'enregistrement auxquels il donne ouverture; mais les syndics provisoires ne sont pas tenus personnellement, comme le serait un officier public, du payement d'une amende ou double droit, faute d'avoir fait enregistrer cet inventaire dans les vingt jours de sa date.

Cour de cassation, 20 août 1834.

DUCOIN.   7

222. *Commencement des opérations.* — *Délai de trois jours.* — Les syndics conservent le droit de commencer les opérations avant l'expiration des trois jours. Par ces mots : *dans les trois jours*, il faut entendre dans les trois jours au plus tard.

Moniteur du 3 avril 1838.

IX. — De la vente des meubles et marchandises. — Des recouvrements. — Transactions. — Homologation.

223. *Contributions indirectes.* — *Vente des meubles.* — L'administration des contributions indirectes, après avoir fait saisir les meubles ou marchandises d'un redevable déclaré ensuite en faillite, a le droit de faire procéder à la vente, à l'exclusion des agents de la faillite.

Tribunal civil de Marseille, 2 avril 1822.

224. *Saisie des meubles avant la faillite.* — *Droit de vente.* — Le créancier qui, avant la faillite de son débiteur, a fait saisir les meubles et effets de celui-ci, n'en peut plus faire opérer la vente après la déclaration de faillite.

Cour de Paris, 9 mars 1837 et 2 juillet 1846. — Cour de Rouen, 6 janvier 1843.

225. *Saisie antérieure à la déclaration de faillite.* — *Produit de la vente par rapport aux syndics.* — Après une exécution de meubles et marchandises, la faillite du débiteur ne fait pas obstacle à la vente et n'oblige pas le saisissant de laisser cette vente aux syndics ou d'y appeler ces derniers.

Cour de Paris, 26 avril 1837.

226. *Saisie-exécution.* — Le créancier qui a fait saisir les meubles de on débiteur avant la déclaration de faillite de celui-ci, a le droit de continuer ses poursuites à l'encontre des syndics de la faillite. La nouvelle loi sur les faillites est, à cet égard, encore plus positive que les anciennes dispositions du code de commerce.

Cour d'Aix, 21 juillet 1840.

227. *Contributions.* — *Patentes.* — *Compétence.* — Le conseil de préfecture est incompétent pour connaître de la réclamation faite par l'administration au sujet des contributions directes qui seraient dues par le failli. Aux tribunaux seuls appartient ce droit.

Conseil d'État, 4 juin 1867.

228. *Transaction faite par le syndic. — Homologation. — Action des créanciers en nullité non recevable.* —Les créanciers ne peuvent être admis à attaquer la transaction passée par le syndic avec un créancier et homologuée par le tribunal.

Cour de Paris, 23 mars 1869.

229. *Vente de fonds de commerce sans enchère.* — Un créancier ne peut rendre le syndic responsable de la vente du fonds de commerce qu'il aurait faite, sans enchère, avec autorisation du failli.

Cour de Paris, 8 mai 1869.

230. *Garantie. — Vente de fonds de commerce.* — Le créancier qui a garanti le chiffre que devait atteindre la vente du fonds de commerce dépendant de la faillite, ne peut se refuser à payer la différence, sous le prétexte qu'il n'aurait pas été averti du jour de l'adjudication qui s'est faite aux enchères.

Cour de Paris, 3 juillet 1869.

231. *Rentes sur l'État. — Droits du syndic.* — Le syndic est en droit de faire immatriculer, en son nom, les rentes sur l'État qui échoient au failli par suite de l'ouverture d'une succession.

Tribunal civil de la Seine, 20 novembre 1869.

232. *Prête-nom.— Nouvel établissement. — Distribution du prix.*—Lorsque le failli fait exploiter un fonds de commerce par un prête-nom qui est lui-même déclaré en faillite, le prix résultant de la vente de ce nouvel établissement doit être distribué exclusivement aux nouveaux créanciers dont les fonds ont servi à son exploitation.

Cour de Paris, 8 décembre 1869.

233. *Seconde faillite.— Billets produits à la première.—Interruption de prescription.* —La prescription de cinq ans ne peut être opposée sur des billets à ordre produits à une deuxième faillite, s'il ne s'est pas écoulé cinq ans depuis la clôture de l'union de la première faillite jusqu'au moment où a été déclarée la deuxième.

Tribunal de commerce de la Seine, 20 décembre 1869.

234. *Syndic. — Droit de vérifier toute liquidation. — Rapport de sommes indûment payées.*—Le syndic a le droit de vérifier tous les comptes du failli avec le liquidateur d'une société, pour forcer au rapport des sommes qui auraient été payées, au préjudice de la masse, depuis le jour fixé pour l'ouverture de la faillite.

Cour de cassation, 18 juillet 1870.

X. — Vérification et affirmation des créances. — Remise des titres.— Délai des distances. — Contestation des créances. — Production des livres d'un créancier. — Compulsoire. — Sursis pour la séance du concordat. — Situation des créanciers défaillants aux séances de vérification et d'affirmation. — Droit d'opposition des créanciers.

235. *Bordereau des titres de créances.* — *Timbre.* — Le bordereau des titres de créances doit être sur papier timbré.

Décision du ministre des finances, 11 octobre 1808.

236. *Créance.* — *Exigibilité.* — *Compensation.* — L'exigibilité que produit la faillite n'autorise pas le créancier à opposer la compensation de sa créance avec ce qu'il pourrait devoir lui-même au failli.

Cour de cassation, 12 février 1811.

237. *Créances.* — *Vérification.* — *Preuve testimoniale.* — En matière de vérification de créances sur un failli, le tribunal de commerce peut non-seulement invoquer la preuve testimoniale contre les titres d'une créance commerciale dont la sincérité est contestée, mais même les rejeter de la faillite sur de simples présomptions graves et concluantes.

Cour de cassation, 12 décembre 1815.

238. *Titres ; leur remise au greffe.* — *Acte de dépôt non nécessaire.* — Le greffier n'est pas tenu de dresser un acte de dépôt des titres produits.

Décision du ministre des finances et du grand juge, 11 octobre 1818.

239. *Procès-verbal de vérification.* — *Sa rédaction.* — Le procès-verbal de vérification des créances dressé par le juge-commissaire de la faillite, doit contenir, pour être régulier, les contredits des créanciers, les réquisitoires du syndic et le renvoi des parties à l'audience, si elles n'ont pu l'entendre ; autrement le syndic peut refuser sa signature à ce procès-verbal.

Cour de Rennes, 25 janvier 1820.

240. *Admission de créances.* — *Rejet de compensations constituant privilège.* — Les syndics, en procédant à la vérification des créances, n'ont que le droit de les admettre au passif, mais ils n'ont pas qualité pour consentir, au détriment de la masse, à des compensations qui créeraient, en faveur d'un créancier de la faillite, un privilége auquel il n'a pas droit de prétendre.

Cour de Bruxelles, 24 mars 1821.

241. *Admission de créances par jugement.* — Le créancier qui se présente à la faillite en vertu d'un jugement passé en force de chose jugée n'est tenu à aucune autre justification de sa créance. Partant le syndic n'est pas admis à la contester et à demander la production des livres du créancier, à l'effet de la vérifier.

Cour de Rouen, 14 mars 1823.

242. *Deuxième faillite.* — *Créanciers non entièrement désintéressés à la première.* — Les créanciers qui, lors d'une première faillite terminée par un contrat d'union, n'ont pas été entièrement désintéressés par les ré-partitions, doivent, dans le cas d'une seconde faillite, être convoqués pour concourir à la formation de la liste des créanciers.

Cour de Paris, 24 août 1825.

243. *Erreur dans la vérification d'une créance.* — Une créance légale-ment affirmée dans une faillite peut être attaquée et réduite pour cause d'erreurs matérielles.

Tribunal de commerce de Marseille, 8 juin 1827.

244. *Syndic provisoire.* — *Admission de créances.* — *Cas de contestation.* — La créance admise sans contradiction aucune par les syndics provi-soires d'une faillite peut être contestée par le failli et rejetée du passif, même après le contrat d'union formé entre les créanciers, et encore que le créancier porteur du titre contesté ait, ainsi que les autres, touché un premier dividende.

Cour de Douai, 25 mai 1829.

245. *Admission des créances.* — *Procès-verbal.* — *Exécution provisoire.* — Le procès-verbal d'admission au passif d'une faillite est un titre suffisant pour faire prononcer l'exécution provisoire, et contre lequel on ne peut ordonner ni la preuve testimoniale, ni le serment supplé-mentaire.

Cour de Bordeaux, 2 décembre 1831.

246. *Contestation des créances.* — *Production de titres malgré procès-verbal d'admission.* — Le procès-verbal de vérification qui mentionne qu'un créancier a été admis pour une certaine somme ne fait pas seul, en cas de contestation ultérieure par les syndics, preuve de la créance, et ne dispense pas le créancier de la représentation du titre original sur lequel la formule d'admission a été inscrite, alors d'ailleurs que le procès-verbal contient des réserves de contester la créance s'il y a lieu.

Cour de cassation, 19 juin 1834.

247. *Créance vérifiée. — Réserve. — Action en nullité de droits. — Syndics.* — L'action qui tendrait, à l'encontre d'un créancier de la faillite qui s'est simplement réservé des droits sur une somme versée par un débiteur du failli dans la caisse des dépôts et consignations, à faire déclarer ce créancier sans droit sur cette somme, ne peut être exercée que par les syndics.

Cour d'Aix, 21 juillet 1842.

248. *Compte courant. — Compensation. — Échéances diverses. — Acceptation. — Règlement.* — Lorsque deux négociants sont en compte courant et que l'un d'eux tombe en faillite, les articles de débit et de crédit résultant de leurs rapports antérieurs doivent être portés dans ce compte et se balancer les uns par les autres, sans distinction entre les sommes échues au moment de la faillite, et celles dont l'échéance est postérieure. Les articles de crédit ayant pour cause des acceptations ou autres engagements de payer, au profit du failli ou pour son compte, non échus au moment de la faillite, doivent être maintenus dans le compte courant sous la condition de leur acquittement à l'échéance, et, cette condition venant à s'accomplir, son effet remonte à la date de l'acceptation ou de l'engagement. Dans de telles circonstances, quelle que soit l'époque à laquelle ce compte courant est arrêté, la différence entre les échéances des diverses sommes qui y sont portées se règle par la différence des nombres, soit de l'agio.

Tribunal de commerce de Marseille, 16 novembre 1843.

249. *Créancier d'une succursale. — Production dans la masse principale.* — Dans le cas de faillite d'une maison de commerce et des succursales par elle établies sous la même raison, dans d'autres places, et en l'état de décisions judiciaires qui ont ordonné que toutes les masses seraient confondues pour être soumises à une liquidation commune, et que les syndics de la faillite au lieu du siége principal de la maison seraient mis en possession des livres, papiers et facultés dépendants des succursales, un créancier d'une des succursales ne peut se prévaloir de ce qu'il a été vérifié et reconnu au lieu du siége de cette succursale, et cependant n'y a participé à aucune répartition d'actif, pour venir se faire admettre dans la masse de la maison principale et recevoir un dividende sur l'actif de cette maison qui lui aurait expressément garanti dans ses circulaires les dettes contractées envers lui par la succursale, si, en l'état de cette prétention, la remise de l'actif de la succursale dans la masse principale n'a pas été effectuée ainsi que la justice l'avait ordonné. Dans de telles circonstances et pour éviter que ce créancier soit dans le cas de participer aux dividendes des deux masses, on doit le renvoyer

à exercer son droit sur l'actif de la succursale, tant que cet actif n'est pas rentré dans la masse générale.

> Tribunal de Marseille, 11 septembre 1845. — Cour d'Aix, 24 juillet 1849.

250. *Admission de créances.* — *Droit de contestation.* — L'admission d'une créance au passif d'une faillite, après vérification et affirmation, n'empêche pas que cette créance puisse encore être contestée en cas d'erreur.

> Cour de Nîmes, 29 novembre 1849.

251. *Vérification.* — *Délai.* — *Report de la faillite.* — En matière de faillite, il n'y a pas de délai fatal pour la vérification et l'affirmation des créances, en ce sens que cette opération peut toujours avoir lieu tant qu'il n'a pas été procédé à une opération subséquente de la faillite. — En conséquence, une demande en report d'ouverture de la faillite ne saurait être déclarée non recevable, comme introduite après l'époque déterminée par l'article 581 du Code de commerce, par cela seul qu'avant qu'elle eût été formée, le juge-commissaire avait clôturé le procès-verbal de vérification de créances, lorsqu'en vertu d'une ordonnance postérieure de ce magistrat les opérations de vérification ont été reprises.

> Tribunal de Marseille, 16 novembre 1857. — Cour d'Aix, 18 février 1858.

252. *Créance admise au passif.* — *Privilége.* — *Contestation ultérieure.* — L'admission au passif de la faillite d'une créance vérifiée et affirmée dans les formes prescrites par la loi, sans protestation ni réserve de la part des divers intéressés ou du syndic, rend cette créance définitive et la soustrait à toute discussion ultérieure pour erreur de fait ou de droit, sauf le cas de dol ou de fraude. — La discussion ultérieure ne serait pas plus recevable quand elle porterait sur le privilége avec lequel la créance a été admise.

> Tribunal de commerce de Marseille, 1er avril 1859, 30 mai 1859.

253. *Vérification des créances.* — *Délai expiré.* — *Vérification tardive aux frais des créanciers.* — L'expiration des délais de la vérification et de l'affirmation des créances dans une faillite n'entraîne pour le créancier non vérifié d'autre pénalité que la déchéance du droit de voter au concordat, et l'obligation de payer les frais de sa vérification tardive. — Elle ne fait pas obstacle à ce qu'il soit admis à la vérification et à l'affirmation même après le vote du concordat.

> Cour d'Aix, 24 décembre 1864.

254. *Créanciers connus.*— *Défaut de convocation.*— Doivent être convoqués aux opérations de la faillite tous les créanciers connus du failli, lors même que leur nom ne figurerait pas au bilan. — Spécialement, bien que le bilan ne porte pas le nom du tireur d'un effet de commerce accepté par le failli, il est du devoir du syndic de convoquer le tiers-porteur en main de qui se trouve cet effet, si le nom de ce tiers-porteur est à sa connaissance.

Cour d'Aix, 30 décembre 1864.

255. *Créancier poursuivant.* — *Vérification et affirmation.* — Le créancier qui a fait prononcer la faillite ne peut invoquer le jugement déclaratif pour refuser de faire vérifier et affirmer sa créance.

Cour de Paris, 11 mars 1868.

256. *Créanciers à rentes viagères.* — Les créanciers à rentes viagères garanties par une hypothèque, doivent être admis à la faillite pour les sommes qu'ils ont réellement versées et le montant des arrérages échus au jour de la faillite.

Tribunal de commerce de la Seine, 28 juillet 1868.

257. *Syndics.* — *Créanciers français vérifiés.* — Le syndic de la faillite prononcée à l'étranger a une action directe qu'il peut exercer en France contre les créanciers français qui ont produit à la faillite à l'étranger, et le créancier français qui a ainsi produit ne peut se faire attribuer des deniers qu'il aurait saisis en France et appartenant à la faillite.

Cour de cassation, 30 novembre 1868.

258. *Créance vérifiée.* — *Nature de la créance.* — Bien qu'une créance ait été vérifiée et admise, on n'en est pas moins recevable à discuter sa nature pour décider si elle est commerciale ou civile.

Cour de cassation, 2 décembre 1868.

259. *Créance non mentionnée.* — *Justification suffisante.* — Doit être admis à la faillite le créancier qui justifie sa créance, bien que les livres du failli n'en fassent pas mention.

Cour de Paris, 11 mars 1869.

260. *Livres irréguliers.* — *Admission de créance.* — Une simple énonciation sur une page blanche dans un livre de commerce, tenu irrégulièrement, ne peut autoriser le syndic à admettre la créance.

Cour de Paris, 20 juillet 1870.

261. *Production de titres. — Retrait.* — Le créancier qui a retiré sa production ne peut plus être admis à représenter ses titres de nouveau, après que toutes les opérations de la faillite ont été terminées.

Cour de Paris, 30 janvier 1871.

262. *Unanimité des syndics. — Admission des créances.* — S'il y a plusieurs syndics pour la gestion d'une faillite, ils doivent être unanimes sur l'admission de la créance au passif, autrement il y a contestation et le juge-commissaire doit renvoyer au tribunal; l'article dit *pourra*, mais il paraît logique que lorsque la créance est contestée, le juge ne peut statuer seul.

Locré, t. VI, p. 289. — Dalloz, *Rép. alph.*, t. XVIII, p. 115, n° 12.

263. *Procès-verbal d'affirmation. — Sa nécessité.* — Il doit être dressé procès-verbal de l'affirmation, quoique le code ne le dise pas, car il faut bien qu'il soit constaté qu'une formalité aussi importante a été remplie; et d'ailleurs, comment sans cela appliquer l'article 503.

Locré, sur l'article 504 de l'ancienne loi. — Dalloz, *Rép. alph.*, t. VIII, p. 117, n° 23.

264. *Contestation de créances après clôture du procès-verbal de vérification.* — Un créancier vérifié peut-il, après la clôture du procès-verbal de vérification, contester des créances qui ont été admises sans aucune restriction au passif et en demander une vérification nouvelle? La Cour de Paris a jugé la négative, mais dans une espèce où la contestation n'avait pour objet que de faire exclure quelques créanciers de la délibération du concordat; or, leur admission au passif de la faillite, sans qu'aucune réclamation fût élevée pendant la vérification, formait en leur faveur un préjugé suffisant pour leur donner voix délibérative au concordat; mais lorsqu'il s'agit de contester le droit d'un créancier, même vérifié aux répartitions, c'est tout autre chose; les syndics ne sont pas juges de la légitimité de la créance; ils ne sont juges que de l'admissibilité à la faillite; le droit de contestation qui appartient à chaque créancier individuellement reste donc intact, tant qu'il n'y a pas jugement passé en force jugée qui ait reconnu la sincérité de la créance; et, pour renfermer l'exercice de ce droit dans les délais de la vérification, il faudrait une disposition expresse de la loi.

Pardessus, n° 1186. — Dalloz, *Table alphabétique*, tome VIII, page 114, n° 10. — Boulay, n° 220.

XI. — Convocation et assemblée des créanciers pour le concordat.

265. *Créancier appelé et non comparant.* — *Incarcération du débiteur.* — Le créancier, appelé et régulièrement averti qui n'a pas comparu aux assemblées, ne peut, en prétextant son ignorance du concordat, faire incarcérer le débiteur.

Cour de Bruxelles, 13 février 1811.

266. *Droit d'opposition.* — *Créancier non appelé au concordat.* — Le créancier qui n'a point été appelé au concordat est recevable à y former opposition après la huitaine, s'il établit que les formalités prescrites n'ont point été observées.

Cour de Caen, 18 août 1814.

267. *Créanciers appelés et non signataires.* — Le concordat, une fois homologué, est obligatoire pour les créanciers qui ont été appelés à y prendre part, même pour ceux qui ne l'ont pas signé.

Cour de cassation, 16 juin 1828.

268. *Créancier non appelé à la faillite.* — Le concordat obtenu par un failli est obligatoire, même pour le créancier qui n'avait pas été appelé à la faillite, si sa créance avait été omise de bonne foi, et s'il avait eu connaissance de la faillite et de ses suites.

Cour de cassation, 18 novembre 1829.

269. *Créancier non affirmé.* — Le concordat n'est pas obligatoire pour le créancier qui n'a point été porté au bilan, dont la créance n'a été ni vérifiée, ni affirmée, et qui, par suite, n'a pas figuré à l'assemblée où ce traité a été délibéré.

Cour de Poitiers, 14 janvier 1831. — Cour de cassation, 15 mai 1832.

270. *Créancier hypothécaire non appelé.* — Le créancier hypothécaire non appelé à l'assemblée du concordat, n'est pas tenu à ce traité. Il peut donc dès lors, malgré le concordat, exercer des droits sur les immeubles du failli.

Cour de Paris, 18 mars 1853.

XII. — Du concordat. — Comment il est délibéré et arrêté. — Majorité. — Renvoi à huitaine. — Situation du créancier hypothécaire ou privilégié. — Concordat par abandon d'actif. — Liquidation suivant les règles indiquées pour l'union. — Avantages particuliers. — Conséquences. -- Cas de la banqueroute frauduleuse ou simple.

271. *Concordat.* — *Délai de l'opposition.* — Ni le concordat, ni le jugement d'homologation n'ont besoin d'être signifiés pour faire courir le délai d'opposition. Ce délai est de rigueur. Il court du jour de la date du concordat.

Cour de Rouen, 14 avril 1813. — Cour de Nancy, 14 décembre 1829.

272. *Signature du concordat.* — La circonstance que quelques créanciers ont signé le concordat postérieurement à la délibération dans laquelle il a été consenti, n'en entraîne pas la nullité lorsqu'il a, d'ailleurs, été signé séance tenante par un nombre de créanciers formant les trois quarts en somme.

Cour de Nîmes, 18 mai 1813.

273. *Concordat obligatoire pour les créanciers hypothécaires.* — Bien que les créanciers hypothécaires ne soient pas admis à prendre part aux délibérations relatives au concordat, ce concordat, néanmoins, lorsqu'il a été homologué, devient obligatoire pour eux comme pour les simples chirographaires quant à l'exercice de leurs droits sur les biens mobiliers du failli.

Cour de cassation, 26 avril 1814.

274. *Promesse de signer.* — Le concordat judiciaire doit, à peine de nullité, être délibéré dans l'assemblée des créanciers et signé séance tenante. Une promesse de signer, faite verbalement ou par écrit, antérieurement à l'assemblée et hors de cette assemblée, est nulle.

Cour d'Aix, 11 février 1819.

275. *Force obligatoire du concordat.* — *Créancier non porté au bilan, ni appelé.* — Un failli ne peut opposer son concordat homologué à un créancier qui n'a été ni porté au bilan, ni appelé. Ce créancier, au contraire, conserve la plénitude de ses droits et actions contre son débiteur.

Cour de Paris, 2 février 1822. — Cour de cassation, 17 janvier 1826.

276. *Concordat.* — *Vote.* — *Créanciers cédants à défaut de cessionnaires.* — Les créanciers d'un failli qui ont cédé leurs créances à des tiers peuvent

néanmoins, lorsque les cessionnaires ne se présentent pas eux-mêmes, prendre part à la délibération du concordat pour soutenir et faire valoir les créances par eux cédées, et la voix de chacun doit être comptée pour former la majorité individuelle, quand même quelques-uns d'entre eux auraient cédé à une même personne.

Cour d'Amiens, 2 juillet 1822.

277. *Délai de huitaine. — Son application aux créanciers non vérifiés.* — Le délai de huitaine est applicable aux créanciers qui, à défaut de vérification de leurs titres, n'ont pu prendre part au concordat, encore bien que le retard dans la vérification provienne de contestations élevées par les syndics, à plus forte raison si la non-vérification doit être attribuée à la négligence du créancier.

Cour de cassation, 12 janvier 1831. — Cour de cassation, 27 juin 1832.

278. *Homologation du concordat. — Cas de nullité.* — Le concordat souscrit entre un failli et ses créanciers avant que l'époque définitive de l'ouverture ait été fixée par le tribunal de commerce est nul; en conséquence, ce tribunal ne peut homologuer le concordat et fixer l'époque définitive de l'ouverture de la faillite par le même jugement, et le créancier hypothécaire qui n'a pas adhéré à ce concordat est fondé à en demander la nullité.

Cour de cassation, 2 janvier 1833.

279. *Voix acquises aux cessionnaires de créances après faillite.* — Le créancier d'une faillite, devenu cessionnaire postérieurement à l'ouverture de la faillite, peut exercer les droits qui lui ont été transmis par les cédants comme étant subrogé en leur lieu et place; de sorte que dans le concordat passé entre le failli et les créanciers, il peut exiger que pour la composition de la majorité en nombre de trois quarts en somme, on compte chacun des titres de créance qu'il a acquis. — Il en serait autrement si les cessions avaient été consenties antérieurement à la faillite; dans ce cas, tous les titres de créances cédées se confondent et le cessionnaire ne peut prétendre qu'à une seule voix dans les délibérations relatives au concordat.

Cour de Bordeaux, 26 avril 1836.

280. *Concordat non opposable au créancier privilégié.* — Le concordat n'est pas opposable au créancier privilégié, bien qu'il n'y ait pas été appelé et qu'il n'ait pas été compris dans le bilan.

Cour de cassation, 23 août 1836.

281. *Délai de huitaine non absolu.* — *Consentement des créanciers.* — Le délai de huitaine fixé par la loi n'est point prescrit à peine de nullité : la rigueur de ce délai ne peut être opposée que par les créanciers et non d'office par le juge.

Cour de Paris, 15 novembre 1836.

282. *Huissier.* — *Mandataire.* — *Vote du concordat.* — Les huissiers, qui ne peuvent être mandataires des parties devant le tribunal de commerce, peuvent valablement représenter les créanciers dans les opérations de la faillite, notamment au vote du concordat.

Tribunal de commerce de Marseille, 4 septembre 1863.

283. *Concordat.* — *Excédant de dividende payé à un créancier.* — *Faillite nouvelle.* — Le failli concordataire ne peut valablement payer à quelques-uns de ses créanciers une somme excédant le dividende stipulé, avant de s'être libéré envers tous du montant de ce dividende. — Au cas d'une nouvelle déclaration de faillite, le payement fait à un créancier contrairement au principe ci-dessus peut être déclaré nul sur la demande du syndic.

Tribunal de commerce de Marseille, 14 novembre 1864.

284. *Concordat.* — *Créancier admis le jour du vote.* — Le créancier, qui n'est admis que le jour même du vote sur le concordat, a droit de prendre part au vote.

Cour de Paris, 18 janvier 1868.

285. *Jugement.* — *Appel.* — *Sursis au concordat.* — Lorsqu'il y a appel du jugement qui fixe l'ouverture de la faillite, il y a lieu de surseoir au concordat jusqu'à l'arrêt définitif.

Cour de Caen, 20 janvier 1868.

286. *Compte courant.* — *Dividendes imputables sur le solde.* — Les dividendes payés dans une faillite sur un compte courant doivent s'imputer sur le solde du compte et non sur chacun des articles suivant leur date.

Cour de cassation, 12 février 1868.

287. *Concordat par abandon.* — *Continuation des opérations de la faillite.* — Le concordat par abandon ne libérant que la personne du failli, les formalités imposées par la loi des faillites (et spécialement le rapport du juge-commissaire), n'en doivent pas moins être observées pour toutes les dispositions ultérieures concernant les biens.

Cour d'Orléans, 20 mai 1868.

288. *Concordat.* — *Sursis à l'exécution.* — Le juge peut, par appréciation des circonstances, déclarer qu'il sera sursis, pendant un certain délai, à l'exécution du concordat.

Cour de Paris, 16 décembre 1868.

289. *Concordat amiable.* — *Avantage.* — *Nullité.* — L'avantage stipulé en dehors d'un concordat amiable est nul aussi bien qu'en cas de faillite.

Cour de Lyon, 20 janvier 1869.

290. *Concordat.* — *Avantage particulier.* — *Billet souscrit par un tiers et non à la charge de l'actif.* — *Nullité.* — Est nul, par application de la 1re disposition de l'article 597 du Code de commerce, le billet souscrit à un créancier d'une faillite ou le traité passé avec lui pour déterminer son vote au concordat, lors même que, ce billet étant souscrit ou consenti par un tiers, l'avantage qui en résulte pour le créancier ne serait pas à la charge de l'actif.

Tribunal de commerce de Marseille, 5 février 1869.

291. *Héritier.* — *Concordat.* — *Rapport.* — L'héritier qui, étant tombé en faillite, a obtenu son concordat, n'en est pas moins tenu de rapporter à la succession la totalité de la somme dont il est débiteur.

Tribunal civil de la Seine, 6 avril 1869.

292. *Payement intégral des créanciers.* — *Retour à meilleure fortune.* — Lorsque le débiteur s'est engagé à payer intégralement ses créanciers, en cas de retour à meilleure fortune, la condition se trouve accomplie du moment où l'on trouve dans sa succession un actif important, encore bien qu'il ne soit pas suffisant pour désintéresser complétement les créanciers. — Cet actif doit être dès lors attribué non à sa veuve ou à ses collatéraux, mais à ses créanciers.

Tribunal de commerce de Rouen, 24 mai 1869 (Jugement confirmé par arrêt de la cour de Rouen, 28 décembre 1869.)

293. *Concordat par abandon.* — *Demande de remise de livres et de compte.* — Le failli, qui est en état de concordat par abandon, ne peut demander la restitution de ses livres, ni exiger du syndic une reddition de comptes, tant que sa liquidation n'est pas terminée.

Cour d'Orléans, 1er décembre 1869.

294. *Concordat.* — *Deuxième faillite.* — L'homologation du concordat doit être refusée sur une deuxième faillite, lorsque la première s'est

terminée par l'union, que le failli a été déclaré inexcusable, et qu'il n'a pas désintéressé les créanciers de la première faillite.

Cour de Paris, 14 février 1870.

XIII. — Opposition au concordat.

295. *Opposition au concordat.* — *Forme et délai.* — L'opposition formée dans les délais et dans la forme prescrite par la loi est la seule voie légale pour demander la nullité du concordat.

Cour de cassation, 17 juin 1812.

296. *Opposition individuelle à l'homologation.* — *Son effet pour la masse.* — Si une opposition au concordat est formée, bien qu'en temps utile, par un créancier, en son nom individuel, pour non-accomplissement des formalités prescrites, ce n'est pas une raison pour le tribunal de refuser l'homologation vis-à-vis des créanciers non opposants, puisque l'opposition qui n'est pas fondée sur des motifs d'ordre public ne profite qu'à celui qui l'a faite.

Cour de cassation, 25 février 1817.

297. *Opposition.* — *Fin de non-recevoir.* — Les créanciers légalement appelés à l'assemblée pour voter au concordat, et qui ne s'y sont pas trouvés, ne sont pas recevables à former opposition à ce concordat après la huitaine de sa date.

Cour de cassation, 26 avril 1820.

298. *Avantages en vue de prévenir une opposition au concordat.* — *Sa nullité.* — L'obligation souscrite par un failli concordataire au profit d'un de ses créanciers, dans le but d'accorder à celui-ci un supplément de dividende, afin de prévenir de sa part une opposition au concordat, peut être annulée comme ayant une cause illicite, lors surtout que cette nullité est demandée, non-seulement par le failli lui-même, mais encore par un de ses créanciers qui a signé le concordat.

Cour de Rouen, 14 décembre 1824. — Cour de Bordeaux, 11 août 1826. — Cour de cassation, 30 mars 1830.

299. *Opposition.* — *Assignation.* — *Nullité.* — L'opposition au concordat doit contenir assignation. — Elle est nulle lorsque, sans préciser les faits reprochés au failli, elle est seulement motivée sur ce que le

failli est au cas de l'application des articles 586, 587 du Code de commerce.

Tribunal de commerce de Marseille, 19 janvier 1829.

300. *Opposition au concordat.* — *Expiration du délai de huitaine.* — Le créancier qui aurait dû être convoqué aux opérations de la faillite et qui ne l'a pas été, est recevable, bien que sa créance n'ait pas été vérifiée, et que le délai de huitaine fixé par l'article 512 du Code de commerce soit expiré, à former opposition au concordat.

Cour d'Aix, 30 décembre 1864.

XIV. — Homologation du concordat.

301. *Refus d'homologation par suite de jeux de bourse.* — Le commerçant dont la faillite a pour cause des pertes résultant de jeux de bourse ne peut être admis à l'atermoiement et, par suite, à l'homologation du concordat.

Cour de Paris, 18 juin 1808.

302. *Absence de livre d'inventaire sans fraude.* — *Homologation.* — On ne peut refuser l'homologation sur le motif que le failli n'a pas tenu de livre d'inventaire, lorsque, d'ailleurs, on ne prouve contre lui aucun fait de fraude ni d'inconduite.

Cour de Metz, 17 mai 1821.

303. *Concordat obligatoire pour tous les créanciers après l'homologation.* — L'homologation du concordat passé entre le failli et la majorité légale de ses créanciers rend ce concordat obligatoire même pour ceux des créanciers qui ne l'ont pas signé, quoique convoqués, lorsqu'ils n'y ont pas formé opposition dans le délai légal.

Cour de cassation, 16 juin 1828.

304. *Homologation.* — *Appréciation du juge.* — Les motifs qui peuvent autoriser le refus d'homologation du concordat sont laissés par la loi à l'appréciation du juge.

Tribunal de commerce de Marseille, 17 juin 1839.

305. *Concordat.* — *Refus d'homologation.* — *Nouvelle convocation demandée.* — Le failli auquel le tribunal a refusé l'homologation de son concordat, en se basant sur une irrégularité foncière dans les votes émis (un avantage particulier accordé à l'un des créanciers, par exemple), ne

doit pas être admis ultérieurement à provoquer une nouvelle réunion de créanciers pour leur faire de nouvelles propositions de concordat. — Les créanciers doivent, en ce cas, être déclarés en état d'union (première espèce). — Dans le cas, au contraire, où le refus d'homologation n'a été motivé que par un vice de forme de certains votes, le failli peut obtenir l'autorisation de convoquer une seconde fois les créanciers, si, du reste, en ne tenant pas compte des votes irréguliers, une des deux majorités voulues par la loi a été atteinte dans la première séance (deuxième espèce).

> Tribunal de commerce de Marseille, 23 juillet 1868 ; 2 septembre 1868.

306. *Concordat par abandon.* — *Refus d'homologation.* — Il y a lieu de refuser l'homologation du concordat par abandon, qui ne présente que des recouvrements éventuels.

> Tribunal de commerce de la Seine, 21 octobre 1868.

307. *Concordat.* — *Condamnation.* — *Refus d'homologation.* — L'homologation du concordat ne peut être accordée au failli qui a été condamné pour tromperie dans l'exercice de son commerce.

> Tribunal de commerce de la Seine, 13 janvier 1869.

308. *Concordat par abandon.* — *Sursis.* — Il y a lieu de surseoir à l'homologation du concordat par abandon d'actif qui n'est pas garanti, jusqu'à ce que l'actif ait été réalisé.

> Tribunal de commerce de la Seine, 15 mars 1869.

309. *Seconde faillite.* — *Concordat.* — *Refus d'homologation.* — En cas de deuxième faillite, il n'y a pas lieu d'homologuer le concordat si la première faillite s'est terminée par l'union, et lorsque d'ailleurs la deuxième doit être attribuée à l'imprudence du failli.

> Tribunal de commerce de la Seine, 6 décembre 1869. — Cour de Paris, 14 février 1870.

310. *Imprimeur.* — *Brevet.* — *Refus de cession.* — *Concordat.* — *Refus d'homologation.* — L'arrêt qui refuse à un imprimeur l'homologation de son concordat, parce qu'il s'est opposé à ce que la valeur de son brevet fût comprise dans la faillite, ne fait, en cela, qu'une simple appréciation qui est souveraine.

> Cour de cassation, 13 décembre 1869.

311. *Deuxième faillite.* — *Refus d'homologation de concordat.* — *Divi-*

DUCOIN. 8

dende de la première faillite non payée. — On ne peut accorder l'homologation du concordat au négociant qui, étant pour la deuxième fois en faillite, n'a pas satisfait aux conditions imposées par son premier concordat, alors que d'ailleurs toutes les circonstances de la seconde faillite dénotent une véritable incapacité commerciale.

Tribunal de commerce de la Seine, 29 juin 1870.

XV. — Effets du concordat. — Inscription aux hypothèques. — Reddition des comptes du syndic.

312. *Droit du failli après concordat.* — Le failli qui a obtenu un concordat de ses créanciers recouvre qualité pour relever appel et faire d'autres poursuites judiciaires.

Cour de Bourges, 4 octobre 1811.

313. *Droit du failli sur les immeubles.* — Le failli qui a obtenu un concordat a le droit d'aliéner et d'hypothéquer ses immeubles, même s'il n'a pas rempli les conditions de ce traité.

Cour de Paris, 10 février 1813.

314. *Effets du concordat sur les époux.* — Lorsque le mari seul a été déclaré en faillite, et que le concordat n'a été homologué qu'avec lui, sans nulle mention de la femme, ce concordat ne peut être opposé aux créanciers personnels de cette dernière, par cela seul qu'elle y aurait accédé et qu'elle aurait garanti le dividende sur ses propres biens.

Cour de cassation, 19 janvier 1820.

315. *Effets du concordat.* — *Mobilier du failli.* — Le failli rentré dans l'exercice de ses droits, par suite du concordat, peut aliéner son mobilier au profit de ses enfants, en payement de leurs droits pupillaires. Ses créanciers ne peuvent donc obtenir une estimation nouvelle du mobilier cédé.

Cour de Rennes, 16 mai 1821.

316. *Effet du concordat pour le créancier nanti d'un gage.* — Le créancier nanti d'un gage ne peut, quoiqu'il y ait concordat, se présenter pour toucher des dividendes avant d'avoir fait vendre ce gage.

Cour de Paris, 16 décembre 1836.

317. *Effets du concordat.* — *Créancier de dettes civiles.* — *Contrainte par corps.* — Le créancier, porteur d'un engagement civil, ne peut exercer

la contrainte par corps, contre le failli concordataire, pour le payement des dividendes échus et non acquittés.

Cour de Paris, 22 juin 1844.

318. *Droit du failli en cas d'erreur du bilan.* — Le failli est recevable, après l'homologation du concordat et son exécution partielle, à demander le redressement d'une erreur du bilan et, spécialement, à réclamer d'un créancier qui y a figuré à ce titre, le payement d'une dette qui aurait été omise, lorsque, d'ailleurs, il rapporte la légitimité de sa réclamation.

Cour de Bordeaux, 27 janvier 1846.

319. *Droit du failli à la reprise d'instance.* — Le failli concordataire a qualité pour reprendre l'instance introduite par son syndic.

Cour de Paris, 8 juillet 1869.

XVI. — De l'annulation et de la résolution du concordat. — Reprise de la faillite.

320. *Fraude.* — *Annulation de concordat.* — Les créanciers qui ont signé au concordat peuvent en demander la nullité, même après le délai de huitaine, lorsqu'ils ont été trompés par le dol et la fraude découverts après l'expiration du délai de huitaine; dans ce cas, l'action en nullité dure dix ans.

Cour de Lyon, 1er août 1825.

321. *Créanciers non comparants.* — *Délai pour la vérification des créances.* — *Cas de non-annulation.* — Le concordat passé entre un failli et les créanciers ne peut être annulé pour inobservation des articles 510, 511 et 512 du Code de commerce, qui veulent qu'à l'expiration des délais fixés pour la vérification des créances, les syndics dressent un procès-verbal contenant les noms des créanciers non comparants, que le tribunal détermine un nouveau délai pour la vérification, et que le jugement qui fixe ce délai soit notifié aux créanciers au moyen d'insertions dans les journaux.

Cour de Nancy, 14 décembre 1829.

322. *Demande en nullité.* — *Compétence.* — Les tribunaux de commerce sont seuls compétents pour statuer sur la demande en nullité, pour dol ou fraude, du concordat qu'ils ont homologué.

Cour de Colmar, 11 décembre 1841.

323. *Résolution pour inexécution.* — *Perte pour le failli du bénéfice attaché au concordat.* — La résolution d'un concordat n'a pas lieu de plein droit. En conséquence, l'inexécution par le débiteur, dans les délais fixés, ne suffit pas pour emporter la déchéance du bénéfice de cet acte à son égard, alors surtout qu'il n'a pas été mis en demeure par le créancier.

Cour de Paris, 3 décembre 1842.

324. *Effets de l'inexécution.* — *Contrainte par corps.* — L'inexécution du concordat à l'égard de l'un des créanciers, de la part du concordataire, autorise ce créancier, qui rentre alors dans la plénitude de ses droits, à poursuivre le débiteur, même par la voie de la contrainte par corps. — Mais cette inexécution, et, par suite, la résolution du concordat à l'égard d'un seul des créanciers, ne peut faire revivre de plein droit l'ancien état de faillite et paralyser l'action du créancier.

Cour de Paris, 11 août 1843.

325. *Résolution du concordat.* — *Rapport de cette résolution.* — Il y a lieu de réformer, sur l'appel, le jugement qui a déclaré résolu le concordat, faute de payement des dividendes promis, lorsque la preuve est rapportée devant la Cour que tous ces dividendes ont été payés en cours d'instance. Mais, dans ce cas, on doit condamner aux dépens le failli concordataire qui, par sa négligence ou son défaut de prévoyance, a seul occasionné la contestation.

Cour de Paris, 4 mars 1872.

XVII. — De l'union des créanciers. — Maintien ou remplacement des syndics. — Secours au failli. — Cas d'une société. — Concordat individuel accordé à un ou plusieurs des associés. — Situation de l'associé ou des associés concordataires. — Liquidation de l'actif de l'union par les syndics. — Ventes. — Transactions. — Cessions à forfait ou mandat donné aux syndics par les créanciers de continuer l'exploitation de l'actif. — Droit d'opposition à ce mandat. — Reddition de comptes du syndic. — Dissolution d'union. — Excusabilité ou inexcusabilité du failli.

326. *Nécessité de l'affirmation en vue des distributions.* — Le créancier d'une faillite dont la créance a été vérifiée, mais non affirmée sincère et véritable, est recevable, en faisant cette affirmation, à prélever, sur les répartitions à faire, la portion du dividende qu'il aurait reçue dans celles déjà consommées, si elles eussent été précédées de l'affirmation voulue par la loi.

Cour de Paris, 29 décembre 1830.

327. *Droit individuel des créanciers après dissolution d'union.* — Si après la dissolution de l'union, il survient au failli quelques biens, ceux de ses créanciers qui ne sont pas intégralement payés peuvent individuellement, puisqu'il n'existe plus de masse, poursuivre leur payement sur ces biens comme dans les cas ordinaires.

Cour de cassation, 29 janvier 1834.

328. *Union.* — *Droit des nouveaux créanciers sur le nouvel actif du failli.* — Les nouveaux créanciers d'un failli en état d'union ont action sur le nouvel actif que leur débiteur s'est procuré depuis la faillite. Ils peuvent, à défaut de diligence de la part du syndic, le poursuivre directement par voie de saisie de cet actif. Les poursuites sont surtout valables si elles sont exercées dans l'ignorance de l'état de faillite.

Cour de Paris, 26 juin 1851.

329. *Société en nom collectif.* — *Faillite personnelle des associés.* — *Déclaration d'excusabilité.* — *Créanciers personnels.* — La faillite d'une société en nom collectif entraîne virtuellement la faillite personnelle de chacun des associés solidaires. — En conséquence, la déclaration d'excusabilité postérieurement intervenue doit profiter à chacun de ces associés en particulier et l'affranchir de la contrainte par corps, non-seulement à l'égard des dettes sociales, mais encore à l'égard de ses dettes personnelles antérieures à la faillite.

Tribunal de commerce de Marseille, 21 décembre 1864.

330. *Jugement d'excusabilité.* — *Créancier.* — *Opposition.* — *Tierce opposition.* — Le jugement qui, après assemblée des créanciers régulièrement appelés, et sur le rapport du juge-commissaire, a déclaré le failli excusable, n'est susceptible, de la part des créanciers, ni d'opposition, ni de tierce opposition. — Les créanciers sont seulement recevables à l'attaquer par voie de l'appel.

Tribunal de commerce de Marseille, 10 mai 1865.

331. *Créanciers retardataires.* — *Opposition.* — *Vérification obligatoire.* — Le droit ouvert par l'article 593 du Code de commerce aux créanciers retardataires du failli, de faire opposition jusqu'à la distribution des deniers inclusivement, ne doit pas s'exercer par voie d'action directe contre le syndic devant le tribunal, mais par voie de vérification et d'affirmation de la créance devant le juge-commissaire; et ce n'est qu'en cas de contestation que le tribunal doit être investi.

Tribunal de commerce de Marseille, 23 décembre 1868.

332. *Union.* — *Failli.* — *Demande en nullité.* — Le failli ne peut

demander la nullité de la délibération qui l'a déclaré en union en invoquant diverses circonstances de fait qui n'ont aucune base légale, — soit défaut de procès-verbal des créances admises, — ou de refus d'admission de créanciers qui ne se sont pas présentés à l'affirmation, — soit en invoquant un cas de force majeure non justifié.

Tribunal de commerce de la Seine, 3 février 1869.

333. *Union. — Démission du syndic. — Action.* — Le failli, tant que dure l'état d'union et bien que son syndic ait donné sa démission et n'ait pas été remplacé, n'a pas qualité pour intenter contre un débiteur une action dépendant de la faillite.

Cour de cassation, 12 avril 1869.

334. *Excusabilité.* — Le failli dont le concordat n'a pas été homologué par des motifs d'intérêt public, ne peut être déclaré excusable.

Tribunal de commerce de la Seine, 20 décembre 1869.

335. *Dissolution de l'union. — Continuation. — Syndic. — Instances pendantes.* — Le syndic a qualité pour représenter la masse dans les procédures qui se trouvent en cours d'instances, au moment où il a rendu son compte définitif.

Cour de Rennes, 23 juin 1870.

XVIII. — Clôture de la faillite en cas d'insuffisance de l'actif. — Réouverture.

336. *Actif insuffisant. — Déclaration de faillite.* — Un tribunal ne peut refuser, sur la demande des créanciers, de déclarer la faillite d'un commerçant qui a cessé ses payements, sous prétexte que ce commerçant étant complétement insolvable et son actif n'étant même pas suffisant pour couvrir les frais de sa faillite, les créanciers sont sans intérêt pour la faire prononcer.

Cour de Besançon, 13 janvier 1845.

337. *Clôture pour insuffisance d'actif. — Jugement.* — Le jugement qui prononce la clôture pour insuffisance de l'actif, pouvant toujours être rapporté par le tribunal, sur la demande du failli ou de tout autre intéressé (art. 528 du Code de commerce), n'est pas susceptible d'appel.

Cour d'Aix, 27 mars 1862.

338. *Dessaisissement du failli.* — Celui qui a été déclaré en état de faillite reste toujours en cet état, nonobstant la clôture des opérations pour insuffisance d'actif. — Il ne peut donc poursuivre directement et en son nom personnel le recouvrement des créances qu'il peut avoir : ce droit ne saurait appartenir qu'au syndic.

Tribunal de commerce de Marseille, 28 avril 1863.

339. *Réouverture. — Frais de poursuites individuelles. — Consignation.* — Le créancier qui demande la réouverture d'une faillite clôturée pour insuffisance d'actif, est tenu, non-seulement de consigner les sommes nécessaires pour pourvoir aux opérations de la faillite, mais encore de rembourser aux créanciers qui ont poursuivi individuellement le failli depuis la clôture, les frais de ces poursuites.

Tribunal de commerce de Marseille, 10 décembre 1869.

340. *Dessaisissement du failli.* — La clôture pour insuffisance d'actif ne suspend les opérations de la faillite qu'en ce sens qu'elle rend aux créanciers l'exercice de leurs actions contre le failli ; mais celui-ci n'en reste pas moins dessaisi, et les recouvrements auxquels il peut avoir droit, appartiennent à la masse et doivent être versés entre les mains du syndic.

Tribunal de commerce de Marseille, 30 juin 1870.

341. *Clôture pour insuffisance d'actif. — Payements sujets à rapport.* — Le failli, dans ce cas, bien qu'il recouvre la capacité de contracter et d'exercer librement son industrie personnelle, n'en reste pas moins dans les liens de la faillite, en sorte que celui des créanciers qu'il paye, soit par compensation, soit par transport, doit aux autres créanciers le rapport de ce qu'il a touché, surtout si le créancier avantagé connaissait l'état des affaires du débiteur. — Sauf la circonstance d'un payement en espèces pour prix d'un immeuble.

Tribunal de commerce de la Seine, 12 août et 27 septembre 1871.

———

XIX. — Des différentes espèces de créanciers et de leurs droits en cas de faillite. — Coobligés et cautions.

342. *Société. — Continuation d'exploitation. — Faillite. — Coobligé.* — On ne peut considérer comme coobligé à aucun titre, et, par conséquent, comme débiteur solidaire, celui qui a réellement cessé de faire partie d'une société. Ainsi, lorsque après la dissolution d'une société, des associés continuent l'exploitation du même commerce, et font ensuite faillite, leurs créanciers ne peuvent réclamer de l'associé qui a cessé de faire partie de la société sa part dans le déficit qui existait au moment de la dissolution de la société.

Cour de Liége, 16 mars 1813.

343. *Faillite du mari.* — *Obligation solidaire de la femme.* — Le concordat fait par un commerçant avec ses créanciers ne peut profiter à sa femme qui s'est obligée solidairement avec lui, et qui n'a point été partie dans l'acte d'atermoiement. La femme, dans ce cas, est justiciable du tribunal de commerce lorsqu'elle est poursuivie séparément pour son obligation solidaire, même avant qu'aucun des termes de payement convenus par le concordat soit arrivé.

Cour de Paris, 18 avril 1815.

344. *Négociant débiteur et créancier d'un failli.* — *Compensation.* — *Recouvrement.* — Quand un négociant en compte courant avec un autre négociant tombé depuis en faillite, est porté comme débiteur sur les livres du failli, mais qu'en réalité il est créancier de plus fortes sommes, comme porteur de traites à lui remises par le failli, et qui n'ont point été acquittées, il s'opère une compensation jusqu'à due concurrence entre le débet apparent et la créance réelle dont le surplus doit seul figurer à la faillite. Mais le porteur des traites n'est pas obligé de remettre à la faillite des traites équivalentes à la somme dont il était débiteur ; il peut, au contraire, conserver entre ses mains la totalité de ces effets pour en poursuivre le recouvrement contre les autres signataires.

Cour de Bourges, 11 février 1829.

345. *Suspension de payements.* — *Coobligé solidaire.* — Le négociant qui, en état de simple suspension de payements, a obtenu, par un concordat amiable la remise de tant pour cent, et qui, néanmoins, paye la totalité de la dette, ne peut répéter l'excédant contre son coobligé solidaire.

Cour de cassation, 27 mai 1829.

346. *Caution solidaire.* — *Quittance subrogatoire.* — Celui qui s'est rendu caution solidaire de partie d'une obligation contractée par un commerçant tombé depuis en faillite, ne peut, en acquittant la somme qu'il a cautionnée, exiger du créancier une quittance subrogatoire à l'effet de produire à la faillite. Le créancier est fondé à prétendre que la caution n'a aucun droit à exercer sur la masse de la faillite tant qu'il n'a pas été lui-même complétement désintéressé.

Cour de Nancy, 25 juin 1842.

347. *Concordat homologué.* — *Obligation des cautions.* — De ce que le concordat homologué est obligatoire pour tous les créanciers portés au bilan, vérifiés ou non, il suit que la caution qui a garanti, dans le concordat, l'exécution des engagements pris par le failli, est engagée envers tous ces créanciers. Il en doit être ainsi lors même que le créancier non affirmé, qui se prévaut du concordat contre la caution, a reçu du failli son acceptation à une traite pour le montant du dividende promis, si, d'ailleurs, ce créancier a gardé son titre primitif sans novation.

Cour de Paris, 9 juillet 1869.

XX. — Des créanciers nantis de gages et des créanciers privilégiés sur les meubles.

348. *Créanciers privilégiés.* — *Vérification et affirmation.* — Les créanciers privilégiés ne sont pas dispensés de faire vérifier et affirmer leurs créances, les autres créanciers ayant intérêt à contester le privilége. Ils ne peuvent, à défaut de cette vérification, réclamer leur payement par préférence.

Cour de Rennes, 15 juin 1811.

349. *Frais de justice.* — Les frais dus par un négociant avant sa faillite doivent, après la déclaration de faillite, jouir d'un privilége sur les facultés appartenant à la masse.

Cour d'Aix, 15 avril 1823.

350. *Frais de faillite.* — *Privilége.* — En général, les frais de justice relatifs aux faillites sont privilégiés sur l'actif. — Le privilége doit être restreint aux frais qui ont pour objet l'augmentation ou la conservation des facultés de la masse.

Cour d'Aix, 30 mai 1827.

351. *Créancier privilégié.* — *Droit aux intérêts.* — Le créancier privilégié d'un failli étant, par la nature de sa créance, étranger aux opérations de la faillite, peut, à la différence du créancier chirographaire dont le sort est fixé au jour de l'ouverture de la faillite, exiger les intérêts de sa créance courus pendant les contestations judiciaires par lesquels le failli ou les syndics ont mal à propos retardé son payement.

Cour de cassation, 14 juillet 1829.

352. *Vente d'objets mobiliers.* — En matière commerciale, comme en matière civile, le commerçant vendeur d'objets mobiliers non payés et qui se trouvent dans la possession de l'acheteur tombé en faillite, a droit, sur ces objets, au privilége établi par l'article 2102, § 4 du Code civil, notamment lorsqu'il s'agit d'une machine manufacturière vendue par un mécanicien à un fabricant.

Cour de cassation, 23 décembre 1829. — (Décision contraire, Cour de Nancy, 28 décembre 1829.)

353. *Fonds de commerce. — Vente. — Privilége.* — Dans le cas de faillite, le privilége établi par l'article 2102, § 4, du Code Napoléon, en faveur du vendeur d'effets mobiliers non payés, n'est pas applicable aux objets réputés marchandises, susceptibles ou non de revendication. — Dans le même cas, les objets mobiliers non réputés marchandises restent néanmoins soumis au privilége du vendeur. — En conséquence, le vendeur d'un fonds de commerce composé tout à la fois de marchandises du négoce de l'acheteur failli et d'effets mobiliers destinés à l'usage et non à la revente, n'a aucun privilége sur les marchandises, quoiqu'il ait privilége sur les autres objets.

Cour d'Aix, 10 novembre 1834.

354. *Privilége de la régie.* — Le concordat ne fait pas obstacle au privilége de la régie des contributions indirectes à laquelle il ne peut être opposé.

Cour de Paris, 29 août 1836.

355. *Créancier nanti. — Terme. — Exigibilité.* — La créance du gagiste ne devient pas exigible par le fait de la faillite, de telle sorte qu'il puisse faire vendre le gage avant l'échéance du terme convenu dans l'acte de nantissement.

Tribunal de commerce de Marseille, 13 août 1839.

356. *Prêteur à la grosse.* — Les dispositions de la loi sur les faillites relativement aux créanciers nantis d'un gage, ne sont pas applicables au prêteur à la grosse sur le navire dont le failli est copropriétaire.

Tribunal civil de Marseille, 11 avril et 15 juin 1840.

357. *Commissionnaire privilégié.* — Le privilége du commissionnaire, pour ses avances sur marchandises, n'est pas du nombre de ceux que la loi déclare ne pouvoir s'acquérir valablement dans les dix jours qui précèdent la faillite.

Cour de Douai, 29 novembre 1843.

358. *Nantissement.* — Le syndic d'une faillite doit, comme représentant à la fois le failli et ses créanciers, veiller aux intérêts de tous, et, par suite, à ce que rien ne soit distrait de ce qui compose l'actif. Notamment, lorsque le failli a remis, peu avant sa faillite, à l'un de ses créanciers, une marchandise à titre de nantissement pour garantie du payement de sa créance, et que ce nantissement n'est constaté que par une lettre et non par un acte enregistré réunissant les conditions prescrites par l'article 2074 du Code Napoléon, pour conférer privilége, le syndic peut,

en sa qualité, contraindre le créancier détenteur de cette marchandise à ·
la restituer à l'actif de la faillite.

Tribunal de commerce de Marseille, 17 mars 1845. — Cour d'Aix,
27 mai 1845.

359. *Employé.* — *Indemnité.* — La faillite n'annule pas les contrats
passés antérieurement par le failli, surtout pour un louage d'industrie. Notamment, l'employé qui avait loué ses services pour un temps
déterminé et dont l'engagement vient à être rompu, avant le terme, par
la faillite du négociant qui l'avait engagé, a droit à une indemnité pour
le montant de laquelle il doit être admis au passif de la faillite.

Tribunal de commerce de Marseille, 24 septembre 1860.

360. *Créance privilégiée vérifiée.* — *Contestation des créanciers non-rece-
vable.* — Lorsqu'une créance a été vérifiée, admise et affirmée comme
créance privilégiée dans la faillite, contradictoirement avec le syndic,
les créanciers ne sont pas recevables à contester sa qualité de créance
privilégiée.

Cour de cassation, 25 février 1861.

361. *Directeur de théâtre.* — *Acteurs.* — Les acteurs ne peuvent réclamer, dans la faillite du directeur de théâtre par lequel ils étaient engagés, le privilége accordé par l'article 2101 du Code Napoléon aux
gens de service, ni le privilége établi par l'article 549 du Code de commerce en faveur des ouvriers et des commis.

Cour d'Aix, 10 mars 1861.

362. *Créancier admis par privilége.* — *Concordat.* — *Contestation du
privilége par le failli.* — *Fin de non-recevoir.* — Quand le créancier d'un
failli a été admis par le syndic au passif privilégié de la faillite, le failli
concordataire n'a pas qualité pour contester plus tard le privilége de ce
créancier. — Ce droit ne pourrait jamais être exercé que par les créanciers eux-mêmes et pendant la durée de la faillite; mais lorsque les opérations en ont été clôturées par le concordat, la position du créancier
admis par privilége ne peut plus être attaquée par aucune voie de droit.

Tribunal de commerce de Marseille, 23 janvier 1863.

363. *Employé.* — *Appointements de six mois.* — L'employé qui est
chargé habituellement de recevoir, d'agréer, de livrer les marchandises
du commerce de son patron, et qui est payé au mois, doit être considéré comme un commis et non comme un ouvrier. Il a donc, en cas de

' faillite de son patron, le droit d'être admis au passif privilégié pour six mois d'appointements.

Tribunal de commerce de Marseille, 31 août 1865.

364. *Entrepreneur de voitures. — Cochers. — Privilége d'un mois de salaires.* — Les cochers employés par un entrepreneur de voitures et par lui payés au mois, doivent être considérés comme ouvriers et non comme commis. — En conséquence, le privilége auquel ils ont droit, en cas de faillite de leur patron, ne s'étend qu'à un mois et non à six mois de leurs salaires.

Tribunal de commerce de Marseille, 29 juin 1866.

365. *Garçon de café. — Salaires.* — Un garçon de café doit être considéré comme un ouvrier, et ne peut, à ce titre, en cas de faillite de son patron, obtenir privilége que pour le dernier mois de ses salaires.

Tribunal de commerce de Marseille, 20 août 1866.

366. *Frais de dernière maladie.* — Le privilége attaché aux frais de dernière maladie ne peut, en cas de faillite, être invoqué que par le médecin qui a soigné le failli au moment de sa faillite ou dans les derniers mois qui l'ont précédée. — Spécialement, ce privilége ne peut s'étendre à des soins donnés plus de deux ans avant cette époque.

Tribunal de commerce de Marseille, 22 novembre 1866.

367. *Maître d'hôtel. — Chef de cuisine.* — Le chef de cuisine d'un maître d'hôtel doit être considéré comme un ouvrier, et non comme un commis. — En conséquence, en cas de faillite de son patron, il n'a droit au privilége que pour un mois et non pour six mois de salaires. — Il ne peut exercer ce privilége qu'à la condition d'avoir été au service du failli au moment de la faillite.

Tribunal de commerce de Bordeaux, 6 février 1868.

368. *Billets à ordre. — Renouvellement. — Report de la faillite.* — Le tiers porteur de billets à ordre, qui a accepté des renouvellements dans le seul but de prolonger la vie commerciale de son débiteur, ne peut plus invoquer le privilége accordé par l'article 449 du Code de commerce, lorsque la faillite est reportée à une époque antérieure aux échéances.

Cour de cassation, 19 mai 1868.

369. *Privilége du propriétaire.* — *Incendie des meubles.* — Le privilége du propriétaire ne s'étend pas à l'indemnité accordée à raison de l'incendie des meubles qui garnissaient les lieux.

Cour de Paris, 10 juillet et 21 août 1868.

370. *Entrepreneur de transports.* — Doit être considéré comme entrepreneur et non comme ouvrier, celui qui, avec un matériel lui appartenant, effectuait les transports des marchandises d'un commerçant, et en était payé à raison d'un prix déterminé par cent kilogrammes.

Tribunal de commerce de Marseille, 21 août 1868.

371. *Privilége du propriétaire.* — *Report de la faillite.* — *Bail.* — *Enregistrement postérieur.* — Le propriétaire ne peut réclamer l'exercice de son privilége dans la faillite, lorsque le bail n'a été enregistré qu'à une époque postérieure au jour où a été reportée l'ouverture de la faillite.

Cour de cassation, 2 mars 1869.

372. *Notaire.* — *Office.* — *Refus de privilége.* — On ne peut admettre par privilége dans la faillite le prix restant dû sur la vente de l'office d'un notaire qui est déclaré en faillite.

Tribunal de commerce de Versailles, 10 mars 1869.

373. *Saisie conservatoire.* — *Frais non privilégiés.* — Le créancier qui a fait une saisie conservatoire dans l'intervalle écoulé entre la déclaration de faillite et le report d'ouverture, ne peut réclamer les frais par privilége.

Tribunal de commerce de la Seine, 4 juin 1869.

374. *Nantissement.* — *Défaut de signification.* — *Nullité.* — Est nul le nantissement consenti par le failli, suivant acte sous seing privé, s'il n'a pas été signifié au débiteur, bien qu'il ait été accepté par lui.

Cour de cassation, 11 août 1869.

375. *Seconde faillite.* — *Privilége admis sur la première.* — La créance, qui a été admise par privilége dans une première faillite, doit être également admise par privilége dans la seconde.

Tribunal de commerce de la Seine, 4 janvier 1870.

376. *Ouvrier.* — *Travail hors de France.* — *Dernier mois de salaires.* — *Frais de retour.* — Au cas où des ouvriers ont été engagés pour travailler hors de France, à tant par mois, plus les frais de retour, il y a

lieu de considérer les frais de retour comme un accessoire des appointements du dernier mois, et d'accorder à ces frais, en cas de faillite du
maître, le même privilége que la loi accorde au dernier mois de salaire.

Tribunal de commerce de Marseille, 27 avril 1870.

XXI. — Des créanciers hypothécaires et privilégiés sur les immeubles.

377. *Créancier hypothécaire. — Droit d'expropriation.* — Le créancier
hypothécaire n'est pas autorisé à diriger personnellement des poursuites
en expropriation contre le failli, à raison des créances qui n'étaient pas
échues avant l'ouverture de la faillite.

Cour de Bruxelles, 5 décembre 1811.

378. *Vente des meubles et immeubles. — Droits des créanciers hypothécaires.* — Lorsque la distribution du prix d'un immeuble appartenant à
un failli se fait simultanément avec celle du prix des meubles, les créanciers ayant hypothèque doivent d'abord être colloqués sur le prix de
l'immeuble, et ne peuvent prendre part au mobilier que dans la propor-
tion de ce qui leur restera dû.

Cour de Paris, 28 juin 1821.

379. *Vente d'immeubles. — Droit d'intervention. — Créancier ou femme
du failli.* — Tout créancier, quel qu'il soit, a le droit d'intervenir
dans la poursuite en expropriation des immeubles du failli, et notamment la femme du failli qui a une hypothèque légale sur les biens saisis.

Cour de Douai, 21 février 1824.

380. *Créancier hypothécaire. — Droit d'intervention.* — Le créancier
hypothécaire d'un failli a qualité pour intervenir dans une instance où il
s'agit d'une contestation qui pourrait avoir pour résultat de diminuer la
valeur de l'immeuble affecté à sa créance.

Cour de Colmar, 7 février 1829.

381. *Frais de gestion des syndics.* — Le privilége dû aux syndics d'une
faillite, à raison de leurs frais de gestion et d'administration, ne peut
s'exercer sur les immeubles du failli.

Cour de Paris, 27 avril 1836.

382. *Frais de justice.* — Les syndics qui ne justifient pas de l'épuise-

ment total de la masse mobilière ne peuvent réclamer le payement, par privilége sur le prix des immeubles de la faillite, des frais de justice par eux faits.

Cour de Paris, 8 décembre 1836.

383. *Frais de faillite.*— Les dépenses de l'administration d'une faillite sont toujours comprises sous la dénomination de frais de justice, et, par suite, elles sont douées d'un privilége général sur les meubles, lequel, en cas d'insuffisance de meubles, peut s'étendre sur les immeubles.

Cour de Colmar, 4 juillet 1842.

384. *Faillite du mari. — Courtier de commerce. — Exploitation commerciale durant le mariage. — Hypothèque légale de la femme.* — Le courtier de commerce n'étant pas commerçant, on ne peut opposer à la femme, lorsqu'il se fait commerçant durant le mariage, et est, par suite, déclaré en faillite, qu'elle n'a pas rempli les formalités requises pour exercer son hypothèque légale sur les immeubles acquis pendant le mariage.

Tribunal de commerce de Rouen, 30 août 1869.

385. *Immeubles par destination.— Saisie-exécution. — Droit d'hypothèque sur le prix.* — Lorsque des meubles devenus immeubles ont été l'objet d'une saisie-exécution, les créanciers hypothécaires sur l'immeuble auquel ils avaient été incorporés n'en conservent pas moins, en cas de faillite, leur droit de privilége sur le prix.

Cour de cassation, 31 janvier 1870.

XXII. — Des droits des époux en cas de faillite de l'un d'eux.

386. *Demande de la femme en séparation. — Action contre le mari et le syndic.* — La demande en séparation de biens formée par la femme du failli doit être, après la faillite, suivie ou intentée, à peine de nullité, tout à la fois contre le mari et contre les syndics de la faillite.

Cour de Bourges, 24 mai 1826. — Cour d'Angers, 11 mars 1842.

387. *Droit de la femme. — Sa dot. — Hypothèque légale.* — La femme d'un failli, à qui une dot a été constituée par contrat de mariage, peut prouver le versement de cette somme dans la communauté par des faits et des actes constants et non suspects, quoiqu'ils ne soient pas dans la

forme authentique, et par suite prétendre pour ses rapports à l'hypothèque conférée par la loi.

Cour d'Angers, 23 août 1830.

388. *Dot.* — *Hypothèque légale.* — *Conditions.* — La femme ne peut
exercer son hypothèque légale pour sa dot, qu'autant qu'elle rapporte
la preuve, par acte ayant date certaine, que sa dot a été comptée au
mari ; mais si, d'ailleurs, la créance est justifiée, elle doit être admise
comme chirographaire, et les créanciers ont droit, comme tiers, d'é-
lever des contestations.

Cour de cassation, 13 août 1868.

389. *Hypothèque légale.* — *Cession.* — Est valable la cession, faite par
la femme, de son hypothèque légale à un créancier de son mari.

Cour de cassation, 9 décembre 1868.

390. *Dot de la femme.* — *Présomption de payement.* — En cas de faillite
du mari, la présomption légale que la dot de la femme a été payée dans
les dix ans du mariage, ne peut être opposée aux créanciers.

Cour d'Angers, 22 décembre 1868.

391. *Hypothèque légale.* — *Immeuble indivis.* — *Mari adjudicataire.* —
L'hypothèque légale de la femme, en cas de faillite du mari, s'étend à
la totalité de l'immeuble qui était indivis, lors du mariage, et dont le
mari s'est, depuis, rendu adjudicataire sur licitation.

Cour de cassation, 10 novembre 1869.

392. *Immeuble.* — *Contestation sur la propriété entre la femme et le mari.*
— Les ayant droit de la femme ont droit d'intervenir dans l'instance
qui a pour objet de décider si un immeuble appartient au mari en faillite,
ou à la femme.

Cour de Paris, 30 mai, 1er juin 1870.

393. *Femme.* — *Demande en séparation de corps.* — *Mise en cause du
syndic.* — *Dépens.* — Le syndic ne peut pas être mis en cause par la
femme du failli qui demande sa séparation de corps contre son mari ;
elle doit, en conséquence, être condamnée aux dépens.

Cour de Paris, 28 août 1871.

XXIII. — Répartitions entre les créanciers. — État mensuel de la situation financière.

394. *Négociant ayant deux maisons de commerce.* — *Créanciers distincts.* — *Répartitions.* — Dans le cas de faillite d'un négociant qui exploite séparément deux maisons de commerce, les créanciers de chacune d'elles ne doivent pas être respectivement payés par privilége sur l'actif de la maison qu'ils ont pour obligée, à l'exclusion des créanciers de l'autre maison. Au contraire, les deux masses doivent être confondues et tous les créanciers payés concurremment et sans préférence.

Cour de cassation, 18 octobre 1814.

395. *Créanciers hypothécaires.* — *Créanciers chirographaires.* — *Répartitions.* — Lorsque, dans une faillite, il se trouve des meubles et des immeubles, les syndics doivent nécessairement composer deux masses distinctes : l'une du prix des immeubles pour les créanciers hypothécaires, l'autre du prix des meubles pour les créanciers chirographaires.

Cour de Paris, 5 février 1822.

396. *Répartition.* — *Payement antérieur.* — *Ses conséquences.* — Le sort de tous les créanciers étant fixé par la faillite, il s'ensuit qu'un payement illégal, fait par le failli à l'un de ses créanciers, antérieurement au concordat, empêche ce créancier de prendre part à aucune distribution après le concordat, tant que les autres créanciers n'ont pas reçu un dividende proportionnellement égal à celui qu'il a touché d'avance.

Cour de Caen, 26 janvier 1825.

397. *Créanciers retardataires.* — En matière de faillite, les créanciers retardataires peuvent, à la différence de ce qui se pratique en matière de distribution par contribution, se présenter après le règlement provisoire pour prendre part aux répartitions.

Cour de Rouen, 28 avril 1828.

398. *Créancier vérifié, mais non affirmé.* — *Son droit aux répartitions après affirmation.* — Le créancier d'une faillite dont la créance a été vérifiée, mais non affirmée, peut, après son affirmation, être admis à prélever sur les répartitions à faire la portion de dividende qu'il aurait reçue dans celles déjà opérées s'il eût affirmé sa créance.

Cour de Paris, 29 décembre 1830.

399. *Distractions à faire sur l'actif à répartir.* — Il doit être fait une distraction de sommes de trois natures sur l'actif à répartir : 1° des frais

DUCOIN.   9

et dépenses de l'administration de la faillite, frais qui sont vérifiés par le juge, et qui comprennent, outre les frais alloués pour reddition de comptes, l'indemnité allouée, s'il y a lieu, aux syndics, et le payement des sommes à l'acquittement desquelles la masse était obligée pour toute autre cause; 2° les secours accordés au failli et à sa famille; 3° les sommes payées aux créanciers privilégiés, ou payées aux créanciers gagistes pour libérer les nantissements.

Cour de cassation, 13 mars 1833.

400. *Syndic.* — *Cession de rentes foncières.* — Le syndic d'une union de créanciers ne peut, s'il y a seulement été autorisé par les créanciers et le juge-commissaire, et non par le tribunal de commerce, céder valablement les rentes foncières dépendant de la faillite et d'une valeur supérieure à 300 francs.

Cour de Colmar, 13 juin 1845.

XXIV. — De la vente des immeubles du failli.

401. *Vente des immeubles.* — *Intervention du failli.* — Le failli n'étant point dépouillé de la propriété de ses biens, a le droit d'intervenir à la vente de ses immeubles, quoiqu'il ne soit pas nécessaire de l'y appeler, pour veiller à la conservation de ses intérêts et empêcher que la vente ne soit faite autrement que suivant les formes ordinaires voulues par la loi.

Cour de Douai, 13 octobre 1812.

402. *Saisie immobilière.* — *Poursuites intentées avant l'union.* — *Action contre le syndic.* — Les poursuites en saisie immobilière intentées par un créancier avant le contrat d'union, doivent être dirigées non contre le failli personnellement, mais contre les syndics ; c'est à eux, par conséquent, et non au failli, que doit être fait le commandement de payer.

Cour de cassation, 2 mars 1819.

403. *Créancier.* — *Expropriation forcée.* — Le créancier porteur d'un jugement de condamnation, mais qui n'a pas d'hypothèque valable, ne peut poursuivre l'expropriation forcée des immeubles de son débiteur failli, pendant la durée de la faillite.

Tribunal civil de Marseille, 26 juin 1823.

404. *Adjudication des biens du failli.* — *Offres réelles.* — *Droit du syndic.*

— Le syndic a pouvoir et qualité pour recevoir les offres réelles des adjudicataires des biens du failli.

Cour de cassation, 11 mai 1825.

405. *Validité des ventes d'immeubles. — Droit d'intervention du failli.*
— Le failli a qualité pour intervenir dans les instances relatives à la validité de la vente de ses immeubles et pour se pourvoir contre les décisions rendues à ce sujet.

Cour de cassation, 21 novembre 1827.

406. *Surenchère. — Immeuble indivis. — Délai.* — Lorsque l'immeuble vendu sur la poursuite du failli est indivis entre le failli et des tiers, le délai pour la surenchère ne peut être réglé par la loi commerciale, mais par la loi civile.

Cour de cassation, 24 février 1869.

407. *Saisie immobilière. — Union. — Commandement.* — Le syndic a seul le droit de poursuivre la vente des immeubles de la faillite après la déclaration de l'union, bien qu'un créancier hypothécaire ait fait, antérieurement, un commandement tendant à saisie.

Tribunal civil de la Seine, 17 juin 1869.

XXV. — De la revendication.

408. *Agent de change. — Négociation. — Revendication.* — L'agent de change à qui il a été remis des effets, pour les négocier, est tenu de remettre le produit de la négociation à son commettant sans pouvoir l'appliquer à son profit sous prétexte qu'il est son créancier d'autant, ou même de sommes plus fortes. Le signataire de cet effet a qualité pour en contester le payement à l'agent de change, lorsqu'il est lui-même créancier du failli.

Cour de Paris, 24 mai 1808.

409. *Revendication de marchandises frauduleusement revendues par l'acheteur et livrées par le voiturier sur la route même.* — Doivent être considérées comme étant encore en route, et, par suite, comme pouvant être revendiquées par le vendeur non payé, des marchandises que l'acheteur a frauduleusement revendues à une tierce personne qui se les est fait délivrer, sur la route même, par le voiturier chargé de les transporter à leur destination.

Cour de Dijon, 11 août 1809.

410. *Marchandises en entrepôt réel susceptibles de revendication.* — Le vendeur non payé de marchandises qui sont encore déposées dans un entrepôt réel, lors de la faillite de l'acquéreur, peut les revendiquer, parce que les marchandises ne sont pas à la libre disposition de l'acquéreur, et sont considérées comme étant encore en route.

Cour de Bruxelles, 25 avril 1811.

411. *Revendication d'effets envoyés à l'encaissement.* — On peut également revendiquer les effets envoyés à un négociant, avant sa faillite, pour en faire l'encaissement, lorsqu'ils existent en nature entre les mains des préposés et des mandataires que le failli s'était substitués pour les exiger.

Cour de cassation, 12 février 1812.

412. *Revendication.* — *Cas d'objets pareils chez le commissionnaire tombé en faillite.* — Lorsque des objets pareils, appartenant à divers propriétaires, se sont mêlés fortuitement ensemble de manière à ne pouvoir être séparées que par un partage, la part qui revient à chacun d'eux est réputée la même chose que celle qu'il avait auparavant. — En conséquence si les objets avaient été confiés à un commissionnaire tombé en faillite, le propriétaire pourrait revendiquer les objets venant du partage, sans qu'il fût fondé à leur opposer le défaut de l'identité.

Cour de cassation, 11 novembre 1812.

413. *Marchandises réclamées par lettres.* — *Entrée en dépôt dans les magasins de l'acheteur.* — Lorsque le vendeur de marchandises, apprenant la faillite de son acheteur, les réclame par lettres pendant qu'elles sont en route, que le failli lui répond qu'il ne les recevra pas lors de l'arrivée, et que cependant elles sont mises dans ses magasins, le vendeur peut néanmoins les revendiquer parce qu'elles ne sont censées être entrées dans les magasins du failli qu'à titre de dépôt.

Cour de Rennes, 23 février 1815.

414. *Revendication.* — *Cas où le jugement de faillite n'est pas encore prononcé.* — La revendication peut s'exercer encore que l'acheteur ne soit point déclaré en faillite par le jugement, il suffit que l'état de la faillite soit constant.

Cour de Rouen, 15 juin 1825.

415. *Revendication.* — *Faillite exonérée de tous frais.* — Celui qui revendique des marchandises contre un failli doit tenir l'actif de la faillite indemne de toute avance faite pour frais, voiture ou commission, assu-

rance et autres frais, soit en cas de revendication de marchandises simples et consignées au failli, soit dans le cas où il s'agit de marchandises
vendues et non payées. — Lorsque la cour juge que la totalité des marchandises consignées à un failli avant la faillite est nécessaire pour
l'indemniser de ses avances, elle peut rejeter la revendication exercée
contre lui.

Cour de cassation, 4 juillet 1826.

416. *Revendication.* — *Cas où les marchandises voyagent d'ordre de l'acheteur ou du vendeur.* — La revendication n'est pas moins permise lorsque
les marchandises voyagent de l'ordre de l'acheteur, si elles ne sont pas
entrées dans ses magasins, que lorsqu'elles voyagent de l'ordre du
vendeur.

Cour de cassation, 6 novembre 1827.

417. *Payements des droits des tiers sur les objets revendiqués.* — *Payement du privilége du commissionnaire pour ses avances.* — Le vendeur ne
peut revendiquer ses marchandises qu'à la charge des droits réels que
des tiers ont acquis sur les objets revendiqués, et, spécialement, à la
charge du privilége du commissionnaire à raison des avances par lui
faites à l'acheteur sur les mêmes objets.

Cour de Douai, 2 avril 1828.

418. *Consignataire.* — *Vente d'effets non échus.* — *Revendication.* — Si
en payement de marchandises vendues par un consignataire, il lui a été
remis des effets à terme non encore échus, et trouvés dans son portefeuille au moment où il est tombé en faillite, le consignataire est fondé
à revendiquer ces effets ou le montant de ces effets encaissé par les
syndics de la faillite.

Cour de Paris, 23 août 1828.

419. *Navire.* — Le navire sur lequel une marchandise a été chargée
pour la faire parvenir au lieu de la destination, doit être considéré
comme simple moyen de transport et non comme magasin de l'acheteur.

Tribunal de commerce de Marseille, 6 avril 1829.

420. *Livraison.* — *Magasin du failli.* — La livraison directement faite
à l'acheteur, dans le lieu même de son domicile, n'est un obstacle à la
revendication, en cas de faillite, qu'autant que la marchandise est entrée
dans les magasins du failli.

Tribunal de commerce de Marseille, 6 avril 1829.

421. *Revendication du produit d'une assurance.*—Lorsque les marchandises vendues et non payées ont été assurées par le commissionnaire pour le compte du failli, et qu'une partie de ces marchandises vient à périr, le montant de l'assurance appartient à la masse de la faillite et non au revendiquant; celui-ci ne peut exercer son droit de revendication que sur la partie conservée des marchandises, après, toutefois, l'exercice du privilége du commissionnaire qui le primera même sur la partie de la marchandise dont la revendication a été admise.

Cour de cassation, 8 juin 1829.

422. *Revendication.* — *Substitution de la marque et des numéros.* — La substitution, sur les balles de marchandises, de la marque et des numéros de l'acheteur à ceux du vendeur, suffit pour faire perdre à celui-ci son action en revendication.

Cour d'Aix, 11 janvier 1831.

423. *Revendication.* — *Droit de contestation.* — Les créanciers du failli autres que les syndics de la faillite sont autorisés à contester la revendication prévue par la loi, quoique cette revendication ait été admise par le syndic et par le commissaire de la faillite.

Cour d'Aix, 11 janvier 1831.

424. *Revendication d'effets de commerce.* — Lorsque, pour retirer des effets mis en circulation, le souscripteur a créé de nouvelles traites et les a remises à un individu qui est tombé en faillite, après avoir, toutefois, opéré le retirement convenu, s'il arrive que les effets retirés se trouvent dans le portefeuille du failli, ils peuvent être revendiqués par le souscripteur au porteur de nouvelles traites dont le montant a servi à effectuer le retirement.

Cour de cassation, 5 avril 1831.

425. *Vente de marchandises.* — *Droit du vendeur.* — *Revendication.* — *Partie non livrée.* — La revendication étant subordonnée à la condition que les marchandises n'aient subi en quantité aucune altération, il suit de là que lorsqu'une partie de la marchandise a déjà passé dans les mains de l'acheteur tombé en faillite, le vendeur n'est pas fondé à revendiquer même la portion des mêmes marchandises qui se trouvent encore dans ses magasins, et dont la livraison n'a, par conséquent, été opérée que fictivement.

Cour de cassation, 1er mai 1832.

426. *Endossement.* — *Droit de revendication.* — Pour pouvoir exercer

la revendication, il faut être propriétaire des effets revendiqués, et l'on a cessé de l'être si on les a transmis au failli par un endossement régulier.

Cour de cassation, 12 juillet 1832.

427. *Livraison partielle.* — Lorsque la marchandise revendiquée a été livrée en partie, avant la déclaration de faillite et avant l'exercice de l'action du revendiquant, à celui à qui le failli l'avait revendue, la revendication n'est pas admissible pour la partie restante.

Tribunal de commerce de Marseille, 3 janvier 1833.

428. *Agent de change. — Rente. — Revendication.* — Le client qui a donné ordre à un agent de change d'acheter des rentes pour lui, et qui a effectué le versement du prix de l'achat entre les mains du mandataire, ne cesse pas, lorsque la faillite de celui-ci a suivi immédiatement, d'être propriétaire de la rente, encore que le transport, conformément à l'usage constant, soit fait momentanément sous le nom de l'agent de change lui-même, alors seulement qu'il est établi que la faillite survenue n'a pas laissé le temps de retransférer la rente au nom du propriétaire réel.

Cour de cassation, 23 juillet 1833.

429. *Marchandise vendue. — Prix non réglé.* — Pour que la revendication d'une marchandise vendue, mais dont le prix n'aurait pas été réglé d'après le revendiquant, soit admissible, il faut que ce prix n'ait pas encore été réglé au jour de la déclaration de la faillite. Il ne suffirait pas que le prix eût été encore à régler au jour de la cessation de payements.

Tribunal de commerce de Marseille, 4 mai 1860.

430. *Remboursement des frais. — Profit exclusif de la masse.* — L'obligation créée par l'article 576 du Code de commerce, pour le créancier revendiquant, de payer tous les frais faits pour la marchandise revendiquée, n'existe qu'au profit de la faillite et ne doit pas profiter à d'autres. — Spécialement celui qui revendique un chargement qui a fait l'objet d'une assurance n'est tenu du remboursement de la prime qu'à l'égard de la masse dans le cas où le failli l'a déjà payée; il n'en est pas tenu envers les assureurs qui en sont encore créanciers.

Tribunal de commerce de Marseille, 8 août 1865.

431. *Magasins généraux. — Récépissés et warrants. — Détenteur sans endossement. — Absence de droit de rétention.* — Celui qui détient des récépissés et warrants délivrés en suite du dépôt de marchandises dans un magasin général, n'a, dans le cas de faillite du propriétaire des marchandises, aucun droit de rétention sur ces récépissés et warrants, à raison des avances qu'il avait faites au failli, s'ils ne lui ont pas été régulièrement endossés par le déposant.

Cour de cassation, 19 décembre 1865.

432. *Commissionnaire à l'achat.* — *Connaissement remis à l'acheteur.* — *Restitution à l'arrivée de la marchandise.* — Lorsqu'un commissionnaire achète une marchandise pour compte d'un commettant résidant sur la même place, et lui en remet le connaissement, à la condition qu'à l'arrivée du navire qui doit l'apporter, ce connaissement lui sera rendu pour en opérer le déchargement et la réception, si cette condition est exécutée et que le commissionnaire fasse en réalité opérer le déchargement et mettre la cargaison à l'entrepôt sous son propre nom, il est fondé, en cas de faillite du commettant, avant payement des billets souscrits en payement de la marchandise, à exercer sur celle-ci le droit de revendication ou de rétention, comme subrogé aux droits du vendeur, et le syndic de la faillite ne peut, pour faire comprendre cette marchandise dans l'actif, soutenir que le commissionnaire n'a agi dans ces opérations que comme simple mandataire du failli.

Tribunal de commerce de Marseille, 25 octobre 1865. — Cour d'Aix, 28 juin 1866.

433. *Marchandise embarquée pour compte de l'acheteur.* — *Revente.* — La revendication de la marchandise par le vendeur non payé à l'encontre de l'acheteur en faillite, est admissible quoique cette marchandise ait été livrée par le vendeur, sur l'ordre et pour compte de l'acheteur, au patron du bateau chargé de la transporter à destination. — Cette revendication est valable même à l'encontre des tiers auxquels l'acheteur aurait vendu la marchandise, et chez lesquels elle devait être transportée par ce bateau, si cette revente n'a pas eu lieu sur facture ou connaissement.

Cour de cassation, 16 avril 1866.

434. *Vendeur non payé.* — Le vendeur non payé n'a pas le droit, en cas de faillite de son acheteur, de poursuivre la résolution de la vente. Le droit de revendication ou de rétention est le seul qui lui soit ouvert.

Cour de Rouen, 23 juin 1866.

435. *Vendeur.* — *Droit de rétention.* — *Dommages-intérêts.* — *Résiliation pure et simple.* — Le droit de rétention établi au profit du vendeur par l'article 577 du Code de commerce, en cas de faillite de son acheteur, ne peut, comme le droit de revendication, s'exercer qu'à la condition de rendre la faillite complétement indemne de toutes les consé-

quences du marché. — Le vendeur n'a donc en pareil cas, que le droit de faire résilier purement et simplement la vente, sans pouvoir prétendre en outre à être admis dans la faillite de l'acheteur pour les dommages-intérêts qui résulteraient, d'après les règles du droit commun, de l'inexécution du contrat.

Tribunal de commerce de Marseille, 22 août 1866. — Cour d'Aix, 8 mai 1867. — Tribunal de commerce de Nantes, 3 août 1867. — Tribunal de commerce de Marseille, 20 mai 1869.

436. *Déclaration. — Livraison postérieure d'une marchandise au failli. — Erreur. — Restitution.* — La livraison d'une marchandise à un commerçant au moment où sa faillite avait déjà été déclarée à son insu et à l'insu du livreur, ne peut avoir pour effet de faire comprendre cette marchandise dans l'actif. Il y a lieu au contraire de décider que cette livraison n'a été que le résultat d'une erreur sur la qualité du réceptionnaire, et d'obliger la masse à la restitution ou au payement de la marchandise par elle reçue.

Tribunal de commerce de Marseille, 10 janvier 1867.

437. *Matière première. — Objets fabriqués. — Identité.* — La revendication des marchandises remises au failli à titre de dépôt, ou pour être vendues pour compte du propriétaire, n'est admissible qu'autant que le revendiquant peut prouver l'identité de la marchandise réclamée avec celle qu'il a remise. — Spécialement, doit être écartée l'action en revendication d'une matière première, lorsque cette matière, ayant été mise en œuvre, ne se retrouve plus dans son premier état, et qu'il est même impossible d'établir quels sont, parmi les objets fabriqués, ceux qui proviennent de la matière revendiquée.

Cour de cassation, 15 janvier 1868.

438. *Cessation de payements. — Faillite non déclarée. — Revendication.* — L'état de faillite existe par le seul fait de la cessation des payements, indépendamment de tout jugement qui le déclare, et, du moment que cet état est constant, les tribunaux doivent appliquer les règles de la faillite. — Notamment, l'action en revendication ouverte par les articles 574 et suivants du Code de commerce peut dès lors être exercée.

Tribunal de commerce de Marseille, 1er mars 1868.

439. *Factures frauduleuses. — Revendication non admissible.* — On ne peut admettre la revendication de marchandises au profit de celui qui se présente avec des factures faites frauduleusement en son nom.

Cour de cassation, 8 avril 1868.

440. *Meuble.* — *Revendication.* — *Vente.* — On ne peut admettre la revendication d'un meuble dans la faillite lorsqu'il a réellement été acheté par le failli, bien que l'acte ait été fait sous la forme d'un bail.

Tribunal de commerce de la Seine, 26 novembre 1868.

441. *Revendication.* — *Marchandises en gare.* — La revendication de la marchandise peut être faite par le vendeur, bien que cette marchandise soit déposée en gare.

Cour d'Aix, 4 mai 1869.

442. *Suspension de payements.* — *Annulation définitive du marché.* — La revendication ou la rétention exercée par le vendeur à l'encontre de l'acheteur tombé en faillite ne peut être conditionnelle ; son effet est d'annuler définitivement le marché. — Spécialement, le vendeur qui, sur un marché échu, a expédié une partie de la marchandise vendue, et qui apprenant la suspension de payements de son acheteur, a retenu cette partie avant livraison, a, par cette rétention, annulé purement et simplement le marché, soit pour la partie expédiée, soit pour le solde, bien qu'aucune correspondance ne soit intervenue et qu'aucun acte de procédure n'ait été signifié à cet égard. — Il ne peut donc, si plus tard l'acheteur revient à meilleure fortune, l'obliger à prendre livraison de la marchandise.

Tribunal de commerce de Marseille, 17 août 1869.

443. *Marchandises en dépôt.* — *Vente aux enchères par le syndic.* — *Revendication du prix.* — *Recevabilité.* — La revendication des marchandises confiées au failli à titre de dépôt ou pour être vendues pour compte du propriétaire, est recevable même après la vente aux enchères que le syndic en a fait faire, et doit, dans ce cas, s'exercer sur le prix qu'il en a retiré.

Tribunal de commerce de Marseille, 14 octobre 1869.

444. *Constructeur de navire.* — *Navire en construction.* — *Créance chirographaire.* — L'armateur, qui a commandé un navire (lequel, au moment de la revendication, se trouve en cours d'exécution) ne peut, en cas de faillite du constructeur, revendiquer le navire en l'état ; il ne doit être admis pour ses avances que comme créancier chirographaire.

Cour de Rennes, 24 janvier 1870.

445. *Assurance sur la vie.* — En cas d'assurance sur la vie au profit d'un tiers, c'est ce dernier seul qui doit profiter de l'assurance, alors que celui qui a fait le contrat est déclaré en faillite.

Tribunal de commerce de la Seine, 7 mars 1870.

446. *Revendication de valeurs.* — *Compte courant.* — Il n'y a pas lieu à revendiquer des valeurs encaissées par le failli, lorsqu'il les a portées au compte courant du remettant.

Cour de Rennes, 8 mars 1870.

447. *Concordat.* — *Annulation.* — *Détournement de meubles.* — *Droit de revendication du syndic.* — Après l'annulation du concordat, le syndic a le droit de revendiquer, entre les mains d'un tiers, les meubles que le failli a détournés frauduleusement pendant la gestion.

Cour de Paris, 26 décembre 1870.

448. *Acceptation d'effets en payement.* — *Perte du droit de revendication.* — Celui qui consent à recevoir des effets de commerce en payement de marchandises qu'il a vendues au comptant, n'est plus recevable en cas de faillite de l'acheteur à revendiquer ces marchandises, alors même que les effets n'ont pas été acquittés à leur échéance et surtout si lors de la dation en payement l'acquéreur a supporté l'escompte.

Dalloz J., au mot *Faillite*, 1099.

XXVI. — Compétence en matière de faillites. — Voies de recours.

449. *Époque de la cessation de paiements.* — *Cour de cassation non compétente.* — La Cour de cassation compétente pour vérifier si les caractères légaux de l'état de faillite résultant des faits reconnus constants par les juges du fond ne l'est pas pour réviser l'appréciation des circonstances d'après lesquelles les juges ont fixé l'époque de la cessation de payements, et par suite, l'ouverture de la faillite à tel temps plutôt qu'à tel autre.

Cour de cassation, 21 mars 1822.

450. *Lieu de la promesse faite.* — *Tribunal compétent.* — La faculté qu'a le demandeur en matière commerciale aux termes de l'article 480 du Code de procédure civile, d'assigner son débiteur devant le tribunal du lieu où la promesse a été faite et la marchandise livrée, s'étend même au cas de faillite du défendeur, surtout s'il ne s'agit pas de contestations que la faillite a fait naître, mais de comptes qui lui sont antérieurs et indépendants de la circonstance de faillite.

Cour de Toulouse du 15 janvier 1828.

451. *Compétence.* — *Cour de cassation.* — *État de faillite.* — Il appar-

tient à la Cour de cassation de déclarer si l'état de faillite résulte des faits reconnus constants par les tribunaux.

Cour de cassation, 1ᵉʳ avril 1829.

452. *Exécution en France des jugements étrangers.* — *Compétence des tribunaux civils.* — Les tribunaux civils seuls, à l'exclusion des tribunaux de commerce, sont compétents pour déclarer exécutoires en France les jugements émanés de tribunaux étrangers, alors même que ces jugements prononcent sur des contestations commerciales.

Cour de Bordeaux, 25 février 1836 et 22 janvier 1840. — Cour de Douai, 9 décembre 1843.

453. *Privilège du propriétaire.* — *Compétence du tribunal civil.* — Le tribunal civil est compétent pour statuer sur l'opposition formée à la requête du propriétaire pour l'exercice de son privilège sur les valeurs dépendantes de la faillite. Il n'est pas comme tous les autres créanciers justiciable du tribunal de commerce ; il est en dehors de la faillite, ne peut, pour l'exécution du bail, provoquer la mise en faillite, et n'est pas admis au concordat.

Tribunal civil de la Seine, 9 février 1837. — *Gazette des tribunaux*, 10 février 1837.

454. *Compétence du tribunal en déclaration de faillite.* — La faillite est déclarée par le tribunal du domicile qu'avait le commerçant au moment de la cessation de ses payements, et non par le tribunal du domicile qu'il a au moment de la demande en déclaration de faillite.

Cour de Rouen, 19 décembre 1842.

455. *Faillite à l'étranger.* — *Compétence des tribunaux français.* — Les tribunaux français peuvent reconnaitre l'état de faillite d'un individu résultant de la déclaration d'un tribunal étranger et par suite la qualité des syndics de la faillite. — Ce n'est pas là attribuer force exécutoire en France à des actes émanés d'une juridiction étrangère.

Cour de Bordeaux, 22 décembre 1847.

456. *Instance.* — *Intervention d'un créancier non recevable.* — Un créancier est non recevable à intervenir dans une instance engagée par les syndics.

Cour de Paris, 24 décembre 1849.

457. *Étranger.* — *Bénéfice de la loi française.* — Le bénéfice de la loi française ne peut être invoquée par l'étranger déclaré en faillite dans son pays et en vertu de la loi étrangère dont les dispositions ne sont pas exécutoires contre un créancier français.

Tribunal civil de la Seine, 21 janvier 1857.

458. *Liquidateurs judiciaires.* — *Syndic.* — *Intervention en appel.* — Lorsqu'une société tombée en suspension de payements a été d'abord pourvue de liquidateurs judiciaires, puis déclarée en faillite, les syndics ont été représentés par les liquidateurs judiciaires dans tous les procès que ceux-ci ont soutenus. — Ils ne pourraient donc former tierce-opposition aux jugements rendus contre les liquidateurs, et sont, par suite, non recevables à intervenir sur l'appel de ces jugements.

Cour d'Aix, 17 janvier 1866.

459. *Avoué.* — *Faillite dans deux villes.* — *Règlement de juges.* — Lorsqu'une personne, qui n'est pas commerçante (un avoué par exemple), fait cependant le commerce sous son nom dans une ville éloignée et sous un prête-nom dans la ville qu'il habite, s'il vient à être déclaré en faillite dans les deux villes, c'est au tribunal du lieu dans lequel il avait son établissement le plus important, celui qui était sous son nom, que doit être maintenue la connaissance de la faillite.

Cour de cassation, 25 novembre 1867.

460. *Appel.* — *Concordat.* — *Refus de sursis.* — L'appel est recevable contre le jugement qui rejette une demande de sursis au concordat.

Caen, 20 janvier 1868.

461. *Changement de domicile.* — Lorsqu'un négociant dont la faillite est imminente, change de domicile, en remplissant les formalités légales, dans le seul but de déposer son bilan dans une autre ville, le tribunal de la ville qu'il a quittée n'en est pas moins seul compétent pour connaître de la faillite.

Paris, 10 juillet 1868.

462. *Tribunal de la faillite.* — *Faits nés de la faillite.* — Le tribunal de la faillite est compétent pour connaître des faits postérieurs à la faillite, mais qui en découlent, tels qu'un compte à rendre sur la gestion d'une partie de l'actif dépendant de la faillite.

Cour de Paris, 14 novembre 1868.

463. *Deux maisons de commerce.* — *Communauté d'intérêts.* — *Société unique.* — *Siége social.* — *Déclaration.* — Doivent être réputées ne former qu'une société deux maisons de commerce établies sur des places

différentes sous des raisons sociales non identiques, lorsqu'il était constant que tous les bénéfices et toutes les pertes étaient mis en commun, que les expéditions de marchandises faites entre ces deux maisons par les navires achetés par l'une d'elles, se faisaient sans fret, et que les ventes s'effectuaient sans commission. — Dans de telles circonstances, si ces deux maisons avaient un double commerce d'importation et d'armement, et que l'une d'elles établie avant l'autre et s'occupant au même degré que l'autre du commerce d'importation, possédait en outre le principal rôle dans le commerce d'armement, c'est à son domicile que doit être réputé établi le siége social. — C'est donc par le tribunal de ce domicile que doit être déclarée, s'il y a lieu, la faillite des deux maisons, et c'est devant lui que ses opérations doivent s'effectuer.

Tribunal de commerce de Marseille, 5 avril 1869.

464. *Jugement déclaratif.* — *Opposition.* — *Compétence.* — Le tribunal de commerce qui a rendu le jugement déclaratif de faillite est seul compétent pour connaître de l'opposition formée contre ce jugement, ainsi que des questions que soulève cette opposition.

Cour de Paris, 29 juillet 1869.

465. *Poursuites par un Français.* — *Tribunal français compétent.* — Le Français qui a contracté avec un étranger dans son pays peut le citer devant les tribunaux français, bien que cet étranger allègue qu'il a été déclaré en faillite dans son pays, fait dont il n'apporte pas d'ailleurs de preuves légales.

Cour de Paris, 30 juillet 1869.

466. *Fonds de commerce.* — *Vente.* — *Compétence.* — Le tribunal du lieu de la faillite est seul compétent pour connaître d'une demande à fin de vente du fonds de commerce dépendant de la faillite.

Tribunal de commerce de la Seine, 5 octobre 1869.

467. *Concordat.* — *Demande en résolution.* — *Compétence.* — Le tribunal du lieu de la faillite est seul compétent pour connaître de la demande en résolution du concordat.

Cour de Paris, 21 juillet 1871.

XXVII. — Des banqueroutes. — De la banqueroute simple. — Des peines appliquées
aux banqueroutiers.

468. *Cas de banqueroute simple et frauduleuse séparées.* — *Ministère public.* — *Droit de poursuites.* — Lorsque les faits de banqueroute simple et frauduleuse n'ont pas été réunis dans une même accusation, l'acquittement du failli prononcé par le jury sur la prévention de banqueroute frauduleuse, n'empêcherait pas le ministère public de le poursuivre ultérieurement et comme coupable de banqueroute simple alors surtout que l'action devant le tribunal correctionnel aurait été réservée dans l'ordonnance de mise en accusation en cas que le jury se déclarât favorable.

Cour de cassation, 13 août 1825.

469. *Banqueroutier simple.* — *Peine subie.* — Le banqueroutier simple qui comme tel a été condamné à plusieurs mois de prison, peut, s'il a subi sa peine, être admis à soutenir que d'après la règle *non bis in idem*, la disposition du jugement déclaratif qui ordonne le dépôt de sa personne dans une maison d'arrêt n'est plus susceptible d'exécution.

Cour de Paris, 28 juin 1828.

470. *Banqueroutier simple.* — *Non déclaré en faillite.* — Un négociant peut être condamné comme banqueroutier simple, quoique le jugement du tribunal de commerce ait décidé qu'il n'y avait pas lieu de le déclarer en faillite.

Cour d'Aix, 9 août 1837.

471. *Dommages-intérêts.* — En matière de banqueroute simple ou frauduleuse, les tribunaux ne peuvent accorder de dommages-intérêts aux parties civiles.

Cour de cassation, 7 novembre 1840.

472. *Poursuite en banqueroute simple.* — *Renvoi devant la cour d'assises.* — Le créancier d'un failli, ne pouvant exercer que devant les tribunaux civils les actions civiles autres que celles dont parle l'article 593 du Code de commerce, n'a pas intérêt à demander que le tribunal correctionnel, saisi d'une poursuite en banqueroute simple, renvoie le prévenu devant la cour d'assises sous l'inculpation du crime de banqueroute frauduleuse.

Cour de cassation, 3 juillet 1841.

473. *Condamnation pour banqueroute.* — *Mention de négociant failli dans le jugement.* — Il n'est pas nécessaire, à peine de nullité, que le jugement qui condamne un individu pour banqueroute simple porte la mention que cet individu était négociant failli. Cette désignation résulte suffisamment de la constatation que l'accusé n'a pas fait la déclaration exigée par les articles 438 et 439 du Code de commerce, dans les trois jours de la cessation de ses payements, que ses registres n'offrent pas sa véritable situation active et passive et qu'il n'a pas fait exactement l'inventaire.

Cour de cassation, 19 septembre 1844.

474. *Défaut d'inventaire annuel.* — *Cas de banqueroute simple.* — L'omission d'inventaire annuel, jointe à l'irrégularité dans la tenue des livres, peut autoriser les juges à déclarer un négociant en état de banqueroute simple.

Cour de Bordeaux, 6 décembre 1845.

475. *Propriétaire de forges.* — *Cas de banqueroute.* — Le propriétaire de forges qui, pour l'exploitation de son minerai, fait des achats importants de combustibles et se livre à des négociations nombreuses d'effets de commerce, doit être considéré comme négociant et peut, à ce titre, être condamné pour banqueroute simple.

Cour de cassation, 20 février 1846.

476. *Banqueroute simple.* — Se rend coupable de banqueroute simple le failli concordataire qui, le pouvant, ne satisfait pas aux conditions de son concordat.

Cour de cassation, 2 juin 1870.

XXVIII. — De la banqueroute frauduleuse.

477. *Poursuites en banqueroute même avant exécution du jugement déclaratif de faillite.* — Tout commerçant qui cesse ses payements est en état de faillite et peut être poursuivi comme banqueroutier s'il se trouve dans l'un des cas de faute grave ou de fraude prévus par la loi, encore bien qu'il n'ait été donné aucune suite au jugement déclaratif de faillite et que l'insolvabilité du débiteur n'ait point été constatée.

Cour de cassation, 3 novembre 1814.

478. *Banqueroute frauduleuse.* — *Jury.* — *Banqueroute simple.* — *Poursuites du ministère public.* — Lorsque les faits de banqueroute simple et

de banqueroute frauduleuse n'ont pas été réunis dans une même accusation, l'acquittement du failli, prononcé par le jury sur la prévention de
banqueroute frauduleuse, n'empêcherait pas le ministère public de le
poursuivre ultérieurement comme coupable de banqueroute simple,
alors surtout que l'action devant le tribunal correctionnel aurait été réservée dans l'ordonnance de mise en accusation, en cas que le jury se
déclarât favorable à l'accusation.

Cour de cassation, 13 août 1825.

479. *Caractère de l'état de banqueroutier frauduleux.* — Pour qu'il y ait
banqueroute frauduleuse, il faut non-seulement que l'accusé soit convaincu d'être l'auteur de l'un des faits prévus par la loi, mais encore que
ce fait soit frauduleux par lui-même ou qu'il ait été déclaré tel par le
jury.

Cour de cassation, 13 mai 1826, 14 avril 1827.

480. *Banqueroute frauduleuse.* — *Jury.* — *Son droit de déclarer la faillite.* — Les jurés peuvent, sans qu'il s'ensuive de nullité, déclarer dans
leur réponse qu'un individu poursuivi pour banqueroute frauduleuse est
commerçant failli, quoiqu'il n'ait pas été mis en faillite par la juridiction
commerciale.

Cour de cassation, 22 janvier 1831.

481. *Conditions de la banqueroute frauduleuse.* — Un seul des faits prévus par la loi constitue le crime de banqueroute frauduleuse. Il n'est pas
besoin pour cela de tous ceux qu'elle énumère.

Cour de cassation, 3 novembre 1831.

482. *Rétractation de faillite.* — *Poursuites en banqueroute frauduleuse.* —
Un commerçant peut être poursuivi en banqueroute frauduleuse lors
même que le jugement qui aurait d'abord prononcé sa mise en faillite
aurait été rapporté.

Cour de Metz, 14 mai 1833.

XXIX. — Des complices des banqueroutiers. — Crimes et délits commis dans les faillites
par d'autres que par le failli. — Peines appliquées aux complices des banqueroutiers.

483. *Complicité.* — *Ses conditions.* — Il n'est pas besoin, pour constituer le crime de complicité de banqueroute frauduleuse, de la réunion
des circonstances caractérisées par la loi, c'est-à-dire qu'il n'est pas

nécessaire de s'être entendu avec le banqueroutier frauduleux pour recéler ou soustraire des effets mobiliers et d'avoir acquis sur lui des
créances fausses qu'on a persisté à faire valoir comme sincères à la vérification. L'une de ces deux circonstances suffit seule pour constituer le
crime. Ainsi, un individu convaincu seulement de s'être entendu avec un
banqueroutier frauduleux, pour soustraire ou recéler des effets mobiliers
ou des marchandises, peut être condamné comme complice de banqueroute frauduleuse. — Le recel ou la soustraction d'objets appartenant à
un failli ne constitue pas le crime de complicité de banqueroute frauduleuse s'il n'y a pas eu concert frauduleux entre le recéleur et le failli.

> Cour de cassation, 17 mars 1831.

484. *Auteur et complice de banqueroute frauduleuse.* — *Déclaration du
jury.* — Il n'y a pas de contradiction entre deux réponses du jury dont
l'une déclare l'accusé coupable comme auteur principal d'une banqueroute frauduleuse, et l'autre comme complice de cette même banqueroute ; le mot complice a dans ce cas la signification du mot coauteur.

> Cour de cassation, 7 mars 1839.

485. *Soustraction des biens meubles.* — *Déclaration du jury.* — Celui qui,
d'après la déclaration du jury, s'est entendu avec le failli pour soustraire
une partie des biens meubles de ce dernier au préjudice des créanciers,
est passible des peines portées en l'article 593 du Code de commerce,
qui prévoit le cas d'une soustraction de biens meubles dans l'intérêt du
failli.

> Cour de cassation, 7 mars 1839.

486. *Créance frauduleusement affirmée.* — *Complicité.* — Est passible
des peines de la banqueroute frauduleuse celui qui présente frauduleusement et affirme une créance supposée, encore bien que la participation que le failli lui a prêtée dans l'origine ait cessé d'être frauduleuse
à l'égard de ce dernier par des circonstances à lui personnelles.

> Cour de cassation, 2 mai 1840.

487. *Traité particulier entre un créancier et le failli.* — Le créancier qui
a fait avec un commerçant en état de faillite un traité particulier duquel
il résulte, en sa faveur, un avantage à la charge de l'actif du failli, est
passible des peines portées en l'article 597 du Code de commerce, lors
même que par un jugement postérieur le tribunal de commerce aurait
rapporté la faillite.

> Cour de cassation, 23 avril 1841.

488. *Détournement avec bris de scellés.* — Lorsque, en cas de banqueroute, il y a eu détournement commis avec bris de scellés et effraction d'un meuble, ce détournement constitue un crime justiciable de la Cour d'assises.

Cour de cassation, 13 mai 1841.

489. *Complicité.* — *Déclaration du jury.* — Pour qu'un individu puisse être condamné comme complice du crime de banqueroute frauduleuse, il faut que toutes les circonstances constituant ce crime résultent de la déclaration du jury, que notamment cette déclaration énonce que celui auquel la banqueroute est imputée était commerçant failli.

Cour de cassation, 4 mai 1842.

490. *Complicité de banqueroute simple.* — En matière de banqueroute simple, la loi ne reconnaît pas de complicité.

Cour de cassation, 10 octobre 1844.

XXX. — De l'administration des biens en cas de banqueroute.

491. *Banqueroutier.* — *Syndics.* — *Administration des biens.* — Par le jugement déclaratif de faillite, l'administration des biens cesse d'appartenir au failli, et les syndics en sont saisis. La circonstance que le failli est poursuivi ou condamné comme banqueroutier ne doit donc pas dessaisir les syndics; de même que la saisine des syndics ne doit apporter aucun obstacle à l'exercice de la justice pénale.

Renouard, *Faillites et banqueroutes*, t. II, p. 449.

492. *Banqueroutier frauduleux.* — *Administration des domaines.* — Le banqueroutier frauduleux ne peut être représenté par l'administration des domaines.

Cour de Montpellier, 22 juin 1838.

XXXI. — De la réhabilitation.

493. *Payement de toutes les dettes.* — *Formalités pour le concordat.* — *Réhabilitation.* — Le failli qui justifie du payement par lui fait de toutes ses dettes peut, bien que toutes les formalités qui doivent légalement

148 GUIDE JUDICIAIRE ET PRATIQUE DES FAILLITES.

précéder le concordat n'aient pas été remplies, être déclaré excusable et susceptible de réhabilitation.

Cour d'Angers, 28 mai 1822.

494. *Incapacités.* — *Réhabilitation.* — Ce n'est qu'en remplissant les formalités prescrites pour la réhabilitation que le failli peut être relevé des incapacités dont l'a frappé la faillite.

Cour de cassation, 28 mai 1827.

495. *Faillite mal déclarée.* — *Réhabilitation.* — Le principe que le commerçant dont la faillite a été irrévocablement constatée ne peut être relevé que par une réhabilitation solennelle, ne reçoit d'application que lorsque la faillite a été *justement* déclarée, et non lorsqu'il est reconnu que la situation du débiteur ne le constituait pas en état de faillite.

Cour de Bordeaux, 9 juillet 1832.

496. *Jugement déclaratif.* — *Chose jugée.* — *Réhabilitation.* — La réhabilitation est le moyen à employer pour effacer l'état de faillite, lorsque le jugement déclaratif a obtenu l'autorité de chose jugée et qu'il ne peut plus être réformé par opposition ou par appel.

Cour de Lyon, 31 août 1841.

497. *Réhabilitation.* — *Effets du concordat.* — La réhabilitation, faisant disparaître l'état de faillite, et rétablissant le failli dans l'intégralité de ses droits, anéantit par cela même les effets du concordat, à ce point que, si elle a été prononcée sans que le débiteur ait payé l'intégralité de ses dettes, les créanciers recouvrent le droit d'exiger de lui la totalité de leurs créances sans qu'on puisse leur opposer les termes du concordat. — Il en est ainsi, alors même que les créanciers n'auraient pas formé opposition à la réhabilitation dans les termes de l'article 608 du Code de commerce.

Cour de cassation, 20 mai 1846.

498. *Réhabilitation.* — *Quittances portant remise de dettes.* — Pour être admis à la réhabilitation, le négociant failli doit avoir payé toutes ses dettes en capital, intérêts et frais. Il ne suffit pas qu'il produise des quittances générales et définitives délivrées par ses créanciers, mais portant remise de ce qu'il n'a pu leur payer.

Cour de Rennes, 11 septembre 1846.

V

CIRCULAIRES ET DÉCISIONS.

1° Circulaire du 8 juin 1838. Interprétation de la loi sur les faillites. — 2° Avis du conseil d'État du 5 août 1840 sur l'interprétation de l'article 460 de la loi du 28 mai 1838 (Code de commerce), sur les mesures à prendre à l'égard de la personne du failli. — 3° Circulaire du Garde des sceaux du 1er octobre 1840 sur le même objet, —4° Décision du 4 novembre 1843 (Ministères de la justice et des finances) sur l'enregistrement et débet du jugement prononçant pour insuffisance d'actif la clôture des opérations de la faillite. — 5° Décision du 31 octobre 1840 et instruction du 22 juin 1846, n° 1755 (Ministères de la justice et des finances), sur l'enregistrement et débet des procès-verbaux de dissolution dans les cas de l'insuffisance d'actif. — 6° Avis du Conseil d'administration des finances du 24 avril 1832 et décision du Ministère des finances sur l'exemption de la formalité de l'enregistrement pour les rapports des juges-commissaires en matière de faillite.

1° — CIRCULAIRE DE M. LE GARDE DES SCEAUX SUR L'EXÉCUTION DE LA LOI DES FAILLITES.

La promulgation de cette loi a été suivie d'une circulaire de M. le Garde des sceaux, ministre de la justice, adressée à Messieurs les procureurs généraux près les Cours royales, sous la date du 8 juin 1838.

Les instructions qu'elle comporte pour l'exécution de la nouvelle loi lui donnent ici une place très-utile.

Circulaire.

« Paris, le 8 juin 1838.

» Monsieur le Procureur général,

» La nouvelle loi sur les faillites a pour objet principal de pourvoir, mieux que ne le faisait le Code de 1807, à la juste et prompte distribution des ressources qui composent l'actif du débiteur. Pour atteindre ce but, il a été nécessaire de simplifier la liquidation, de la rendre plus rapide, de diminuer les frais, et, sans ériger toujours la fraude en présomption légale, de prendre, pour la prévenir ou la réprimer, des mesures qu'indiquait l'expérience. Ces divers points embrassent l'ensemble de la loi. L'étude qui en sera faite peut seule mettre le commerce et les tribunaux en état de la bien comprendre. S'il s'élève des difficultés dans l'application, les documents qui l'ont préparée et la jurisprudence aideront à les résoudre. Il est seulement un petit nombre de ces dispositions qui réclament de ma part quelques instructions, parce qu'elles tracent des obligations particulières aux juges-commissaires, aux tribunaux de commerce et au ministère public.

» I. C'est aux premiers moments de la faillite que des précautions doivent surtout être prises pour prévenir des détournements. Souvent alors, les créanciers, incertains s'il existera un actif quelconque, s'arrêtent devant la crainte de n'être pas remboursés des frais qu'ils avanceraient, et le failli demeure libre, ou de s'approprier les fonds et les marchandises qui sont d'une disposition facile, ou de les employer à satisfaire ceux qu'il veut favoriser. L'article 461 remédie à cet inconvénient, en déclarant que l'avance des premiers frais sera faite par le Trésor public, lorsque les deniers appartenant à la faillite ne pourront y suffire immédiatement. Ces premiers frais seront ceux du jugement de déclaration de la faillite, d'affiche de ce jugement et de son insertion dans les journaux, d'apposition de scellés, d'arrestation et d'incarcération. Puisque dans ces circonstances le Trésor fait les avances, il sera nécessaire de se conformer au décret du 18 juin 1811, relatif aux frais de justice criminelle. Ainsi il devra être fourni un mémoire séparé pour chaque objet de dépense, savoir : 1° pour les frais du jugement de déclaration de la faillite ; 2° pour les frais d'apposition de scellés ; 3° pour les frais d'arrestation ; 4° pour les frais d'incarcération ; 5° pour les frais d'affiche ; et 6° pour les frais d'insertion dans les journaux.

» Ces frais seront payés par le receveur de l'enregistrement, au moyen d'une ordonnance du juge-commissaire, qui sera apposée au bas de chacun des mémoires, dans la forme du modèle ci-joint, n° 1.

» Le juge-commissaire devra prendre les mesures nécessaires pour qu'il soit exactement tenu note au greffe des diverses sommes qu'il aura ordonnancées, afin que le greffier puisse dresser l'état de liquidation qui doit ultérieurement servir au recouvrement des frais avancés par le Trésor public. Ce recouvrement doit avoir lieu aussitôt que l'actif de la faillite présentera quelques ressources : tel est le vœu de l'article 461. Le juge-commissaire fera donc, sans retard, préparer l'état de liquidation au bas duquel il mettra son ordonnance, conformément au modèle ci-joint, n° 2.

» L'envoi de cet état sera fait au directeur de l'enregistrement et des domaines, qui demeurera chargé d'en faire payer le montant.

» Les instructions ci-dessus ayant été communiquées à M. le ministre des finances, leur exécution n'éprouvera pas de difficultés.

» Vous avez pu remarquer, monsieur le Procureur général, qu'au nombre des frais dont l'avance doit être faite, se trouvent ceux d'incarcération. Je comprends dans cette dénomination les aliments, dont la consignation est indispensable. En effet, lorsque les frais peuvent être avancés par les syndics, il n'est pas douteux qu'ils doivent faire cette consignation, et des instructions ont été données dans ce sens par le ministère de la justice, le 30 avril 1827. Le Trésor étant momentanément substitué aux syndics pour les avances de frais, la condition du débiteur ne peut changer ; il faut que les mêmes obligations s'accomplissent.

» II. Les tribunaux de commerce mettront d'autant plus de soin dans le choix des syndics provisoires qui doivent être désignés par le jugement déclaratif de la faillite, que les créanciers étant appelés immédiatement à donner leur avis sur l'utilité de leur remplacement ou de la confirmation de leurs pouvoirs, le choix du tribunal serait exposé à une critique plus ou moins vive s'il avait été fait avec peu de réflexion. Quoique, d'après l'art. 642, les syndics définitifs eux-mêmes puissent être étrangers à la masse des créanciers, il ne devra être usé de cette faculté qu'avec une grande réserve. Si des désignations de syndics étrangers devenaient fréquentes, il pourrait en résulter avec le temps une habitude à laquelle il serait difficile de se soustraire. En général, il n'y a que de l'inconvénient à créer, auprès des tribunaux, des professions dépourvues de caractère officiel. Les administrateurs ainsi désignés ne manqueraient pas d'accepter leur mandat dans l'espérance d'un salaire que des syndics créanciers réclameront plus rarement. Prendre les syndics parmi ceux des créanciers connus qui inspirent le plus de confiance, telle doit être la règle générale. Choisir ces syndics parmi d'autres personnes, telle doit être l'exception que pourront déterminer des motifs dont l'appréciation dépendra entièrement des circonstances.

» III. La suite et l'unité dans l'administration de la faillite seront les avantages attachés à la permanence du syndicat ; mais, d'un autre côté, cette permanence même pourrait être nuisible dans certains cas. Il fallait donc qu'elle pût prendre fin, si les syndics n'usaient pas convenablement de leurs pouvoirs : c'est ce qu'a prévu la loi. Il n'est pas impossible que la masse des créanciers cède à des préventions ; plus souvent elle se montrera négligente, à cause de la difficulté d'en réunir la majorité. C'est au tribunal qu'est confié le droit, sur la proposition du juge-commissaire, de retirer aux syndics, ou à l'un d'eux, le mandat qu'il leur a donné. Le failli et chacun des créanciers seront reçus à provoquer son action ; il pourra agir aussi d'office. Les tribunaux de commerce ne sauraient trop se montrer attentifs à ce qu'une attribution aussi essentielle soit exercée sans exagération, mais aussi sans faiblesse.

Il ne sera pas nécessaire pour cela que l'abus soit allé jusqu'à la fraude; il est évident que la conduite privée des syndics peut altérer la confiance qui a été placée en eux, et la simple négligence amener aussi la nécessité d'un changement de mandataires (art. 467).

» IV. Placés sous la direction immédiate et continue du juge-commissaire, les syndics procèdent à la vente du mobilier et des marchandises d'après son autorisation. Le mode ordinaire sera celui des ventes judiciaires.

» La loi cependant a voulu que, sur la permission du juge, cette vente pût se faire même à l'amiable : une telle faculté sera surtout d'un usage avantageux dans les petites faillites, afin d'éviter des frais; elle pourra ne pas être inutile même dans les faillites plus importantes, lorsque, par exemple, une vente en bloc de marchandises promettra un prix plus élevé qu'on ne pourrait l'espérer d'une vente aux enchères. Cette disposition est encore l'une de celles dont l'application présenterait de graves inconvénients, si elle n'était réglée avec précaution et discernement ; elle ne produira que du bien si le juge-commissaire et les syndics se laissent guider uniquement par le sentiment éclairé de leurs devoirs, et par l'appréciation saine et juste des intérêts qui leur sont confiés (art. 486).

» V. L'avance des fonds nécessaires à la poursuite ne peut être exigée du Trésor public qu'à raison des premiers actes de la faillite. Si l'état de pénurie complète qui détermine ce secours se prolongeait, les articles 527 et 528 veulent que le tribunal prononce la clôture de la faillite, et rende ainsi chaque créancier à la liberté de ses actions individuelles, le droit de contrainte par corps compris. Le jugement qui contiendra cette décision ne sera rétracté que sur la preuve qu'il existe des fonds suffisants pour la poursuite, ou sur la consignation de ces fonds entre les mains des syndics. C'est l'expérience qui a fait sentir l'utilité de ces dispositions. La conduite du commerçant qui continue ses affaires, malgré l'insuffisance de son actif comparé à ses engagements, et qui en attend, pour s'arrêter, l'entier épuisement, est exclusive de la bonne foi. On peut croire que l'exemple cessera de s'en reproduire, lorsque celui qui le donnerait sera prévenu par la loi qu'il perdrait jusqu'à l'espérance des immunités résultant de l'état de faillite, et sur lesquelles il aurait pu compter, comme un dernier refuge qui ne saurait lui échapper.

» VI. Par des motifs aussi graves, mais d'un ordre différent, la loi demande au ministère public une surveillance non moins attentive que celle qui est exigée des juges commerciaux et des syndics. C'est d'abord au procureur du roi, de concert avec ceux-ci, qu'est confiée, par l'article 460, l'exécution de l'ordre en vertu duquel, dès que la faillite éclate, le débiteur sera déposé dans la maison d'arrêt pour dettes, mesure que la prudence conseillera presque toujours. Si le débiteur n'est que malheureux, un sauf-conduit doit bientôt le rendre à sa famille et à la liberté. Si l'examen de sa conduite justifie des poursuites rigoureuses, il lui aura été impossible de s'y soustraire par la fuite.

» VII. Le procureur du roi exigera soigneusement l'envoi qui doit lui être fait, dans les vingt-quatre heures, par le greffier du tribunal de commerce, d'un extrait de tout jugement déclaratif de faillite, aux termes de l'article 459. Il ne souffrira aucun retard, qui ne soit justifié, dans la remise du mémoire des syndics qu'eux-mêmes sont obligés d'adresser au juge-commissaire dans la quinzaine de leur entrée ou de leur maintien en fonctions. Cette prescription de l'article 482 ne serait accomplie qu'en apparence, si les syndics manquaient de s'expliquer sérieusement sur les causes, les circonstances, les caractères de la faillite, et si cet acte dégénérait en une simple formalité.

» Par ces documents, autant que par les autres renseignements qu'il peut recueillir, le magistrat forme son opinion sur la faillite. Il se contente de veiller sur la suite des opérations, ou, reconnaissant les indices de banqueroute, il se détermine à une plus active intervention.

» Ce pouvoir d'examen et d'investigation est aussi étendu que les circonstances le commanderont. L'inventaire peut amener la découverte de faits par lesquels la conduite du failli sera jugée avec plus de certitude. Il ne tiendra qu'au procureur du roi d'assister à cet acte important, de recueillir les preuves qui s'offriront à lui, de s'emparer des pièces de conviction. Son droit de recherche ne serait pas complet, s'il n'allait, ainsi que l'autorisent les articles 483 et 601, jusqu'à exiger, à toute époque, communication des actes, papiers et livres relatifs à la faillite, et à réclamer des syndics tous les renseignements qui seront jugés nécessaires.

» En cas de poursuite pour banqueroute, il ne s'agit plus d'une simple communication des pièces, titres et papiers de la faillite, mais d'une remise à faire entre les mains du procureur du roi : c'est ce que prescrit l'article 602. Ce magistrat devra comprendre combien ce dessaisissement peut être gênant pour l'administration des syndics. Aussi doit-il veiller à ce que ces derniers, qui en trouvent d'ailleurs l'autorisation formelle dans l'article 603, aient toutes les facilités convenables pour une communication prompte et commode, toutes les fois qu'ils jugeront nécessaire de recourir aux papiers du failli.

» VIII. Il est très-souvent arrivé que ceux mêmes qui souffrent de la faillite ont consenti à couvrir d'un voile les actes les plus répréhensibles, dans l'intention de ne pas éloigner un arrangement amiable qui leur promet un dividende quelconque. Cette facilité devient un encouragement à de condamnables spéculations, et l'impunité excite aux désordres de même nature. Si une poursuite, quand il en existe de justes motifs, peut contrarier quelques créanciers en particulier, elle doit profiter par l'influence de l'exemple à la moralité du commerce en général. Le ministère public saura donc, lorsque les délits lui paraîtront caractérisés, s'élever au-dessus des considérations de l'intérêt privé, qui perdront, au reste, de leur force, la loi nouvelle rendant désormais moins coûteuse et plus prompte une liquidation judiciaire. En se préservant de toute exagération, en évitant tout acte de rigueur qui deviendrait dangereux dès que la nécessité n'en serait pas démontrée, il maintiendra l'autorité des lois, au risque même de faire manquer des arrangements auxquels seraient disposés des créanciers ou complaisants ou trop résignés.

» IX. L'action publique ne pouvant, en général, faire l'objet d'une transaction, l'existence d'un concordat ne saurait l'arrêter. C'est ce que l'article 524 reconnaît formellement en déclarant, s'il s'agit d'une poursuite en banqueroute frauduleuse, qu'elle peut être commencée alors même qu'un concordat a été signé. Une disposition ayant été introduite dans le projet soumis en dernier lieu aux Chambres, pour interdire, du moins dans cette circonstance, la poursuite en banqueroute simple, le retranchement en a été déterminé par l'intention de laisser également, dans ce cas, le ministère public libre d'agir ainsi qu'il le jugera convenable.

» X. Vous remarquerez, monsieur le Procureur général, que les articles 587, 590 et 592 contiennent des règles nouvelles, relativement aux frais qu'occasionne la poursuite en banqueroute. D'après la législation précédente, la faillite les supportait, même lorsque le résultat de cette poursuite avait été d'amener une condamnation. La loi veut avec raison qu'à l'avenir, en matière de banqueroute frauduleuse, le Trésor acquitte toujours ces frais, quelle que soit l'issue de la poursuite. Elle déclare qu'il en sera ainsi en banqueroute simple, quand le ministère public aura poursuivi directement. Lors même qu'en ce dernier cas, les créanciers auraient saisi le tribunal correctionnel ou se seraient portés parties civiles, le Trésor public prendra encore les frais de justice à sa charge, si le débiteur failli a été condamné. Vous comprendrez sans peine les motifs de ces innovations, dont l'objet essentiel consiste à rendre aussi à la poursuite toute sa liberté. Les créanciers se montreront plus empressés à donner au ministère public des renseignements dont la conséquence, en rendant son intervention nécessaire, ne sera pas la diminution de leur gage. Le ministère public hésitera moins, de son côté, à introduire un débat dont l'issue, quoi qu'il arrive, ne doit plus préjudicier aux intérêts privés qui sont engagés dans la faillite. Il importerait que de tels avantages fussent obtenus même au prix de quelques sacrifices à la charge de l'État. L'attention de vos substituts devra être appelée d'une manière particulière sur ce changement important de la législation. Ils auront soin désormais de saisir les tribunaux de justice répressive, en ne considérant que les faits en eux-mêmes, et en se préoccupant, moins qu'ils ne pouvaient être portés à le faire auparavant, des conséquences de la poursuite, relativement aux créanciers.

» XI. Le Code de commerce, en vigueur depuis 1807, avait renfermé dans un cercle trop étroit les caractères spéciaux de la complicité en matière de banqueroute. Il a été trop souvent reconnu que des actes coupables échappaient à l'application de la loi, par l'effet d'une définition incomplète : que souvent, d'ailleurs, des tiers pouvaient avoir commis des détournements et des recels, sans qu'il fût prouvé que le failli eût participé à ces faits. Il fallait prévoir aussi la malversation, rare sans doute, mais possible, des syndics, et il ne pouvait suffire de l'atteindre par une action civile que défie l'insolvabilité, quand elle existe inconnue au moment où ces mandataires sont nommés, ou quand elle arrive inopinément. Enfin l'intérêt de la morale publique et celui des créanciers honnêtes s'élevaient depuis longtemps contre l'impunité accordée aux traités par lesquels un créancier vend au failli, au prix d'avantages particuliers et pour l'aider à tromper la masse, une adhésion mensongère au concordat, dont il ne doit pas subir la loi. Un chapitre spécial a dû, en conséquence, statuer sur les crimes et délits commis dans les faillites par d'autres que par les faillis. Les peines de la banqueroute y sont distribuées aux complices, et celles du vol aux parents du failli, coupables de détournement frauduleux lorsque le détournement aura été commis à l'insu de celui-ci. Le syndic qui malverse s'exposera aux pénalités dont la loi frappe l'abus de confiance. Le créancier qui, clandestinement, obtient des conditions à part, et vient cependant apporter son consentement apparent aux conditions du concordat, encourt un emprisonnement qui peut aller jusqu'à une année, et une amende dont le maximum est de 2000 francs ; s'il est syndic, la peine de l'emprisonnement pourra s'élever à deux ans.

» Ces dispositions doivent exercer une influence salutaire. S'il reste isolé, le failli réalisera difficilement des projets de fraude et de spoliation. Souvent aussi l'assistance coupable qui s'offre à lui, l'entraîne seule à se livrer à des actes frauduleux. Ces secours intéressés deviendront moins hardis et moins fréquents dès que l'impunité n'y sera plus attachée. C'est donc là une des parties de la loi nouvelle dont il est bien important encore d'assurer l'entière exécution.

» XII. Le ministère public, surveillant de l'exécution de toutes les lois, devra porter son attention sur plusieurs articles de la loi nouvelle qui ont pour but de proscrire les lenteurs inutiles et de terminer promptement les incidents de procédure. Ainsi les articles 582 et 583 abrégent les délais d'appel et créent des fins de non-recevoir. S'il arrivait qu'au mépris de ces dispositions un recours fût exercé mal à propos ou hors du délai, le ministère public appelé à donner ses conclusions ne devrait pas manquer de faire ressortir la dérogation qui a été apportée au droit commun.

» Les tribunaux de commerce seront quelquefois obligés de surseoir au jugement des contestations que feront naître les faillites, jusqu'à ce qu'une question qui n'est pas de leur compétence ait été jugée par les tribunaux ordinaires; d'autres fois ils croiront devoir ordonner le sursis (voyez les art. 500 et 512). Cet obstacle, résultant des lois sur la compétence, peut être nuisible aux opérations de la faillite. Je ne puis trop vous recommander, monsieur le Procureur général, d'employer tous vos efforts à hâter la marche de la justice et l'expédition des affaires dans les tribunaux dont le jugement préalable tiendrait en suspens les contestations pendantes devant la juridiction consulaire, afin que les sursis ne soient que le moins possible une cause de dommage.

» Je vous prie, monsieur le Procureur général, d'observer avec soin les effets généraux de la nouvelle loi, de m'en rendre compte, et de m'indiquer les doutes que je n'aurais point prévus et qui seraient de nature à être levés par des instructions ultérieures. Vous voudrez bien transmettre un exemplaire de celles-ci à chacun des tribunaux de commerce de votre ressort, ainsi qu'à vos substituts. Je vous invite aussi à m'en accuser la réception.

» Recevez, monsieur le Procureur général, l'assurance de ma considération très-distinguée.

» Le garde des sceaux, ministre secrétaire d'État
de la justice et des cultes,

» BARTHE. »

» Le sous-secrétaire d'État,

» *Signé* PARANT. »

2° — MESURES A PRENDRE A L'ÉGARD DE LA PERSONNE DU FAILLI.

Avis du Conseil d'État du 5 août 1840 sur l'interprétation de l'article 460 de la loi du 28 mai 1838.

Le comité de législation consulté par M. le Garde des sceaux sur le sens de l'article 460 de la loi du 28 mai 1838, et sur la marche que doit suivre le ministère public agissant d'après cet article ;

Vu la lettre de M. le Procureur général près la cour royale de Paris du 13 avril 1840 ;

Vu l'avis du conseil d'administration du ministère de la justice du 5 mai 1840, et autres pièces jointes au dossier ;

Vu la loi du 28 mai 1838, la loi du 17 avril 1832, et le décret du 4 mars 1808 ;

Considérant que l'article 460 de la loi du 28 mai 1838, en confiant l'exécution du jugement qui aura ordonné l'incarcération du failli, soit au ministère public, soit aux syndics, a introduit un droit nouveau qu'on ne doit pas laisser sans effet ;

Que l'intention de la loi ne peut avoir été de prescrire dans tous les cas l'incarcération du failli, ce qui serait souvent inutile et quelquefois nuisible, ou même injuste ; mais qu'elle a voulu donner au ministère public le droit d'agir lorsque les syndics n'agiraient pas et que pourtant l'incarcération du failli lui paraîtrait utile et juste ;

Que ce droit n'a pas été conféré au ministère public dans le seul intérêt privé du créancier, mais aussi dans l'intérêt public, pour intimider par de justes sévérités les commerçants de mauvaise foi, et déjouer les calculs fondés sur l'intérêt ou la faiblesse des créanciers ;

Considérant que les articles 460 et 461 de la loi du 28 mai 1838 ne chargent nullement le ministère public qui fait incarcérer le failli de pourvoir à ses aliments ; que l'on est à cet égard resté dans le droit commun, le ministère public n'ayant à s'occuper que sous le rapport moral et judiciaire de l'action qui lui est confiée, et l'État pourvoyant lui-même aux aliments de ceux que le ministère public fait incarcérer dans un intérêt général ; sauf répétition de ses avances, s'il y a lieu ;

Que, s'il en est autrement, si, par exemple, dans l'hypothèse prévue, l'action du ministère public était subordonnée à la vérification à faire de l'insuffisance des fonds de la faillite et au bon vouloir du juge-commissaire, cette action serait le plus souvent illusoire ;

Considérant que l'article 28 de la loi du 17 avril 1832 n'est applicable qu'aux incarcérations faites dans l'intérêt privé des créanciers et à leur poursuite ;

Que la loi du 17 avril 1832 n'a pas abrogé le décret du 4 mars 1808 ; que lorsque l'État doit fournir des aliments, il ne peut y avoir lieu à consignation, parce que, suivant les expressions du décret, l'État pourvoit lui-même, par des fonds généraux, aux dépenses des prisons et aux subsistances des prisonniers ;

Considérant que dans le cas où, pour un motif quelconque, l'État doit faire l'avance des aliments, il y a, quant à la consignation, même raison de décider que dans le cas où il doit les fournir ;

Est d'avis :

1° Que l'article 460 du Code de commerce doit être entendu en ce sens que le ministère public n'est pas tenu de requérir, dans tous les cas, l'incarcération du failli, mais qu'il en a le droit suivant les circonstances, lors même que les syndics ne le demandent pas ;

2° Que cette incarcération, faite dans l'intérêt public aussi bien que dans l'intérêt des créanciers, ne doit pas être précédée d'une consignation d'aliments ; — que l'État doit faire l'avance des aliments pour tout le temps durant lequel la détention sera maintenue par le ministère public, non pas en se les consignant à lui-même, mais en les fournissant en nature au détenu, sauf son recours contre la faillite, dès qu'elle aura des fonds disponibles, conformément à l'article 451 ;

3° Qu'il conviendrait de donner au parquet des instructions dans le sens du présent avis.

3° — CIRCULAIRE DU GARDE DES SCEAUX RELATIVE A L'INTERPRÉTATION DE L'ARTICLE 460 DE LA LOI DU 28 MAI 1838.

« Paris, le 1er octobre 1840.

» Monsieur le Procureur général,

» L'interprétation de l'article 460 de la loi du 28 mai 1838 a donné lieu à quelques doutes quant à l'exécution, de la part du ministère public, des dispositions qui ordonnent le dépôt de la personne du failli dans une maison d'arrêt pour dettes. Le comité de législation du Conseil d'État, à qui j'ai soumis les difficultés qui avaient été soulevées, a délibéré le 5 août dernier un avis portant en substance :

» 1° Que l'article 460 du Code de commerce doit être entendu en ce sens que le ministère public n'est pas tenu de requérir dans tous les cas l'incarcération du failli, mais qu'il en a le droit, suivant les circonstances, lors même que les syndics ne le demandent pas;

» 2° Que cette incarcération, faite dans l'intérêt public aussi bien que dans l'intérêt des créanciers, ne doit pas être précédée d'une consignation d'aliments ; — que l'État doit faire l'avance des aliments pour tout le temps pendant lequel la détention sera maintenue par le ministère public, non pas en se les consignant à lui-même, mais en les fournissant en nature au prévenu, sauf son recours contre la faillite dès qu'elle aura des fonds disponibles, conformément à l'article 461.

» Je partage entièrement l'opinion du comité de législation, et vous invite, en conséquence, à transmettre des instructions à vos substituts pour faciliter l'exécution des mesures qu'ils croiront devoir prendre en vertu de l'article 460 de la loi du 28 mai 1838.

» Recevez, monsieur le Procureur général, l'assurance de ma considération distinguée.

» Le garde des sceaux, ministre de la justice et des cultes,

» *Signé* VIVIEN. »

4° — CLÔTURE POUR INSUFFISANCE D'ACTIF.

Décision des ministères de la justice et des finances, en date du 4 novembre 1843, sur l'enregistrement et débet du jugement prononçant la clôture des opérations de la faillite pour insuffisance de l'actif.

Le jugement qui prononce la clôture des opérations d'une faillite, en conformité de l'article 527 du Code de commerce, pour cause d'insuffisance d'actif, doit être enregistré en débet aux termes d'une décision du 4 novembre 1843, concertée entre le ministre des finances et le ministre de la justice, et insérée dans l'instruction n° 1697, § 4.

5° — CLÔTURE POUR INSUFFISANCE D'ACTIF.

Décision du 31 octobre 1840 et instruction du 22 juin 1846, n° 1755 (ministères de la justice et des finances), sur l'enregistrement et débet des procès-verbaux de dissolution dans les cas de l'insuffisance de l'actif.

Le 21 octobre 1845, le ministre des finances a pareillement décidé, d'accord avec le ministre de la justice (instruction du 22 juin 1846, n° 1755), que, dans les faillites sans actif, les procès-verbaux de dissolution d'union peuvent être rédigés sur papier visé pour timbre et enregistrés en débet, sauf le recouvrement des droits contre le failli s'il devenait solvable.

6° — RAPPORT DES JUGES-COMMISSAIRES. — DISPENSE DES DROITS DE TIMBRE, D'ENREGISTREMENT ET DE GREFFE.

Avis du Conseil d'administration des finances du 24 avril 1832 et décision du ministère des finances.

En matière de faillite, le juge-commissaire doit, aux termes de l'article 452 du Code de commerce, faire au Tribunal de commerce le rapport de toutes les contestations que la faillite peut faire naître et qui sont de la compétence de ce tribunal.

Ces rapports sont considérés comme de simples notes ou renseignements d'ordre intérieur destinés à former la conviction du tribunal auquel ils sont destinés, et une décision du ministre des finances, en date du 10 mai 1832, a déclaré, conformément à l'avis émis le 24 avril précédent par le conseil d'administration, que ces documents étaient exempts de tous droits de timbre, d'enregistrement et de greffe.

Il en est de même des rapports et avis que les juges-commissaires de faillite doivent fournir sur le sauf-conduit, le maintien ou le remplacement des syndics, l'homologation du concordat, l'excusabilité, etc.

DEUXIÈME PARTIE

Modèles et formules : Actes divers. — Insertions. — Jugements. —
Lettres. — Ordonnances. — Procès-verbaux. — Requêtes.

Nota. — Au bas de chaque modèle est indiqué le numéro des modèles correspondants qui en sont la cause ou la conséquence.

I

ACTES DIVERS

BULLETIN INDIVIDUEL

1. *Notice pour le casier judiciaire.*

TRIBUNAL DE COMMERCE
de
—

Faillite
du sieur

le   déclarée
—

M.   *Syndic*

Nom du failli. . . . .
Prénoms. . . . .
Nom et prénoms de son père.
Nom et prénoms de sa mère.
Lieu de naissance. . . . . . .
Arrondissement de . . . . . .
Département de. . . . .
Age. . . . .
La date précise de sa naissance.
Demeure. . . . .
Profession. . . . .
S'il est célibataire. . . . . . .
S'il est marié. . . . .
Avec quelle personne. . . . .
Dans quel lieu et à quelle épo-
que le mariage a-t-il été cé-
lébré . . . .
S'il est veuf. . . . .
S'il a des enfants. . . . . . .
Combien. . . . .

Nota. — Indiquer si les renseignements donnés ont été pris dans des actes authentiques.

Certifié par le Syndic,

DUCOIN.

11

BULLETIN INDIVIDUEL   **2.**
à classer alphabétiquement
au greffe du Tribunal civil   Nom et prénoms,
de   Profession,
—   Fils de
COUR D'APPEL   Et de
de   Agé de   ans,
—   Né le
TRIBUNAL DE COMMERCE   A.
de   Arrondissement d
Renseignements.   Demeurant à

Célibataire
Marié   Déclaré en état de faillite par jugement défi-
Veuf   nitif du Tribunal de commerce de   ,
Nombre d'enfants   à la date du   187 , et par application des
Signes particuliers.   articles 437, 438, 439 et 440 du Code de com-
                                 merce.

Vu au Parquet :   *Pour extrait conforme :*
Le procureur de la République,   Le greffier dudit Tribunal,
                        Vu au Parquet
                     de la Cour d'appel de
                Le procureur-général de la République,

Timbre du Tribunal.   Ce bulletin est prévu par les instructions du Ministère de
                             la justice : 1° du 6 novembre 1850, § III; 2° du 30 dé-
                             cembre 1850.

---

3. *Assignation à la requête d'un créancier pour faire déclarer son débiteur
en faillite* (art. 437 du C. de c.).

(Sur timbre.)

L'an   , le   , à la requête du sieur   , négociant,
demeurant à   , rue   , n° .
Je soussigné, demeurant à   , rue   , n° , certifie avoir
donné assignation au sieur   , négociant, demeurant à   ,
rue   , n° , à comparaître le   , à   heures, à l'audience
et par devant MM. les président et juges du Tribunal de commerce
de   , pour, attendu qu'il est en état notoire de cessation de
payements, que cela résulte de divers billets à ordre s'élevant à la

somme de   , protestés (ou autre cause) (donner tous les renseignements de nature à édifier le Tribunal), s'entendre déclarer en état de faillite.

Et pour que le susnommé n'en ignore, à lui, et parlant à sa personne (ou à telle personne, ou à la mairie), j'ai laissé copie du présent acte.

(Signature de l'huissier.)

Voir Requête n° 171.

---

4. *Déclaration de cessation de payements et dépôt de bilan*
(art. 438 du C. de c.).

(Sur timbre.)

Cejourd'hui   mil huit cent soixante . , à   heures ;
Par devant nous   , greffier du Tribunal de commerce de   , et dans le greffe s'est présenté M. ·   , demeurant à   , rue   , n°   , négociant   , lequel, conformément à l'art. 438 du Code de commerce, a déclaré avoir cessé ses payements à la date du   ;
il a en même temps déposé son bilan, dûment certifié et signé, arrêté au   187 et enregistré par   , receveur, le   187 , f°   , case .

De tout ce que dessus acte a été donné au comparaissant qui a signé avec nous après lecture faite.

Le greffier,

Enregistré à   , le   ,
f°   , c°   . Reçu...........
Signature du déposant.

---

5. *Déclaration de cessation de payements et dépôt de bilan dans le cas d'une société* (art. 438 du C. de c.).

Cejourd'hui   , par devant nous   , greffier du Tribunal de commerce de   , a comparu le sieur   , lequel, agissant en exécution de l'article 438 du Code de commerce, nous a déclaré que la société (indiquer la raison sociale, l'objet, le lieu de l'établissement ou des établissements) composée des sieurs   , associés solidaires, ayant leur domicile personnel le premier :   , le second :   , a cessé ses payements à la date du   , et qu'en conséquence de l'art. 439 du Code de commerce et en sa qualité de membre de ladite société, il en déposait le bilan arrêté à la date du   .

Ou bien :

Il a ajouté qu'il ne pouvait en déposer le bilan, conformément à l'art. 439, n'ayant pas les éléments nécessaires pour l'établir.

(Dans le cas d'un mandataire chargé de faire la déclaration, indiquer les noms, pré-noms et domicile, relater la procuration sous seing privé et son enregistrement, laditc procuration restant annexée à la déclaration.)

Signature du déclarant,   *Signature du greffier,*

Enregistré à   , le   ,

fº   , case   . Reçu...........

      Signé.

--- ---

6. *Copie du jugement déclaratif de faillite* (pour le parquet) (art. 440 et 459 du C. de c.).

République française,

Au nom du Peuple français,

Le Tribunal de commerce de   a rendu le jugement dont la teneur suit :

Vu l'acte au greffe du Tribunal de commerce de céans en date du mil huit cent soixante   , par lequel M.   déclare avoir cessé ses payements et déposer son bilan ;

Vu les articles 437 et suivants du Code de commerce ;

Attendu que la déclaration d susnommé suffit pour que le Tribunal déclare dès à présent l'ouverture de sa faillite ; que, s'étant d'ailleurs conformé aux dispositions des articles précités, il y a lieu de lui appli-quer le bénéfice de l'article 456 du même Code.

Ou bien :

Mais attendu que bien que le failli ait déposé son bilan il résulte de ren-seignements fournis au Tribunal qu'il n'y a pas lieu de lui appliquer, etc:

(Ces trois paragraphes sont modifiés selon que le jugement est prononcé, soit sur la déclaration d'un ou plusieurs créanciers, soit d'office.)

Par ces motifs :

Le Tribunal de commerce de   , présents MM.   ;

Déclare en état de faillite, dont l'ouverture est provisoirement fixée au   , mil huit cent soixante   , M.   , négociant en domicilié et demeurant à   , rue   nº   ;

Ordonne l'affiche et l'insertion dans les journaux et l'apposition des scellés sur toutes les facultés et possessions mobilières d failli ; dit que 1 failli   sera   déposé dans la maison d'arrêt de cette ville ;

Nomme M.   , juge-commissaire, pour liquider les opérations de cette faillite, et M.   , syndic provisoire ;

Prescrit enfin, et pour le tout, l'exécution provisoire.

Fait en jugement et prononcé en audience publique, à   , le   , mil huit cent soixante   .

Signé : Président et greffier.

En conséquence, le Président de la République,

Mande et ordonne à tous huissiers sur ce requis de mettre le présent jugement à exécution, aux procureurs généraux et procureurs de la République près les Tribunaux de première instance d'y tenir la main, à tous commandants et officiers de la force publique de prêter main forte lorsqu'ils en seront légalement requis.

En foi de quoi le présent jugement a été signé par le président et le greffier.

Pour extrait conforme à la minute et délivré à M. le procureur de la République,

Le greffier,

Voir Lettre n° 103.
Jugements n°s 75, 76, 77.

7. *Assignation à la requête d'un créancier qui demande le report d'ouverture de la faillite de son débiteur* (art. 441 du C. de c.).

(Sur timbre.)

Cejourd'hui   , à la requête de M.   , négociant, demeurant à   , rue   , n°   , où il fait élection de domicile ainsi qu'au greffe du Tribunal de commerce de   .

Je soussigné   , huissier à   , déclare avoir signifié : 1° au sieur   , failli, demeurant à   , rue   , n°   ; 2° au sieur   , syndic de ladite faillite, demeurant à   , rue   , n°   , d'avoir à comparaître le   , à   heure , à l'audience du Tribunal de commerce de   , à l'effet d'entendre dire par le Tribunal que la date de l'ouverture de ladite faillite fixée par le jugement du   au   , sera reportée au   , et ce pour les motifs suivants. (Énumérer tous les motifs qui établissent que la cessation de payements remonte à la date demandée. Dire que les frais de la présente instance seront à la charge de la masse.)

Dont acte, et pour que les dénommés n'en ignorent je leur ai, en leur domicile et parlant à leur (ou toute autre) personne, laissé à chacun copie de la présente assignation.

Voir Requête n° 172.

(Signé.)

---

8. *Affiche de jugement déclaratif* (art. 442 du C. de c.).

TRIBUNAL DE COMMERCE D

Le Tribunal de commerce de   , par son jugement en date du   mil huit cent soixante   , a déclaré en état de faillite dont l'ouverture a été provisoirement fixée au   187 , le sieur   , (nom, prénoms, genre de commerce et domicile, rue, n°);

A nommé M.   , juge-commissaire, pour liquider les opérations de ladite faillite, et M.   , syndic provisoire;

A prescrit l'affiche et l'insertion dans les journaux, ainsi que l'apposition des scellés. Ordonné que le failli (serait ou ne serait pas) déposé dans la maison d'arrêt de cette ville. Ordonné enfin, et pour le tout, l'exécution provisoire.

Pour extrait certifié conforme au jugement, et affiché par le greffier soussigné dans la salle d'audience du Tribunal de' , le , mil huit cent soixante .

Voir Jugements n° 75, 76, 77.

Le greffier,

---

9. *Affiche de report d'ouverture* (art. 442 du C. de c.).

TRIBUNAL DE COMMERCE D

Le Tribunal de commerce de   , par son jugement en date du , mil huit cent soixante   , a reporté au   187 , la date de l'ouverture de la faillite du sieur   , négociant, demeurant à , rue , déclarée par jugement du   187 ;

A prescrit l'affiche et l'insertion dans les journaux.

Pour extrait certifié conforme au jugement, et affiché par le greffier soussigné dans la salle d'audience du Tribunal, le , mil huit cent soixante .

Voir Jugement n° 77.

Le greffier,

10. *État des frais de faillites closes pour insuffisance d'actif, dont le remboursement est demandé au Trésor* (art. 461 du Code de commerce, Circulaire du 8 juin 1838).

(Sur timbre.)

FOLIO des comptes du Greffe.	DÉSIGNATION des FAILLITES.	DÉTAIL des ACTES.	MONTANT par ACTE.		TOTAL par FAILLITE.		JUGES COMMISSAIRES.
2	A........, charretier, rue........ n°...	Jugement déclaratif du 187	10	80	24	11	M........
		Verbal affiche, id....	8	76			
		Insertion..........	2	75			
		Enreg^nt d'un journal.	1	80			
10	B........, négociant, rue........, n°...	Jugement déclaratif du 187	10	80	24	11	M........
		Verbal affiche, id....	8	76			
		Insertion	2	75			
		Enreg^nt d'un journal.	1	80			
10	C......, commerçant, rue........, n°...	Jugement déclaratif du 187	14	40	27	71	M........
		Verbal affiche, id....	8	76			
		Insertion..........	2	75			
		Enreg^nt d'un journal.	1	80			
		Total..			75	93	

Certifié véritable par le greffier soussigné, le présent état s'élevant à la somme de............

A............., le.........,... 187 .

(Sceau du Tribunal)

Signature :

Voir Ordonnance n° 114.

Même état pour le remboursement des frais de l'apposition des scellés, de l'arrestation du failli et de son incarcération.

Le jugement de clôture pour insuffisance d'actif est enregistré en débet (décision du ministre de la justice et des finances, 20 juillet 1843).

Il en est de même pour les procès-verbaux de dissolution d'union (Instruction du 22 juin 1846).

11. État de taxation d'honoraires (art. 462 du C. de c.).

Syndic : M.....   Juge-commissaire : M.....

TRIBUNAL DE COMMERCE DE

Faillite déclarée le

Observations.

Nombre des séances et actes.

Travail matériel.

Séances à l'inventaire	à 8 fr.	»
Syndicat définitif. Séance du	» 20	»
Rapport pour le Parquet et 2 copies pour le juge et pour le dossier	» 30	»
Bordereaux vérifiés, mais non affirmés . .	» 1	50
— et affirmés	» 2	50
Séances d'affirmations	» 20	»
— de concordat	» 20	»
Rapport aux créanciers pour le concordat . .	» 30	»
Homologation et reddition de comptes . . .	» 20	»

Union.

Réunions de créanciers pour communications . .	4 20	»
Mandats de distributions	» 1	50
Dissolution d'union	» 20	»
Rapport pour la dissolution	» 30	»

Total de la taxe du travail matériel . . . . fr.

Allocation sur les dividendes :

DIVIDENDES COMPTANT.

5 pour 100 sur les premiers 100 000 francs . . . . .
2,50 pour 100 sur le surplus . . . .

DIVIDENDES A TERME.

1° Sur les premiers 5000 fr. à 4 pour 100 . . . .
2° — deuxièmes — à 3 1/2 pour 100 . . .
3° — troisièmes — à 3 pour 100 . . .
4° — quatrièmes — à 2 1/2 pour 100 . . .
5° — cinquièmes — à 2 pour 100 . . .
6° — sixièmes — et au-dessus à 1 1/2 p. 100

Procès : 3 pour 100 sur le produit net . . . . .
Ventes : 2 pour 100
Pour soins exceptionnels. Exploitation . . . .

Total des honoraires . . . . fr.

Le juge-commissaire :

Renseignements.

Date du concordat
— de l'union
Conditions du concordat

Total de ces dividendes } fr.

Recettes effectuées par le syndic.

Pour réalisation d'actif mobilier ou recouvrements . . . . fr.
    immobilier.
Dépenses effectuées jusqu'à ce jour . . . .

Passif... { Chirographaire. . .
           Privilégié. . . . .
           Hypothécaire. . .

Total. . . .

D'après le bilan.	Vérifié et affirmé.

Procès soutenus.

NOMS DES PARTIES.	RÉSULTAT POUR LA FAILLITE.

A   , le   187 .

Le syndic de la faillite :

Vu au secrétariat, ou au greffe.

Voir Requête n° 178, Jugement n° 82.

12. *Modèle d'état des créanciers portés au bilan*
(art. 462 du C. de c.).

Nº
DU GREFFE.
—

FAILLITE

déclarée le   18

JUGE-COMMISSAIRE : M.

SYNDIC : M.

ÉTAT DES CRÉANCIERS PORTÉS AU BILAN.

ÉTAT DES VÉRIFICATIONS ET AFFIRMATIONS.

	NOMBRE des créanciers vérifiés. Col. A.
Ouverture du procès-verbal, le...................... 18	
Continuation, le............................... 18	
— le............................... 18	
— le............................... 18	
— le............................... 18	
Clôture, le............................... 18	
Total............	

Assemblée pour le concordat......... { 1ʳᵉ séance

                                       { 2ᵉ séance

Conditions du concordat :

(Cet état est dressé lors de la séance du syndicat définitif et rempli au fur et à mesure des opérations.)

ÉTAT DU PASSIF.

Numéros d'ordre.	CRÉANCIERS. Noms et domiciles.	MANDATAIRES. Noms et domiciles.	CRÉANCES portées au bilan.	CRÉANCES produites.	Créances admises et affirmées ou renvoyées à l'audience. Privilégiées.	Chirographaires.	DATE des affirmations et des renvois.	RÉSULTAT de l'audience.	DATE de l'affirmation, après le renvoi.	CONCORDAT. Voté. 1re séance.	Voté. 2e séance.	NATURE des créances.	CONCORDAT. 1re SÉANCE. Montant des créances.	2e SÉANCE. Montant des créances.
	1	2	3	4	5	6	7	8	9	10	11	12	13	14

RELEVÉ.

Total des créances admises........
{ Col. n° 5, privilégiées............
Col. n° 6, chirographaires.........
Col. n° 8, après renvoi à l'audience.

Total général des créances vérifiées et affirmées.

A déduire créances privilégiées. Col. n° 5......

Reste chiffre égal à la 6e col.......

Dont le quart est de......

Et les trois quarts de......

NOMBRE DES CRÉANCIERS VÉRIFIÉS ET AFFIRMÉS DONT LA MOITIÉ PLUS UN EST

(Colonne A, 1re page.)

Résultat du vote.

1re SÉANCE.	2e SÉANCE.

Total en sommes des créanciers acceptant......

Total en nombre des créanciers acceptant......

Concordat : le

Union : le

Voir Ordonnance n° 117 et Procès-verbal n° 154.

13. *État, remis par le syndic au juge-commissaire, des objets délivrés au failli ou à sa famille* (art. 469 du C. de c.).

(Sur timbre.)

État des vêtements, meubles et effets nécessaires au sieur failli, et à sa famille, que le syndic provisoire soussigné a l'honneur de présenter, conformément à l'art. 469 du C. de c., à M. , juge-commissaire de ladite faillite, pour qu'il lui plaise en ordonner la délivrance.

(En donner le détail.)

Fait et dressé par le syndic soussigné au domicile dudit sieur .

Le

(Signature du syndic.)

Voir Requête n° 182, Ordonnance n° 120.

---

14. *Bordereau des effets de portefeuille à courte échéance, ou susceptibles d'acceptation, ou pour lesquels il faut faire des actes conservatoires* (art. 471 du C. de c.)

(Sur timbre.)

Effets dépendant de la faillite du sieur , négociant, demeurant à , rue , n° , extraits des scellés par M. le juge de paix du canton de , le , décrits par lui et dont remise a été faite au soussigné.

Détail des effets. . . . .
. . . .
. . . .
. . . .

Le présent bordereau fait en exécution de l'art. 471 du Code de commerce pour être remis à M. le juge-commissaire.

Le

(Signature du syndic.)

Voir Requête n° 185.

15. *Signification au receveur des postes (ou au directeur du télégraphe)*
(art. 471 du C. de c.)

(Sur timbre.)

Cejourd'hui   , je soussigné   , huissier à   .
À la requête de M.   , syndic de la faillite du sieur   ,
négociant, demeurant à   , rue   , nᵒ   , déclarée par
jugement du Tribunal de commerce de   , en date du   ,
déclare avoir notifié à M.   (receveur des postes ou directeur du
télégraphe), à   , le jugement du Tribunal de commerce de céans
en date du   , qui maintient M.   , syndic définitif de la
faillite du sieur   .

En conséquence de ce jugement, j'ai prié M. le receveur des postes
(ou M. le directeur du télégraphe) d'avoir, en conformité de l'art. 471
du Code de commerce, des art. 524 et 526 de l'instruction générale
sur le service des postes en date du 29 mars 1829, et 696 de l'instruction générale de la même administration de 1868, à remettre au requérant, en sa qualité de syndic, toutes les lettres (ou dépêches) adressées
audit sieur   , failli.

À peine de tous dommages qui pourront résulter du défaut de remise
par lui desdites lettres (ou dépêches), et afin qu'il n'en ignore, j'ai
laissé copie du présent à M. le receveur (ou à M. le directeur du télégraphe), ainsi que du jugement déclaratif de faillite et (au besoin) de
celui qui maintient le syndic.

Signé.

Nota. — Cette signification est faite nonobstant opposition ou appel du jugement déclaratif.

Cette mesure conservatoire cesse dès que la faillite est terminée, et sur la remise au receveur des postes ou au directeur du télégraphe d'une copie du jugement qui rétracte le
jugement déclaratif de faillite ou bien de celui qui homologue le concordat, ou bien du
procès-verbal qui prononce la dissolution d'union.

---

16. *Sommation au failli d'assister à la clôture de ses livres*
(art. 475 du C. de c.)

(Sur timbre.)

Cejourd'hui   , à la requête de M.   , syndic de la faillite
du sieur   , négociant en   , demeurant à   , rue   ,
nᵒ   .

Je soussigné   , huissier à   , ai signifié au sieur   , failli, demeurant à   , rue   , n° , parlant à sa personne (ou à telle autre personne) que, ayant été déjà prévenu par lettre du syndic d'avoir à se présenter le   du courant à   heures, au domicile dudit syndic pour assister à la clôture de ses livres de commerce, et n'ayant pas répondu à cette invitation, il avait à se présenter le   , à heure, chez M.   , syndic; que faute par lui de ce faire, ses livres de commerce seront clos et arrêtés par le requérant, tant en son absence qu'en sa présence aux lieu, jour et heure indiqués.

Dont acte et sous toutes réserves et protestations, et pour que ledit sieur   n'en ignore pas, je lui ai laissé copie de la présente signification.

Signé.

Voir Lettre n° 107.

---

17. *Modèle de bilan* (art. 476 du C. de c.)

(Sur timbre.)

Bilan de M.   , négociant en   , demeurant à rue   , n° .

Actif.	Passif.
Argent en caisse.......... fr.	*Créanciers hypothécaires.*
Billets en portefeuille.	M. , par acte du..,...
Bons (les détailler)	M. , — ....
Douteux —	M. , — ....
Débiteurs par compte.	Etc.
Bons (les détailler)	*Créanciers privilégiés.*
Douteux —	M. ....
Fonds de commerce.	Contributions..............
....	Employés..................
Mobilier industriel.	*Créanciers par billets.*
....	M. ....
Immeubles.	M. ....
....	Etc.
Justification.	*Créanciers par comp*
Pertes éprouvées ..,........	M. ....
Dépenses de maison..........	M. ....
Bénéfices de chaque année d'après	Etc.
l'inventaire...............	Résultat.. { Passif............ / Actif............
Perte réelle...............	Déficit.....

Certifié sincère et véritable, le   , 187 .

(Signature.)

18. *Déclaration du failli au syndic qu'il assistera à la levée des scellés et aux inventaires* (art. 479 du C. de c.)

Le soussigné   déclare avoir été, conformément à l'art. 479 du Code de commerce, dûment prévenu par M.   , syndic de sa faillite, qu'il dispense de toute autre sommation par huissier, que M. le juge de paix du   arrondissement a fixé au   la levée des scellés apposés dans ses magasins   , afin de procéder à l'inventaire des marchandises qui s'y trouvent.

De tout ce dont il a pris note, promettant de s'y rendre aux jour et heure ci-dessus fixés.

Le   , 187 .

Voir Lettre n° 107, actes divers n° 16.

---

19. *Inventaire des marchandises, matériel, mobilier, livres et papiers dépendant de la faillite du sieur   , négociant en   , à   , rue   , n°   (art. 479 du C. de c.)*

(Sur timbre.)

Par jugement du Tribunal de commerce de   , en date du   , le sieur   , négociant en   , a été déclaré en état de faillite.

Entre autres dispositions, ce jugement ordonne l'apposition des scellés sur les facultés composant l'actif de ladite faillite, nomme M.   , membre du Tribunal, juge-commissaire de ladite faillite et confie à nous   ., demeurant à   , rue   , n°   , les fonctions de syndic de cette faillite.

En vertu de ce jugement, M. le juge de paix du   , arrondissement de   , sur la lettre d'avis envoyée par M. le greffier du Tribunal de   , a apposé les scellés sur le (ou les) magasin, situé rue   , n°   , où se trouvent les marchandises, matériel, livres et papiers de cette faillite.

En notre qualité de syndic, nous avons présenté requête à ce magistrat, pour qu'il voulût bien fixer jour et heure pour procéder à la levée des scellés par lui apposés, pour qu'en sa présence nous puissions dresser l'inventaire prescrit par la loi.

Par ordonnance en date du   , ce magistrat a fixé les opérations requises au   , à   heure du   .

Advenant cejourd'hui   , à   heure du   .

Nous   , syndic de ladite faillite, nous nous sommes rendu devant le (ou les) magasin situé   , assisté du sieur   , par nous chargé de tenir la plume et nous aider dans la rédaction de l'inventaire, et du sieur   , chargé de nous donner la dénomination et l'évaluation des marchandises, etc., pour ledit inventaire.

Le sieur   (nom du failli) dûment appelé était (présent ou absent).

Nous avons trouvé (ou Peu après est arrivé) M. le juge de paix assisté de son greffier.

Les scellés reconnus intacts ayant été levés, nous avons procédé à la levée des livres et papiers, lesquels (indiquer ce qu'il en a été fait), etc.

Et attendu l'heure avancée, M. le juge de paix a levé la séance et renvoyé la continuation de nos opérations au   .

Les scellés réapposés, nous nous sommes retiré déclarant avoir procédé à ce que dessus par (simple ou double) vacation.

Lecture faite, les personnes présentes ont signé avec nous.

(*Signatures.*)

Advenant cejourd'hui, etc., etc.:

(Même répétition à chaque vacation qu'à la première, avec le détail et l'évaluation des marchandises, etc....)

Après la fin de l'inventaire :

Plus rien n'étant à inventorier, M. le juge de paix nous a fait le délaissement de tout ce que dessus sur notre déclaration de nous en charger aux formes de droit.

Et pour qu'il conste de tout ce que dessus, avons dressé le présent procès-verbal en double minute qu'ont signée, après lecture faite, toutes les personnes présentes.

L'une de ces minutes sera déposée au greffe du Tribunal de commerce après avoir été enregistrée, et l'autre restera en nos mains, en conformité de l'art. 480 du Code de commerce.

(*Signatures.*)

Enregistré à   , le   ,
fº   Cº   . Reçu...........

Signé.

20. *Acte de dépôt d'inventaire* (art. 480 du C. de c.).

(Sur timbre.)

Cejourd'hui   , mil huit cent   .
Par devant nous   , greffier du tribunal de commerce de   ,
a comparu M.   , demeurant à   , lequel, conformé-

ment à l'art. 480 du Code de commerce, a déposé l'inventaire concernant la faillite du sieur   , dont il est le syndic.

Enregistré à   , le   , f° , c° , par   , receveur, qui a perçu.

Duquel dépôt a été concédé au comparaissant qui a signé avec nous.

(*Signatures du greffier et du syndic.*)

Enregistré à   , le   .

Signé.

---

21. *Notice de renseignements préliminaires* (art. 482 du C. de c.).

N° du greffe   1° Causes apparentes de cette faillite.

FAILLITE

                        2° Caractères apparents.

Juge-commissaire
M.

M.   *Syndic*   3° L'apposition des scellés a-t-elle eu lieu?

Actif
d'après le bilan proposé 4° Peut-il être passé à l'inventaire sans apposition
                          de scellés?

Passif privilégié

                        5° Y a-t-il des objets sujets à dépérissement?

Passif chirographaire

                        6° Le failli a-t-il été incarcéré?

                        7° Renseignements divers obtenus dès le début et
                          pouvant offrir quelque intérêt.

Cette notice de renseignements, dressée par le syndic, sert à former le mémoire ou
compte sommaire n° 22, et doit être remise au juge-commissaire.

---

22. *Mémoire ou rapport de l'état apparent de la faillite du sieur de ses principales causes et circonstances et des caractères qu'elle paraît avoir* (art. 482 du C. de c.).

Juge-commissaire : M.   (nom et adresse)

Syndic : M.   (nom et adresse)

Noms et prénoms du ou des faillis. . . .
Lieu et date de la naissance. . . . . . .
Fils de. . . . . (
    et de. . . . . \
Célibataire, marié ou veuf . . . .
Nombre d'enfants. . . . .
Demeure du ou des faillis. . . . .
Raison sociale. . . . .
Genre de commerce. . . . .
Siége de l'établissemeut commercial. . .
Date du jugement déclaratif sur dépôt (
    de bilan à la requête ou assignation <
    de M. . . . . (
D'office par le tribunal à la requête du (
    parquet. (
La déclaration du failli ou son dépôt de (
    bilan a-t-il été tardif ? (
Dans ce cas préciser les faits desquels il (
    résulterait que le dépôt de bilan a été \
    postérieur de plus de trois jours à la <
    cessation réelle des payements (arti- (
    cle 438). \
Date de l'apposition des scellés (art. 455, (
    457, 458 et 468). (
Date de la convocation des créanciers (
    pour être consultés sur la composition \
    de l'état des créanciers présumés, et <
    sur la nomination des syndics défini- (
    tifs (art. 462).
Y a-t-il lieu de faire application des
    articles 469 et 470 du Code de com- (
    merce en ce qui concerne les objets à <
    laisser en dehors des scellés ou sujets (
    à dépérissement ?

Date de la levée des scellés. . . . . . .
Date du dépôt de l'inventaire au greffe
  (art. 480).

Évaluation d'après l'inventaire. . . .
- Marchandises. . . . fr.
- Mobilier. . . . . . . fr.
- Argent . . . . fr.
- Titres . . . . fr.

Par le jugement déclaratif le failli a-t-il été affranchi ou non du dépôt de sa personne?

Est-il incarcéré? . . . .

Est-il en fuite? . . . .

Un sauf-conduit a-t-il été accordé avec ou sans caution (art. 472)?

Le failli a-t-il été appelé pour arrêter et clore les livres en sa présence?

A-t-il été sommé de comparaître (article 475)?

Indiquer les livres trouvés lors de l'inventaire, l'état de la comptabilité;

Appréciation du syndic (art. 471). . . .

Dans le cas de dépôt du bilan par le failli, dire si ses appréciations sont exactes; dans le cas contraire, rétablir approximativement ces appréciations.

Date du dépôt de bilan par le syndic, dans le cas où il aurait eu le temps de le dresser avant l'envoi du présent mémoire, avec un aperçu général du passif et de l'actif (art. 476).

Le passif.
- privilégié est de. fr.
- hypothécaire ou par nantissement. . . . . fr.
- chirographaire . fr.

L'actif. .
- argent est de. . fr.
- immobilier. . . fr.
- mobilier . . . . fr.
- marchandises et matériel . . . fr.
- créances à recouvrer . . . fr.

Y a-t-il opposition au jugement déclaratif?

Date du jugement qui a statué sur cette opposition, et dans quel sens.

Y a-t-il eu jusqu'à ce jour report d'ou-
verture ?
Mesures conservatoires en exécution de
l'article 490.

Historique sommaire et par dates du commerce du failli, des vicissitudes qu'il a subies, des faits et causes qui ont amené la cessation des payements, du caractère de la faillite, enfin de tout ce qui peut, comme appréciation, intéresser la moralité de la faillite.

. . . .

. . . .

. . . .

Le mémoire ou rapport et l'historique sommaire qui le suit, dressés au moyen de la notice n° 21, doivent être adressés au parquet par le juge-commissaire.

Voir Actes divers n° 21 et Lettre n° 108.

---

23. *Quittance des sommes à encaisser chez les débiteurs dans les faillites.*
(art. 485 et 534 du C. de c.).

Reçu de M.   la somme de   , montant en principal de (indiquer la nature de la dette) dûe au sieur   , déclaré en faillite par jugement du   .

A   , le   187 .

Le syndic de la faillite,

Signé.

---

24. *Soulèvement de saisie-arrêt* (art. 485 et 534 du C. de c.).

(Sur timbre.)

Le soussigné   , syndic de la faillite du sieur   , déclare donner mainlevée pure et simple de la saisie-arrêt pratiquée par le sieur   , ès-qualités contre le sieur   , suivant exploit de   , en date du   , entre les mains du sieur   , en sa qualité de   , et ce pour sûreté de la somme de   , due par ledit   à la faillite   , à raison de   .

A   le   , 187 .

Signé.

25. *Désistement de saisie-arrêt* (art. 485 et 534 du C. de c.).

(Sur timbre.)

Le soussigné   , syndic de la faillite du sieur   , nommé à ces fonctions par jugement du Tribunal de commerce de   , en date du   , déclare se désister purement et simplement de l'opposition pratiquée en son nom en mains des sieurs   , à l'encontre du sieur   , suivant exploit de   , huissier, en date du   , voulant et entendant que la saisie-arrêt soit nulle et non avenue et que les sieurs   puissent payer comme si elle n'avait jamais été opérée.

A   le   , 187 .

Bon pour désistement comme dessus,

Signé.

26. *Affiche de vente d'effets mobiliers* (art. 486 du C. de c.).

(Sur timbre.)

Le   , à   heures, dans (indiquer le local), rue   , n°

Il sera procédé à la vente aux enchères publiques des marchandises et effets mobiliers dépendant de la faillite du sieur   , négociant en   , demeurant à   , rue   , n°   , et consistant en (indiquer en quoi consistent les objets mis en vente).

La vente est faite à la réquisition de M.   , syndic définitif de ladite faillite.

Le prix sera payé au comptant.

A   , le   187

Voir Requête n° 194, ordonnance n° 126, procès-verbaux n°⁸ 156, 157.

27. *État de produit de vente dans une faillite* (art. 486 et 534 du C. de c.).

Juge-commissaire : M....   Syndic : M.......

FAILLITE d

DÉCOMPTE de la vente d   faite par Mᵉ   commissaire-priseur,
(courtier ou autre), le   18   , en vertu de l'ordonnance du juge-commissaire
du   18 , ,

PRODUIT : FR.....

Transport des meubles ou marchandises................

Timbre du procès-verbal de vente......................

Enregistrement dudit.....................

Location de la salle de vente.......................

Salaire des crieur, trompette et homme de peine (vacations).

Vacation à l'arrangement préparatoire.................

Vacation aux impôts.....................

Vacation à la garantie.......................

Frais de voiture....................

Rédaction de l'affiche ou placard.....................

Timbre des affiches légales....................

Impression et timbre d'autres affiches..................

Pose des affiches ....

Procès-verbal d'affiché.......................

Insertion de l'affiche ou placard dans les journaux........

Insertions supplémentaires ....

Enregistrement du journal....................

Rédaction de l'insertion......................

Feuilles légalisées....................

Payé pour droits de garantie...................

Payé pour impôts au percepteur du   arrondissement, quittance nᵒ   ...

Payé pour reliquat net au syndic...................

A   , le   187 .

Certifié véritable par l'officier public qui a opéré la vente.

Cet état, fait en double, dont l'un signé par le syndic, sert de quittance pour l'officier public.
    Voir Requête nᵒ 194.

28. *Modèle de transaction* (art. 487 du C. de c.).

Indiquer :

1° Les noms, prénoms, demeures et qualités des parties entre lesquelles la transaction est projetée (syndic, failli et celui qui traite).

2° L'objet de la transaction. — *Faire ressortir :* la situation première avant la transaction, les bases de la transaction, son résultat, ses avantages pour la masse, rappeler que le syndic agit en conséquence de l'autorisation du juge-commissaire par voie d'ordonnance en date du   , enregistrée, et avec l'adhésion du failli, ou le failli dûment appelé.

Terminer en indiquant les conditions de ladite transaction qui ne sera d'ailleurs définitive qu'après l'homologation du Tribunal de commerce de   , si l'objet dépasse 300 francs.

Fait en triple.

Enregistré à   , le   187 .

(Signatures des syndic, failli et celui qui traite.)

Une copie doit être annexée à la requête et à l'ordonnance du juge qui l'a autorisée. Voir Requête n° 196, jugement n° 84.

---

29. *Bordereau d'inscription hypothécaire sur les biens immeubles des débiteurs du failli* (art. 490 du C. de c.).

Inscription hypothécaire requise par M.   , nommé syndic de la faillite du sieur   , négociant, demeurant à   , rue   , n°   , par jugement du   , suivant certificat ci-joint du greffier du Tribunal, au nom et au profit de la masse des créanciers, en exécution de l'art. 490 du Code de commerce et dont le domicile est élu au greffe du Tribunal de commerce.

Contre le sieur   , demeurant à   , rue   , n°   . (Indiquer de quelle manière est constituée la dette du débiteur à l'égard du failli.)

Hypothèque résultant d'un acte d'obligation pour prêt d'argent en date du   , reçu par Me   , notaire à   , enregistré et expédié. (Indiquer et détailler le capital, les intérêts, les frais et l'exigibilité.)

Ou bien : résultant d'un jugement du Tribunal civil de   , *ou* du Tribunal de commerce en date du   , enregistré et expédié pour cause de livraison de marchandises vendues au profit du sieur , failli.

L'inscription est requise sur tous les biens immeubles appartenant audit sieur   (nom du débiteur du failli), ou qui lui appartiendront, et sont ou seront situés dans l'arrondissement de   .

Pour réquisition,

(*Signature du syndic.*)

---

30. *Bordereau d'inscription hypothécaire sur les biens immeubles du failli* (art. 490 du C. de c.).

(Sur timbre.)

(*Même préambule que pour le précédent.*) Indiquer seulement que l'inscription est prise sur tous les biens immeubles présents et à venir du sieur   , failli, qui sont ou seront situés dans l'arrondissement de   , au nom et au profit des créances qui comptent à la masse des créanciers du sieur   .

Pour réquisition,   (*Signature du syndic.*)

---

31. *Protêt faute d'acceptation* (art. 490 du C. de c.).

(Sur timbre.)

Cejourd'hui   , je soussigné   , huissier à   , agissant à la requête du sieur   , syndic de la faillite du sieur   , négociant demeurant à   , rue   , n°   , ai présenté au sieur , négociant, en son domicile rue   , n°   , à   , la lettre de change à l'échéance du   , ci-dessous transcrite.

(Transcription littérale de la lettre de change; en indiquer tous les endossements.)

et lui ai demandé de l'accepter pour la payer à son échéance, lequel a répondu ne pas l'accepter et a déclaré (signer ou ne pas signer).

En conséquence j'ai protesté contre le refus d'acceptation et réservé tous les droits et actions du requérant pour les faire valoir ce que de droit en remboursement du capital, intérêts et frais du montant de la somme énoncée, et ai laissé copie du présent. — Etc.

(En cas de second domicile ou de besoin.)

Et comme la lettre de change indique (un second domicile) *ou* (un besoin) celui du sieur   , je me suis transporté chez le sieur , lui ai présenté ladite lettre de change. Il a répondu qu'il l'acceptait pour la payer seulement au besoin à l'échéance, et a signé son acceptation sur ladite lettre de change en même temps qu'il a signé le présent exploit.

Et j'ai laissé copie audit sieur   du présent.

(*Signature.*)

(Dans le cas d'une acceptation par intervention.)

L'indiquer en constatant que le sieur   s'oblige solidairement et accepte au nom du sieur   , endosseur, qu'il a signé ladite acceptation par intervention sur la lettre de change et sur le présent dont il lui a été laissé copie.

Notifier cette acceptation par intervention sans délai à celui pour qui elle a été faite, conformément à l'art. 127 du Code de commerce.

(*Signature.*)

———

32. *Protêt faute de payement* (art. 162, 163, 173, 174, 175, 176 et 490 du C. de c.).

(Sur timbre.)

Cejourd'hui   , je soussigné   , huissier, à la requête du sieur   , syndic de la faillite du sieur   , négociant, demeurant à   , rue   , n° , ai présenté à M.   , négociant, demeurant à   , rue   , n° , à son domicile la lettre de change à l'échéance du   ·   , ci-dessous transcrite.

(Transcription littérale de la lettre de change en mentionnant les endosseurs.)

et lui ai fait sommation d'avoir à la payer contre valable quittance, lequel a répondu qu'il n'avait pas de fonds (d'ordre ou de provision du tireur.)

En conséquence de cette réponse, j'ai protesté contre ce refus de payement et réservé les droits du requérant contre qui il appartiendra pour obtenir le remboursement en principal, intérêts et frais du montant de la susdite lettre de change, dont acte ; et ai laissé copie du présent au sieur   , à son domicile.

(*Signature.*)

S'il y a un ou plusieurs besoins indiqués originairement par le titre, même formule que précédemment. Constater le payement ou le motif du refus suivant la réponse. — Protester de nouveau s'il y a lieu et laisser copie du présent.

S'il y a une intervention l'indiquer, même formule que précédemment. — Constater les réponses ; protester derechef, s'il y a lieu, ou remettre la lettre de change contre le payement du capital et des frais des protêts successivement faits. Aussitôt après l'enregistrement, remettre le protêt et le présent à titre de quittance.

Si le domicile dernier ou actuel du tiré ou du dernier endosseur est inconnu, le protêt doit être fait au dernier domicile indiqué et au Parquet; une copie est affichée en outre à la porte du Tribunal de commerce.

---

33. *Acte de perquisition et protêt* (art. 490 du C. de c.).

(Sur timbre.)

Indiquer la date, les nom, prénoms et domicile du requérant, syndic de la faillite   , au nom duquel l'huissier soussigné agit.

Constater la démarche faite au domicile indiqué du sieur   ,   , souscripteur de la lettre de change ci-dessous littéralement transcrite.

(Transcription de la lettre de change.)

Dire à quelle personne de la maison l'on a parlé.— Les réponses faites au sujet du domicile du sieur   ou de sa présence dans la maison. — Dire s'il est connu ou inconnu, s'il a disparu.

Constater les autres personnes auxquelles on s'est adressé, les renseignements demandés au maire, au commissaire de police, à la direction des postes, à la banque, à divers négociants; les réponses obtenues sur le tiré de la lettre de change. — Dire si ces diverses personnes ont ou n'ont pas signé leur déclaration.

Dire qu'attendu la fausse indication de domicile résultant des perquisitions, il a été fait protêt, faute de payement du montant dudit effet, et que réserve a été faite de tous les droits du requérant contre qui il appartiendra pour obtenir remboursement.

Dire que l'affiche du présent acte de perquisition et protêt a été apposée à la porte du Tribunal, qu'une copie a été remise au parquet en parlant à   , qui a visé le présent.

(*Signature de l'huissier.*)

Visa du parquet auquel copie a été remise du présent acte et de la lettre de change.

(*Signature du parquet.*)

---

34. *Dénonciation de protêt faute d'acceptation et assignation pour donner caution afin d'assurer le payement à l'échéance* (art. 490 du C. de c.)

(Sur timbre.)

Cejourd'hui   , je, soussigné, huissier, demeurant à   , rue   , n°   , à la requête du sieur   , syndic définitif de la

faillite du sieur   , ai notifié au sieur X...., demeurant à   ,
le protêt faute d'acceptation, par exploit enregistré, de   , huissier
à   , en date du   , d'une lettre de change de la somme
de   , tirée le   , de   , par le sieur   à l'ordre
du sieur   qui l'a passé à l'ordre dudit sieur X...., payable chez
M.   , ladite lettre de change enregistrée à   , le   ,
folio   , case   , par   , receveur qui a perçu   , et j'ai
assigné ledit sieur   , tireur de ladite lettre de change, à comparaître au délai de   (ce délai augmente à raison des distances), à l'audience du Tribunal de commerce de   , le   ,
à   heures et autres audiences s'il est utile, pour s'y entendre condamner à donner caution au requérant, en sadite qualité de syndic,
pour lui assurer le payement à l'échéance de la susdite lettre de change
protestée, faute d'acceptation, dans le délai qu'il plaira au Tribunal de
fixer, et faute de ce faire, s'entendre condamner à payer au requérant ladite somme principale de   , montant de la lettre de change
dont s'agit avec les intérêts de droit, et voir ordonner l'exécution provisoire, nonobstant opposition et appel sans caution du jugement à intervenir, et j'ai, au domicile du sieur   , laissé copie du présent, etc.

(*Signature de l'huissier.*)

---

35. *Dénonciation de protêt faute de payement et assignation*
(art. 490 du C. de c.).

(Sur timbre.)

Cejourd'hui   , je soussigné   , huissier, agissant à la requête du sieur   , syndic de la faillite   , ai notifié et donné
copie au sieur (nom, prénoms, profession), demeurant à   , parlant à   .
1° D'une lettre de change de   , tirée par le sieur (nom, prénoms
et profession), demeurant à   et payable le   , ladite lettre
endossée par le sieur   au profit du sieur   , failli.

(Si une intervention a eu lieu, l'indiquer.)

2° D'un protêt, faute de payement de ladite lettre de change, dressé
par   , huissier à   , le   , et à même requête, j'ai
sommé le sieur   d'avoir à payer au requérant la somme de
montant de ladite lettre de change, et celle de   , montant des
intérêts et frais divers, lui déclarant que faute par lui d'acquitter lesdites sommes, il lui était d'ores et déjà donné assignation à comparaître,

un jour franc après la date du présent, outre un jour par 5 myriamètres de distance, à l'audience et devant MM. les président et juges du Tribunal de commerce de   , à   heure pour, attendu que ledit sieur   a transmis par voie d'endossement la lettre de change dont s'agit au requérant, s'entendre condamner à payer audit requérant la somme de   , montant en principal de ladite lettre de change, les intérêts de droit courus jusqu'à l'époque du payement, et s'entendre en outre condamner aux dépens qui comprendront le coût de l'enregistrement de la lettre de change et du protêt. Entendre ordonner l'exécution provisoire, nonobstant opposition ou appel sans caution du jugement à intervenir, et j'ai au même domicile et parlant comme dessus, laissé copie du présent dont le coût est de   .

(*Signature de l'huissier.*)

---

36. *Exploit de saisie-arrêt ou opposition* (art. 490 du C. de c.).

(Sur timbre.)

Cejourd'hui   , je soussigné   , huissier, demeurant à rue   , n°   , agissant au nom du sieur   , syndic définitif de la faillite du sieur   , négociant en   , demeurant à   , rue   , n°   , ayant domicile chez le maire de la commune de   et en vertu de l'ordonnance rendue sur requête le   , par M. le président du Tribunal de commerce de   , enregistrée, autorisant la présente saisie-arrêt, requête et ordonnance, dont la transcription suit
ai saisi et arrêté entre les mains dudit sieur Z..... toutes les sommes, valeurs ou objets quelconques qu'il a ou aura, doit ou devra en capital et intérêts audit sieur Y..... à quelque titre et pour quelque cause que ce soit, et ce pour avoir payement des causes énoncées en ladite requête, lui déclarant que le requérant s'oppose formellement par le présent à ce que ledit sieur Y..... se dessaisisse ou se libère desdites sommes, deniers ou valeurs au préjudice des droits du requérant, sans que par justice il en soit autrement ordonné, à peine d'être personnellement responsable des causes de la présente saisie-arrêt, sous les réserves de tous autres droits, actions, intérêts et frais de mise en exécution.
Je lui ai laissé copie de la requête et ordonnance précitées et du présent exploit dans son domicile et parlant à   .

(*Signature de l'huissier.*)

Si le titre en vertu duquel agit l'huissier est sous seing privé, l'énoncer avec la date et l'enregistrement. Si c'est en vertu d'un acte passé devant notaire, ou en vertu d'un jugement, l'indiquer.

37. *Dénonciation de la saisie-arrêt avec assignation en validité*
(art. 490 du C. de c.)

(Sur timbre.)

Je soussigné   , huissier, demeurant à   , agissant à la
requête du sieur   , syndic définitif de la faillite du sieur   ,
négociant   , demeurant à   , rue   , n° ; pour lequel syndic domicile est élu en l'étude de Me   , avoué, près le
Tribunal civil de   , y demeurant, qu'il constitue et qui occupera
pour lui dans la présente assignation, ai signifié au sieur Z..... négociant, demeurant à   :

1° Copie de l'ordonnance de M. le président du Tribunal de commerce de   , en date du   , enregistrée le   , et de
la requête à laquelle répond cette ordonnance ;

2° Copie d'un exploit du ministère de   , huissier, en date du
, enregistré le   , contenant saisie-arrêt formée à la requête du sieur   , syndic de la faillite du sieur X....., entre les
mains du sieur Y...., négociant en   , demeurant à   , au
préjudice du sieur Z....., et j'ai assigné ledit sieur Z.... d'aujourd'hui à
huitaine franche, outre un jour par 5 myriamètres de distance, à comparaître à l'audience du Tribunal civil de 1re instance de   , séant
au Palais de justice à   heures   , pour, attendu que le
requérant est créancier du sieur Y.... en vertu d'un jugement contra-
dictoire rendu entre les parties par le Tribunal de commerce de   ,
postérieurement audit exploit de saisie-arrêt de la somme de   ,
des intérêts et des frais; attendu que la saisie-arrêt est régulière en la
forme et juste au fond, l'entendre déclarer bonne et valable; en conséquence, entendre ordonner que les sommes dont le tiers saisi sera jugé
débiteur, seront par lui versées entre les mains du requérant en sadite
qualité, jusqu'à concurrence de la créance en capital, intérêts et frais,
et s'entendre en outre, ledit sieur Y.... condamner aux dépens.

Et je lui ai laissé copie tant de requête, ordonnance et exploit de
saisie-arrêt sus-énoncé, que du présent et du jugement du Tribunal de
commerce précité, etc.

(*Signature de l'huissier.*)

38. *Assignation en déclaration affirmative* (art. 490 du C. de c.).

(Sur timbre.)

Cejourd'hui   , je soussigné   , huissier, demeurant à , agissant à la requête du sieur   , syndic définitif de la faillite du sieur   , négociant en   , demeurant   , pour lequel domicile est élu dans l'étude de M⁰   , avoué près le Tribunal civil de   qui est constitué et qui occupera pour lui sur la présente assignation.

Ai donné assignation au sieur   , négociant, demeurant à   , à comparaître de ce jour à huitaine, outre un jour par 5 myriamètres de distance, à l'audience du Tribunal civil de 1ʳᵉ instance de   , à   heure , pour, attendu que par suite de la saisie-arrêt formée par le requérant entre les mains dudit sieur   , au préjudice du sieur   , en vertu de l'ordonnance de M. le président du Tribunal de commerce de   , en date du   , enregistrée, le requérant a poursuivi et obtenu contre ledit   un jugement du Tribunal de commerce de   , en date du   , qui l'a condamné contradictoirement à payer au requérant la somme principale de   , les intérêts et les frais.

Attendu que le requérant se trouve en droit, aux termes de l'art. 568 du Code de procédure civile, d'exiger dudit sieur   , tiers saisi, la déclaration affirmative des sommes par lui dues audit sieur, saisi, entendre dire que dans le délai qui sera fixé par le jugement à intervenir, il sera tenu de faire, soit au greffe du Tribunal civil de   , soit devant le juge de paix de son domicile, la déclaration affirmative des sommes ou valeurs de toute nature qu'il peut devoir audit sieur   , et à quelque titre et quelque cause que ce soit et de déposer audit greffe les pièces justificatives de sa déclaration.

Sinon et faute par lui de ce faire dans le délai indiqué, le requérant se pourvoira pour le faire déclarer débiteur pur et simple des causes de la susdite saisie-arrêt, et je lui ai laissé copie du jugement du Tribunal de commerce précité, de l'exploit de demande en validité notifié le   au débiteur saisi, ainsi que du présent, dans son domicile, parlant à   , etc.

(*Signature de l'huissier.*)

39. *État des titres de créances déposées au greffe du Tribunal par les créanciers d'une faillite, en exécution de l'article 491 du Code de commerce.*

TRIBUNAL DE COMMERCE D

Faillite du sieur........., déclarée par jugement du........

DATE DU DÉPÔT des créances.	NOMS des créanciers.	ÉNUMÉRATION des titres.	SOMMES totales.	ÉMARGEMENTS lors de la remise des titres.

Voir Ordonnance n° 132, Lettre n° 110.

---

40. *Bordereau indicatif des titres remis par les créanciers (art. 491 du C. de c.).*

(Sur timbre.)

Bordereau indicatif des titres remis par le sieur , négociant, demeurant à , rue , n° , pour être joints aux titres de créances à lui dues par le sieur , failli, demeurant à , rue , n° .

(Détail des titres, nature et somme.)

Total. . . . .

Certifié véritable,

A , le 187 .

(*Signature du créancier.*)

Voir Actes divers n° 39, Ordonnance n° 132, Lettre n° 110.

41. *Récépissé des titres reçus par le greffier* (art. 491 du C. de c.).

(Sur timbre.)

Je soussigné   , greffier du Tribunal de commerce de   ,
reconnais qu'il a été déposé cejourd'hui   , au greffe de céans par
M.   , négociant, demeurant à   , rue   , n° , les
titres de créances dont le détail est ci-dessous, contre le sieur   ,
failli, demeurant à   , rue   , n°   .

(Détail des titres suivant bordereau qui les accompagne.)

Pour récépissé, le   187 .

(Signature du greffier.)

Ce récépissé doit être sur timbre mais non enregistré (*Décision du ministre des finances*
du 11 octobre 1808).

Voir Ordonnance n° 132, Lettre n° 110.

———— — —

42. *Pouvoir pour représenter à une faillite* (art. 494 du C. de c.).

Je soussigné (prénoms)   (nom)   , (profession)   , demeurant à   , donne pouvoir à M.   , demeurant à   ,
rue   , n°   , de me représenter à la faillite du sieur   ,
à   .

En conséquence requérir toutes oppositions, reconnaissances et levée
de scellés, procéder à tous inventaires et récolements et faire en
procédant tous dires, réquisitions et réserves ; demander la nomination de tous syndics provisoires ou définitifs, présenter à cet effet
toutes requêtes et faire tous dires et observations; faire vérifier ma
créance, en affirmer la sincérité comme je l'affirme par le présent
pouvoir, vérifier, admettre ou rejeter tous titres produits par les autres
créanciers, se faire rendre compte de l'état de ladite faillite, prendre
part à toutes délibérations, consentir toutes remises, accorder termes
et délais, traiter, transiger, composer, à cet effet signer tous actes,
tous concordats, s'y opposer même par les voies extraordinaires,
remettre ou retirer tous titres et pièces, toucher tout dividende, en
donner quittance, substituer tout ou partie des présentes et généralement faire tout ce qui sera nécessaire, quoique non prévu en ces

présentes, promettant l'avouer, et lui payer tous ses frais, déboursés et honoraires.

Fait à   , le   .

(*Signature du mandant.*)

Vu pour la légalisation de la signature apposée ci-dessus.

Le   , 187 .

Le maire de la commune de   .

Certifié le présent pouvoir sincère et véritable par le mandataire soussigné,

A   , le   .

Enregistré à   , le   , folio   , case   ; reçu

Voir Requête n° 188, ordonnance n° 124.

---

43. *Sommation au failli d'assister à l'assemblée des créanciers pour le concordat* (art. 505 du C. de c.).

(Sur timbre.)

(Voyez une sommation précédente (n° **16**) pour le préambule.)

Ai fait audit sieur   sommation et commandement d'avoir à se trouver le   , à   heure , du   , au Tribunal de commerce de   , pour assister à l'assemblée de ses créanciers, à l'effet de délibérer sur la formation du concordat et lui ai déclaré qu'il doit se présenter en personne à cette assemblée et qu'il ne pourrait s'y faire représenter qu'après y avoir été autorisé par M. le juge-commissaire.

Dont acte et pour que ledit sieur   n'en ignore, parlant à sa personne (ou à telle personne désignée), lui ai laissé copie du présent.

(*Signature de l'huissier.*)

---

44. *Modèle de rapport du syndic aux créanciers pour le concordat* (art. 506 du C. de c.).

(Sur timbre et enregistré.)

1° Rappeler la date du jugement du Tribunal de commerce qui a déclaré le sieur   (nom, prénoms, profession, demeure) en état de faillite (sur requête, d'office ou sur dépôt de bilan).

2° Rappeler que M.   a été nommé juge-commissaire et M.   , syndic, maintenu dans ses fonctions par jugement du   .

3° Que l'apposition des scellés a été ou n'a pas été ordonnée; que le failli a été incarcéré ou dispensé de l'incarcération en conséquence du jugement déclaratif; qu'un sauf-conduit lui a été accordé ou retiré.

DUCOIN.   13

4° Qu'une inscription hypothécaire a été prise en conformité de l'art. 490 du Code de commerce sur les immeubles connus du failli consistant en (en donner le détail), - et sur les immeubles des sieurs , débiteurs du failli, et consistant en (en donner le détail) . Établir comment ils sont débiteurs du failli. Dire si les divers immeubles sont déjà grevés d'hypothèques. Qu'il a été fait arrestation des lettres et dépêches adressées au failli, à la poste et au télégraphe; que des saisies-arrêts et conservatoires, protêts, faute d'acceptation et de payement ont été faits, s'il y a eu lieu. Énumérer : 1° les divers effets qui ont donné lieu aux protêts, soit faute d'acceptation, soit faute de payement; 2° dans quelles conditions et sur qui les saisies-arrêts et conservatoires ont été opérées.

5° Que le juge de paix du canton de , prévenu par le greffier du jugement déclaratif, sur la réquisition du syndic, a apposé les scellés au domicile du failli; ou bien dire que suivant ordonnance de M. le juge-commissaire, en conformité de l'art. 469, les scellés n'ont pas été apposés; que l'actif a été inventorié immédiatement, lequel inventaire a donné lieu à une estimation de .

Que diverses marchandises (les énumérer) ont dû être prisées et vendues aux termes de l'art. 469 après avoir été inventoriées parce qu'elles étaient sujettes à dépréciation ou à dépérissement; que divers objets tels que , servant à l'exploitation du fonds de commerce qui ne pouvait être interrompu sans préjudice pour les créanciers, ont été mis hors des scellés et que l'exploitation a été continuée sous la direction ou la surveillance du syndic avec le concours de M. , le tout suivant ordonnance de M. , juge-commissaire, en date du . Faire connaître les conditions de l'exploitation, les difficultés et les résultats; qu'il a été remis au failli et à sa famille, avec l'autorisation de M. le juge-commissaire, divers effets, hardes et vêtements nécessaires à leur usage (en donner le détail) et un secours (mensuel ou une fois donné) de la somme de , le tout conformément aux art. 469 et 474 du Code de commerce; qu'un double de l'inventaire a été déposé au greffe conformément à l'art. 480.

6° Que les créanciers connus ont été réunis le , par M. le juge-commissaire, pour être consultés sur l'état des créanciers présumés et sur le remplacement ou le maintien du syndic; que par jugement du le syndic a été maintenu (ou remplacé) et nommé syndic définitif; que la liste des créanciers a été arrêtée et annexée au dossier de la faillite.

7° Que sur la réquisition du syndic et en exécution de l'art. 479 du Code de commerce, le juge de paix a procédé à la levée des scellés, et que l'inventaire a été fait au fur et à mesure par le syndic, en présence du juge de paix et du failli; si ce dernier ne s'y trouvait pas, dire qu'il a été dûment appelé et qu'un double de l'inventaire enregistré a été déposé au greffe. (Cette partie est pour le cas où il y a eu apposition des scellés et où l'inventaire n'a pu être fait en un seul jour.)

8° Que le rapport prescrit par l'art. 482 du Code de commerce sur l'état apparent de la faillite, sur ses principales causes, effets, circonstances, caractères, a été remis au juge-commissaire. Faire connaître les faits résultant de ce rapport et de nature à faire apprécier les agissements et la valeur morale du failli.

9° Que le bilan déposé par le failli a dû être rectifié (si cela a été nécessaire), ou (s'il n'a pas été fait) qu'il a dû être fait par le syndic en conformité de l'art. 476, à l'aide des livres et papiers du failli (indiquer leur état et de quel secours ils ont pu être). Que du bilan déposé par le failli il résulte un actif de   , composé de la manière suivante   , et un passif de   (en donner aussi la composition). Que le bilan est exact ou (s'il a été rectifié) qu'il a été rectifié de la manière suivante :

Actif   (tant). Le détailler par catégories.

```
Marchandises......  ............
Mobilier.............................
Argent en caisse ...................... .
Effets à recouvrer.....................
Débiteurs divers.......................
Immeubles .........  ................
    Etc., etc.............................
                    Total...........
```

Passif   (tant). Le détailler par catégories.

```
Créanciers privilégiés ..................
    —      hypothécaires................
    —      chirographaires..............
    Etc., etc........................
                    Total...........
```

Soit en tout   (tant) créanciers.

10° Que les créanciers ont été invités par lettres du greffier et insertions dans les journaux à remettre leurs titres, soit au syndic, soit au greffe, en conséquence de l'art. 491; que sur cette invitation (tant de) créanciers ont répondu, et que sur ce nombre, (tant de) titres présentés ont été vérifiés et affirmés suivant procès-verbaux de vérification et d'affirmation ouverts le   , continués le   et clôturés le   , le tout sur ordonnance de convocation de M. le juge-commissaire, lettres du greffier et insertions dans les journaux.

11° Que diverses créances ont donné lieu à des contestations et ont dû être renvoyées à l'audience, à savoir   (les énumérer). Faire connaître les créanciers, les sommes contestées et les résultats de l'audience.

Que le total des créances vérifiées et affirmées est de   ,
que (tant de) créanciers ont été reconnus privilégiés et réglés comme tels, suivant ordonnance de M. le juge-commissaire (en donner le détail).

12° Dire si l'ouverture de la faillite a dû être reportée à une date antérieure (en expliquer la cause). Si certains actes du failli ont dû être annulés en conséquence de l'art. 446. Par suite, les procès qui ont dû être soutenus.

13° Qu'il a été, l'inventaire terminé, procédé à la vente de diverses marchandises consistant en   , aux enchères ou tractativement; dans le premier cas, par voie de M.   , commissaire priseur, courtier ou autre (art. 486). Que le failli a été dûment appelé et qu'il a reconnu l'utilité pour lui et pour la masse de profiter du moment favorable à cette vente qui, d'ailleurs, inventoriée et prisée à   , a produit   , frais déduits, suivant état au dossier.

14° Qu'après les convocations légales et sur ordonnance du juge-commissaire en date du   , tous les créanciers vérifiés et affirmés ont été convoqués à l'effet de se réunir pour délibérer sur le concordat, le failli dûment appelé. Tel est l'objet de la réunion de ce jour.

15° Constater que tel est l'état des opérations judiciaires de la faillite.

16° Établir ensuite la situation financière par recettes et dépenses.

RECETTES.

Argent en caisse au moment de la déclaration. . . . . fr.
Produit de marchandises estimées suivant inventaire. . . . . »
Argent du failli nécessaire à la marche de la faillite . . . . »
Loyer de tel immeuble (semestre de   ). . . . . »

Recouvrement des factures suivantes :

Facture (telle). . . . . fr.   ⎫
—   . . . . »   ⎬ Total.
—   . . . . »   ⎭
   Etc.

Remboursement des effets suivants :

Effet (date, souscripteur, échéance). . . . . fr.   ⎫
—   . . . . »   ⎬ Total.
   Etc. . . . . »   ⎭
Produit de la vente du fonds de commerce. . . . . fr.
—   des marchandises suivant état. . . . . »
Produit de l'exploitation du fonds de commerce. . . . . »
Produit de la (ou des) transaction suivante (l'indiquer). . . . . . . »

Produit des recomblements suivants :

.... fr.
.... »   } Total.
.... »   )

Etc., etc.. fr.
Dégrèvement d'impositions............................ »
                                                    ————————

Total des recettes .... »
                                                    ════════

DÉPENSES.

Frais de justice de paix et inventaire.................. fr.
Au propriétaire (semestre de   à   )............. »
Aux créanciers privilégiés suivants :
    1° M.   .... fr.)
    2° M.   .... »   } Total.
    Etc., etc........................ »)
Au greffe du Tribunal de commerce.................. fr.
Employés :
    1° M.   .... »)
    2° M.   .... »   } Total.
    Etc., etc...................................)
Ouvriers :
    1° M.   .... fr.)
    2° M.   .... »   } Total.
    Etc., etc........................ »)
Frais de procès (s'il y en a eu les désigner)............. fr.
Etc... »
Etc... »
                                                    ————————

Total des dépenses .... »
                                                    ════════

Recettes.............. »
Dépenses .... »
                                                    ————————

Différence .... fr.
                                                    ════════

En résumé, d'après les vérifications et affirmations, le passif est
de   ; l'actif est de   , se composant de :

Argent en mains du syndic........................... fr.
Marchandises évaluées suivant inventaire à.............. »
Créances à recouvrer............................... »
Immeubles... »
Établissements industriels (les indiquer)................ »

Faire ensuite connaître si la femme du failli a des droits sur cet actif
et indiquer les conditions et charges de ces droits. Si elle a déjà reçu

quelque chose, indiquer ce qui reste à lui remettre, ou si elle fait quelque abandon de ses droits.

En dire autant des mineurs s'il en existe.

Apprécier le failli au point de vue de la moralité de ses opérations et de l'intérêt dont il est digne en ce qui touche le concordat qu'il vient solliciter de ses créanciers.

A . le .

(Signature du syndic.)

Voir Ordonnances n° 134, procès-verbaux, n° 161.

---

45. *Acte d'opposition au concordat* (art. 512 du C. de c.).

(Sur timbre.)

Cejourd'hui , à la requête du sieur , négociant, demeurant à , rue , n° , où il fait élection de domicile en même temps qu'au greffe du Tribunal de commerce de .
Je soussigné , certifie avoir déclaré : 1° au sieur , failli, demeurant à , rue , n° , parlant à sa personne, ou à ; 2° au sieur , syndic de la faillite dudit sieur , demeurant à , rue , n° , que le sieur , requérant, est opposant, comme de fait il s'oppose à l'homologation du concordat délibéré entre le sieur , failli, et ses créanciers, le .

(Donner les motifs de l'opposition.)

En conséquence, je, huissier soussigné à la même requête et aux mêmes domiciles et parlant comme dessus, ai donné jour et assignation auxdits dénommés, en leur qualité, à comparaître le , à heure , à l'audience du Tribunal de commerce de , pour entendre dire que le requérant sera reçu en son opposition au concordat ci-dessus indiqué, lequel sera regardé comme nul et non avenu et entendre dire en outre que les créanciers de ladite faillite seront de plein droit en état d'union.

Ou bien,

Entendre dire qu'il sera sursis à l'homologation dudit concordat jusqu'à la solution des questions que fait naître ladite opposition, pour laquelle solution prière est faite au Tribunal de fixer jour et heure pour la comparution des parties avec la justification de leur opposition.

Entendre en outre dire et ordonner que le syndic, en sa qualité, sera condamné aux dépens sous toutes réserves de fait et de droit et sous toutes réserves expresses de voir augmenter ou restreindre lesdites conclusions, en tout état de cause.

Et pour que les parties n'en ignorent, j'ai laissé à chacune d'elles copie des présentes, dont acte.

(Signature de l'huissier.)

---

16. *Bordereau d'inscription prise en vertu du jugement d'homologation du concordat* (art. 490 et 517 du C. de c.).

(Sur timbre.)

Bordereau d'inscription prise en vertu des articles 490 et 517 du Code de commerce, en conséquence du jugement du Tribunal de commerce de   , en date du   , enregistré, portant homologation du concordat, délibéré le   , entre le sieur   , demeurant à   , rue   , nº   , et ses créanciers, et dont expédition dudit jugement est ci-jointe.

L'inscription est requise sur les biens et immeubles suivants (en donner le détail), et généralement sur tous les biens présents appartenant au sieur   , demeurant à   , dans l'arrondissement de   , par nous   , syndic soussigné, au profit des créanciers ci-après nommés, qualifiés et domiciliés, et collectivement au profit des créanciers absents ou inconnus.

Les créanciers connus sont les suivants :

M.   pour la somme de. .   fr.
M.   —   . .   »
M.   —   . .   »
                                    _____
Etc., etc.   Total. .   fr.

Exigible aux conditions suivantes (les énumérer).

L'inscription est prise au bureau des hypothèques de   , à   ,
pour tous les créanciers susnommés.

(Signature du syndic.)

Voir Requête nº 204, jugement nº 87.

47. *État des recettes et dépenses du syndic pour être présenté à la reddition de comptes et au procès-verbal* (art. 519 du C. de c.).

Tribunal de commerce   Faillite du sieur.............

de.........·....   Déclarée par jugement du......:.

RECETTES.			DÉPENSES.		
DATES.	NATURE.	SOMMES.	DATES.	NATURE.	SOMMES.

Recettes...   fr.

Dépenses...   »

Total en caisse du syndic pour remettre au failli...   fr.

(Toutes les pièces justificatives doivent être produites à la séance. Les versements à la Caisse des dépôts, où les retraits ne doivent pas figurer comme dépenses ou recettes. Les intérêts seuls de ces versements sont de nouvelles recettes.)

(S'il y avait contestation pour une dépense, le constater au procès-verbal de la reddition de comptes, en indiquant les motifs, et convoquer les parties devant le Tribunal conformément à l'art. 519, § IV.)

Voir Ordonnance n° 139, procès-verbal, n° 165.

Certifié conforme.

Le   ,   187 .

(*Signature du syndic.*)

Vérifié et reconnu exact à la comptabilité des faillites.

---

48. *Affiche de réouverture de faillite* (art. 528 du C. de c.).

TRIBUNAL DE COMMERCE D

Le Tribunal de commerce de   , par son jugement en date du   , mil huit cent soixante   , a déclaré réouvrir la faillite du sieur   , dont les opérations avaient été closes par suite de

A prescrit l'affiche et l'insertion dans les journaux, ainsi que l'apposition des scellés. Ordonné enfin, et pour le tout, l'exécution provisoire.

Pour extrait certifié conforme au jugement et affiché par le greffier soussigné dans la salle d'audience du Tribunal   , le   , mil huit cent soixante   .

Le greffier,

Voir Jugement n° 92.

---

49. *Rapport du syndic pour la séance de reddition de comptes*
(art. 537 du C. de c.).

(Sur timbre.)

Rappeler le jour où a eu lieu l'assemblée pour le concordat. Dire si le failli dûment appelé était présent ou absent; rappeler quel en a été le résultat. Que les créanciers n'ayant pas accordé de concordat au failli sont tombés en état d'union; que le syndic a été maintenu ou remplacé dans ses fonctions par jugement en date du   . — Qu'en conséquence de l'art. 532 du Code de commerce, il a été procédé par le syndic de l'union à la liquidation de l'actif. — Que cet actif, d'après le rapport pour le concordat, se composait de :

Fonds de commerce.............. fr.
, Immeubles................... »
Créances à recouvrer, etc., etc..... »

Total........... fr.

Que d'après délibération en date du   , et conformément à l'article 532, les créanciers ont donné mandat au syndic de continuer l'exploitation dans telle limite; — faire connaître les diverses phases de cette exploitation, les difficultés qui se sont présentées et les résultats pour la faillite : — que conformément à l'art. 534 il a été procédé à la vente des marchandises ou immeubles (en donner le détail), (s'il y a eu des procès, les indiquer). — Que le produit, sans déduction faite des frais, s'élève à   , tandis qu'il était porté au bilan pour la somme de   . — Que sur les créances à recouvrer, telle a donné lieu à procès, et que sur le chiffre de   , il n'est rentré que   .
Dans le cas où, contrairement à l'art. 535, le syndic a été autorisé à transiger, donner le résultat de la transaction tant pour les immeubles que pour les meubles, marchandises, fonds de commerce ou vente de créances à forfait. — Si le syndic a été autorisé à vendre à forfait lesdites créances avec ordonnance du juge-commissaire, indiquer ce qu'il en a retiré.

Dire si depuis la séance du concordat de nouveaux créanciers se sont présentés pour faire affirmer leurs créances et pour quelle somme. Si l'on a découvert de nouveaux débiteurs du failli, de quelle somme ils étaient débiteurs et s'il y a eu lieu de poursuivre ces débiteurs pour réaliser leurs dettes au failli. — Dire qu'une requête a été présentée par le syndic au juge-commissaire à l'effet d'être autorisé à faire une répartition de dividende entre les créanciers, que le juge-commissaire a ordonné cette répartition pour la somme de   , suivant état en date du   , dressé par le syndic, visé par le juge et couvert de l'émargement de tous les créanciers qui y figurent. — Que tout l'actif se trouvant donc ainsi réalisé et réparti, il ne reste plus au syndic qu'à rendre ses comptes et à demander la dissolution de l'union. — Qu'à cet effet les créanciers consultés par le juge-commissaire auront à répondre s'ils agréent ou non les comptes du syndic et si le failli leur paraît devoir être excusable. (Le syndic donne alors lecture du compte rendu de sa gestion.) (Donner une liste détaillée des dépenses, recettes, etc., etc.)

Dire que le Tribunal peut seul statuer par jugement sur l'excusabilité du failli, ayant toutefois tel égard que de raison à l'avis que donneront les créanciers et qui sera consigné dans le rapport que dressera à cet effet le syndic. — Rappeler que dans un précédent rapport en date du   , le syndic a fait connaître les causes, les circonstances, les caractères de la faillite. — Que les créanciers peuvent donc émettre l'avis que bon leur semblera sur l'excusabilité du failli. .

Voir Ordonnance n° 139, procès-verbal n° 165.

---

50. *État des créanciers privilégiés sur les biens meubles.*
(art. 551 du C. de c.).

(Sur timbre.)

État des créanciers qui se prétendent privilégiés sur les biens meubles de la faillite du sieur   , négociant, demeurant à   , rue   n°   , déclarée par jugement du   .

1° M.   , demeurant à   , rue   n° .
Employé pour   mois d'appointements à raison de..... fr.
2° M.   , demeurant à   , rue   , n° .
Employé pour   mois d'appointements à raison de..... fr.
3° M.   , demeurant à   , rue   , n° .
Employé pour   mois d'appointements à raison de..... fr.
4° M.   , ouvrier, demeurant à   , rue   ,
n°   , pour   journées de travail à raison de.......... fr.
Etc., etc.

Le présent état est dressé pour être présenté à l'autorisation de payer de M. le juge-commissaire, en conformité de l'art. 551 du Code de commerce.

Le   ,   187 .

(*Signature du syndic.*)

Autorisé par nous, juge-commissaire de ladite faillite, le payement des privilégiés indiqués à l'état ci-dessus, le tout conformément à l'art. 551 du Code de commerce.

Susvisé le   , 187 .

Le juge-commissaire,

(*Signature.*)

Voir Requête n° **212**, ordonnance n° **142**.

II

INSERTIONS

_____

51. *Déclaration de faillite (avis)* (art. 442 du C. de c.).

TRIBUNAL DE COMMERCE D

Du sieur   , négociant   , à   , rue,   , nº   ,
par jugement du   , 187 .
Juge-commissaire, M.   , syndic, M.

Voir Jugements nᵒˢ 75, 76, 77.

_____

52. *Report d'ouverture de faillite (avis)* (art. 442 du C. de c.).

TRIBUNAL DE COMMERCE D

Faillite du sieur   , négociant en   , déclarée par jugement du   , reportée au   , par jugement du   .
Juge-commissaire, M.   , syndic, M.

Voir Jugement nᵒ 78.

_____

53. *Séance pour le syndicat définitif (convocation)* (art. 462 du C. de c.).

TRIBUNAL DE COMMERCE D

Faillite du sieur   , négociant, demeurant rue   , à
heure du   .
Juge-commissaire, M.   , syndic, M.

Voir Ordonnance nᵒ 117.

_____

54. *Nomination du syndic définitif (avis)* (art. 462 du C. de c.).

TRIBUNAL DE COMMERCE D

Faillite du sieur   , rue   , nᵒ   , par jugement du
, 187 .
M.   , syndic, est maintenu dans ses fonctions.

Voir Jugement nᵒ 84.

---

55. *Vente (avis)* (art. 486 et 534 du C. de c.).

TRIBUNAL DE COMMERCE D

Le   (jour, date), à   heure du   .
Vente aux enchères publiques de diverses marchandises (les énu-
mérer) dépendant de la faillite   .
Syndic, M.   , demeurant   .
Local de la vente : rue   , nᵒ   .

Voir Ordonnances nᵒˢ 126, 137.

---

56. *Remise de titres (avis)* (art. 492 du C. de c.).

TRIBUNAL DE COMMERCE D

Sont invités à remettre leurs titres accompagnés d'un bordereau sur
timbre, dans le délai de vingt jours pour   , augmenté d'un jour
par 5 myriamètres de distance pour les autres lieux, les créanciers de
la (ou des faillites suivantes).
Faillite du sieur   , rue   , nᵒ   , chez M.   , syndic
rue   , nᵒ   .

---

57. *Vérifications et affirmations (convocation)* art. 493 du C. de c.)

TRIBUNAL DE COMMERCE D

Faillite   , le   , à   heure , juge-commissaire, M.   ,
syndic, M.   (première).
Faillite   , le   , à   heure , juge-commissaire, M.   ,
syndic, M.   (deuxième).
Faillite   , le   , à   heure , juge-commissaire, M.   ,
syndic, M.   (troisième, clôture).
Faillite   , le   , à   heure , juge-commissaire, M.   ,
syndic, M.   (supplémentaire ou clôture).

Voir Ordonnance nᵒ 132.

58. *Délibération sur le concordat (convocation)* (art. 504 du C. de c.).

TRIBUNAL DE COMMERCE D

Faillite   , le   , à   heure , juge-commissaire, M.   ,
syndic, M.   .

Voir Ordonnance n° 134.

---

59. *Deuxième délibération sur le concordat par suite de renvoi à huitaine (convocation)* (art. 509 du C. de c.).

TRIBUNAL DE COMMERCE D

Faillite   , le   , à   heure , juge-commissaire, M.   ,
syndic, M.   .

Voir Ordonnance n° 134.

---

60. *Délibération des créanciers statuant sur acceptation ou refus de sursis en cas de poursuites en banqueroute frauduleuse ou simple (convocation)* (art. 510, 511 du C. de c.).

TRIBUNAL DE COMMERCE D

Faillite   , le   , à   heure , juge-commissaire, M.   ,
syndic, M.   .

---

61. *Homologation de concordat (avis)* (art. 513 du C. de c.).

TRIBUNAL DE COMMERCE D

Faillite   , concordat homologué par jugement du   187 .
Conditions :

Voir Jugement n° 87.

---

62. *Annulation du concordat sur opposition (avis)* (art. 520 du C. de c.).

TRIBUNAL DE COMMERCE D

Faillite   , concordat annulé par jugement du   187 .

Voir Jugement n° 89.

63. *Résolution de concordat pour inexécution (avis)* (art. 522 du C. de c.).

TRIBUNAL DE COMMERCE D

Faillite du sieur   , négociant en   , rue   , n°   ,
concordat annulé par jugement du   187 .

Voir Jugement n° 90.

---

64. *Clôture pour insuffisance d'actif (avis)* (art. 527 du C. de c.).

TRIBUNAL DE COMMERCE D

Faillite du sieur   , négociant en   , rue   , n°   ,
clôturée par jugement du   187 .

Voir Jugement n° 91.

---

65. *Réouverture (avis)* (art. 527 du C. de c.).

TRIBUNAL DE COMMERCE D

Faillite du sieur   , négociant en   , rue   , n°   ,
réouverte par jugement du   187 .

Voir Jugement n° 92.

---

66. *Maintien du syndic de l'union (avis)* (art. 529 du C. de c.).

TRIBUNAL DE COMMERCE D

Faillite du sieur   , rue   , n°   , par jugement du   187 .
M.   , syndic, maintenu dans ses fonctions.

Voir Jugement n° 81.

---

67. *Délibération des créanciers à l'effet de donner au syndic mandat de
continuer l'exploitation de l'actif (convocation)* (art. 532 du C. de c.).

TRIBUNAL DE COMMERCE D

Faillite du sieur   , le   , à   heure , juge-commissaire, M.   , syndic, M.   .

Voir Ordonnance pareille au n° 117 avec restriction que
la réunion est pour délibération etc. (ci-dessus).

---

68. *Reddition de comptes annuelle (convocation)* (art. 536 du C. de c.).

TRIBUNAL DE COMMERCE D

Faillite du sieur   , rue   , n°   , le   , à   heure ,
juge-commissaire, M.   , syndic, M.

Voir Ordonnance n° 139.

---

69. *Excusabilité ou non-excusabilité (avis)* (art. 536 du C. de c.).

TRIBUNAL DE COMMERCE D

Faillite du sieur   , rue.   , n°   , déclaré excusable *ou*
non excusable par jugement du   187 .

Voir Jugement n° 93.

---

70. *Dissolution d'union (convocation)* (art. 537 du C. de c.).

TRIBUNAL DE COMMERCE D

Faillite du sieur   , rue   ,   n°   , le   , à
heure , juge-commissaire, M.   , syndic, M.

Voir Ordonnance n° 140.

---

71. *Répartition de dividendes (convocation)* (art. 566 du C. de c.).

TRIBUNAL DE COMMERCE D

Messieurs les créanciers de la faillite du sieur   , rue   ,
n°   , sont invités à se présenter chez M.   , syndic, rue   ,
n°   , du   au   187 , pour retirer leurs mandats sur la
Caisse des dépôts et consignations, du dividende leur revenant de ladite
faillite.

Taux de la répartition   pour 100.

Voir Ordonnance n° 143.

---

72. *Publication avant rétractation de faillite (avis)* (art. 580 du C. de c.).

TRIBUNAL DE COMMERCE D

Faillite du sieur   , négociant en   , rue   , n°
Publication ordonnée par jugement du

Voir Jugement n° 95.

---

73. *Rétractation de faillite (avis)* (art. 580 du C. de c.).

TRIBUNAL DE COMMERCE D

Faillite du sieur   , négociant   , rue   , n°   ,
rétractée par jugement du   .

Voir Jugement n° 96.

———————

74. *Demande en réhabilitation* (art. 607 du C. de c.).

TRIBUNAL DE COMMERCE D

Faillite du sieur   (nom et prénoms), négociant en   ,
demeurant à   , rue   , n°   . Demande en réhabilitation
par requête adressée à la Cour d'appel d   , en date du   .

(Extrait de la requête en réhabilitation.)

Voir Requête n° 224.

———————

III

JUGEMENTS

---

75. *Jugement déclaratif de faillite sur dépôt de bilan* (art. 440 du C. de c.).

(Feuille d'audience.)

Vu l'acte au greffe du Tribunal de commerce de céans, en date du mil huit cent soixante- , par lequel M. a déclaré avoir cessé ses payements et a déposé son bilan.

Vu les art. 437 et suivants du Code de commerce ;

Attendu que la déclaration d susnommé suffit pour que le Tribunal prononce dès à présent l'ouverture de sa faillite; que de plus, s'étant conformé aux dispositions des articles précités, il y a lieu de lui appliquer le bénéfice de l'art. 456 du même Code.

Ou bien :

Mais attendu que bien que le failli ait déposé son bilan, il résulte de renseignements fournis au Tribunal qu'il n'y a pas lieu de lui appliquer, etc.

Par ces motifs ;

Le Tribunal de commerce de , présents : MM. , déclare en état de faillite dont l'ouverture est provisoirement fixée au mil huit cent soixante , le sieur , domicilié et demeurant à rue n°

Ordonne l'affiche et l'insertion dans les journaux et l'apposition des scellés sur toutes les facultés et possessions mobilières du failli ;

Dit que le failli ne sera pas déposé dans la maison d'arrêt de cette ville (*sauf motifs d'incarcération*) ; nomme M. , juge-commissaire pour liquider les opérations de cette faillite et M. , syndic provisoire.

Prescrit enfin, et pour le tout, l'exécution provisoire.

Fait en jugement et prononcé en audience publique à ,
le   187 .

Ont signé :

M.   , président, et M.   , greffier.

Voir Actes divers n° 4.

---

76. *Jugement déclaratif de faillite sur requête* (art. 440 du C. de c.).

(Feuille d'audience.)

Vu la requête en date du   , de MM.   ., créanciers du sieur   , demeurant à   .

Vu les art. 437 et suivants du Code de commerce ;

Attendu qu'il est suffisamment établi que le sieur   a cessé ses payements.

Par ces motifs :

Le Tribunal de commerce de   , présents : MM.   .
déclare en état de faillite, dont l'ouverture est provisoirement fixée au   , le sieur   , domicilié et demeurant à   .

Ordonne l'affiche, etc., etc.

Dit que le failli sera déposé dans la maison d'arrêt de cette ville conformément à la loi.

Nomme, etc., etc.

Fait en jugement, etc.,

Requête n° 171.

77. *Jugement déclaratif de faillite d'office* (art. 440 du C. de c.).

(Feuille d'audience.)

Attendu qu'il est suffisamment établi par la notoriété publique (ou qu'il résulte des renseignements transmis par le Parquet ou par M. le juge de paix) que le sieur   est en état de cessation de payements et a disparu de son domicile.

Vu les art. 437 et suivants du Code de commerce ;

Par ces motifs :

Le Tribunal de commerce de   , présents : MM.   ,
déclare d'office, etc.

(La suite comme au jugement précédent).

Ce jugement est rendu d'office.

78. *Jugement de report d'ouverture* (art. 441 du C. de c.).

(Feuille d'audience.)

Vu la requête de M.   , syndic de la faillite du sieur   ;
Vu le jugement en date du   , déclarant en état de faillite le

sieur   et fixant provisoirement la cessation de payements dudit
sieur   , au   .

Vu les nouveaux renseignements fournis au Tribunal, desquels il résulte que la cessation de payements remonte à la date du   , et consistant notamment en (les énumérer).

Ouï le rapport de M. le juge-commissaire ;

Vu l'art. 441 du Code de commerce.

Par ces motifs :

Le Tribunal de commerce de   , présents : MM.   , dit que la date de cessation de payements du sieur   , fixée primitivement au   par le jugement déclaratif de faillite, sera reportée au   , avec toutes ses conséquences légales.

Ordonne l'affiche et l'insertion du présent.

Dit que, pour le surplus, le premier jugement conservera son plein et entier effet.

Fait, etc., etc.

Voir Requête n° 172.

---

79. *Jugement de remplacement de juge-commissaire* (art. 454 du C. de c.).

(Feuille d'audience.)

Attendu que M.   , juge-commissaire de la faillite   , se trouve momentanément absent (*ou* empêché); que néanmoins les opérations de la faillite ne doivent pas être suspendues; qu'à cet effet il y a lieu de pourvoir au remplacement de M.

Vu l'art. 454 du Code de commerce.

Par ces motifs :

Le Tribunal de commerce de   , présents : MM.   , nomme M.   juge-commissaire près le Tribunal de céans pour présider et surveiller les opérations de la faillite   , en remplacement de M.   , momentanément absent (*ou* empêché).

Fait en jugement, etc., etc.

Ce jugement est rendu d'office.

---

80. *Jugement de retrait de sauf-conduit* (art. 456 du C. de c.).

(Feuille d'audience.)

Vu la requête présentée par M.   , syndic de la faillite du sieur   .

Attendu que par un jugement du   , le Tribunal de commerce de   a déclaré en état de faillite le sieur   , sur le dépôt de son bilan, et l'a dispensé de l'incarcération.

Ou bien :

Que depuis sa déclaration en faillite le sieur   a obtenu un sauf-conduit par jugement du   .

Attendu que depuis son affranchissement (*ou* sa mise en liberté) le dit sieur   ne se présente pas au syndic malgré diverses invitations; qu'il résulte même de renseignements fournis à M.   , syndic, qu'il aurait quitté son domicile sans l'en faire prévenir;

(Indiquer en outre les griefs à l'encontre du failli.)

Ouï le rapport de M. le juge-commissaire;

Attendu qu'en l'état de tels faits le Tribunal doit retirer au sieur   , failli, le bénéfice de l'article 456 (*ou* 472) du Code de commerce.

Par ces motifs :

Le Tribunal de commerce de   , présents : MM.   . déclare rapportée la disposition du jugement déclaratif de faillite qui affranchit le failli du dépôt de sa personne dans la maison d'arrêt de cette ville (*ou bien* du jugement qui accorde un sauf-conduit au sieur   ).

De même suite ordonne que ledit sieur   sera déposé dans la maison d'arrêt de cette ville, à la diligence de M. le Procureur de la République et du syndic requérant.

Fait en jugement, etc.

Voir Requête n° 176.

———————

81. *Jugement maintenant ou remplaçant le syndic* (art. 462 du C. de c.).

(Feuille d'audience.)

Vu le procès-verbal dressé par M.   , juge-commissaire de la faillite du sieur   , en exécution de l'article 462 du Code de commerce;

Vu l'état présumé des créanciers de ladite faillite;

Vu l'article 462, § III;

Le Tribunal de commerce de   , présents ; MM.   , maintient comme syndic définitif de la faillite   , le sieur   , (*ou bien* nomme le sieur   syndic en remplacement du sieur non maintenu) pour en remplir les fonctions conformément à la loi.

Ordonne l'affiche et l'insertion et l'exécution du présent jugement selon sa forme et teneur.

Fait en jugement, etc.

Voir Procès-verbal n° 154.

82. *Jugement fixant les honoraires du syndic* (art. 462 du C. de c.).

(Feuille d'audience.)

Vu la requête du (*ou* des) syndic de la faillite du sieur   , demandant la fixation de ses (*ou* leurs) honoraires.

Ouï le rapport de M. le juge-commissaire.

Vu l'art. 462 du Code de commerce.

Par ces motifs

Le Tribunal de commerce de   , présents : MM.   , après en avoir délibéré, arbitre à la somme de   l'indemnité à allouer audit syndic.

De laquelle somme il est autorisé à faire état dans les frais et dépenses de la faillite, et de laquelle il sera et demeurera bien et valablement libéré.

Ordonne que le présent jugement, etc.

Fait en jugement, etc.

Voir Requête n° 178, Actes divers, n° 11.

83. *Jugement de sauf-conduit* (art. 472 du C. de c.).

(Feuille d'audience.)

Vu la requête en obtention de sauf-conduit présentée par le sieur   , dont la faillite a été prononcée par jugement du   .

Ouï le rapport de M.   , juge-commissaire ;

Vu l'art. 472 du Code de commerce ;

Par ces motifs

Le Tribunal de commerce de   , présents : MM.   , après en avoir délibéré, accorde au failli un sauf-conduit provisoire, à la charge par lui de se présenter toutes les fois qu'il en sera requis sous les peines édictées par la loi.

(Dans le cas où le Tribunal exigerait une caution.)

Accorde   , etc., etc.,
à la charge par lui de fournir caution de se présenter sous peine de payement d'une somme que le Tribunal arbitre à   francs, qui seront, le cas échéant, dévolus à la masse. La caution, d'ailleurs, sera tenue de faire la soumission au greffe en la forme ordinaire.

Ordonne que le présent jugement, etc.

Fait en jugement, etc., etc.

Voir Requête n° 186.

84. *Jugement d'homologation de transaction* (art. 487 du C. de c.).

(Feuille d'audience.)

Vu la requête présentée à M.   , juge-commissaire de la faillite
     , et de laquelle il résulte qu'après autorisation préalable de M. le
juge-commissaire, une transaction est intervenue entre le syndic et le
sieur   au sujet de   .
Attendu que le failli l'a approuvée *ou* a été dûment appelé.
Attendu que cette transaction est intervenue régulièrement; que de
plus elle paraît conforme aux intérêts de la masse, ce qui résulte du
rapport verbal de M. le juge-commissaire de la faillite; qu'il y a donc
lieu de l'homologuer;
Vu l'article 487 du Code de commerce.
     Par ces motifs :
Le Tribunal de commerce de   , présents : MM.   ,
homologue la transaction dont s'agit intervenue le   , entre le
sieur   , syndic de la faillite, et le sieur   , pour être
exécutée selon sa forme et sa teneur.
Fait en jugement, etc.

Voir Requête n° 196.

---

85. *Jugement d'admission au passif d'une faillite* (art. 498 du C. de c.).

(Feuille d'audience.)

En la cause du sieur   , négociant, domicilié et demeurant à
     comparaissant en personne assisté de   , et demandant à
être admis au passif de la faillite du sieur   , pour la somme
de   ;
Contre le sieur   , syndic de ladite faillite, défendeur comparaissant.
Ouï les défenseurs des parties et le rapport de M. le juge-commissaire;
Attendu que le sieur   a produit au passif de la faillite pour la
somme de   ;
Attendu que le syndic a justifié que cette somme devait être réduite
de   : que le sieur   n'a conclu à aucune vérification de
livres ou de comptes; qu'en l'état, le Tribunal doit admettre la demande
d'après l'avis du syndic qui tend à réduire sa créance à la somme
de   .

Par ces motifs :

Le Tribunal de commerce de   , présents : MM.   .   .

Admet le sieur   au passif de la faillite   pour la somme de
          , partage les dépens.

En conséquence dit et déclare que ledit sieur   affirmera sa
créance à une assemblée qui sera fixée par M. le juge-commissaire de
la faillite.

Fait en jugement, etc., etc.

<small>Ce jugement est rendu sur citation.</small>

---

86. *Jugement admettant provisoirement une créance avant concordat et
ordonnant la continuation des opérations* (art. 499 du C. de c.).

<small>(Feuille d'audience.)</small>

En la cause du sieur   , syndic de la faillite du sieur   ,
domicilié et demeurant à   , demandeur assisté de   ;

Contre le sieur   , domicilié et demeurant à   , défendeur,
demandant à être admis à la faillite.

Ouï les conclusions du syndic et M. le juge-commissaire en son rapport;

Attendu que par suite des difficultés existant entre les parties il y a
lieu, par application de l'art, 499 du Code de commerce, de déterminer
le chiffre de la créance du sieur   et de dire s'il sera sursis ou
passé outre au concordat.

Par ces motifs : .

Le Tribunal de commerce de   , présents : MM.   ,
tout en décidant qu'il sera passé outre aux opérations de la faillite
          , admet provisoirement le sieur   au passif de la faillite
          pour la somme de   .

Dit que ledit sieur   pourra prendre part aux délibérations du
concordat pour la somme provisoirement admise, les dépens à la charge
dudit.

Fait en jugement, etc., etc.

<small>Ce jugement est rendu sur citation.</small>

---

87. *Jugement homologuant un concordat* (art. 513 du C. de c.).

<small>(Feuille d'audience.)</small>

Vu la requête du sieur   failli *ou* de M.   syndic du sieur
failli en homologation de son concordat.

Ouï le rapport de M. le juge-commissaire;

Vu le procès-verbal de concordat et le traité dont il a été suivi ;
Vu l'art. 513 du Code de commerce ;

  Par ces motifs

Le Tribunal de commerce de   , présents : MM.   ,
considérant que toutes les formalités prescrites par la loi ont été régulièrement observées et qu'aucune opposition n'a été formée, homologue
ledit concordat pour être exécuté selon sa forme et teneur, et le rend
obligatoire pour tous les créanciers indistinctement, conformément à
l'art. 516 du Code de commerce.

Dit que, par la voie du greffe, extrait de ce jugement contenant les
conditions sommaires de ce concordat, sera affiché et inséré dans les
journaux suivant le mode indiqué par l'article 42 du Code de commerce.

Fait en jugement et prononcé, etc., etc.

Voir Requête n° 204.

---

88. *Jugement refusant l'homologation du concordat* (art. 515 du C. de c.).

(Feuille d'audience.)

  Attendu qu'il résulte des documents de la cause que le sieur
ne présente à ses créanciers qu'un actif de   , sauf réalisation pour
faire face à un passif de .

 Attendu que dans ce passif une somme de   figure pour des
causes (les énoncer)   créées en dehors de ses affaires habituelles ;

  Ou bien :

Attendu que les prescriptions légales n'ont pas été remplies ;

  Attendu qu'une telle situation est de nature à entraîner le blâme du
Tribunal et à rendre le failli indigne du concordat que ses créanciers
ont pu lui consentir ;

Ouï le rapport de M. le juge-commissaire ;

Vu l'art. 515 du Code de commerce.

  Par ces motifs :

Le Tribunal   , présents : MM.   , refuse d'homologuer
le concordat passé entre le sieur   et ses créanciers, annule en
conséquence ledit concordat à l'égard de tous les intéressés et renvoie
les créanciers en état d'union, conformément à l'art. 529 du Code de
commerce, devant M. le juge-commissaire, pour être prononcé suivant
les prescriptions légales, (*ou bien, dans le cas où le refus d'homologation
provient d'un défaut de formalités prescrites par la loi*) dit qu'il sera
procédé à nouveau à la formation du concordat, conformément à la
loi.

Dit que les dépens, etc., etc.

Ordonne que le présent jugement, etc.

Fait en jugement, etc., etc.

Ce jugement est rendu sur citation.

---

89. *Jugement annulant un concordat sur opposition* (art. 520 du C. de c.).

(Feuille d'audience.)

Vu l'opposition faite par le sieur   créancier au concordat du sieur   , par exploit de   huissier à   en date du   , (*désigner l'objet de l'opposition*).

Ouï les dires respectifs des parties (*ou de leurs représentants*);

Ouï le syndic qui a déclaré s'en remettre à la sagesse du Tribunal (*dans le cas contraire reproduire sa déclaration*);

Considérant qu'il résulte des débats et des documents fournis au Tribunal que les faits allégués par l'opposition sont justifiés;

Considérant que les conditions du concordat n'ont été consenties et arrêtées que sur des énonciations mensongères et frauduleuses du bilan, et que le concordat qui en a été la conséquence manque ainsi de la bonne foi qui doit présider à tout contrat;

Vu l'art. 520 du Code de commerce.

Par ces motifs :

Le Tribunal de commerce de   , présents : MM.   , après en avoir délibéré; ouï M. le juge-commissaire en son rapport et sans s'arrêter aux fins de non-recevoir du failli, admet l'opposition et déclare nul et de nul effet à l'égard de tous intéressés l'acte en date du   , qualifié de concordat, et condamne le sieur   aux dépens qui seront passés en frais de syndicat.

Ordonne que le présent jugement sera exécuté selon sa forme et teneur.

Fait, etc., etc.

Ce jugement est rendu sur citation.

---

90. *Jugement résolvant un concordat pour inexécution*(art. 520 du C. de c.).

(Feuille d'audience.)

Vu l'assignation (*ou la requête*) du sieur   .

Attendu qu'il résulte des pièces produites que le sieur   ne paye pas ses dividendes; *ou bien* que le sieur   a manqué à l'une (*ou* plusieurs) des clauses du concordat passé entre lui et ses créanciers le   .

(Énoncer les manquements.)

Par ces motifs :

Le Tribunal de commerce de   , présents : MM.   ,
déclare le concordat sus-mentionné et homologué le   , résolu
par suite d'inexécution.

En conséquence, nomme M.   , l'un de ses membres, juge-
commissaire, et M.   , syndic.

Ordonne qu'il sera procédé conformément aux dispositions des articles 522 et suivants du Code de commerce.

Que le présent jugement sera exécuté provisoirement selon sa forme
et teneur.

Fait, etc., etc.

Ce jugement est rendu sur citation.

---

91. *Jugement de clôture des opérations d'une faillite pour insuffisance
ou faute d'actif* (art. 527 du C. de c.).

(Feuille d'audience.)

Vu la requête du syndic de la faillite du sieur   , constatant
que les opérations de ladite faillite se trouvent arrêtées par insuffisance
d'actif ;

Ouï le rapport de M.   , juge-commissaire ;

Vu l'art. 527 du Code de commerce ;

Par ces motifs :

Le Tribunal de commerce de   , présents : MM.   ,
déclare d'office la clôture des opérations de ladite faillite ;

En conséquence dit que chaque créancier rentrera dans l'exercice de
tous ses droits et actions contre le débiteur ;

Ordonne néanmoins qu'il sera sursis à l'exécution du présent jugement, pendant un mois, à partir de ce jour ;

Dit que, par la voie du greffe, extrait de ce jugement sera affiché et
inséré dans les journaux suivant le mode établi par l'art. 42 du Code de
commerce.

Fait, etc., etc.

Voir Requête n° 205.

---

92. *Jugement rapportant le jugement de clôture* (art. 528 du C. de c.).

(Feuille d'audience.)

Vu la requête du sieur   failli (*ou du sieur*   créancier
de la faillite du sieur   ) (*ou* l'assignation) en date du   .

Vu le jugement du   déclarant closes, faute d'actif, les opérations de ladite faillite ;

Considérant qu'il résulte des documents fournis qu'il existe actuellement des fonds pour faire face aux opérations de la faillite ; que lesdits fonds ont été consignés entre les mains du syndic (*ou* au greffe) ;

Ouï le rapport de M. le juge-commissaire ;

Vu l'art. 528 du Code de commerce ;

     Par ces motifs :

Le Tribunal de commerce de   , présents : MM.   , rapporte le jugement du   qui prononce la clôture des opérations de la faillite du sieur   et ordonne que lesdites opérations seront reprises et poursuivies conformément à la loi.

Ordonne, etc., etc. ,

Dit que par la voie, etc.

Fait, etc., etc.

Sur citation ou requête spéciale du failli.

---

93. *Jugement prononçant sur l'excusabilité ou la non-excusabilité* (art. 538 du C. de c.).

(Feuille d'audience.)

Vu le procès-verbal de dissolution d'union dressé le   par M.   , juge-commissaire de la faillite du sieur   , en conformité de l'art. 537 du Code de commerce, enregistré ;

Ouï le rapport de M. le juge-commissaire ;

Vu l'art. 538 du Code de commerce ;

     Par ces motifs :

Le Tribunal de commerce de   , présents : MM.   , prenant en considération les motifs exposés, déclare le failli excusable (ou non excusable).

Ordonne que le présent jugement etc., etc.

Dit que par la voie du greffe, etc.

Fait en jugement, etc., etc.

Voir Procès-verbal n° 160.

---

94. *Jugement du Tribunal civil autorisant la conversion en vente judiciaire de la saisie-immobilière avec vente par expropriation* (art. 571 et 572 du C. de c.).

Le Tribunal de 1re instance du département de   , séant à   , a rendu le jugement dont la teneur suit :

Entre le sieur   , demeurant à   , agissant en qualité de syndic de la faillite du sieur   , négociant en   , demeurant à   , comparaissant par M⁢e   , son avoué, d'une part;

Et M. le Procureur de la République, près ledit Tribunal de 1re instance, d'autre part.

En fait : le syndic de la faillite, par le ministère de Me   , avoué, a présenté à M. le Président du Tribunal la requête ci-dessous :

(Reproduire la requête.)

A la suite de cette requête et par ordonnance en date du   , M. le président a prescrit la communication de la requête au ministère public et la remise à M.   , juge, pour en faire le rapport à l'audience.

Ouï le rapport de M. le juge commis.

Ouï Me   , avoué, en ses conclusions de ladite requête.

Ouï M. le Procureur de la République en ses conclusions.

Le Tribunal a posé la question suivante : Faut-il autoriser le syndic de la faillite   à faire procéder à la vente des immeubles dont s'agit ?

Considérant qu'il est nécessaire de procéder à la vente desdits immeubles afin de pouvoir arriver à la liquidation de ladite faillite;

Considérant qu'il est facile de fixer la mise à prix au moyen de la matrice cadastrale sans recourir à une expertise afin de diminuer les frais;

Considérant que les dépens sont nécessités par la nature même de la procédure.

Par ces motifs :

Le Tribunal, après en avoir délibéré, siégeant publiquement et en premier ressort, sur les conclusions conformes de M. le Procureur de la République,

Autorise ledit syndic à faire procéder avec formes de droit à la vente des immeubles dépendant de la faillite dudit sieur   , à savoir : (donner le détail des immeubles à vendre), sur la mise à prix de   francs.

Ordonne que cette vente sera faite devant M.   , juge commis, et que les dépens seront passés en frais de poursuites.

Ainsi jugé, etc.

Signatures :

Président.   Juges.   Procureur.   Greffier.

Voir Requête n° 215.

95. *Jugement ordonnant publication avant rétractation de faillite*
(art. 580 du C. de c.).

(Feuille d'audience.)

Vu la requête du sieur   ; (*ou*) en la cause du sieur   ,
négociant, domicilié et demeurant à   , demandeur comparaissant asssisté de   ; contre le sieur   , négociant,
domicilié et demeurant à   , et le sieur   ,   , syndic
provisoire de la faillite du sieur   , défendeurs défaillants (*ou*
comparaissants) ;

Ouï les conclusions du demandeur ;

Attendu que le sieur   a formé opposition en temps utile au
jugement qui l'a déclaré en état de faillite ;

Attendu, au fond, que le Tribunal ne peut, dès à présent, apprécier
sa situation commerciale ; qu'il y a lieu d'ordonner préalablement des
publications afin que les intéressés, s'il en existe, puissent intervenir et
faire valoir leurs droits ;

Vu l'art. 580 du Code de commerce.

Par ces motifs :

Le Tribunal de commerce de   , présents : MM.   ,
statuant préparatoirement sur l'opposition du sieur   , reçue en la
forme seulement, ordonne la publication préalable de sa demande faite
le   , en rétractation de sa faillite, pour, après les délais voulus,
être statué au fond ce qu'il appartiendra, dépens réservés.

Fait, etc. ;

Voir Requête n° 223 ou sur citation.

-----

96. *Jugement prononçant la rétractation d'une faillite* (art. 580 du C. de c.).

(Feuille d'audience.)

Vu la requête du sieur : (*ou*) en la cause du sieur   , négociant,
domicilié et demeurant à   , demandeur, comparaissant assisté
de   ; contre le sieur   , négociant, domicilié et demeurant à   , défendeur, et le sieur   , syndic provisoire de la
faillite du demandeur, défendeur   ;

Ouï les conclusions du sieur   demandeur ;

Attendu que par jugement du   , le Tribunal de céans a ordonné que la demande en rétractation de faillite faite par le sieur
serait publiée ;

Que les publications voulues ont eu lieu et qu'aucune opposition ne s'est produite dans les délais prescrits ;

Ouï le rapport de M. le juge-commissaire ;

Vu l'art. 580 du Code de commerce ;

Attendu que dès lors il y a lieu d'admettre le demandeur dans ses conclusions.

Par ces motifs :

Le Tribunal de commerce de   , présents : MM.   , statuant définitivement sur la demande du sieur   , rapporte ledit jugement, en date du   , qui l'a déclaré en état de faillite ; remet les parties au même état que précédemment ;

Dit que par la voie du greffe, extrait de ce jugement contenant le rapport du jugement déclaratif sera affiché et inséré dans les journaux suivant le mode indiqué par l'art. 42 du Code de commerce ;

Dit que le syndic rendra compte de sa gestion et remettra au sieur tous ses titres, livres et papiers.

Condamne le sieur   , défendeur aux dépens ;

Commet   , huissier, pour la signification du présent jugement, s'il y a lieu.

Fait, etc.

Voir Requête n° 223.

97. *Arrêt de réhabilitation* (art. 604 et suivants du C. de c.).

La Cour d'appel de   a rendu l'arrêt suivant :

Vu la requête présentée à la Cour par le sieur   , négociant en   , domicilié et demeurant à   , tendant à obtenir sa réhabilitation à raison de la déclaration de faillite prononcée contre lui par jugement du Tribunal de commerce de   , en date du   ;

Vu les pièces produites à l'appui de ladite requête, et les art. 604 et suivants du Code de commerce ;

Ouï le rapport fait par M.   , conseiller à cet effet délégué ;

Ouï également M.   , substitut du Procureur général, pour le Procureur général, dans ses conclusions ;

Après en avoir délibéré ;

Attendu qu'il est justifié que ledit sieur   , déclaré en faillite par jugement du Tribunal de commerce de   , en date du   , a intégralement acquitté en principal, intérêts et frais toutes les sommes par lui dues ;

Attendu que la demande dudit   , communiquée au Procureur de la République et au Président du Tribunal de commerce de a reçu la publicité voulue par la loi sans qu'aucune opposition ait été présentée à ces magistrats qui ont donné un avis favorable à l'admission de ladite demande ;

Que dès lors les formalités prescrites par la loi ayant été remplies, et la demande étant justifiée il y a lieu d'y faire droit :

La Cour déclare le sieur   réhabilité et remis dans l'exercice des droits et actions qu'il avait perdus par sa faillite ;

Dit que le présent arrêt sera transmis aux Procureurs de la République et Présidents des Tribunaux auxquels la demande a été adressée pour être procédé comme il est dit en l'article 611 du Code de commerce.

Ainsi fait et prononcé en audience publique tenue par la Cour d'appel de   , première chambre civile le   , présents : M. le Premier Président   , M. le Président   , MM. les Conseillers   , M.   , substitut du Procureur général.

Signé :

Le président.   Le greffier.

Enregistré à   , le   , f°   , case   .

Signé :

. . . . , receveur.

Voir Requête n° 224.

IV

LETTRES.

Modèle de bande pour lettres imprimées.

Tribunal de commerce d   .

M

rue   ., n°   .

Les lettres mises sous bande, autographiées et sans autre écriture à la main que les indications relatives au nom des faillites et aux heures des réunions, circulent comme imprimés. (Autorisation de l'administration des Postes du 22 mars 1862.)

---

98. *Première lettre de recomblement par les créanciers, sur jugement de report d'ouverture de la faillite* (art. 441 du C. de c.).

A   ., le   187 .

Monsieur,

En qualité de syndic de la faillité du sieur   , et en vertu de l'art. 441 du Code de commerce, j'ai l'honneur de vous informer, que par jugement en date du   , le Tribunal de commerce de   a reporté la faillite dudit sieur   au   .

En conséquence, il y a lieu de faire recombler, au profit de la masse, toutes les sommes qui ont pu être remises aux créanciers de ladite faillite à valoir sur leur créance depuis l'époque ci-dessus fixée du   jusqu'au moment du dépôt du bilan.

Je vous invite donc à me faire remettre la somme de fr.   qui vous a été comptée le   , d'après votre reçu.

J'ai l'honneur de vous saluer.

Le syndic.

Voir Jugements n° 78.

DUCOIN.   15

99. *Deuxième lettre avisant de recomblement dans les faillites*
(art. 441 du C. de c.).

A   , le   187 .

Monsieur,

En qualité de syndic de la faillite du sieur   , je vous ai déjà
adressé un premier avis pour vous informer que, par jugement en date
du   , le Tribunal de commerce avait reporté la faillite du sieur
au   .

Mon invitation à rapporter au profit de la masse la somme de   ,
que vous avez touchée du failli depuis l'époque ci-dessus fixée, étant
restée sans résultat, je vous adresse un second et dernier avis.

Faute par vous d'y avoir satisfait dans les vingt-quatre heures, je me
verrai dans la nécessité de recourir aux voies judiciaires.

J'ai l'honneur de vous saluer.

Le syndic.

Voir Jugements n° 78.

---

100. *Lettre d'avis au juge-commissaire* (art. 451 du C. de c.).

A   , le   187 .

Monsieur le juge,

J'ai l'honneur de vous faire connaître que, par jugement en date de ce
jour, vous avez été nommé, par le Tribunal de commerce de   ,
juge-commissaire de la faillite du sieur   , négociant en   ,
demeurant à   , rue   , n°   .

M.   en est le syndic.

Veuillez agréer, Monsieur le juge, l'assurance de ma considération
très-distinguée.

Le greffier.

Voir Jugements n° 75, 76, 77.

---

101. *Lettre d'avis au juge de paix* (art. 457 du C. de c.).

A   , le   , 187 .

Monsieur le juge de paix du   arrondissement,

J'ai l'honneur de vous informer que, par jugement en date du   ,
le Tribunal de commerce de   a déclaré en faillite le sieur
(nom et prénoms), négociant en   , demeurant à   , rue   , n°   .

Le jugement sus-énoncé ordonne l'apposition des scellés sur toutes

les facultés mobilières du failli. M.   a été nommé juge-commissaire, et M.   syndic provisoire.

Veuillez agréer, Monsieur le juge, l'assurance de ma considération
très-distinguée.

Le greffier.

Voir Jugements n°ˢ 75, 76, 77.

102. *Lettre du juge de paix au président du Tribunal de commerce pour*
l'informer de l'apposition des scellés (art. 458 du C. de c.).

A   , le   , 187 .

Monsieur le président du Tribunal de commerce d

Monsieur le Président,

J'ai l'honneur de vous informer, conformément aux prescriptions de
l'art. 458 du Code de commerce, que les scellés ont été apposés par moi
le   , à   heure , dans la maison sise rue   , n°   ,
habitée par le sieur   .

Cette apposition faite sur tous les objets prévus par l'article précité
a eu lieu à la requête du sieur   , négociant, demeurant à   ,
rue   , n°   .

(Ou bien :)

d'office, par suite de la rumeur publique, après la disparition du sieur   ;

(Ou bien :)

par suite de la connaissance que j'ai eue de divers détournements effectués par le sieur   ;

(Ou bien :)

d'après l'avis qui m'a été adressé par M. le greffier de votre Tribunal, me
faisant connaître qu'un jugement dudit Tribunal en date du   avait
déclaré ledit sieur en état de faillite et ordonné l'apposition des scellés.

Veuillez agréer, Monsieur le Président, l'assurance de ma considération la plus distinguée.

Le juge de paix.

Voir Lettres n° 101 ou d'office.

103. *Lettre d'avis au parquet avec copie du jugement déclaratif* (art. 459
du C. de c.).

A   , le   187 .

Monsieur le Procureur de la République, près le Tribunal civil d   ,

Le Tribunal de commerce d   , par jugement en date de ce jour,
a déclaré en état de faillite le sieur   , négociant en   ,
demeurant à   , rue   , n°   .

J'ai l'honneur de vous adresser l'extrait de ce jugement, en conformité de l'art. 459 du Code de commerce.

Le dépôt de la personne d   failli a été ordonné.

Veuillez agréer, Monsieur le Procureur de la République, l'assurance de mes sentiments respectueux.

Le greffier.

Voir Jugements n°² 75, 76, 77 ; Actes divers n° 6.

104. *Lettre d'avis au syndic* (art. 462 du C. de c.).

A   , le   187 .

Monsieur,

J'ai l'honneur de vous faire savoir que le Tribunal de commerce de
        vous a nommé syndic provisoire de la faillite du sieur   :
négociant en   , demeurant à   , rue   , n° .
déclarée par jugement en date de ce jour.

M.   en est le juge-commissaire.

Recevez, Monsieur, l'assurance de ma considération distinguée.

Le greffier.

Voir Jugements n°° 75, 76, 77.

105. *Lettre aux créanciers pour syndicat définitif* (art. 462 du C. de c.).

A   , le   187 .

Monsieur,

En votre qualité de créancier de la faillite   , vous êtes invité
à vous rendre le   , à   heure , dans la salle des assemblées du
Tribunal de commerce, pour présenter telles observations que vous aviserez sur l'état des créanciers présumés et sur la nomination des syndics définitifs, conformément à l'art. 462 du Code de commerce.

Vous pourrez vous faire représenter à cette assemblée par un fondé de pouvoir muni d'une procuration enregistrée.

Le greffier.

Voir Ordonnances n° 117.

106. *Lettre d'avis du greffier, au parquet, du jugement affranchissant le failli de l'incarcération* (art. 472 du C. de c.).

A   , le   , 187 .

Monsieur le Procureur de la République,

J'ai l'honneur de vous informer que le Tribunal de commerce de

, par jugement du   , a accordé un sauf-conduit au sieur
          , négociant en   , demeurant à   , rue   ,
n°   , déclaré en faillite par jugement du   .

Veuillez agréer, Monsieur le Procureur de la République, l'assurance
de mes sentiments respectueux.

Le greffi

Voir Jugements n° 83.

107. *Lettre au failli pour l'inviter à assister à la clôture de ses livres*
(art. 475 du C. de c.).

A   , le   , 187 .

Monsieur,

En conformité de l'art. 475 du Code de commerce, je procéderai
le   , à   heure   , à la clôture de vos livres.

Je vous en donne avis afin que vous veniez assister à cette opération.

Dans le cas où vous ne répondriez pas à cet appel, je devrai, aux
termes de l'article précité, vous convoquer dans les quarante-huit heures
par voie de sommation.

J'ai l'honneur de vous saluer.

Le syndic.

Voir Actes divers n° 16 ou d'office.

108. *Lettre d'envoi au parquet du rapport du syndic* (art. 482 du C. de c.).

A   , le   187 .

Monsieur le Procureur de la République,

J'ai l'honneur de vous faire parvenir, en exécution de l'art. 482 du
Code de commerce, le rapport que vient de m'adresser M.   .
syndic de la faillite du sieur   , commerçant à   ,
rue   , n°   .

(Observations du juge-commissaire sur ce rapport.)

Agréez, Monsieur le Procureur de la République, l'assurance de ma
considération la plus distinguée.

Le juge-commissaire.

Voir Actes divers n° 22.

109. *Lettre aux créanciers pour remise de titres* (art. 491 et 492
du C. de c.).

A   , le   187 .

Monsieur,

En votre qualité de créancier de la faillite du sieur   , et con-

formément aux art. 491 et 492 du Code de commerce, vous êtes invité
à vous présenter en personne ou par fondé de pouvoir, dans le délai de
vingt jours, pour   , augmenté d'un jour par 5 myriamètres de
distance pour les autres lieux, chez M.   , syndic définitif de cette
faillite, demeurant à   , rue   , n° , à l'effet de lui remettre
vos titres accompagnés d'un bordereau sur timbre indicatif des sommes
que vous avez à réclamer, si mieux vous n'aimez les déposer au greffe
du Tribunal de commerce, où il vous en sera donné récépissé, pour qu'il
soit ensuite procédé suivant les dispositions des art. 493 et suivants du
même Code.

Le greffier.

D'office.

---

110. *Lettre aux créanciers pour vérification et affirmation de créances*
(art. 493 et 494 du C. de c.).

A   , le   187 .

Monsieur,

En votre qualité de créancier de la faillite du sieur   , et conformément aux art. 493 et 494 du Code de commerce, vous êtes invité à
vous rendre le   , à   heure , dans la salle des assemblées
du Tribunal de commerce de   , pour assister à la vérification
de votre créance dans cette faillite et l'affirmer; et si vous l'avez déjà
fait, assister, si bon vous semble, à la vérification des autres créances.

Si vous n'avez pas encore remis au syndic de la faillite ou au greffe du
Tribunal vos titres de créances accompagnés d'un bordereau sur timbre
des sommes que vous avez à réclamer, vous êtes prié de le faire sans
retard, et quelques jours avant la séance de vérification.

Le greffier.

Voir Ordonnances n° 132.

---

111. *Lettre aux créanciers pour l'assemblée du concordat* (art. 504
du C. de c.).

A   , le   187 .

Monsieur,

En votre qualité de créancier de la faillite du sieur   , et conformément à l'art. 504 du Code de commerce, vous êtes invité à vous
rendre le   , à   heure , dans la salle des assemblées du Tribunal de commerce, pour entendre le rapport du syndic sur l'état de la
faillite, prendre avec le failli, pour un concordat, tels arrangements que
vous jugerez convenables à vos intérêts, ou passer un contrat d'union,

dans le cas où vous ne croiriez pas devoir accepter les propositions qui vous seront faites.

Si vous ne pouvez vous rendre vous-même à cette assemblée, veuillez vous y faire représenter par un fondé de pouvoir muni d'une procuration enregistrée.

Le greffier.

Voir Ordonnances n° 131, Actes divers n° 42.

___ ___ ___

112. *Lettre aux créanciers pour la reddition de comptes du syndic et la dissolution d'union* (art. 536 et 537 du C. de c.).

A , le 187 .

Monsieur,

En votre qualité de créancier de la faillite du sieur , et conformément aux art. 536 et 537 du Code de commerce, vous êtes invité à vous rendre le , à heure , dans la salle des assemblées du Tribunal de commerce, pour assister à la reddition de comptes du syndic de l'union, entendre prononcer la dissolution de ladite union et donner votre avis sur l'excusabilité du failli.

Le greffier.

Voir Ordonnances n° 139, 140.

V

ORDONNANCES.

Noᴛᴀ. — Les Ordonnances doivent être libellées au greffe, après avis du juge-commissaire, à la suite des requêtes auxquelles elles répondent. Elles sont gardées en minute dans le dossier de la faillite et portées sur le répertoire. Il en est délivré expédition aux syndics qui ont à en faire usage. En opérant ainsi, le dossier est complet et toutes les opérations de la faillite sont facilement suivies.

---

113. *Ordonnance du juge-commissaire autorisant la transaction pour loyer et bail* (art. 450 du C. de c.).

(Sur timbre.)

Nous, juge-commissaire de la faillite du sieur   , assisté du greffier;
Vu la requête ci-dessus et les motifs justificatifs à l'appui;

(Au besoin détailler l'objet de la requête.)

Vu l'art. 450 du Code de commerce;
Autorisons la transaction dont s'agit aux clauses et conditions qui y sont indiquées.

(Si le juge ordonne quelques modifications, les indiquer.)

A   , le   187 .

Voir Requêtes nᵒ 173.   *Le greffier.*   *Le juge-commissaire.*

---

114. *Ordonnance autorisant l'inventaire sans apposition des scellés* (art. 455 du C. de c.).

(Sur timbre.)

Nous, juge-commissaire de la faillite du sieur   , assisté du greffier;
Vu la requête ci-dessus et les motifs justificatifs à l'appui;
Vu l'art. 455 du Code de commerce;
Autorisons le syndic à ne pas faire apposer les scellés; ordonnons en

conséquence qu'il sera procédé immédiatement à l'inventaire, à la charge par le syndic de se conformer aux prescriptions légales.

A , le 187 .

Voir Requêtes nᵒ 175.

Le greffier. *Le juge-commissaire.*

115. *Ordonnance du juge de paix fixant jour et heure pour l'apposition des scellés, après réquisition d'un créancier* (art. 457 du C. de c.).

(Sur timbre.)

Nous, juge de paix du canton de , assisté du greffier;

Vu la réquisition ci-dessus et la qualité que s'attribue le requérant de créancier du sieur , commerçant en , demeurant à , rue , nᵒ ;

Vu l'art. 457 du Code de commerce ;

Fixons au (jour et heure) pour procéder à l'apposition des scellés dont s'agit.

A , le 187 .

Le greffier. *Le juge de paix.*

Voir Requêtes nᵒ 177.

116. *Ordonnance en remboursement de frais de faillite clôturée pour insuffisance d'actif* (art. 461 du C. de c.).

(Sur timbre.)

Nous, juges-commissaires soussignés, assistés du greffier, chacun en ce qui nous concerne ;

Vu le présent mémoire ;

Vu l'art. 461 du Code de commerce ;

Vu le décret du 18 juin 1811 sur les frais de justice criminelle ;

Attendu que les deniers des faillites sus-désignées ne suffisent pas pour subvenir au payement des frais, mandons au receveur de l'enregistrement, chargé de ce service, de payer à M. , greffier du Tribunal de commerce de , la somme de , à laquelle nous avons taxé le présent mémoire.

NOTA. — Cette ordonnance est rédigée collectivement parce que la réquisition est faite à époque fixe et lorsqu'il y a plusieurs faillites clôturées pour insuffisance d'actif.

A , le 187 .

Le greffier. *Les juges-commissaires.*

Voir Actes divers nᵒ 10.

117. *Ordonnance fixant jour pour le syndicat définitif* (art. 462
du C. de c.).

(Sur timbre.)

Nous, juge-commissaire de la faillite du sieur   , négociant en
   , demeurant à   , rue   , n°   , assisté du greffier;
Vu l'art. 462 du Code de commerce;
Fixons au   la réunion des créanciers de cette faillite aux fins
de présenter leurs dires et observations sur la composition de l'état des
créanciers présumés et donner leur avis sur le remplacement du syndic
provisoire ou son maintien comme syndic définitif;
Mandons au greffier de ce Tribunal de les convoquer aux formes de
droit; la présence du failli à cette assemblée n'est pas nécessaire.

A   , le   187 .

Le greffier.   Le juge-commissaire.

Voir Procès-verbaux n° 154.

---

118. *Ordonnance autorisant l'un des syndics à faire séparément certains
actes d'administration* (art. 465 du C. de c.).

(Sur timbre.)

Nous, juge-commissaire de la faillite du sieur   , assisté du
greffier ;
Vu l'exposé de la requête ci-dessus et les motifs justificatifs à
l'appui ;
Vu l'art. 465 du Code de commerce ;
Donnons à M.   , l'un des syndics de ladite faillite   , l'autorisation spéciale de faire séparément les actes d'administration suivants :

(Les énumérer.)

A   , le   187 .

Le greffier.   Le juge-commissaire.

Voir Requêtes n° 179.

---

119. *Ordonnance du juge de paix fixant jour et heure pour l'apposition des
scellés sur requête du syndic* (art. 468 du C. de c.).

(Sur timbre.)

Nous, juge de paix du canton de   , assisté du greffier ;
Vu la requête ci-dessus présentée par M.   , syndic de la

faillite du sieur   , négociant en   , demeurant à   ,
rue   , n°   ;

Vu les motifs justificatifs à l'appui ;

Vu l'art. 468 du Code de commerce ;

Fixons au   (jour et heure) pour procéder à l'apposition des scellés dont s'agit.

A   , le   187 .

Le greffier.   Le juge de paix.

Voir Requêtes n° 180.

---

120. *Ordonnance dispensant le syndic de faire mettre sous les scellés, ou l'autorisant à faire extraire des scellés les objets nécessaires au failli et à sa famille* (art. 469 du C. de c.).

(Sur timbre.)

Nous, juge-commissaire de la faillite du sieur   , assisté du greffier ;

Vu l'exposé de la requête ci-dessus et les motifs justificatifs à l'appui ;

Vu l'art. 469 du Code de commerce ;

Dispensons le syndic de faire apposer les scellés sur les objets indiqués en la requête (ou bien l'autorisons à faire extraire des scellés les objets indiqués en la requête), et à en faire la délivrance au failli.

A   , le   187 .

Le greffier.   Le juge-commissaire.

Voir Requêtes n° 181.

---

121. *Ordonnance donnant au syndic l'autorisation d'exploiter le fonds de commerce* (art. 470 du C. de c.)

(Sur timbre.)

Nous, juge-commissaire de la faillite du sieur   , assisté du greffier ;

Vu la requête ci-dessus et les motifs justificatifs à l'appui ;

Vu l'art. 470 du Code de commerce ;

Donnons au syndic l'autorisation d'exploiter le fonds de commerce dont s'agit aux conditions indiquées dans ladite requête.

A .   , le   187 .

Le greffier.   Le juge-commissaire.

Voir Requêtes n° 183.

122. *Ordonnance autorisant la vente des objets sujets à dépérissement ou dépréciation* (art. 470 du C. de c.).

(Sur timbre.)

Nous, juge-commissaire de la faillite du sieur,　　　　　, assisté du greffier;

Vu l'exposé de la requête ci-dessus et les motifs justificatifs à l'appui;

Vu l'art. 470 du Code de commerce;

Autorisons le syndic à faire procéder à la vente des objets ou marchandises indiqués en la requête par le ministère d'un　　　　　.

A　　　　　, le　　　　　187 .

Le greffier.　　　*Le juge-commissaire.*

Voir Requêtes n° 184.

---

123. *Ordonnance fixant les secours alimentaires à donner au failli pour lui et sa famille* (art. 474 du C. de c.)

(Sur timbre.)

Nous, juge-commissaire de la faillite du sieur　　　　　, assisté du greffier;

Vu la requête ci-dessus et les motifs justificatifs à l'appui;

Vu l'art. 474 du Code de commerce;

Fixons à la somme de　　　　　le secours alimentaire mensuel (*ou une fois donné*) que le syndic est autorisé à prélever sur l'actif de la faillite et à remettre au sieur　　　　　pour lui et sa famille.

A　　　　　, le　　　　　187 .

Le greffier.　　　*Le juge-commissaire.*

Voir Requêtes n° 187.

---

124. *Ordonnance autorisant le failli à comparaître par fondé de pouvoir à la clôture de ses livres par le syndic* (art. 475 du C. de c.).

(Sur timbre.)

Nous, juge-commissaire de la faillite du sieur　　　　　, assisté du greffier;

Vu la requête ci-dessus et les motifs justificatifs à l'appui;

Vu l'art. 475 du Code de commerce;

Autorisons le failli à comparaître, par fondé de pouvoir, afin de voir clore et arrêter ses livres par le syndic.

A   , le   187 .

Le greffier.   *Le juge-commissaire.*

Voir Requêtes n° 188.

---

125. *Ordonnance autorisant la veuve du failli à le représenter .*
(art. 478 du C. de c.).

(Sur timbre.)

Nous, juge-commissaire de la faillite du sieur   , assisté du greffier;

Vu la requête ci-dessus et les motifs justificatifs à l'appui ;

Vu l'art. 478 du Code de commerce;

Autorisons la dame Vve   à être présente, soit par elle-même, soit par fondé de pouvoir, aux opérations de ladite faillite aux lieu et place de son mari et dans toutes les circonstances où la loi ne l'interdit pas.

A   , le   187 .

Le greffier.   *Le juge-commissaire.*

Voir Requêtes n° 189.

---

126. *Ordonnance fixant le jour pour entendre le failli avant la vente*
(art. 486 du C. de c.).

(Sur timbre.)

Nous, juge-commissaire de la faillite du sieur   , assisté du greffier;

Vu la requête ci-dessus et les motifs justificatifs à l'appui ;

Vu l'art. 486 du Code de commerce;

Autorisons M.   , syndic de ladite faillite, à faire citer le sieur   , failli (indiquer le jour, l'heure et le lieu), à l'effet de l'entendre en ses explications ou observations sur la demande de vente dont s'agit, nous réservant de statuer ultérieurement sur ce qu'il appartiendra.

A   , le   187.

Le greffier.   *Le juge-commissaire.*

Voir Requêtes n° 194.

127. *Ordonnance autorisant le syndic à transiger* (art. 487 du C. de c.).

Nous, juge-commissaire de la faillite du sieur   , assisté du greffier ;

Vu l'exposé de la requête ci-dessus et les motifs justificatifs à l'appui ;

Vu l'art. 487 du Code de commerce ;

Autorisons le syndic à transiger avec M.   , aux conditions relatées dans la requête.

(Si le juge ordonne quelques modifications, les indiquer.— Si l'objet de la transaction est d'une valeur indéterminée qui excède 300 fr., ajouter :)

A la charge par le syndic de faire homologuer la transaction dans les termes de droit.

                              A   , le   187 .

Le greffier.   *Le juge-commissaire.*

Voir Requêtes n° 125.

---

128. *Ordonnance fixant les conditions du travail du failli employé par le syndic pour faciliter sa gestion* (art. 488 du C. de c.).

Nous, juge-commissaire de la faillite du sieur   , assisté du greffier ;

Vu l'exposé de la requête ci-dessus et les motifs justificatifs à l'appui ;

Vu l'art. 488 du Code de commerce ;

Fixons à la somme de   la rémunération que le syndic est autorisé à payer au failli pour chaque mois de son travail.

                              A   , le   187 .

Le greffier.   *Le juge-commissaire.*

Voir Requêtes n° 197.

---

129. *Ordonnance fixant la somme que le syndic est autorisé à prélever sur les recettes qu'il doit consigner, et à conserver pour les frais et dépenses de sa gestion* (art. 489 du C. de c.).

Nous, juge-commissaire de la faillite du sieur   , assisté du greffier ;

Vu l'exposé de la requête ci-dessus et les motifs justificatifs à l'appui ;

Vu l'art. 489 du Code de commerce;

Fixons à la somme que M. , syndic de la ladite faillite est autorisé à prélever sur celle de qu'il doit verser à la Caisse des consignations, et à conserver entre ses mains pour satisfaire aux frais et dépenses de sa gestion.

A , le 187 .

Le greffier. *Le juge-commissaire.*

Voir Requêtes n° 198.

---

130. *Ordonnance autorisant le syndic à former une saisie-arrêt lorsqu'il n'y a pas de titre* (art. 490 du C. de c.).

(Sur timbre.)

Nous, président du Tribunal de commerce de ;
Vu l'exposé de la requête ci-dessus présentée par M. , syndic de la faillite du sieur , négociant en , demeurant à , rue , n° .
Vu les motifs justificatifs à l'appui;
Vu les art. 444 et 490 du Code de commerce, et 558 du Code de procédure civile;
Autorisons la saisie-arrêt dont s'agit jusqu'à concurrence de la somme de . aux risques et périls du requérant.

A , le 187 .

Le greffier. *Le président.*

Voir Requêtes n° 199. Actes divers n°° 36, 37, 38.

---

131. *Ordonnance autorisant le syndic à faire une saisie conservatoire* (art. 490 du C. de c.).

(Sur timbre.)

Nous, président du Tribunal de commerce de ;
Vu la requête ci-dessus présentée par M. , syndic de la faillite du sieur , négociant en , demeurant à , rue , n° ;
Vu les motifs justificatifs à l'appui;
Vu les art. 172 et 490 du Code de commerce;
Autorisons la saisie conservatoire dont s'agit, aux risques et périls du requérant, et, vu l'urgence, autorisons l'exécution sur la minute de notre ordonnance.

A , le 187 .

Le greffier. *Le président.*

Voir Requêtes n° 200.

132. *Ordonnance de vérification de créances* (art. 493 du C. de c.).

(Sur timbre.)

Nous, juge-commissaire de la faillite du sieur   , négociant en , demeurant à , rue , n° , assisté du greffier ;

Vu l'art. 493 du Code de commerce ;

Fixons au (jour et heure) la réunion des créanciers de cette faillite aux fins de procéder sous notre présidence à la vérification et affirmation de leurs créances.

Mandons au greffier de ce Tribunal de les convoquer aux formes de droit.

A   , le   187 .

Le greffier.   *Le juge-commissaire.*

Voir Insertions n° 57, Actes divers n°° 12, 39, 40, 41, Lettres n° 110. Procès-verbaux n°° 158, 159.

133. *Ordonnance prescrivant l'apport des livres d'un créancier ou ordonnant un compulsoire* (art. 496 du C. de c.).

(Sur timbre.)

Nous, juge-commissaire de la faillite du sieur   , assisté du greffier ;

Vu l'exposé de la requête ci-dessus et les motifs justificatifs à l'appui ;

Vu l'art. 496 du Code de commerce ;

Ordonnons que ledit sieur   sera tenu de nous représenter ses livres.

(Ou bien :)

Ordonnons que ledit sieur   sera tenu de nous apporter par voie de compulsoire un extrait de ses livres fait par l'un des juges de son domicile.

A   , le   187 .

Le greffier.   *Le juge-commissaire.*

Voir Requêtes n° 201.

134. *Ordonnance fixant le jour de la séance du concordat* (art. 504 du C. de c.).

(Sur timbre.)

Nous, juge-commissaire de la faillite du sieur   , négociant en , demeurant à , rue , n° , assisté du greffier ;

Vu l'art. 504 du Code de commerce ;

Fixons au (jour et heure) la réunion des créanciers de cette faillite aux fins de venir entendre la lecture du rapport du syndic sur l'état de la liquidation et les opérations qui ont eu lieu, faire sur le tout leurs observations, procéder ensuite à la formation d'un concordat s'il est possible, sinon et à défaut de concordat, se voir déclarer en état d'union.

Mandons au greffier de ce Tribunal de les convoquer aux formes de droit. La présence du failli à cette assemblée est nécessaire.

A , le 187.

Le greffier. Le juge-commissaire.

(*D'office.*)

Voir Lettres n° 111, Procès-verbaux n° 161.

---

135. *Ordonnance autorisant le failli à se faire représenter au concordat*
(art. 505 du C. de c.).

(Sur timbre.)

Nous, juge-commissaire de la faillite du sieur , assisté du greffier ;

Vu l'exposé de la requête ci-dessus et les motifs justificatifs à l'appui ;

Vu l'art. 505 du Code de commerce ;

Autorisons le sieur , failli, à se faire représenter à l'assemblée du concordat par un fondé de pouvoir.

A , le 187.

Le greffier. Le juge-commissaire.

Voir Requêtes n° 203.

---

136. *Ordonnance fixant le secours accordé au failli après l'union*
(art. 530 du C. de c.).

(Sur timbre.)

Nous, juge-commissaire de la faillite du sieur , assisté du greffier ;

Vu la requête ci-dessus et les motifs justificatifs à l'appui ;

Vu le procès-verbal d'union des créanciers de cette faillite ;

Vu l'art. 530 du Code de commerce ;

Accordons au sieur , failli, un secours que nous fixons à la somme de   , laquelle lui sera versée par le syndic sur l'actif de la faillite.

(Indiquer si le secours est mensuel ou une fois donné.)

A   , le   187 .

Le greffier.   *Le juge-commissaire.*

Voir Requêtes n° 206, Procès-verbaux n° 167.

137. *Ordonnance autorisant le syndic à vendre à l'amiable ou aux enchères les effets mobiliers et marchandises appartenant au failli* (art. 534 du C. de c.).

(Sur timbre.)

Nous, juge-commissaire de la faillite du sieur   , assisté du greffier ;

Vu la requête ci-dessus et les motifs justificatifs à l'appui ;

Vu l'art. 534 du Code de commerce ;

Autorisons M.   , syndic de ladite faillite, à vendre à l'amiable (*ou* aux enchères) les marchandises et effets mobiliers dépendant de l'actif de l'union, détaillés en ladite requête (*ou* en l'état ci-annexé), moyennant un prix qui ne pourra être inférieur à la somme de   .
(Dans le cas de l'enchère par le ministère de tel officier public, en désigner la classe.)

A   , le   187 .

Le greffier.   *Le juge-commissaire.*

Voir Requêtes n° 209, Actes divers n° 27.

138. *Ordonnance autorisant le syndic à transiger (en cas d'union)* (art. 535 du C. de c.).

(Sur timbre.)

Nous, juge-commissaire de la faillite du sieur   , assisté du greffier ;

Vu la requête ci-dessus et les motifs justificatifs à l'appui ;

Vu l'art. 535 du Code de commerce ;

Autorisons le syndic à transiger avec M.   aux conditions indiquées par lui dans la requête (sauf homologation du tribunal si la transaction dépasse 300 francs).

A   , le   187 .

Le greffier.   *Le juge-commissaire.*

Voir Requêtes n° 210, Actes divers n° 28, Jugements n° 84.

139. *Ordonnance de reddition de comptes du syndic après concordat dans le cas d'abandon d'actif* (art. 537 du C. de c.).

(Sur timbre.)

Nous, juge-commissaire de la faillite du sieur   , négociant en   , demeurant à   , rue   , n°   , assisté du greffier;

Vu l'art. 537 du Code de commerce;

Fixons au   , à   heure , la réunion des créanciers de cette faillite en concordat par abandon d'actif aux fins de venir entendre la reddition de comptes définitive du syndic, approuver ou refuser ledit compte et présenter toutes observations qu'ils croiront devoir faire;

Mandons au greffier de ce Tribunal de les convoquer aux formes de droit.

A   , le   187 .

(*D'office.*)   *Le greffier.*   *Le juge-commissaire.*

Voir Lettres n° 112, Procès-verbaux n° 169.

---

140. *Ordonnance fixant jour pour procéder à la dissolution de l'union et prononcer sur l'excusabilité du failli* (art. 537 du C. de c.).

(Sur timbre.)

Nous, juge-commissaire de la faillite du sieur   , négociant en   , demeurant à   , rue   , n°   , assisté du greffier

Vu l'art. 537 du Code de commerce;

Fixons au   , à   heure   la réunion des créanciers de cette faillite aux fins de procéder, sous notre présidence, à la dissolution d'union de ladite faillite et donner leur avis sur l'excusabilité ou la non-excusabilité du failli;

Mandons au greffier de ce Tribunal de les convoquer aux formes de droit.

A   , le   187 .

Le greffier.   *Le juge-commissaire.*

Voir Lettres n° 112, Insertions n° 69, 70, Procès-verbaux n° 169, Jugements n° 93.

---

141. *Ordonnance autorisant le syndic à retirer un gage et à rembourser le créancier nanti* (art. 547 du C. de c.).

(Sur timbre.)

Nous, juge-commissaire de la faillite du sieur   , assisté du greffier;

Vu l'exposé de la requête ci-dessus et les motifs justificatifs à l'appui ;
Vu l'art. 547 du Code de commerce ;

Autorisons M.   , syndic de ladite faillite, à retirer les objets ou marchandises donnés en gage par le sieur   , failli, au sieur   , son créancier, en remboursant à ce dernier le montant de sa créance.

A   , le   187 .

Le greffier.   Le juge-commissaire.

Voir Requêtes n° 211.

---

142. *Ordonnance autorisant le payement des créanciers privilégiés* (art. 551 du C. de c.).

(Sur timbre.)

Nous, juge-commissaire de la faillite du sieur   , assisté du greffier ;

Vu la requête ci-dessus et les motifs justificatifs à l'appui ;
Vu l'état y annexé ;
Vu l'art. 551 du Code de commerce ;

Autorisons M.   , syndic de ladite faillite, à effectuer sur les fonds qui sont en caisse ou sur les premiers deniers rentrés, le payement des créanciers privilégiés portés audit état et dont les créances ont été dûment approuvées, vérifiées et affirmées.

A   , le   187 .

Le greffier.   Le juge-commissaire.

Voir Requêtes n° 212, Actes divers n° 50.

---

143 *Ordonnance en répartition de dividendes* (art. 565 du C. de c.).

(Sur timbre.)

Nous, juge-commissaire de la faillite du sieur   , assisté du greffier ;

Vu la requête ci-dessus et les motifs justificatifs à l'appui ;
Vu les art. 565 et suivants du Code de commerce ;

Autorisons M.   , syndic de ladite faillite, à faire la distribution aux créanciers admis et affirmés suivant état de répartition remis s'élevant en capital à fr.   , et pour le dividende de   fr. pour 100 fr., à fr.   .

A   , le   187 .

Le greffier.   Le juge-commissaire.

Voir Requêtes n° 213 et 214, Insertions n° 71, et III° partie *Répartitions*, Lettre n° 5 et n°° 1, 2, 3, 4.

144. *Ordonnance autorisant la vente des immeubles dépendant de l'actif de la faillite* (art. 572 du C. de c.).

(Sur timbre.)

Nous, juge-commissaire de la faillite du sieur   , assisté du greffier ;

Vu la requête ci-dessus et les motifs justificatifs à l'appui ;

Vu l'art. 572 du Code de commerce ;

Autorisons M.   , syndic de ladite faillite, à faire procéder aux formes de droit à la vente des immeubles qui en dépendent.

A   , le ·   187 .

Le greffier.   *Le juge-commissaire.*

Voir Requêtes n°° 215 et 216. Jugements n° 94.

---

145. *Ordonnance autorisant la revendication d'effets ou valeurs remis au failli à titre de mandat ou avec destination spéciale* (art. 574 et 579 du C. de c.).

(Sur timbre.)

, Nous, juge-commissaire de la faillite du sieur   , assisté du greffier ;

Vu la requête ci-dessus et les motifs justificatifs à l'appui ;

Vu les art. 574 et 579 du Code de commerce ;

Vu l'avis du syndic ;

Autorisons M.   , syndic de ladite faillite, à restituer au sieur   les valeurs sus-énoncées et par lui revendiquées.

A ʼ   , le   187 .

Le greffier.   *Le juge-commissaire.*

Voir Requêtes n° 217.

---

146. *Ordonnance autorisant la revendication de sommes encaissées par le syndic sur des effets de commerce ou remises faites au failli à titre de mandat ou avec destination spéciale* (art. 574 et 579 du C. de c.).

(Sur timbre.)

Nous, juge-commissaire de la faillite du sieur   , assisté du greffier ;

Vu la requête ci-dessus et les motifs justificatifs à l'appui ;

Vu les art. 574 et 579 du Code de commerce et l'avis du syndic ;

Autorisons M.   , syndic de ladite faillite, à restituer au
sieur   la somme de   , montant des valeurs sus-énoncées et
par lui revendiquées, mais sous déduction des frais et commissions de
recouvrement.

A   , le   187 .

Le greffier.   *Le juge-commissaire.*

Voir Requêtes n° 218.

---

147. *Ordonnance autorisant la revendication de marchandises consignées au*
failli (art. 575 et 579 du C. de c.).

(Sur timbre.)

Nous, juge-commissaire de la faillite du sieur   , assisté
du greffier ;
Vu la requête ci-dessus et les motifs justificatifs à l'appui ;
Vu les art. 575 et 579 du Code de commerce, et l'avis du syndic ;
Autorisons **M.**   , syndic de ladite faillite, à restituer au sieur
les marchandises sus-énoncées et par lui revendiquées, mais à la charge
de rembourser à la masse les à-comptes par lui reçus et les avances
faites sur la marchandise.

A   , le   187 .

Le greffier.   *Le juge-commissaire.*

Voir Requêtes n° 219.

---

148. *Ordonnance autorisant la revendication de marchandises consignées au*
failli et par lui vendues avant la faillite (art. 575 et 579 du C. de c.).

(Sur timbre.)

Nous, juge-commissaire de la faillite du sieur   , assisté du
greffier ;
Vu la requête ci-dessus et les motifs justicatifs à l'appui ;
Vu les art. 575 et 579 du Code de commerce, et l'avis du syndic ;
Autorisons M.   syndic de ladite faillite à rendre au sieur
la somme de   , mais sous déduction des à-comptes par lui reçus
et des avances faites sur la marchandise.

A   , le   187 .

Le greffier.   {*Le juge-commissaire.*

Voir Requêtes n° 220.

149. *Ordonnance autorisant la revendication de marchandises expédiées au failli* (art. 576 et 579 du C. de c.).

(Sur timbre.)

Nous, juge-commissaire de la faillite du sieur   , assisté du greffier ;

Vu la requête ci-dessus et les motifs justificatifs à l'appui ;

Vu les art. 576 et 579 du Code de commerce et l'avis du syndic ;

Autorisons M.   , syndic de ladite faillite, à se faire remettre les marchandises dont il s'agit par le tiers détenteur, mais à la charge par le revendiquant de rembourser ou de justifier du remboursement des à-comptes reçus et de toutes avances faites sur la marchandise ; ce que faisant, sera tout tiers détenteur bien et valablement déchargé.

A   , le   187 .

Le greffier.   *Le juge-commissaire.*

Voir Requêtes n° 221.

150. *Ordonnance autorisant la revendication de marchandises expédiées au failli et déposées chez un tiers ou vendues par le syndic* (art. 576 et 579 du C. de c.).

(Sur timbre.)

Nous, juge-commissaire de la faillite du sieur   , assisté du greffier ;

Vu la requête ci-dessus et les motifs justificatifs à l'appui ;

Vu les art. 576 et 579 du Code de commerce et l'avis du syndic ;

Autorisons M.   , syndic de ladite faillite, à restituer au sieur soit les marchandises dont il s'agit, soit le prix d'icelles, à charge par le revendiquant de rembourser à la masse les à-comptes reçus et les avances faites sur la marchandise.

A   , le   187 .

Le greffier.   *Le juge-commissaire.*

Voir Requêtes n° 222.

V

PROCÈS-VERBAUX

NOTA. — Il est essentiel d'indiquer par un titre l'objet de chaque procès-verbal, la faillite à laquelle il appartient et l'article du Code de commerce qui le prescrit.

---

151. *Procès-verbal d'affiche de jugement déclaratif de faillite*
(art. 442 du C. de c.).

(Sur timbre.)

L'an mil huit cent soixante   , et le   , à   heure du   ,
Nous, soussigné, greffier du Tribunal de commerce de   ,
Déclarons avoir affiché, cejourd'hui, conformément aux dispositions
de l'art. 442 du Code de commerce, dans le tableau placé dans l'auditoire dudit Tribunal, un extrait en due forme du jugement dûment enregistré rendu par ce Tribunal, le   , qui a déclaré le sieur (nom, prénoms, genre de commerce, domicile) en état de faillite.

En foi de quoi, nous avons dressé le présent procès-verbal, pour valoir ce que de droit.

Fait à   , le   187 .

Le greffier.

Enregistré à   , le   , fº   , case   . Reçu   .

Voir Jugements nºˢ 75, 76, 77, Actes divers nº 8.

---

152. *Procès-verbal d'affiche du jugement de report d'ouverture de la faillite*
(art. 442 du C. de c.).

(Sur timbre.)

L'an mil huit cent soixante   , et le   , à   heure du   ,
Nous, soussigné, greffier du Tribunal de commerce de   ,
Déclarons avoir affiché, cejourd'hui, conformément aux dispositions
de l'art. 442 du Code de commerce, dans le tableau placé dans l'auditoire dudit Tribunal, un extrait en due forme du jugement dûment enregistré rendu par ce Tribunal, le   , qui a reporté au   l'ouverture de la faillite du sieur (nom, prénoms, genre de commerce, domicile), dont l'ouverture avait été fixée au   par jugement déclaratif en date du   .

En foi de quoi, nous avons dressé le présent procès-verbal, pour valoir ce que de droit.

Fait à   , le   187 .

Le greffier,

Enregistré à   , le   , f°   , case, Reçu   •

Voir Jugements n° 78. Actes divers n° 9.

---

153. *Procès-verbal d'opposition des scellés* (art. 457 et 458 du C. de c.).

(Sur timbre.)

Cejourd'hui   ,

Nous, juge de paix du canton de   , assisté du greffier;

Vu notre ordonnance en date du   , par laquelle nous avons fixé à (jour, heure) pour procéder à l'apposition des scellés chez le sieur   ;

Nous sommes transporté avec le requérant, dans le cas où l'apposition des scellés a lieu sur réquisition, et M.   , greffier de la justice de paix, au domicile dudit sieur   , où,

1° Cas où le débiteur est présent :

parlant à sa personne, nous lui avons fait connaître l'objet de notre visite et lui avons déclaré que nous allions procéder à l'apposition des scellés.

2° Cas où le failli a disparu et les portes sont fermées.

Dans ce cas, après avoir constaté l'absence du failli et la fermeture des portes, se rendre auprès du Président du Tribunal civil à l'effet de le faire statuer sur l'obstacle qui empêche l'apposition des scellés. Prendre les mesures nécessaires pour prévenir toute soustraction. Obtenir du Président une décision par voie d'ordonnance et poursuivre l'opération en conséquence de cette ordonnance, c'est-à-dire faire ouvrir les portes par un serrurier désigné par nouvelle ordonnance du juge de paix.

Si d'autres incidents se produisent, les relater.

3° Cas d'opposition à l'apposition des scellés.

(Constater l'opposition au procès-verbal et continuer :) nous avons reçu la déclaration de l'opposant, mais sans rien en préjuger nous avons ordonné, attendu qu'il y a urgence reconnue, que nous procéderions à notre opération en présence de l'opposant ou en son absence, dans le cas où il refuserait d'y assister, et procédant de suite, nous avons, etc.

4° Cas où la femme du failli, ou un de ses domestiques, ou ses commis seuls sont présents.

(Le constater dans le procès-verbal, dire à qui le juge de paix a parlé, les réponses qu'il a obtenues, et apposer les scellés.)

5° Cas où les scellés sont apposés en conséquence de l'avis du greffier.

(L'indiquer dès le début du procès-verbal, constater la présence ou l'absence du failli, ses réponses, et procéder à l'apposition des scellés.)

6° Cas où les scellés sont apposés à la requête des syndics.

(Comme pour le cas de réquisition d'un créancier. — Procès-verbal de réquisition et visa de cette réquisition. — Ordonnance du juge de paix statuant qu'il va être procédé à l'apposition des scellés.— Constater la présence ou l'absence du failli et ses réponses. — Apposition des scellés sur les portes et meubles en détaillant les meubles et les appartements avec les livres de commerce qui s'y trouvent, chacun d'eux devant recevoir la formule *ne varietur* et la signature du juge de paix, pour être remis au syndic.)

7° Cas d'une revendication.

(Constater l'objet de la revendication, en donner acte au requérant afin qu'il puisse, à la levée des scellés ou à toute autre époque, faire valoir ses droits.)

(Après chacun de ces divers cas, ajouter ce qui suit :)

Nous avons établi le sieur   , demeurant à   , rue   , n° , gardien des scellés et des meubles (etc., etc.), lequel, après avoir reconnu le tout, s'en est volontairement chargé, a promis de nous les représenter quand on le lui demanderait, et a signé.

(S'il y a eu opposition :)

En outre et pour répondre à l'opposition faite à nos scellés par le sieur   , avons ordonné qu'il en soit référé à M. le Président du Tribunal civil, le   , à   heure , prévenant le sieur   que son opposition sera vidée, tant en sa présence qu'en son absence, sous la réserve très-expresse de tous les droits des intéressés.

Fait et clos le présent procès-verbal d'apposition des scellés le   , à   heure , après avoir procédé de   heure à   heure , et avons signé avec les requérants et le greffier.

(Signatures.)

Voir Lettres n° 102, Requêtes n°° 177, 180, Ordonnances n°° 115, 119.

154. *Procès-verbal de la séance du syndicat définitif* (art. 462 du C. de c.).

(Sur timbre.)

Cejourd'hui   mil huit cent soixante   , à   heure
du   , dans la salle des assemblées du Tribunal de commerce
de   ;

Par-devant nous, juge-commissaire de la faillite du sieur (nom, prénoms, genre de commerce et domicile), assisté du greffier;

A comparu M.   , syndic provisoire de cette faillite, lequel nous
a exposé qu'en vertu de notre ordonnance en date du   187 , les
créanciers de cette faillite ont été convoqués par la voie du greffe, tant
par insertions dans les journaux que par lettres individuelles, à se rendre
à la présente assemblée aux fins de présenter leurs observations sur l'état
des créanciers présumés de cette faillite et se prononcer sur le maintien ou le remplacement du syndic chargé d'en liquider les opérations.

Nous avons immédiatement ouvert la séance et constaté la présence
de MM.

(Indiquer les créanciers présents. — Consigner les observations et dires de chacun
d'eux, ainsi que leur avis sur le maintien ou le remplacement du syndic.)

Avons dressé le présent procès-verbal, en conformité de l'art. 462 du
C. de c., pour être représenté au Tribunal, qui aura à statuer sur la
nomination du syndic définitif de cette faillite, et l'avons signé avec le
comparaissant et le greffier.

Fait à   , le   , 187 .

(*Signatures.*)

Enregistré à   , le   187 , f°   , case   . Reçu   fr.   centimes.

Voir Ordonnances n° 117, Jugements n° 81, Insertions n° 54.

---

155. *Procès-verbal de levée provisoire des scellés* (art. 469
et 471 du C. de c.).

(Sur timbre.)

Cejourd'hui   ,

Nous, juge de paix du canton de   , assisté du greffier, sur la
réquisition de M.   , syndic de la faillite du sieur (nom, prénoms, genre de commerce et domicile), déclarée par jugement du
Tribunal de commerce de   , en date du   , avons procédé
à la levée provisoire des scellés déjà apposés par nous le   .

Cette levée faite, le syndic présent, nous avons extrait

(Indiquer s'il a été extrait les objets prévus par l'art. 469, les inventorier avec estimation par le syndic; *ou bien :* si ce sont les livres et papiers prévus par l'art. 471, les détailler et constater l'état dans lequel ils se trouvent.)

Nous avons arrêté et paraphé lesdits livres, que le syndic a pris à sa
charge, ainsi que les papiers.

De tout ce que dessus nous avons dressé le présent procès-verbal, que
nous avons signé séance tenante avec le greffier et le syndic.

Fait à   , le   , 187 .

(*Signatures.*)

Voir Requêtes n⁰⁸ 181, 182, 185, Actes divers n° 13, Ordonnances n° 120.

---

156. *Procès-verbal dressé par le juge-commissaire pour autoriser la vente*
(art. 486 du C. de c.).

(Sur timbre.)

Cejourd'hui   , à   heure , au Tribunal de commerce
de   , par-devant nous   , juge-commissaire de la faillite
du sieur (nom, prénoms, genre de commerce et domicile), assisté du
greffier, s'est présenté M.   , syndic de ladite faillite, lequel
nous a exposé qu'en vertu de notre ordonnance en date du   ,
enregistrée, il avait invité par lettre le sieur   , failli (*ou* fait sommation au sieur   , failli, par acte de   , huissier, en date
du   , enregistré, d'avoir) à comparaître ces mêmes jour et
heure pour être entendu sur la demande qu'il nous avait adressée afin
d'obtenir notre autorisation pour procéder à la vente des effets mobiliers
ou marchandises dépendant de ladite faillite.

En même temps s'est présenté ledit sieur   , failli, lequel a dit
que pour obtempérer à l'invitation (*ou* à la sommation) ci-dessus relatée,
il comparaissait déclarant qu'il n'avait rien à objecter et qu'il ne s'op-
posait nullement à la vente de ses effets et marchandises.

Sur quoi, nous, juge-commissaire ;

Vu la requête présentée le   par M.   , syndic de ladite
faillite ;

Après avoir entendu le failli ;

Vu l'article 486 du C. de c. ;

Donnons notre autorisation pour la vente des effets et marchandises
dont s'agit et portés à l'inventaire dressé par le syndic le   du
présent mois ;

Disons en conséquence que cette vente sera faite aux enchères publiques par le ministère de   , commissaire-priseur (notaire *ou*
huissier) à   , (*ou* à l'amiable.)

Fait le présent procès-verbal en conformité de l'art. 486 du Code de commerce, le   187 , et l'avons signé avec le failli, le syndic et le greffier.

(*Signatures.*)

Voir Requêtes n° 194. Ordonnances n° 123. Actes divers n° 26. Insertions n° 55.

157. *Procès-verbal de vente* (art. 486 du C. de c.).

(Sur timbre.)

Cejourd'hui   , à   heure , nous (indiquer la classe d'officiers publics, courtier, commissaire-priseur, notaire, huissier, etc., etc., désignée par le juge-commissaire);

Agissant à la requête de M.   , syndic de la faillite du sieur   , négociant en   , demeurant à   , rue   , n° ;

Autorisé par M.   , juge-commissaire de ladite faillite, suivant ordonnance en date du   , dont copie enregistrée nous a été remise;

Les formalités de l'affiche, aux lieux désignés par la loi, ayant été accomplies, ainsi que la déclaration de ladite vente au bureau des actes judiciaires de   , comme le constate le procès-verbal ci-joint;

Nous sommes transporté au domicile dudit sieur   , assisté de deux témoins, M.   , syndic présent;

Et avons immédiatement procédé comme ci-dessous à ladite vente aux enchères des effets mobiliers ou marchandises dépendant de ladite faillite, après avoir préalablement donné la publicité nécessaire par le crieur public.

(Détail des objets vendus, avec le prix d'estimation indiqué, soit par l'officier public, soit par expert.)

Total..........................

Laquelle somme de   , formant le produit de la susdite vente, a été par nous, sous déduction faite des frais, s'élevant à la somme de   , remis au syndic qui nous en a donné décharge et auquel d'ailleurs a été délivré, pour en justifier, un état de la vente et des frais.

De tout ce que dessus nous avons dressé le présent procès-verbal de vente pour laquelle nous avons employé   vacations, y compris la déclaration de vente et la rédaction du présent acte.

Fait à   , le   , 187 , en présence et avec l'assistance des

sieurs   , demeurant à   , rue   , n°   , témoins qui ont
signé avec nous (courtier, commissaire-priseur, etc.) le présent procès-
verbal, que M.   , syndic, a également signé.

> Bon pour décharge,   (*Signatures.*)
> Le syndic.

Voir Requêtes n°° 184, 194, Ordonnances u° 126, Actes divers n° 27.

---

158. *Procès-verbal de vérifications de créances* (art. 493 du C. de c.).

(Sur timbre.)

L'an mil huit cent soixante   et le   ,   à   heure
du   , dans la salle ordinaire des assemblées de créanciers sise au
Tribunal de commerce de   ;
Par-devant nous,   , juge-commissaire de la faillite du sieur
(nom, prénoms, genre de commerce et domicile), assisté du greffier;
en présence et avec le concours de M.   , syndic définitif de
cette faillite;
Ont comparu les créanciers ci-après dénommés, qualifiés et domiciliés, dûment convoqués pour ces jour, lieu et heure, en vertu de notre
ordonnance en date du   , tant par lettres individuelles que par
insertions dans les journaux, à l'effet de venir faire vérifier leurs créances.

1° Le sieur (nom, prénoms, genre de commerce, domicile),

Ou bien :

le sieur (nom, prénoms, genre de commerce, domicile), mandataire
du sieur (nom, prénoms, genre de commerce, domicile), suivant
procuration spéciale enregistrée, lequel nous a présenté une créance
de   francs, résultant de (description sommaire du titre, avec
indication des ratures, surcharges et interlignes s'il y a lieu).
Cette créance, après vérification préalablement faite, tant par nous
que par le syndic, des titres à l'appui, nous ayant paru pleinement justifiée, nous avons, sur la proposition du syndic, admis ledit sieur
au passif de la faillite du sieur   , pour la somme de   .

Ou bien :

Cette créance, après vérification, etc., ne nous ayant pas paru suffisamment justifiée (indiquer les motifs), nous avons, aux termes de l'art. 496
du C. de c., ordonné la représentation des livres du sieur   .

Ou bien :

demandé qu'il nous fût rapporté un extrait des livres du sieur   ,
fait par un juge délégué du Tribunal de commerce de   (*ou* par

le juge de paix de   ), conformément aux dispositions des articles 15 et 16 du Code de commerce.

Ou bien :

Cette créance, après vérification, ne nous ayant pas paru suffisamment justifiée (indiquer les motifs), nous avons déclaré au sieur   ne pouvoir l'admettre au passif de la faillite du sieur   , sauf à lui à se pourvoir à bref délai devant le tribunal.

Ou bien :

(Dans le cas d'un contredit aux vérifications par un créancier ou par le failli.)

La créance du sieur   , vérifiée par le syndic, ayant été produite le sieur   , créancier vérifié, demeurant à   , rue   , n°   , et le failli lui-même (*ou* le failli seul), présents à la séance, ont déclaré contredire ladite créance, et demander qu'elle ne fût pas admise au passif de la faillite pour tels motifs (les énumérer).

Sur quoi, nous, juge-commissaire,

Vu la contestation dudit sieur   ;

Vu les art. 494 et 498 du C. de c.;

Avons renvoyé les parties sans qu'il soit besoin de citations, et à bref délai devant le Tribunal, qui statuera.

2° Le sieur   , etc.

(Même rédaction que ci-dessus, suivant le cas pour chacun des autres créanciers présents.)

Aucun autre créancier ne s'étant présenté, nous, juge-commissaire, avons renvoyé au (jour, heure) la continuation des vérifications.

Ou bien :

avons prononcé la clôture des vérifications.

Nous avons dressé, conformément à l'art. 493 du Code de commerce, le présent procès-verbal, que nous avons signé avec le syndic, le greffier et les créanciers présents.

Fait à   , le   , 187 .

(*Signatures.*)

Enregistré à   , le   187 , f°   , case . Reçu   fr.   centimes.

Voir Ordonnances n° 132, Lettres n° 110.

---

159. *Procès-verbal d'affirmation de créances* (art. 493 du C. de c.).

(Sur timbre.)

L'an mil huit cent soixante   et le   , à   heure du   , dans la salle ordinaire des assemblées de créanciers sise au Tribunal de commerce de   .

Par-devant nous,　　　　　, juge-commissaire de la faillite du sieur　　　, assisté du greffier;

En présence de M.　　　　　, syndic définitif de cette faillite, et en conséquence des vérifications de créanciers qui viennent d'avoir lieu à la présente séance;

Ou bien :

qui ont eu lieu (tel jour), (si les affirmations n'ont pas lieu le même jour que les vérifications, en conséquence de l'art. 497 du C. de c.);

Ont comparu :

1° Le sieur (nom, prénoms, genre de commerce, domicile);

Ou bien :

le sieur (nom, prénoms, genre de commerce, domicile), mandataire du sieur (nom, prénoms, genre de commerce, domicile), lequel, sur l'interpellation que nous lui avons faite d'affirmer la sincérité de sa créance, a répondu : J'affirme que la somme de　　　　　, résultant de ladite créance, déjà vérifiée et admise, m'est bien et légitimement due par cette faillite;

2° Le sieur　　　　　, etc., etc.

(Même rédaction pour chacun des créanciers présents.)

Desquelles affirmations, nous, juge-commissaire, avons concédé acte aux comparaissants, qui ont signé le présent procès-verbal avec nous, le syndic et le greffier.

Fait à　　　　　, le　　　, 187 .

(*Signatures.*)

Enregistré à　　　, le　　　187 , f°　, case . Reçu　　fr.　　centimes.

Voir Ordonnances n° 132, Lettres n° 110.

---

160. *Procès-verbal de défaut à la séance de vérification et affirmation de créances* (art. 493 du C. de c.).

(Sur timbre.)

Cejourd'hui　　　　　mil huit cent soixante　　　, à　　　heure du　　　, dans la salle des assemblées du Tribunal de commerce de　　　;

Par-devant nous, juge-commissaire de la faillite du sieur　　　, négociant en　　　, demeurant à　　　, rue　　　, n°　, assisté du greffier;

A comparu M.　　　　　, syndic définitif de cette faillite, lequel nous a exposé que les créanciers de cette faillite ont été convoqués pour ces jour et heure par la voie du greffe, tant par lettres individuelles que par insertions dans les journaux, à assister ou à se faire représenter à cette assemblée aux fins de faire vérifier et affirmer leurs créances.

Nous avons immédiatement ouvert la séance, et trois quarts d'heure s'étant écoulés sans qu'aucun créancier se soit présenté, nous avons donné défaut contre eux.

Plus rien n'étant en délibération, nous avons levé la séance, après avoir rédigé le présent procès-verbal que nous avons signé avec le syndic et le greffier.

Fait à   , le   , 187 .

(Signatures.)

Enregistré à   , le   , 187 . f°   , case   . Reçu   . fr.   centimes.

Voir Ordonnances n° 132.

161, 164, 167, 170. *Procès-verbal de concordat, ou de renvoi à huitaine, ou d'union ou de concordat par abandon d'actif* (art. 507, ou 509, ou 529, ou 541 du C. de c.).

(Sur timbre.)

Cejourd'hui,   mil huit cent soixante   , à   heure du   .
Dans la salle ordinaire des assemblées de créanciers, sise au Tribunal de commerce de   .
Par devant nous   , juge-commissaire de la faillite du sieur   , négociant en   , demeurant à   , rue   , n°   , assisté du greffier.
Ont comparu :
MM. 1.
2.
3.
4.
Etc.

Tous créanciers dénommés et qualifiés aux procès-verbaux de vérification et d'affirmation et convoqués pour ces jour et heure, par la voie du greffe, dans la forme légale, en vertu de notre ordonnance en date du   , à l'effet de venir entendre la lecture du rapport du syndic sur l'état de la faillite et les opérations qui ont été effectuées, faire leurs observations, s'il y a lieu, procéder ensuite à la formation du concordat s'il est possible, sinon et à défaut de concordat s'entendre déclarer constitués de plein droit en état d'union.

L'assemblée ainsi composée nous avons ouvert la séance, et M.   , en sa qualité de syndic, a donné lecture du rapport prescrit par l'article 506 du Code de commerce.

Ce rapport   ayant donné lieu à   observation, à savoir :   .

DUCOIN.   17

Nous avons déclaré qu'il serait annexé au procès-verbal, et en outre (*en cas d'observations*), avons dit qu'il y a lieu de

(Indiquer ce que le juge a décidé.)

De même suite, nous avons invité le sieur   à faire à ses créanciers les propositions qu'il croirait de nature à lui obtenir la faveur d'un concordat.

Déférant à notre invitation, le sieur   a donné lecture de ses propositions à ses créanciers.

Après avoir ordonné que lesdites propositions que nous avons signées séance tenante à titre de visa, avec le failli, fussent annexées au présent procès-verbal, nous avons donné lecture des art. 593 et 597 du C. de c.

Immédiatement après, il a été procédé à l'appel nominal des créanciers qui ont répondu de la manière suivante.

Acceptant :

MM.	1.	vérifié et affirmé pour fr.		
	2.	—	—	»
	3.	—	—	»
	4.	—	—	»
	Etc.		Total. . . fr.	

Lesquels, à titre d'acceptation, ont signé séance tenante les propositions à eux faites par le failli.

Refusant :

MM.	5.	vérifié et affirmé pour fr.		
	6.	—	...	»
	7.	—	—	»
	8.	—	—	»
	Etc.		Total. . . fr.	

Absents :

MM.	9.	vérifié et affirmé pour fr.		
	10.	—	—	»
	11.	—	—	»
	12.	—	—	»
	Etc.		Total. . . fr.	

Résumé. . . { Acceptant. . . . . fr.
{ Refusant . . . . »
{ Absents. . . . . »

Total général des créances vérifiées et affirmées. fr.

Dont le quart est . . . . fr.

Et dont les trois quarts sont . . . . »

Attendu que le nombre des créanciers vérifiés et affirmés est de   ;
Soit pour la majorité de   · ;
Que les trois quarts de la totalité des créances vérifiées et affirmées sont de   ;
Que le nombre des créanciers qui ont signé les propositions du failli, à titre d'acceptation, est de   supérieur (inférieur *ou* égal) à la moitié;
Que le total de leurs créances est de   supérieur (égal *ou* inférieur) aux trois quarts des créances vérifiées ou affirmées;
Que, par suite, ce vote   réunit   majorités voulues par la loi;
Nous, juge-commissaire, vu l'art. 507 du Code de commerce, avons proclamé l'adoption dudit concordat, sauf son homologation par le Tribunal.

Ou : Nous, juge-commissaire, vu l'art. 509 du Code de commerce, avons renvoyé la séance à huitaine pour tout délai.

Ou : Nous, juge-commissaire, vu l'art. 529 du Code de commerce, avons déclaré de plein droit les créanciers en état d'union.

(Dans ce dernier cas compléter de la manière suivante :)

Consultés immédiatement par nous, tant sur les faits de la gestion du syndic que sur l'utilité de son maintien ou de son remplacement, tous les créanciers présents (*ou* tant de créanciers sur tant de créanciers présents) ont déclaré approuver ladite gestion et demander le maintien de M.   comme syndic.

Ou bien :

Tant de créanciers sur tant de présents ont déclaré ne pas approuver la gestion du syndic et demander son remplacement.

(Dans ce dernier cas indiquer les observations faites sur la gestion du syndic et les motifs de la demande de remplacement.)

Consultés aussi, conformément à l'art. 530 du Code de commerce, sur la question de savoir si un secours pourra être accordé au failli sur l'actif de la faillite (tant de) créanciers présents ont donné leur consentement.

Ou : Nous, juge-commissaire, vu l'art. 541 du Code de commerce, avons proclamé l'adoption dudit concordat par abandon d'actif, sauf l'homologation du Tribunal.

De tout ce que dessus avons dressé le présent procès-verbal que nous avons signé séance tenante avec le syndic et le greffier.

Fait à   , le   , 187 .

(*Signatures.*)

Enregistré à   , le   , 187 , f° , case . Reçu   fr.   centimes.

Voir Ordonnance n° 134, Actes divers n° 44.

162, 163. *Procès-verbal de sursis au concordat dans le cas de poursuites intentées contre le failli en banqueroute simple ou frauduleuse* (art. 507. 510, 511 du C. de c.).

Cejourd'hui,   mil huit cent soixante   , à   heure du   .

Dans la salle ordinaire des assemblées de créanciers, sise au Tribunal de commerce de   .

Par-devant nous, juge-commissaire de la faillite du sieur   , négociant en   , demeurant à   , rue   , n°   , assisté du greffier, ont comparu :

MM.   .

tous dénommés et qualifiés aux procès-verbaux de vérification et d'affirmation et convoqués pour ces jour et heure, par la voie du greffe, dans la forme légale, en vertu de notre ordonnance en date du   , à l'effet de délibérer sur la question de savoir si en l'état de poursuites en banqueroute frauduleuse (*ou* simple), à l'encontre du sieur   , il y avait lieu de surseoir à la délibération du concordat jusqu'à l'issue des poursuites, ou bien de procéder à ladite délibération sans attendre l'issue de ces poursuites.

Après avoir déclaré la séance ouverte, nous avons rappelé aux créanciers présents :

(1er *cas*) Qu'aux termes de l'art. 510 du Code de commerce, tout failli condamné comme banqueroutier frauduleux ne pouvait obtenir de concordat, mais qu'en cas de poursuites en banqueroute frauduleuse, dirigées contre un failli, les créanciers avaient à délibérer sur la question de savoir si d'ores et déjà ils voulaient être constitués en état d'union, ou bien s'ils voulaient attendre l'issue des poursuites pour délibérer sur le concordat en cas d'acquittement.

2e *cas*) Qu'aux termes de l'art. 511, tout failli condamné comme banqueroutier simple pouvait obtenir un concordat; mais que dans le cas de poursuites commencées, les créanciers pouvaient surseoir à la délibération de ce concordat jusqu'à l'issue desdites poursuites, et que, de plus, la majorité dans la délibération à intervenir devant être formée conformément aux prescriptions de l'art. 507 du Code de commerce.

Nous avons fait connaître que le sieur   , failli, était l'objet de poursuites en banqueroute frauduleuse (ou simple) sur une plainte portée par   .

M. le syndic, par son rapport dont il a donné lecture, a fait connaître la situation morale de la faillite, les opérations de sa gestion, l'actif et le passif, et a fourni en même temps tous les renseignements en son pouvoir et de nature à éclairer les créanciers sur la délibération à prendre relativement au sursis.

Aussitôt après, il a été procédé à l'appel nominal des créanciers qui ont répondu de la manière suivante.

Proposant le sursis :

MM. 1.   vérifié et affirmé pour fr.
2. — — »
3. — — »
4. — — »
5. — — »

Etc.   Total. . . fr.

Refusant le sursis :

MM. 7.   vérifié et affirmé pour fr.
8. — — »
9. — — »
10. — — »
11. — — »
12. — — »

Etc.   Total. . . fr.

Absents :

MM. 13.   vérifié et affirmé pour fr.
14. — — »
15. — — »

Etc.   Total. . . fr.

Résumé. . . { Acceptant . . . . fr.
Refusant. . . . . »
Absents . . . . »

Total général des créances vérifiées et affirmées. fr.

Dont le quart est . . . . , . fr.
Et dont les trois quarts sont . . . . »

Le dépouillement terminé, et ayant reconnu qu'il y avait les deux majorités prescrites par la loi pour le sursis,

Nous, juge-commissaire, vu les art. 507 et 510 (*ou* 511) du Code de commerce (selon les cas de banqueroute frauduleuse ou simple), avons constaté par le présent procès-verbal la décision des créanciers con-

cluant au sursis à la délibération sur le concordat du sieur
jusqu'après l'issue des poursuites.

Ou bien :

(Dans le cas de poursuites en banqueroute frauduleuse.)

Nous, juge-commissaire, vu les art. 507 et 510,

Attendu qu'il résulte du dépouillement des votes que tous les créanciers, *ou* que tant de créanciers sur tant de présents, représentant plus
des trois quarts en somme des créances vérifiées et affirmées, ont déclaré ne pas vouloir surseoir à l'issue des poursuites dirigées contre le
sieur   , failli,

Avons déclaré de plein droit les créanciers de ladite faillite en état
d'union.

Immédiatement consultés par nous, tant sur le compte de la gestion
du syndic que sur l'utilité de son maintien ou de son remplacement,
tous les créanciers, *ou* tant de créanciers sur tant de créanciers présents,
ont déclaré approuver ladite gestion et demander le maintien de M.
comme syndic.

Ou bien :

Tant de créanciers, sur tant de présents, ont déclaré ne pas approuver
la gestion du syndic et demander son remplacement.

(Dans ce dernier cas indiquer les observations faites sur la gestion du syndic et les
motifs de la demande de son remplacement.)

Ou bien :

(Dans le cas de poursuites en banqueroute simple :)

Nous, juge-commissaire, vu les art. 507 et 511 du Code de commerce,

Attendu qu'il résulte du dépouillement des votes que tous les créanciers, *ou* tant de créanciers, sur tant de présents, représentant plus des
trois quarts en somme des créances vérifiées et affirmées, ont déclaré
ne pas vouloir surseoir à l'issue des poursuites, avons fixé à   (jour) et
     heure du   , la réunion pour la délibération du concordat.

De tout ce que dessus, nous avons dressé le présent procès-verbal, que
nous avons signé avec le syndic et le greffier.

Fait à   , le   , 187 .

(*Signatures.*)

Enregistré à   , le   , 187 , f°   , case.   . Reçu   fr.   centimes.

Voir Ordonnance n° 134 (avec la modification du sursis). Rapport spécial du syndic selon les circonstances.

165. *Procès-verbal de reddition de comptes du syndic* (art. 519
du C. de c.).

Cejourd'hui,   mil huit cent soixante   , à   heure

du   , dans la salle des assemblées du Tribunal de commerce
de   ;

Par-devant nous, soussigné, juge-commissaire de la faillite du sieur
        , négociant en   , demeurant à   , rue   ,
n°   , assisté du greffier ;

Ont comparu : M.   , syndic de cette faillite, et le sieur
        failli , le premier pour rendre compte en notre présence
de la gestion et de l'administration de cette faillite, et le second pour
recevoir ledit compte, l'approuver ou le contester.

Nous avons ouvert la séance, et le syndic a rendu un compte détaillé
de toute sa gestion. Le failli, après avoir examiné ce compte, a déclaré
l'approuver (*ou* le contester).

(Dans ce dernier cas indiquer les contestations.)

Le compte des recettes et des dépenses a été produit avec toutes les
pièces à l'appui et vérifiés article par article. Le failli l'a également
approuvé (*ou* contesté).

(Dans ce cas indiquer les contestations.)

Le failli nous a déclaré qu'avant de se rendre à la présente réunion,
il a reçu de son syndic tous livres, papiers, titres, documents, dossiers
de procédure et marchandises non vendues, plus la copie du compte
ci-dessus portant : en recettes diverses. . . . . fr.

        en dépenses diverses. . . . . . . » _____

Différence qu'il a déclaré avoir reçue de son syndic. fr. _____

Nous juge-commissaire, avons concédé acte aux comparaissants de
tout ce que dessus, déclaré à ceux-ci que nos fonctions et celles du
syndic sont dès ce moment terminées, et signé le présent procès-verbal
avec le greffier, le syndic et le failli qui, par sa présente déclaration, a
donné complétement décharge à M.   , son syndic, le tout en
conformité de l'art. 509 du Code de commerce.

Fait à   , le   , 187 .

(*Signatures.*)

Enregistré à   , le   187 , f°   , casc. Reçu   fr.   centimes.

Voir Ordonnance n° 159, Actes divers n° 47.

_____ _____

166. *Procès-verbal d'affiche du jugement de réouverture de la faillite*
(art. 528 du C. de c.).

L'an mil huit cent soixante   et le   à   heure du   ;
Nous   , soussigné, greffier du Tribunal de commerce de   ;

Déclarons avoir affiché, cejourd'hui, sur le tableau placé dans l'auditoire dudit Tribunal de commerce, conformément aux dispositions de l'art. 442 du Code de commerce, un extrait en due forme du jugement dûment enregistré rendu par ledit Tribunal de commerce de   , le   , qui a déclaré réouvrir la faillite du sieur   (nom, prénoms, genre de commerce, domicile), clôturée le   pour insuffisance d'actif.

En foi de quoi, nous avons dressé le présent procès-verbal, pour valoir ce que de droit.

Fait à   , le   187 .

Le greffier.

Enregistré à   , le   187 , f°   , case . Reçu   fr.   centimes.

Voir Jugement n° 92, Divers n° 48.

168. *Procès-verbal de la délibération par laquelle les créanciers donnent au syndic le mandat de continuer l'exploitation de l'actif* (art. 532 du C. de c.).

Cejourd'hui   , par-devant nous, juge-commissaire de la faillite du sieur   (nom, prénoms, genre de commerce, domicile), assisté du greffier, s'est présenté M.   , syndic de ladite faillite, lequel nous a exposé que par suite de notre ordonnance en date du   , les créanciers de ladite faillite ont été convoqués pour ces jour et heure, tant par lettres que par insertions dans les journaux, à l'effet de délibérer sur la question de savoir s'ils doivent conférer au syndic le mandat nécessaire pour continuer l'exploitation de l'actif et ce, en conformité de l'art. 532 du Code de commerce.

Nous avons aussitôt constaté la présence de MM.   , etc., etc., tous dénommés et qualifiés aux procès-verbaux de vérification et d'affirmation, lesquels ont déclaré s'être présentés et réunis en assemblée à l'effet de délibérer en notre présence sur l'objet de la convocation, et de suite la discussion a été ouverte sur ladite question, à savoir si le mandat de continuer l'exploitation de l'actif de ladite faillite devait être conféré au syndic.

Il a été aussitôt procédé, après la discussion, à l'appel nominal des créanciers présents.

Le résultat du vote a été le suivant:

Ont voté pour la continuation de l'exploitation par le syndic :

M.   , vérifié et affirmé pour   fr.
M.   —   —   »
M.   —   —   »

Etc., etc   Total. .   fr.

Ont voté contre :

' M.   , vérifié et affirmé pour   fr.
   M.   —   —   »
   M.   —   —   ᵒ)

Etc., etc.   Total. .   fr.

Total général des créances vérifiées et affirmées.   fr.
Dont le quart est. . . . .   »
Et dont les trois quarts sont. . . . .   »

Ce résultat ayant donné la majorité des trois quarts des créanciers en
nombre et en somme du montant du passif affirmé, le syndic a été autorisé à continuer l'exploitation de l'actif aux clauses et conditions ci-
dessous. (Étendue et durée du mandat. Sommes à garder par le syndic.)
De tout ce que dessus, nous avons dressé le présent procès-verbal
que nous avons signé avec le syndic et le greffier, sous la réserve des
créanciers dissidents de s'opposer devant qui de droit à cette délibération conformément à l'art. 532 du Code de commerce.

Fait à   , le   , 187 .

(Signatures.)

Enregistré à   , le   187 , f°   , case   . Reçu   fr.   centimes

Voir Ordonnance n° 147. (Ordonnance ordinaire, indiquer seulement l'objet de la réunion.)

---

169. *Procès-verbal de dissolution d'union* (art. 537 du C. de c.).

Cejourd'hui,   mil huit cent soixante   , à   heure
du   ;
Dans la salle ordinaire des assemblées de créanciers, sise au Tribunal
de commerce de   ;
Par-devant nous,   , juge-commissaire de la faillite du
sieur   , négociant en   , demeurant à   ,
rue   , n°   , assisté du greffier, a comparu M.   , syndic
de cette faillite, lequel nous a exposé qu'en vertu de notre ordonnance
en date du   , nous avons fixé à ces jour, lieu et heure la réunion
des créanciers en état d'union à l'effet de venir entendre le syndic sur
le compte de sa gestion, approuver ou refuser ledit compte et donner
leur avis sur l'excusabilité ou la non-excusabilité du failli, ce dernier
présent (*ou* absent quoique légalement cité).
Nous avons constaté la présence de :

MM.

tous créanciers vérifiés et affirmés, légalement convoqués.

L'assemblée ainsi composée, nous avons ouvert la séance. M. ,
en sa qualité de syndic, a donné lecture du rapport prescrit par l'article 537 du Code de commerce.

Ce rapport ayant donné lieu à   observations, à savoir :

(Les indiquer.)

Nous avons déclaré qu'il serait annexé au présent procès-verbal.

(Dans le cas d'observation dire ce qui a été décidé par le juge) :

Nous avons ensuite vérifié les comptes du syndic résultant de son
rapport, portant : En recettes. . . .   fr.

En dépenses . . .   fr.

Les créanciers présents, consultés sur lesdits comptes et sur la gestion
du syndic, ont déclaré : les approuver (*ou* faire telles observations).

(Les indiquer.)

Consultés ensuite sur la question d'excusabilité ou non-excusabilité
du failli, conformément aux dispositions de l'article 537 du Code de
commerce, MM.   se sont prononcés pour l'excusabilité, et
MM.   pour la non-excusabilité.

Nous, juge-commissaire, avons donné acte aux comparaissants de
tout ce que dessus, avons déclaré que nos fonctions et celles du syndic
sont dès ce moment terminées et l'union dissoute.

De tout ce que dessus, nous avons dressé le présent procès-verbal que
nous avons signé avec le syndic et le greffier, pour, ledit procès-verbal,
être représenté au Tribunal qui aura à statuer sur l'excusabilité ou la
non-excusabilité du failli.

Fait à   , le   , 187 .

(*Signatures.*)

Enregistré à   , le   187 , f°   , case . Reçu   fr.   centimes

Voir Ordonnance n° 140, Actes divers n° 49.

VII

REQUÊTES

---

171. *Requête d'un créancier en déclaration de faillite de son débiteur*
(art. 437 du C. de c.).

(Sur timbre.)

A Messieurs les Président et Juges du Tribunal de commerce de

Le soussigné   , négociant, demeurant à   , rue
, n°   .

A l'honneur de vous exposer :

Qu'il est créancier du sieur   , commerçant en demeurant à   , rue   , n°   , de la somme de   , montant de

(Indiquer la nature de la créance. — Prix de marchandises. — Lettre de change protestée avec la date. — Condamnation par jugement. — Dire si le débiteur a pris la fuite ; s'il a commis quelque acte malhonnête au point de vue de son commerce. — Rappeler l'époque depuis laquelle il a cessé ses payements.)

En conséquence, et en conformité de l'art. 437 du Code de commerce, il conclut à ce qu'il plaise au Tribunal, et dans l'intérêt de la masse des créanciers, déclarer en état de faillite ledit sieur

A   , le   187 .

(*Signature.*)

Voir Jugement n° 76.

(1) Voir comptabilité spéciale du greffe (4e partie).

---

172. *Requête en report d'ouverture d'une faillite* (art. 441 du C. de c.).

(Sur timbre.)

A Messieurs les Président et Juges du Tribunal de commerce de   .

Le soussigné,   , syndic de la faillite du sieur   négociant en   , demeurant à   , rue   , n°   , déclarée par jugement en date du   .

A l'honneur de vous exposer :

Qu'il résulte de renseignements nouveaux qu'avant le jugement déclaratif de la faillite le sieur   a été sous le coup de diverses poursuites et (s'il y a lieu) notoirement d'un jugement rendu contre lui par le Tribunal de commerce de   en date du   , au profit du sieur   , en payement d'un billet de la somme de   souscrit le   , par   , à l'ordre de   , à l'échéance du   , protesté; que le failli a fait auprès de ses créanciers une tentative d'arrangement amiable qui n'a pas été acceptée par   (tels créanciers); que les poursuites continuent contre ledit sieur   que, néanmoins, ce dernier, remplissant ses obligations prises envers ses créanciers signataires de l'arrangement amiable, a payé à plusieurs d'entre eux certaines sommes à compte sur leurs créances.

Qu'en l'état de ce qui précède et des art. 446 et suivants du Code de commerce, les sommes ainsi payées doivent rentrer dans l'actif de la faillite.

Que pour arriver à ce résultat il y a lieu de faire reporter l'ouverture de cette faillite au   , date du protêt suivi de jugement.

En conséquence, et en conformité de l'art. 441 du Code de commerce, l'exposant conclut à ce qu'il plaise au Tribunal déclarer que la faillite du sieur   sera reportée au   .

A   , le   187 .

(*Signature.*)

Voir Jugement n° 78.

173. *Requête en transaction pour loyer et bail* (art. 450 du C. de c.).

(Sur timbre.)

A Monsieur   , juge-commissaire de la faillite du sieur   , négociant en   , demeurant à   , rue   , n°   .

Monsieur le juge-commissaire,

Le soussigné,   , syndic de la faillite du sieur   , a l'honneur de vous exposer que le sieur   avait contracté avec M.   ,

propriétaire, un bail en date du   , pour la location des magasin et
logement par lui occupés lors de la déclaration de faillite, au prix
annuel de   , lequel bail ne doit expirer que le   .

Le propriétaire consentant à la résiliation du bail aux conditions suivantes :

(Les indiquer.)

L'exposant considère qu'il serait du plus grand intérêt pour la faillite
d'opérer cette résiliation, attendu que le payement des loyers restant à
courir absorberait la plus grande partie de l'actif (ou tout l'actif), et en
tout cas une somme supérieure à la transaction, d'autant plus que

(Faire ressortir le plus ou moins de difficultés de relouer les lieux ou l'interdiction du
bail de sous-louer.)

En conséquence il vous prie, Monsieur le juge-commissaire, de vouloir
bien l'autoriser à transiger au mieux (ou dans les conditions énoncées)
et à signer la résiliation dudit bail.

A   , le   187 .

(Signature.)

Voir Ordonnance n° 413.

171. *Requête du syndic en pourvoi contre une ordonnance du juge-commis-*
saire (art. 453 du C. de c.).

(Sur timbre.)

A Monsieur le Président du Tribunal de commerce de   .

Le soussigné,   , syndic de la faillite du sieur   .
négociant en   . demeurant à   , rue   , n°   ,

A l'honneur de vous exposer :

Qu'il a, à la date du   , présenté requête à M.   , juge-
commissaire de ladite faillite, à l'effet d'obtenir de ce magistrat une
ordonnance l'autorisant

(Indiquer l'objet de l'ordonnance.)

Que ce magistrat a rendu le   une ordonnance contraire qui
paralyse son action de syndic ;

En conséquence, et en conformité de l'art. 453 du Code de commerce,
et attendu d'ailleurs que la loi non-seulement l'y autorise, mais même
lui en fait un devoir au point de vue de l'intérêt général de la faillite
(rappeler l'article du Code de commerce duquel dépend ladite ordonnance), il conclut à ce qu'il vous plaise, M. le Président, indiquer jour
d'audience et heure à laquelle il pourra faire connaître les motifs de
son recours contre ladite ordonnance, entendre dire qu'elle sera re-

gardée comme nulle et non avenue et qu'il sera autorisé par le Tribunal à agir suivant les termes de sa requête.

A   , le   187 .

Fixé par le Président à l'audience du   .   (*Signature.*)
Signature du Président.

＜ Jugement à intervenir suivant les circonstances de la demande.

---

175. *Requête du syndic en autorisation de procéder à l'inventaire sans opposition des scellés* (art. 455 du C. de c.).

(Sur timbre.)

A Monsieur   , juge-commissaire de la faillite du sieur   , négociant en   , demeurant à   , rue   , n°   .

Le soussigné   , syndic de la faillite du sieur   .
A l'honneur de vous exposer :
Que ladite faillite a été déclarée par jugement en date du   ;
Qu'il résulte des renseignements recueillis que les valeurs mobilières dépendant de l'actif de cette faillite peuvent être inventoriées en un seul jour, sans qu'il soit nécessaire de faire apposer les scellés;
En conséquence il vous prie, Monsieur le juge-commissaire, de vouloir bien, en conformité des dispositions de l'art. 455 du Code de commerce, l'autoriser à faire l'inventaire desdites valeurs mobilières sans apposition des scellés.

A   , le   187 .

(*Signature.*)

Voir Ordonnance n° 114.

---

176. *Requête en rapport de la disposition du jugement qui affranchit le failli du dépôt ou de la garde de sa personne* (art. 456 du C. de c.).

(Sur timbre.)

A Messieurs les Président et Juges du Tribunal de commerce de   .

Le soussigné   syndic de la faillite du sieur   négociant en   demeurant à   rue   n°
(*Ou bien si le requérant est un créancier.*)

Le soussigné (*ou* les soussignés, s'il y a lieu), négociant en   demeurant à   , rue   , n°   , créancier du sieur

négociant en   , demeurant à   , rue   , n°   ,
déclaré en faillite par jugement de ce Tribunal en date du   ;

A l'honneur de vous exposer :

Que ledit sieur   , par le jugement déclaratif de la faillite, a
été affranchi du dépôt de sa personne dans la maison d'arrêt;

    Ou bien :

Que depuis le jugement déclaratif de faillite il a obtenu un sauf-conduit;

Qu'évidemment la religion du Tribunal a été surprise; que par suite
de   , le sieur   est indigne de cette faveur;

Que d'ailleurs, il y a intérêt pour la masse à prévenir toute autre ma-
nœuvre coupable, *ou* la disparition du failli;

(Énumérer les faits qui doivent faire priver le failli de l'affranchissement de sa personne.)

En conséquence, et en conformité de l'art. 456 du Code de commerce, il (*ou*) ils concluent à ce qu'il plaise au Tribunal ordonner
par un nouveau jugement l'incarcération dudit sieur   (s'il a été
affranchi par le jugement déclaratif),

    Ou bien :

le retrait du sauf-conduit qui lui a été accordé.

                    A   , le   187 .

                       (*Signature.*)

Soit communiqué à M.   , juge-commissaire de ladite faillite pour, sur son
rapport, être statué par le Tribunal à l'audience du   .

                       Le
Voir Jugement n° 80.

                       Le Président,

177. *Requête d'un créancier au juge de paix pour faire apposer les scellés
chez un commerçant qui a disparu et emporté une partie de son actif*
(art. 457 du C. de c.).

                 (Sur timbre.)

Cejourd'hui   , par-devant nous   , juge de paix du
     canton, arrondissement d   , département d   ,
assisté de M.   , greffier de la justice de paix, et en notre prétoire
s'est présenté M.   , demeurant à   , rue   , n°   ,
lequel nous a déclaré :

    1° Être créancier du sieur   , négociant en   , demeurant
à   , rue   , n°   , de la somme de   , provenant
               (Indiquer la nature de sa créance.)

comme il en justifiera ultérieurement;

2° Que ledit sieur   a disparu de son domicile depuis plusieurs jours emportant, *ou* après avoir détourné une grande partie de son actif,

(Indiquer les lieux où il les a déposés ou transportés.)

et qu'en conséquence et en conformité de l'art. 457 du Code de commerce, il nous requérait de vouloir bien ordonner l'apposition des scellés sur tous les objets indiqués par l'art. 458 du même Code, au domicile du sieur   , et d'y procéder en sa présence, le plus tôt possible, et a, ledit requérant, signé la présente réquisition.

A   , le   187 .

(*Signatures.*)

Voir Ordonnance n° 415.

178. *Requête en fixation de l'indemnité du syndic en cas de concordat ou en cas d'union* (art. 462 du C. de c.).

(Sur timbre.)

A Messieurs les Président et Juges du Tribunal de commerce de   .

Le soussigné,   , syndic de la faillite du sieur   , négociant en   , demeurant à   , rue   , n° , dont le concordat a été obtenu par jugement du   , (*ou bien*) dont l'union est sur le point d'être dissoute,

A l'honneur de prier le Tribunal de vouloir bien fixer l'indemnité qu'il croira devoir lui être allouée en conformité de l'article 462 du Code de commerce.

Les recettes effectuées s'élèvent à. . fr.
Les dépenses justifiées s'élèvent à. . fr.

Soit net disponible. . . fr.

Les conditions du concordat sont les suivantes :

(Les énumérer.)

Ou bien :

Le résultat de l'union, comme dividende distribué (*ou*) à distribuer par le syndic, est le suivant :

Le passif, vérifié et affirmé, s'élève à la somme de   , répartie entre   créanciers,

(S'il y a quelques actes exceptionnels, les signaler à l'appréciation du Tribunal.)

A   , le   187 .

(*Signature.*)

Voir Actes divers n° 11; Jugements n° 82.

179. *Requête de l'un des syndics en autorisation d'agir séparément* (art. 465 du C. de c.)

(Sur timbre.)

A Monsieur   , juge-commissaire de la faillite du sieur   , négociant en   , demeurant à   , rue   , n°   .

Monsieur le juge-commissaire,

Les soussignés,   , syndics de la faillite du sieur
Ont l'honneur de vous exposer :
Que dans l'administration de ladite faillite il y a lieu

(Indiquer et spécifier les actes pour lesquels il y a nécessité d'agir séparément.)

Que M.   , l'un d'eux, ne peut concourir auxdits actes.

(Énoncer le motif d'empêchement.)

En conséquence et en conformité de l'art. 465 du Code de commerce, les exposants vous prient, Monsieur le juge-commissaire, de vouloir bien donner à M.   , l'un d'eux, l'autorisation spéciale de faire séparément les actes d'administration sus-indiqués.

A   , le   187 .

(Signatures.)

NOTA. — Cette requête peut être, en cas d'urgence, présentée par celui ou ceux des syndics qui demandent à agir séparément, mais, autant que cela sera possible, il faudra la faire présenter par tous les syndics de la faillite.

Voir Ordonnance n° 118.

---

180. *Requête du syndic en apposition des scellés* (art. 468 du C. de c.).

(Sur timbre.)

A Monsieur le juge de paix du canton de   .

Le soussigné,   , syndic de la faillite du sieur   , négociant en   , demeurant à   , rue   , n°   .

A l'honneur de vous exposer :
Que ledit sieur   a été déclaré en état de faillite par jugement du Tribunal de commerce de   , en date du   ;
Que l'apposition des scellés n'a pas eu lieu au domicile du failli; que cette apposition est cependant nécessaire afin de prévenir tout détournement d'effets mobiliers, valeurs et marchandises; qu'un plus long retard dans l'accomplissement de cette formalité peut entraver les opé-

DUCOIN.   18

rations de la faillite et porter préjudice aux intérêts des créanciers dudit sieur   .

En conséquence, il vous prie, Monsieur le juge de paix, en conformité de l'art. 468 du Code de commerce, de vouloir bien fixer le
jour et l'heure auxquels il vous plaira de procéder à ladite apposition
des scellés   .

A   , le   187 .

(Signature.)

Voir Ordonnance n° 119.

---

181. *Requête en extraction ou en dispense des scellés des objets prévus par l'article 469 (art. 469 du C. de c.).*

(Sur timbre.)

A Monsieur   , juge-commissaire de la faillite du sieur, négociant en   ,
demeurant à   , rue   , n°   .

Monsieur le juge-commissaire,

Le soussigné   , syndic définitif de la faillite du sieur   , a
l'honneur de vous exposer :

Que les scellés vont être apposés le   , à   heure , dans
le domicile dudit failli ;

Qu'il conviendrait de ne pas placer sous les scellés.

(Indiquer les motifs.)

1°
2°   } Énumérer les objets.
3°

Que l'art. 469 du Code de commerce prévoit cette dispense ;

En conséquence, il vous prie, Monsieur le juge-commissaire, de vouloir bien l'autoriser à ne pas faire mettre sous les scellés les objets sus-
indiqués.

(Signature.)

Ou bien :

Que les scellés ont été apposés, etc.;

Qu'il conviendrait d'en extraire les objets suivants :

(Les énumérer et indiquer les motifs.)

En conséquence, il vous prie, Monsieur le juge-commissaire, de vouloir bien l'autoriser à faire extraire des scellés les objets sus-indiqués.

A   , le   187 .

(Signature.)

Voir Ordonnance n° 120.

182. *Requête au juge de paix en extraction des scellés des objets prévus par l'article 469 (art. 469 du C. de c.).*

(Sur timbre.)

A Monsieur le juge de paix du canton de   .

Le soussigné,   , syndic de la faillite du sieur   , négociant en   , demeurant à   , rue   n°   , a l'honneur de vous faire connaître que les scellés ont été apposés par vous le   (jour), à   heure , sur les facultés mobilières dudit sieur   ; que parmi lesdites facultés mobilières se trouvent divers objets (vêtements, hardes, meubles et effets) nécessaires au failli ou à sa famille.

Ou bien :
des objets tels que (les indiquer) : sujets à dépérissement.

Ou bien :
des objets tels que (les indiquer), servant à l'exploitation du fonds de commerce.

En conséquence, et en conformité de l'art. 469 du Code de commerce, il vous prie, Monsieur le juge de paix, de vouloir bien fixer jour et heure pour procéder à l'extraction des scellés desdits objets, extraction autorisée par ordonnance de M. le juge-commissaire en date du   , enregistrée, et dont expédition est ci-jointe.

A   , le   187 .

(*Signature.*)

Ordonnance pareille au n° 119.

---

183. *Requête du syndic pour être autorisé à exploiter le fonds de commerce (art. 470 du C. de c.).*

(Sur timbre.)

A Monsieur   , juge-commissaire de la faillite du sieur   , négociant en   , demeurant à   , rue   , n°   .

Le soussigné,   , syndic de la faillite du sieur   , a l'honneur de vous exposer que   (énumérer les faits), il est de l'intérêt de la faillite de continuer, au moins provisoirement, l'exploitation du fonds de commerce (de l'industrie ou de la fabrique) ;

Qu'en effet il résulterait de la fermeture immédiate, par suite des marchés passés ou à livrer, une perte qui peut être évitée en continuant l'exploitation ;

Qu'il existe d'ailleurs, en caisse ou à recouvrer, des sommes suffisantes à cet effet;

En conséquence, et en conformité de l'art. 470 du Code de commerce, il vous prie, Monsieur le juge-commissaire, de vouloir bien l'autoriser à continuer cette exploitation avec (*ou* sans) l'aide du failli.

A   , le   187 .

(Signature.)

Voir Ordonnance n° 121.

---

184. *Requête du syndic en autorisation de vente d'objets sujets à dépréciation ou dépérissement* (art. 470 du C. de c.).

(Sur timbre.)

A Monsieur   , juge-commissaire de la faillite du sieur   , négociant en   , demeurant à   , rue   , n°   .

Le soussigné   , syndic de la faillite du sieur   , a l'honneur de vous exposer :

Qu'il y a lieu, conformément à l'art. 468 du Code de commerce, de requérir l'apposition des scellés au domicile du failli, mais qu'il existe divers objets (les indiquer)   sujets à dépréciation et dépérissement, et qu'il convient, conformément à l'article 470 du même Code, de ne pas les placer sous les scellés; qu'il y a lieu, en outre, de procéder à la vente desdits objets;

En conséquence, il vous prie, Monsieur le juge-commissaire, de vouloir bien le dispenser de faire placer sous les scellés les objets dont s'agit et l'autoriser à les faire vendre aux enchères publiques, par le ministère d'un   .

(Indiquer la classe d'officiers publics dans laquelle le syndic pourra choisir celui qui devra procéder à la vente.)

A   , le   187 .

(Signature.)

Voir Ordonnance n° 122.

---

185. *Requête au juge de paix en extraction des scellés des papiers et livres de commerce* (art. 471 du C. de c.).

(Sur timbre.)

A Monsieur le juge de paix du canton de   .

Le soussigné,   , syndic de la faillite du sieur   , négociant en   , demeurant à   , rue   , n°   , a l'hon-

neur de vous prévenir què les scellés ont été apposés par vous le   ,
à   heure , sur les facultés mobilières dudit sieur   , mais
que parmi elles se trouvent des (livres de commerce, effets à courte
échéance, papiers, etc.) ;

En conséquence, et en conformité de l'art. 471 du Code de commerce,
il vous prie, Monsieur le juge de paix, de vouloir bien fixer jour et heure
pour procéder à l'extraction des scellés desdits (livres, etc., etc.), autorisée par ordonnance de M. le juge-commissaire en date du   ,
dont expédition est ci-jointe.

A   , le   187 .

(Signature.)

Même Ordonnance que l'Ordonnance 115.

---

186. *Requête pour l'obtention d'un sauf-conduit* (art. 472 et 473
du C. de c.).

(Sur timbre.)

A Messieurs les Président et juges du Tribunal de commerce de   .

Le sieur   , négociant en   , demeurant à   , rue
     n°   , déclaré en faillite d'office (*ou* sur assignation) par
jugement du   , a l'honneur de demander au Tribunal de vouloir
bien lui accorder un sauf-conduit.

(Exposer les motifs à l'appui et prendre l'engagement de se présenter à toute réquisition du syndic. Offrir caution s'il y a lieu.)

A   , le   187 .

(Signature.)

Avis du syndic :
Avis du juge-commissaire :

Voir Jugement n° 83.

---

187. *Requête du failli en obtention de secours alimentaires* (art. 474
du C. de c.).

(Sur timbre.)

A Monsieur   , juge commissaire de la faillite du sieur   , négociant
en   , demeurant à   , rue   , n°   .

Le sieur   a l'honneur de vous exposer que par jugement en
date du   , il a été déclaré en état de faillite;

Qu'il se trouve dessaisi de l'administration de tous ses biens et dépourvu, par suite, des ressources qui lui sont nécessaires pour lui et sa famille, composée de   personnes ;

(Énumérer les charges.)

En conséquence et en conformité de l'art. 474, il sollicite qu'il vous plaise, Monsieur le juge-commissaire, lui accorder un secours alimentaire qui lui sera versé par le syndic sur l'actif de la faillite.

(Signature.)

Soit communiqué au syndic de la faillite,

Le juge-commissaire.

Le syndic soussigné,
Vu les charges du sieur   ;
Vu les ressources de sa faillite ;
Est d'avis de fixer à la somme de   le secours alimentaire à lui accorder mensuellement (<i>ou</i> une fois donné).

A   , le   187 .

(Signature.)

Voir Ordonnance n° 123.

---

188. *Requête du failli en autorisation de se faire représenter par fondé de pouvoirs à la clôture de ses livres* (art. 475 du C. de c.)

(Sur timbre.)

A Monsieur   , juge-commissaire de la faillite du sieur   , négociant en   , demeurant à   , rue   , n°   .

Le sieur   a l'honneur de vous exposer que par jugement de ce Tribunal, en date du   , il a été déclaré en état de faillite ;

Que le syndic l'a appelé auprès de lui pour clôre et arrêter les livres en sa présence ;

Qu'il lui est impossible de se rendre à cet appel (énoncer pour quel motif le failli ne peut comparaître) ;

En conséquence et en conformité de l'art. 475 du Code de commerce, il vous prie, Monsieur le juge-commissaire, de vouloir bien l'autoriser à comparaître par fondé de pouvoirs, aux fins ci-dessus.

A   le   187 .

(Signature.)

Voir Ordonnance n° 124.

189. *Requête présentée par la veuve d'un failli pour être admise à le représenter* (art. 478 du C. de c.).

(Sur timbre.)

A Monsieur   , juge-commissaire de la faillite du sieur   , décédé, de son vivant négociant en   , demeurant à   , rue   , n°   .

La soussignée   , veuve du sieur   , de son vivant négociant en   , demeurant à   , rue   , n°   , déclaré en faillite par jugement de ce Tribunal en date du   ;

A l'honneur de vous exposer :

Que son mari est décédé, suivant justification (extrait du décès);

En conséquence, et en vertu de l'art. 478 du Code de commerce, elle conclut à ce qu'il vous plaise, Monsieur le juge-commissaire, la recevoir intervenante, déclarant vouloir se présenter (*ou se faire représenter*) dans toutes les opérations de la faillite lorsqu'elle en aura le droit, et suivant les mêmes droits qu'avait son mari.

A   , le   187 .

(Signature.)

Voir Ordonnance n° 125.

190. *Requête en levée de scellés* (art. 479 du C. de c.).

(Sur timbre.)

A Monsieur le juge de paix du   arrondissement de   .

Le soussigné   , syndic de la faillite du sieur   , négociant en   , demeurant à   , rue   , n°   ,

a l'honneur de vous exposer :

Que par jugement du   , le Tribunal de commerce de   a déclaré le sieur   en faillite;

Qu'en exécution de ce jugement, les scellés ont été apposés sur les livres, papiers et marchandises dudit sieur   ;

Que l'inventaire doit être dressé dans les trois jours, en conformité de l'art. 479 du Code de commerce;

En conséquence, il vous prie, Monsieur le juge de paix, de vouloir bien fixer jour et heure pour la levée des scellés, le failli présent ou dûment appelé.

A   , le   187 .

(Signature.)

Même Ordonnance que l'Ordonnance 115.

191. *Requête en dégrèvement d'impositions* (art. 485 du C. de c.).

(Sur timbre.)

A Monsieur le Préfet du département de   .

Le soussigné   , syndic de la faillite du sieur   , négociant en   , demeurant à   , rue   , n°   ;

A l'honneur de vous exposer :

Que par jugement du Tribunal de commerce de   , en date du   , le sieur   a été déclaré en état de faillite, dont l'ouverture a été fixée au   ;

Que le sieur   est porté pour la présente année au rôle des patentes ou impositions relatives à sa profession pour la somme de   ,

Que l'exploitation du commerce du sieur   a cessé par le fait de la déclaration de sa faillite ;

Que dans l'intérêt des créanciers il y a lieu d'obtenir pour l'avenir le dégrèvement de cette imposition ;

En conséquence, le syndic vous prie, Monsieur le Préfet, de vouloir bien accorder la décharge, pour l'avenir, des droits de patentes ou impositions dudit sieur   , failli ;

La quittance desdits droits jusqu'au   , conformément à la loi du 25 avril 1844, est jointe à la présente requête.

A   , le   187 .

(Signature.)

---

192. *Requête pour vente de valeurs de bourse* (art. 486 du C. de c.)

(Sur timbre.)

A Monsieur   , juge-commissaire de la faillite du sieur,   , négociant en   , demeurant à   , rue   , n°   .

Le soussigné   , syndic de la faillite du sieur   , déclarée par jugement en date du   ;

A l'honneur de vous exposer :

Que parmi l'actif du sieur   , il existe les valeurs de bourse suivantes :

(Les énumérer.)

Que le cours de quelques-unes de ces valeurs s'améliorant (*ou bien :* que les opérations de la faillite exigeant le recouvrement des fonds), il y aurait convenance à en faire la réalisation immédiate pour les unes et profiter du moment opportun pour les autres ;

En conséquence, vu l'art. 486 du Code de commerce et le failli entendu (*ou* dûment appelé), il vous prie, Monsieur le juge-commissaire,
de vouloir bien l'autoriser à faire vendre les valeurs sus-énoncées au
parquet de la Bourse de   , et par le ministère d'un agent de
change, pour le prix en provenant être reçu par l'exposant, en sadite
qualité, et compté ensuite à qui il appartiendra.

A   , le   187 .

(*Signature.*)

Voir Ordonnance n° 126, Procès-verbal n° 157.

---

193. *Requête pour vente de marchandises retirées du Mont-de-Piété*
(art. 486 du C. de c.).

(Sur timbre.)

A Monsieur   , juge-commissaire de la faillite du sieur   , négociant
          en   , demeurant à   , rue   , n°   .

Le soussigné   , syndic de la faillite du sieur   , déclarée
par jugement du Tribunal de commerce de   , en date du   ;
A l'honneur de vous exposer :
Qu'en sadite qualité il a retiré du Mont-de-Piété les marchandises qui
y avaient été engagées, consistant en   , et dont il a fait inventaire descriptif et estimatif;
Dans l'intérêt des créanciers, il vous prie, Monsieur le juge-commis-
missaire, en conformité de l'art. 486 du Code de commerce, de vouloir bien l'autoriser à faire procéder à la vente aux enchères publiques
(*ou* à l'amiable), le failli entendu ou dûment appelé, des marchandises
sus-indiquées, en désignant pour le premier cas la classe d'officiers publics chargés de procéder à ladite vente.

A   , le   187 .

(*Signature.*)

Voir Ordonnance n° 126, Procès-verbal n° 157, Actes divers n° 27.

---

194. *Requête au juge-commissaire pour autoriser la vente aux enchères des
marchandises et effets mobiliers avant union* (art. 486 du C. de c.).

(Sur timbre.)

A Monsieur   , juge-commissaire de la faillite du sieur   , négociant
          en   , demeurant à   , rue   , n°   .

Le soussigné   , syndic définitif de la faillite du sieur   ,
a l'honneur de vous exposer que parmi les valeurs actives se trouvent
diverses marchandises et effets mobiliers consistant en   ;

Qu'il est de l'intérêt des créanciers qu'il soit procédé à la vente immédiate (à l'amiable *ou* aux enchères) desdites marchandises et dits effets mobiliers;

En conséquence et en conformité de l'art. 486 du Code commerce, il vous prie, Monsieur le juge-commissaire, de vouloir bien l'autoriser à faire procéder à ladite vente, soit à l'amiable, soit aux enchères publiques, et dans le dernier cas, indiquer la classe d'officiers publics par laquelle la vente aux enchères devra être faite, le failli préalablement entendu ou dûment appelé.

A   , le   187 .

(Signature.)

Voir Ordonnance n° 126, Procès-verbaux n°ˢ 156 et 157, Actes divers n° 27.

195. *Requête pour être autorisé à transiger* (art. 487 du C. de c.)

(Sur timbre.)

A Monsieur   , juge-commissaire de la faillite du sieur   , négociant en   , demeurant à   , rue   , n° .

Le soussigné   , syndic de la faillite du sieur   ;

A l'honneur de vous exposer :

Que par jugement en date du   , le sieur   a été déclaré en état de faillite; que pour parvenir à la liquidation de ladite faillite, il est nécessaire de poursuivre diverses instances engagées entre le failli et des tiers, et notamment celle avec le sieur   ; que dans l'espèce, il y a intérêt réel à hâter une solution dont le retard entrave les opérations de la faillite et compromet les intérêts des créanciers; que la partie en instance paraît disposée à accepter une transaction, qui ne sera d'ailleurs définitive qu'après que le failli aura été dûment appelé et qu'après approbation de M. le juge-commissaire et homologation du Tribunal (dans le cas où la transaction dépasse 300 fr.);

En conséquence, l'exposant demande qu'il vous plaise, Monsieur le juge-commissaire, vu les dispositions de l'art. 487 du Code de commerce, l'autoriser à traiter et transiger avec ledit sieur   , au mieux des intérêts de la faillite et d'après les bases suivantes :

(Énumérer les conditions de la transaction.)

A   , le   187 .

(Signature.)

L'intervention du failli doit être indiquée sur la transaction, qu'il doit signer à titre d'adhésion.

À défaut, un acte d'huissier doit constater qu'il a été appelé.

Voir Ordonnance n° 127, Actes divers n° 28.

196. *Requête en homologation de transaction* (art. 487 du C. de c.).

(Sur timbre.)

A Messieurs les Président et juges du Tribunal de commerce d

Le soussigné   , syndic de la faillite du sieur   , négociant en   , demeurant à   , rue   , n° ;

A l'honneur de vous exposer :

Qu'après autorisation de M. le juge-commissaire de ladite faillite, une transaction est intervenue entre lui et le sieur   , au sujet de   ;

(Exposé de la transaction.)

Que le failli l'a approuvée (*ou bien* a été dûment appelé) ;

Que cette transaction est utile aux intérêts de la masse;

En conséquence, et en conformité de l'art. 487 du Code de commerce, il conclut à ce qu'il plaise au Tribunal homologuer ladite transaction pour être exécutée selon sa forme et teneur.

A   , le   187 .

(*Signature.*)

Voir Jugement n° 84.

---

197. *Requête en fixation des conditions du travail du failli employé par le syndic pour faciliter sa gestion* (art. 488 du C. de c.).

(Sur timbre.)

A Monsieur   , juge-commissaire de la faillite du sieur   , négociant en   , demeurant à   , rue   , n° .

Le soussigné   , syndic de la faillite du sieur   ;

A l'honneur de vous exposer :

Que l'exploitation du fonds de commerce du sieur   paraît pouvoir être continuée ; qu'il importe de ne pas laisser périr ledit établissement ; que le concours du failli est utile pour cette exploitation ; qu'il y a lieu de lui allouer une somme mensuelle dont il vous appartient de fixer l'importance ;

En conséquence, il vous prie, Monsieur le juge-commissaire, de vouloir bien, conformément à l'art. 488 du Code commerce, déterminer la somme qu'il sera autorisé à allouer mensuellement au failli.

A   , le   187 .

(*Signature.*)

Voir Ordonnance n° 128.

198. *Requête pour versements et retraits à la Caisse des dépôts et consignations* (art. 489 du C. de c.).

(Sur timbre.)

A Monsieur   , juge-commissaire de la faillite du sieur   , négociant
en   , demeurant à   , rue   , n°   .

Le soussigné   , syndic de la faillite du sieur   , vous
prie Monsieur le juge-commissaire de vouloir bien l'autoriser à déposer
à la Caisse des dépôts et consignations, conformément à l'art. 489 du
Code de commerce, sous déduction des sommes arbitrées par vous
nécessaires pour la gestion de la faillite, les deniers provenant des
ventes et recouvrements pour être portés au crédit du compte de cette
faillite, et, en outre, faire le retrait des fonds dudit compte, tant en
capital qu'intérêts, par des mandats ultérieurement soumis à votre
approbation, le tout sur production à la Caisse de votre ordonnance à
intervenir.

A   , le   187 .

(*Signature.*)

Voir Ordonnance n° 129.

199. *Requête du syndic en autorisation de former une saisie-arrêt lorsqu'il n'y a pas de titre* (art. 490 du C. de c.).

(Sur timbre.)

A Monsieur le Président du Tribunal de commerce de   .

Le soussigné   , syndic définitif de la faillite du sieur X....,
négociant en   , demeurant à   , rue   , n°   ;
A l'honneur de vous exposer :
Que de la vérification des livres du failli, il résulte que celui-ci est
créancier du sieur Y..., négociant en   , demeurant à   ,
rue   n°   , d'une somme de   , montant de   ;
Qu'il y a le plus grand intérêt pour la masse des créanciers à empêcher que ladite somme ne soit payée au sieur Y..., débiteur du failli,
mais que, n'ayant pas de titre régulier, le syndic est obligé, conformément à l'art. 558 du Code de procédure civile d'agir par voie de saisie-
arrêt ;
En conséquence il vous prie, Monsieur le Président, de vouloir bien,
conformément aux art. 444 et 490 du Code de commerce, l'autoriser à
faire opposition entre les mains du sieur Z.... pour les sommes qu'il

doit au sieur Y...., afin d'obtenir le payement de la somme de   ,
valeur de la créance du sieur X...., en principal, intérêts et frais, sans
préjudice de tous autres droits.

A   , le   187 .

(Signature.)

Voir Ordonnance n° 130.

---

200. *Requête au Président du Tribunal de commerce pour être autorisé à
saisir conservatoirement les effets mobiliers d'un endosseur d'une lettre de
change protestée faute de payement* (art. 490 du C. de c.).

(Sur timbre.)

A Monsieur le Président du Tribunal de commerce de

Le soussigné   , syndic provisoire de la faillite du sieur   ,
négociant en   , demeurant à   , rue   , n°   ;

A l'honneur de vous exposer :

Que parmi les titres actifs de ladite faillite se trouve une lettre de
change de la somme de   , tirée de   , le   , sur le
sieur   , négociant en   , demeurant à   ,
rue   , n°   , par le sieur   , négociant en   ,
demeurant à   , qui l'avait passée à l'ordre dudit sieur   , failli ;

Cette lettre de change est venue à échéance le   , après le
jugement qui a déclaré le sieur   en état de faillite. Elle a été
protestée, faute de payement, par exploit de   , huissier à   ,
à la date du   , enregistrée le   , à   , par le rece-
qui a perçu   francs   centimes.

L'exposant a lieu de craindre que l'endosseur, qui offre seul quelque
garantie de remboursement, mais qui ne possède que des meubles et
quelques marchandises, ne les fasse disparaître pour les soustraire aux
poursuites du requérant, avant que celui-ci ait pu obtenir un jugement
de condamnation et le mettre à exécution ;

En l'état, l'exposant a le plus grand intérêt à prévenir un détournement ;

En conséquence, il vous prie, Monsieur le Président, de permettre,
aux termes de l'art. 172 du Code de commerce, de saisir conservatoirement les effets mobiliers et marchandises appartenant à son débiteur
comme endosseur de ladite lettre de change, pour en assurer le remboursement, et vu l'urgence, autoriser l'exécution sur minute de l'ordonnance.

A   , le   187 .

(Signature.)

Voir Ordonnance n° 131.

---

201. *Requête en prescription d'apport des livres d'un créancier ou demandant un compulsoire* (art. 496 du C. de c.).

(Sur timbre.)

A Monsieur   , juge-commissaire de la faillite du sieur   , négociant
en   , demeurant à   , rue   , n°   .

Le soussigné   , syndic de la faillite du sieur   ;
A l'honneur de vous exposer :
Que la production faite par le sieur   , se prétendant créancier
pour une somme de   , nécessite, pour sa vérification, la
production des livres dudit sieur   (*ou* la production d'un
extrait des livres dudit sieur   , fait par les juges de son
domicile) ;
En conséquence, vu l'art. 496 du Code de commerce, il demande
qu'il vous plaise, Monsieur le juge-commissaire, ordonner la production des livres du sieur   (*ou* un extrait de ses livres   , certifié par les juges de son domicile).

A   , le   187 .

(*Signature*.)

Voir Ordonnance n° 133.

---

202. *Requête d'un créancier en opposition aux répartitions* (art. 503
du C. de c.).

(Sur timbre.)

A Messieurs les Président et juges du Tribunal de commerce de

Le soussigné   ; négociant en   , demeurant à   ,
rue   , n°   ;
A l'honneur de vous exposer :
Que.....

(Indiquer les motifs pour lesquels il n'a pas eu connaissance de la faillite et, par suite,
pourquoi il n'a pas été présent ou représenté en temps utile pour faire vérifier et affirmer
sa créance dans les délais.)

En conséquence, et agissant en exécution de l'art. 503 du Code de
commerce, il conclut à ce qu'il plaise au Tribunal le recevoir opposant,
comme, de fait, il s'oppose à ce qu'il soit fait ou ordonnancé à l'avenir
aucune répartition des deniers provenant de ladite faillite sans sa participation, et sans qu'auparavant il ait été prélevé sur l'actif non encore
réparti les dividendes afférents à sa créance, dans les premières répartitions, attendu qu'il est créancier légitime de ladite faillite. Il conclut

en outre à ce qu'il plaise au Tribunal fixer jour et heure où il devra être procédé à la vérification et affirmation de sa créance.

A   , le   187 .

(Signature.)

Jugement à intervenir suivant les circonstances de la demande.

---

203. *Requête du failli en autorisation de se faire représenter au concordat* (art. 505 du C. de c.).

(Sur timbre.)

A Monsieur   , juge-commissaire de la faillite du sieur   , négociant en   , demeurant à   , rue   , n°   .

Le sieur   ;

A l'honneur de vous exposer :

Que ses créanciers sont convoqués le   pour la délibération de son concordat ;

Qu'il se trouve dans l'impossibilité de se présenter en personne à cette assemblée.

(Énoncer les motifs.)

Ou bien :

Que n'ayant pas obtenu de sauf-conduit, il ne peut s'y faire représenter ;

En conséquence, et vu l'article 505 du Code de commerce, il vous prie Monsieur le juge-commissaire de vouloir bien l'autoriser à se faire représenter à ladite assemblée par un fondé de pouvoirs.

A   , le   187 .

(Signature.)

Voir Ordonnance n° 134.

---

204. *Requête en homologation de concordat* (art. 513 du C. de c.).

(Sur timbre.)

A Messieurs les Président et juges du Tribunal de commerce de   .

Le soussigné   , négociant en   , demeurant à   , rue   , n°   , déclaré en état de faillite par jugement du   ;

A l'honneur de vous exposer :

Qu'il a obtenu de ses créanciers un concordat aux conditions (les rappeler) indiquées d'ailleurs dans l'expédition ci-jointe du procès-verbal du concordat;

Qu'il a intérêt à en obtenir l'homologation afin de pouvoir être remis au plus tôt à la tête de ses affaires ;

En conséquence, et en conformité de l'art. 513 du Code de commerce, il conclut à ce qu'il plaise au Tribunal vouloir bien homologuer ledit concordat.

A   , le   187 .

(Signature.)

Voir Jugement n° 88.

_____

205. *Requête en clôture des opérations d'une faillite pour insuffisance d'actif* (art. 527 du C. de c.).

(Sur timbre.)

A Messieurs les Président et juges du Tribunal de commerce de   .

Le soussigné   , syndic de la faillite du sieur   , négociant en   , demeurant à   , rue   , n°   ;

A l'honneur de vous exposer :

Que par jugement du Tribunal de commerce, en date du   , le sieur   a été déclaré en état de faillite ; que les opérations de cette faillite sont arrêtées par suite d'un manque complet d'actif, sans qu'il y ait lieu d'espérer aucune rentrée, et que, par suite, il se voit forcé de provoquer la clôture des opérations :

En conséquence, et en conformité de l'art. 527 du Code de commerce, il demande qu'il plaise au Tribunal de prononcer la clôture des opérations de ladite faillite, et d'ordonner que chaque créancier rentrera dans l'intégralité de ses droits à l'égard du failli, les délais légaux une fois expirés.

A   ,   187 .

(Signature.)

Voir Jugement n° 91.

_____

206. *Requête en obtention de secours pour le failli en cas d'union* (art. 530 du C. de c.).

(Sur timbre.)

A Monsieur   , juge-commissaire de la faillite du sieur   , négociant en   , demeurant à   , rue   , n°   .

Le soussigné   a l'honneur de vous exposer que les conditions présentées par lui, à l'effet d'obtenir son concordat, n'ayant pas été acceptées, un contrat d'union est intervenu. Mais que, néanmoins, ses créanciers, prenant en considération sa situation pénible, ont été d'avis de lui accorder, indépendamment des secours précédents qui ont pu lui être alloués, de nouveaux secours (une fois payés *ou* mensuels), ce qui d'ailleurs résulte du procès-verbal d'union en date du   .

En conséquence, il vous prie Monsieur le juge-commissaire de vouloir bien, conformément à l'art. 530 du Code de commerce, fixer la somme qui devra lui être accordée sur les fonds en main du syndic.

A   , le   187 .

(*Signature.*)

Voir Ordonnance n° 134.

---

207. *Requête du syndic en pourvoi contre la fixation du secours accordé au failli* (art. 530 du C. de c.).

(Sur timbre.)

A Messieurs les Président et juges du Tribunal de commerce de   .

Le soussigné   , syndic de la faillite du sieur   , négociant en   , demeurant à   , rue   , n°   ;

A l'honneur de vous exposer :

Que suivant le procès-verbal, en date du   , dressé par M. le juge-commissaire lors de la réunion des créanciers de ladite faillite en vertu de l'art. 529 du Code de commerce, lesdits créanciers, en état d'union, ont été d'avis d'accorder un secours au failli ;

Qu'il a proposé le chiffre de   en rapport avec l'actif ;

Que néanmoins, M. le juge-commissaire a cru devoir porter le chiffre à celui de

Que M. le juge-commissaire a été probablement surpris dans sa religion ;

Que d'ailleurs les ressources de l'actif ne sont pas suffisantes pour en disposer aussi largement au détriment de la masse dont il est, lui syndic, obligé de défendre les intérêts.

(S'il y a d'autres motifs, les faire valoir.)

En conséquence et en conformité de l'art. 530 du Code de commerce, il conclut à ce qu'il plaise au Tribunal le recevoir opposant, en sa qualité, à la fixation faite par M. le juge-commissaire, et réduire le chiffre de   à celui de   , plus en rapport avec les ressessour de la faillite sous toutes réserves de fait et de droit.

A   , le   187 :

(*Signature.*)

Jugement à intervenir suivant les circonstances de la demande

DUCOIN.   19

208. *Requête des créanciers en fixation du jour pour donner au syndic le mandat de continuer l'exploitation* (art. 532 du C. de c.).

(Sur timbre.)

A Monsieur   , juge-commissaire de la faillite du sieur   , négociant en   , demeurant à   , rue   , n°   .

Les soussignés (noms, prénoms, professions et domiciles des créanciers), tous créanciers de faillite du sieur   , déclarée par jugement du   , actuellement en union;

Ont l'honneur de vous exposer :

Qu'il leur paraît être de l'intérêt de la masse de continuer l'exploitation de l'actif de ladite faillite;

En conséquence et en conformité de l'art. 532, ils vous prient, M. le juge-commissaire, de vouloir bien fixer jour et heure pour la réunion de tous les créanciers de ladite faillite à l'effet de délibérer sur la continuation de l'exploitation et sur le mandat à donner au syndic dans ce but, et le tout dans les termes et dispositions de l'article précité.

A   , le   187 .

(Signature.)

Ordonnance ordinaire de convocation n° 117. (Indiquer seulement l'objet de la réunion.)

---

209. *Requête en autorisation de vente de marchandises et effets mobiliers après union* (art. 534 du C. de c.).

(Sur timbre.)

A Monsieur   , juge-commissaire de la faillite du sieur   , négociant, en   , demeurant à   , rue.   , n°   .

Le soussigné   , syndic de la faillite du sieur

A l'honneur de vous exposer :

Que parmi les valeurs actives se trouvent diverses marchandises et effets mobiliers consistant en   ;

Que les créanciers ont été déclarés en état d'union le   ;

Qu'il est de leur intérêt qu'il soit procédé à la vente immédiate (à l'amiable *ou* aux enchères) desdites marchandises et effets mobiliers;

En conséquence, et en conformité de l'art. 534 du Code de commerce, il vous prie, M. le juge-commissaire, de vouloir bien l'autoriser à faire procéder à ladite vente, soit à l'amiable, soit aux enchères publiques, et dans ce dernier cas, indiquer la classe d'officiers publics par laquelle la vente devra être faite.

(Indiquer si le failli a été entendu où dûment appelé. — L'intervention du failli n'est pas obligatoire.)

A   , le   187 .

(Signature.)

Voir Ordonnance n° 137, Procès-verbaux n° 157, Actes divers n° 27.

---

210. *Requête en transaction (en cas d'union)* (art. 535 du C. de c.).

(Sur timbre.)

À Monsieur   , juge-commissaire de la faillite du sieur   , négociant
en   , demeurant à   , rue   , n°   .

Le soussigné   , syndic de l'union des créanciers de la faillite du sieur   ;

A l'honneur de vous exposer :

Que par jugement en date du   , le sieur   a été déclaré en état de faillite;

Que pour parvenir à la liquidation de ladite faillite, il est nécessaire de poursuivre diverses instances engagées entre le failli et des tiers, et notamment celle avec le sieur   ;

Que dans l'espèce, il y a intérêt réel à hâter une solution dont le retard entrave les opérations de la faillite et compromet les intérêts des créanciers; d'autant plus que la partie en instance paraît disposée à accepter une transaction qui ne sera d'ailleurs définitive qu'après que le failli aura été dûment appelé et qu'après approbation de M. le juge-commissaire et homologation du Tribunal (dans le cas où la transaction dépasse 300 francs).

En conséquence, il vous prie, Monsieur le juge-commissaire, de vouloir bien, vu les dispositions de l'art. 535 du Code de commerce, l'autoriser à traiter et transiger avec ledit sieur   , au mieux des intérêts de la faillite et d'après les bases suivantes :

(Énumérer les conditions de la vente. — L'intervention du failli n'est pas nécessaire.)

A   , le   187 .

(Signature.)

Voir Ordonnance n° 139, Actes divers n° 28.

---

211. *Requête du syndic en retrait de gage* (art. 547 du C. de c.).

(Sur timbre.)

A Monsieur   , juge-commissaire de la faillite du sieur   , négociant en   ,
demeurant à   , rue   , n°   .

Le soussigné   , syndic de la faillite du sieur   ;
A l'honneur de vous exposer :

Que le failli a remis à titre de gage, au sieur   , divers objets
ou marchandises (les désigner)   , pour lui garantir le remboursement de sa créance en principal, frais et accessoires, s'élevant à
    fr.;

Que ce gage a été régulièrement constitué ;

Que d'après le compte arrêté avec le créancier, cette créance en principal et accessoires s'élève à la somme de   ;

Que d'un autre côté, d'après l'estimation qui en a été faite, il est certain que la valeur des objets *ou* marchandises remis en gage représente
une somme supérieure ;

Qu'il y a donc intérêt pour la faillite à retirer lesdits objets *ou* marchandises en remboursant la dette ;

En conséquence il vous prie, Monsieur le juge-commissaire, de vouloir
bien, conformément à l'art. 547 du Code de commerce, l'autoriser à
retirer le gage dont s'agit, en remboursant la dette au créancier.

A   , le   187 .

(*Signature.*)

Voir Ordonnance n° 141.

---

212. *Requête en payement des créanciers privilégiés* (art. 551 du C. de c.).

(Sur timbre.)

A Monsieur   , juge-commissaire de la faillite du sieur   , négociant en   ,
demeurant à   , rue   , n°   .

Le soussigné   , syndic de la faillite du sieur   , a l'honneur
de vous présenter l'état ci-joint des créanciers de ladite faillite reconnus
privilégiés sur les biens meubles, et de vous prier de vouloir bien, conformément aux dispositions de l'art. 551 du Code de commerce, autoriser le payement desdits créanciers sur les fonds en caisse ou sur les
premiers deniers rentrés.

A   , le   187 .

(*Signature.*)

Voir Ordonnance n° 142, Actes divers n° 50.

213. *Requête pour répartition de dividende.* (art. 565 et suivants du C. de c.).

(Sur timbre.)

A Monsieur   , juge-commissaire de la faillite du sieur   , négociant en   ,
demeurant à   , rue   , n°   .

Le soussigné   , syndic de la faillite du sieur   ;
A l'honneur de vous exposer :

Que par suite de l'union des créanciers de ladite faillite, une répartition doit être faite aux créanciers admis et affirmés;

Que la somme à distribuer est, suivant l'état de caisse, de   ;
Que le chiffre total des admissions s'élève à   fr.;
Que, par suite, le dividende à répartir est de fr.   pour 100;

En conséquence il vous prie, Monsieur le juge-commissaire, de vouloir bien, en conformité de l'art. 565 et suivants du Code de commerce, autoriser la distribution de ce dividende aux créanciers inscrits à l'état de répartition, dont une copie sera remise à la Caisse des dépôts et consignations et une autre au greffe.

A   , le   187 .

(*Signature.*)

Voir Ordonnance n° 143.

---

214. *Requête d'un créancier qui n'a pas de titre, ou qui l'a perdu, pour être autorisé à toucher son dividende sans la production de ce titre* (art. 569 du C. de c.).

(Sur timbre.)

A Monsieur   , juge-commissaire de la faillite du sieur   , négociant en   ,
demeurant à   , rue   , n°   .

Le soussigné   , négociant, demeurant à   , rue   ,
n°   , créancier vérifié et affirmé du sieur   , failli, de la somme
de   ;
A l'honneur de vous exposer :

Qu'il n'a d'autre titre que les livres du failli lui-même;
Ou bien :

Qu'il a, depuis les vérifications, perdu son titre revêtu de l'admission du syndic et de votre visa;

En conséquence, et en conformité de l'art. 569 du Code de commerce, il vous prie, Monsieur le juge-commissaire, de vouloir bien l'autoriser à toucher son dividende sans être tenu de représenter son titre, mais sur

le vu d'une expédition du procès-verbal de vérification constatant son
admission.

. L'expédition doit porter la mention suivante :
Autorisé par nous, juge-commissaire.

                                        A   , le   187 .

                                                (*Signature.*)

---

215. *Requête pour être autorisé à la conversion en vente judiciaire de la
saisie immobilière avec vente par expropriation* (art. 571 et 572 du C.
de c.).

                                        (Sur timbre.)

A Monsieur   , juge-commissaire de la faillite du sieur   , négociant en
            demeurant à   , rue   , n°   .

Le soussigné   , syndic de la faillite du sieur   ;
A l'honneur de vous exposer :
Que divers immeubles font partie de l'actif immobilier de cette faillite;
Que ces immeubles sont sous le coup de poursuites judiciaires de la
part des créanciers hypothécaires;
Que notamment pour la maison   , appartenant au sieur   ,
il y a saisie immobilière par procès-verbal du   ;
. Que cette saisie a lieu à la requête de M.   , créancier hypothé-
caire pour une somme de   ;
Qu'à la suite de cette saisie les formalités ont été remplies par
M.   , poursuivant, pour vendre cet immeuble par expropriation;
Que ce mode de vente est reconnu pour être lent et très-coûteux.
En conséquence il vous prie, Monsieur le juge-commissaire, de vouloir
bien, vu l'exposé qui précède, et conformément aux art. 571 et 572 du
Code de commerce et les art. 743 et 744 du Code de procédure civile,
l'autoriser à convertir en vente judiciaire la vente de la maison sise à
      , rue   n°   , saisie par M.   , créancier hypothécaire.

                                        A   , le   187 .
                                                (*Signature.*)

Voir Jugement n° 94.

---

216. *Requête en autorisation de vente des immeubles du failli en cas d'union*
(art. 571 et 572 du C. de c.).

                                        (Sur timbre.)

A Monsieur   , juge-commissaire de la faillite du sieur   , négociant en
            demeurant à   , rue   , n°   .

Le soussigné   , syndic de la faillite du sieur
A l'honneur de vous exposer :

Que les créanciers dudit sieur   étant constitués en état d'union, depuis le   il y a lieu de poursuivre la vente des immeubles du failli (les désigner).

En conséquence, et conformément aux art. 571 et 572 du Code de commerce, il vous prie de vouloir bien l'autoriser à faire procéder, avec formes de droit, à la vente des immeubles dudit sieur   .

A   , le   187 .

(Signature.)

Voir Ordonnance n° 144.

217. *Requête en revendication d'effets ou valeurs remises au failli à titre de mandat ou avec destination spéciale* (art. 574 et 576 du C. de c.).

(Sur timbre.)

A Monsieur   , juge-commissaire de la faillite du sieur   , négociant en demeurant à   , rue   , n°   .

Le soussigné   (nom, prénoms, qualités et domicile) a l'honneur de vous exposer qu'il a remis au failli divers effets de commerce *ou* autres titres (indiquer les effets ou les titres)   , avec le simple mandat d'en faire le recouvrement et d'en garder la valeur à sa disposition.

Ou bien :

avec affectation spéciale desdits effets *ou* titres à des payements déterminés ;

(Indiquer ces payements ; indiquer en outre les faits et les documents qui établissent que telles ont été les conditions de cette remise.)

Que les effets de commerce *ou* titres dont s'agit se trouvaient, au jour de la faillite, dans le portefeuille du failli, ainsi qu'il résulte de l'inventaire du syndic ;

Que l'exposant est donc fondé à en exercer la revendication, conformément à l'art. 574 du Code de commerce ;

En conséquence, conformément aux art. 574 et 579 dudit Code, il vous prie, Monsieur le juge-commissaire, de vouloir bien donner votre approbation à la présente revendication et autoriser le syndic à lui restituer les effets de commerce ou titres dont s'agit.

A   , le   187 .

(Signature.)

Soit communiqué au syndic,

Le *juge-commissaire.*

Avis du syndic.

Le soussigné   , syndic de la faillite du sieur   ;

Vu la requête qui précède et les justifications fournies, est d'avis qu'il y a lieu d'admettre la revendication.

(Si le syndic refuse, indiquer les motifs.)

(*Signature du syndic.*)

Voir Ordonnance n° 145.

218. *Requête en revendication de sommes encaissées par le syndic sur des remises en effets de commerce faites au failli à titre de mandat ou avec destination spéciale* (art. 574 et 579 du C. de c.).

(Sur timbre.)

A Monsieur   , juge-commissaire de la faillite du sieur   , négociant en demeurant à   , rue   , n° .

Le soussigné   (nom, prénoms, qualités et domicile) a l'honneur de vous exposer :

Qu'il a remis au failli divers effets de commerce (*ou* autres titres) (les indiquer) avec le simple mandat d'en faire le recouvrement et d'en garder la valeur à sa disposition ;

Ou bien :

avec affectation spéciale desdits billets *ou* titres à des payements déterminés ;

(Indiquer ces payements. — Indiquer en outre les faits et les documents de nature à établir que telles ont été les conditions de cette remise.)

Que les effets de commerce (*ou* titres) dont s'agit se trouvant, au jour de la déclaration de faillite, dans le portefeuille du failli, ce dernier est par là même fondé à revendiquer, entre les mains du syndic, les deniers provenant de l'encaissement qu'il en a fait, sauf la retenue des frais de commission et de recouvrement ;

En conséquence il vous prie, Monsieur le juge-commissaire, de vouloir bien, conformément aux art. 574 et 579 du Code de commerce, donner votre approbation à la présente revendication et autoriser le syndic à lui restituer les fonds provenant desdits encaissements sauf la retenue sus-indiquée.

A   , le   187 .

(*Signature.*)

Soit communiqué au syndic,

Le juge-commissaire.

Avis du syndic.

Le soussigné   , syndic de la faillite du sieur   .
Vu la requête ci-dessus et les justifications fournies, est d'avis qu'il y
a lieu d'admettre la revendication.

(Si le syndic refuse, indiquer les motifs.)

(Signature du syndic.)

Voir Ordonnance n° 146.

---

219. *Requête en revendication de marchandises consignées au failli*
(art. 575 et 579 du C. de c.).

(Sur timbre.)

A Monsieur   , juge-commissaire de la faillite du sieur   , négociant en
demeurant à   , rue   , n°   .

Le soussigné   (nom, prénoms, qualités et domicile), a l'honneur de vous exposer :

Qu'à la date du   , il a consigné au failli   , à titre de dépôt
(*ou pour être vendues pour son compte*) les marchandises ci-après indiquées, savoir   (les désigner) :

(Indiquer les faits et documents de nature à établir que telles ont été les conditions de
la remise.)

Que ces marchandises existent encore en nature et que l'exposant est,
en conséquence, fondé à les revendiquer, conformément à l'art. 575 du
Code de commerce;

C'est pourquoi l'exposant vous prie, Monsieur le juge-commissaire, de
vouloir bien, conformément audit article et à l'art. 579 du même Code,
donner votre approbation à la présente revendication et autoriser le
syndic à lui remettre les marchandises dont s'agit.

A   , le   187 .

(Signature.)

Soit communiqué au syndic,
Le juge-commissaire.

Avis du syndic.

Le soussigné   , syndic de la faillite du sieur   ;
Vu la requête qui précède et les justifications fournies, est d'avis qu'il
y a lieu d'admettre la revendication.

(Si le syndic refuse, indiquer les motifs.)

(Signature.)

Voir Ordonnance n° 147.

220. *Requête en revendication du prix des marchandises consignées au failli et par lui vendues avant la faillite* (art. 575 et 579 du C. de c.).

(Sur timbre.)

A Monsieur   , juge-commissaire de la faillite du sieur   , négociant en   ,
demeurant à   , rue   , n°   .

Le soussigné   (nom, prénoms, qualités et domicile) a l'honneur de vous exposer :

Qu'à la date du   il a consigné au failli, à titre de dépôt (*ou* pour être vendues pour son compte), diverses marchandises (les désigner);

(Indiquer, en outre, les faits et documents de nature à établir que telles ont été les conditions de la remise.)

Que les marchandises dont il s'agit ont été vendues par le failli, mais qu'au jour de la faillite le prix (*ou* partie du prix) s'élevant à   , n'avait encore été ni réglé en valeurs, ni compensé en compte courant entre le failli et l'acheteur;

Que ce prix est encore dû aujourd'hui, et que, par conséquent, l'exposant est fondé à le revendiquer, conformément à l'art. 575 du Code de commerce ;

Ou bien :

Que ce prix a été encaissé par le syndic, mais que l'exposant est fondé à le revendiquer par application de l'art. 575 du Code de commerce;

Et ce, sous la déduction des à-comptes par lui reçus et des avances qui lui ont été faites sur les marchandises;

En conséquence, il vous prie, Monsieur le juge-commissaire, de vouloir bien, conformément aux art. 575 et 579 du Code de commerce, approuver la présente revendication et l'autoriser à poursuivre en son nom personnel le recouvrement du prix dont s'agit;

Autoriser le syndic à lui remettre la somme provenant de l'encaissement dudit prix, sous les déductions ci-dessus indiquées.

A   , le   187 .

Soit communiqué au syndic,   (*Signature.*)
Le juge-commissaire.

Avis du syndic.

Le soussigné   , syndic de la faillite du sieur   ;
Vu la requête qui précède et les justifications fournies, est d'avis qu'il y a lieu d'admettre la revendication.

(Si le syndic refuse, indiquer les motifs.)

(*Signature du syndic.*)

Voir Ordonnance n° 148.

221. *Requête en revendication de marchandises expédiées au failli*
(art. 576 et 579 du C. de c.).

(Sur timbre.)

A Monsieur   , juge-commissaire de la faillite du sieur   , négociant en
demeurant à   , rue   , n° .

Le soussigné   (nom, prénoms, qualités et domicile),
A l'honneur de vous exposer :

Qu'il a vendu au sieur   , failli, diverses marchandises (les désigner); qu'il lui a expédié ces marchandises par voie de   , et que le prix ne lui en a pas été payé;

Qu'au jour de la faillite la livraison de ces marchandises n'avait point été faite dans les magasins du failli, ni dans ceux d'aucun commissionnaire chargé de les vendre pour son compte; qu'elles existent, au contraire, entre les mains de   (indiquer le dépositaire, voiturier ou transporteur), et que le failli ne les a point vendues antérieurement à sa faillite sur factures et connaissements, ou lettres de voiture signées de l'exposant;

Que l'exposant est donc fondé à les revendiquer, conformément à l'art. 576 du Code de commerce;

En conséquence il vous prie, Monsieur le juge-commissaire, de vouloir bien, conformément aux art. 576 et 579 du Code de commerce, approuver la présente revendication et l'autoriser à se faire remettre, par le détenteur, les marchandises dont s'agit, aux offres que fait ledit exposant de rembourser les à-comptes par lui reçus, et de tenir compte à qui de droit de tous les frais et avances pour les causes indiquées dans l'article 576 du Code de commerce.

A   , le   187 .

(*Signature.*)

Soit communiqué au syndic,
Le juge-commissaire.

Avis du syndic.

Le soussigné   , syndic de la faillite du sieur   ;
Vu la requête qui précède et les justifications y énoncées et fournies, est d'avis qu'il y a lieu d'admettre la revendication.

(Si le syndic refuse, indiquer les motifs.)

(*Signature.*)

Voir Ordonnance n° 149.

222. *Requête en revendication de marchandises expédiées au failli et déposées chez un tiers, ou vendues par le syndic* (art. 576 et 579 du C. de c.).

(Sur timbre.)

A Monsieur   , juge-commissaire de la faillite du sieur   , négociant en demeurant à   , rue   , n°   .

Le soussigné   (nom, prénoms, qualités et domicile);

A l'honneur de vous exposer :

Qu'il a vendu au sieur •   , failli, diverses marchandises (les désigner) qui ont été expédiées par la voie de   , et que le prix ne lui en a pas été payé;

Qu'au jour de la faillite, la livraison de ces marchandises n'avait point été faite dans les magasins du failli ni dans ceux d'aucun commissionnaire chargé de les vendre pour son compte; qu'elles existaient, au contraire, entre les mains de   (indiquer le détenteur) d'où elles ont été retirées par le syndic (qui les détient ou qui les a vendues);

Que l'exposant, qui était fondé à les revendiquer aux mains du détenteur, conformément à l'art. 576 du Code de commerce, est également fondé à en faire la revendication contre le syndic (*ou* à revendiquer entre les mains du syndic le produit de la vente qu'il en a faite).

En conséquence il vous prie, Monsieur le juge-commissaire, de vouloir bien, en conformité dudit article, approuver la présente revendication et autoriser le syndic à lui remettre les marchandises dont s'agit (*ou* le prix des marchandises), aux offres faites, par ledit exposant, de rembourser les à-comptes reçus et de tenir compte à qui de droit de tous les frais et avances pour les causes indiquées en l'art. 576 du Code de commerce.

A   , le   187 .

(*Signature.*)

Soit communiqué au syndic,

Le juge-commissaire.

Avis du syndic.

Le soussigné   , syndic de la faillite du sieur   ;

Vu la requête qui précède et les justifications fournies, est d'avis d'admettre la revendication.

(Si le syndic refuse, indiquer les motifs.)

(*Signature du syndic.*)

Voir Ordonnance n° 150.

223. *Requête en rétractation de faillite* (art. 580 du C. de c.).

(Sur timbre.)

A Messieurs les Président et juges du Tribunal de commerce de.

Le soussigné   , négociant en   , demeurant à   ,
rue   , n°   , déclaré en faillite par jugement du   ;
A l'honneur de vous exposer :
Que c'est à un embarras momentané que doit être attribué son défaut
de payement ;

(Indiquer les circonstances et expliquer les causes qui ont amené sa gêne.)

Mais que, d'ici à peu, il sera en mesure de satisfaire tous ses créanciers; que cette déclaration porte le plus grand préjudice à son crédit
et ne peut que nuire à sa situation qui est loin d'être mauvaise ;
En conséquence, il conclut à ce qu'il plaise au Tribunal le recevoir,
en conformité de l'art. 580 du Code de commerce, en son opposition envers le jugement du   qui le déclare en état de faillite; rapporter
ledit jugement, et, aux mêmes fins, lui permettre d'assigner le syndic
de ladite faillite à comparaître devant le Tribunal, en sa qualité, à la
plus prochaine audience.

A   , le   187 .

(Signature du failli.)

Permis d'assigner.

(Assignation ordinaire au syndic et au créancier qui a provoqué la déclaration.)

A   , le   187 .

(Signature du Président.)

Voir Jugements n°° 95, 96.

---

224. *Requête en réhabilitation* (art. 605 du C. de c.).

(Sur timbre.)

A Messieurs les premier Président, Président et Conseillers à la
Cour d'appel de   .

Le soussigné   , négociant en   , demeurant à   ,
rue   , n°   ;
A l'honneur de vous exposer :
Que par jugement du Tribunal de commerce de   , en date
du   , il a été déclaré en état de faillite;
Qu'il a obtenu un concordat de ses créanciers en date du   ;

Que depuis, ayant repris son commerce, il a pu réussir à désintéresser tous ses créanciers, intérêts, capital et frais, comme le justifient d'ailleurs les documents ci-joints (quittance, bilan, concordat);

Que M. le juge-commissaire de sa faillite et M. le syndic, dans leurs rapports, ont toujours constaté la parfaite honorabilité de ses actes et reconnu que sa cessation de payements n'était due qu'à des circonstances indépendantes de sa volonté;

En conséquence, et en conformité de l'art. 605 du Code de commerce, il demande qu'il plaise à la Cour déclarer qu'il est réhabilité et qu'il peut reprendre l'exercice de ses droits que l'état de faillite lui a fait perdre.

A   , le   187 .

(*Signature.*)

Voir Jugements (Arrêt) n° 97.

TROISIÈME PARTIE

DES RÉPARTITIONS DE DIVIDENDES

Instructions ministérielles. — Instructions pratiques.

INSTRUCTIONS MINISTÉRIELLES

LOI DES FINANCES DU 28 AVRIL 1816

ARTICLE 110. Les dépôts, les consignations, les services relatifs à la Légion d'honneur, à la Compagnie des canaux, aux fonds de retraite, et les autres attributions (l'amortissement excepté) confiées à la caisse actuellement existante, seront administrées par un établissement spécial sous le nom de *Caisse des dépôts et consignations*.

ORDONNANCE DU 8 JUILLET 1816.

ARTICLE 1. La Caisse des dépôts et consignations créée par l'art. 110 de la loi du 28 avril dernier recevra seule toutes les consignations judiciaires.

ART. 2. Seront versés dans la Caisse des dépôts et consignations : les deniers provenant des ventes des meubles, marchandises des faillis et de leurs dettes actives, dans le cas prévu par l'art 489 du Code de commerce.

ART. 3. Défendons à nos Cours, Tribunaux et administrations quelconques d'autoriser ou d'ordonner des consignations en autres caisses de dépôts publics ou particuliers, même d'autoriser les débiteurs, dépositaires, tiers-saisis, à les conserver sous le nom de séquestre ou autrement, et au cas où de telles consignations auraient lieu elles seraient nulles et non libératoires.

INSTRUCTIONS PRATIQUES

MARCHE A SUIVRE. — PIÈCES A PRODUIRE

1ʳᵉ période.

1° Requête au juge-commissaire en autorisation de répartition (sur feuille timbrée). (La requête indique la somme à répartir, le taux de la répartition, le nombre des créanciers, etc. Voir aux requêtes, n° 213.)

2° État des créanciers entre lesquels la répartition doit être faite, certifié véritable par le syndic, modèle n° 1 de cette IIIᵉ partie.

3° Mandats correspondant en nombre, en sommes et en noms à l'état précédent; modèle n° 4 de cette IIIᵉ partie.

4° Ordonnance du juge-commissaire autorisant la répartition. (Voir aux ordonnances, n° 143).

La requête est ordonnancée par le juge-commissaire; — l'état modèle n° 1 est visé par le juge-commissaire; — les mandats sont préparés par le syndic, signés par le juge-commissaire, légalisés par le Président et contresignés par le greffier; ils sont à la date de l'ordonnance, et acquittés par le syndic lorsqu'ils les remet aux créanciers.

L'expédition de la requête et de l'ordonnance du juge-commissaire doit être remise à la Caisse des dépôts et consignations; — le préposé à la Caisse indique l'époque à laquelle la Caisse sera en mesure d'effectuer le payement des dividendes. Ce renseignement est nécessaire pour prévenir utilement les créanciers.

2° période.

1° Trois états de répartition, modèle n° 2 de cette IIIᵉ partie.

Le premier état, destiné au greffe, doit indiquer les lieux, jours et heures pour la remise des mandats par les syndics; il sert au greffier à prévenir les créanciers.

2° Lettres d'avis de la répartition aux créanciers, modèle n° 5 de cette IIIᵉ partie.

3° Insertions de la répartition. (Voir aux insertions, n° 71.)

Le deuxième état, émargé par les créanciers en retirant leurs mandats, reste entre les mains du syndic comme décharge.

Le troisième état est joint au dossier de la faillite, au greffe, après avoir été émargé par duplicata.

L'état, modèle n° 2, est sur timbre (Loi du 13 brumaire, an VII, art. 12). Les mandats sont acquittés par le syndic lorsqu'il les remet aux créanciers.

3ᵉ période.

(A l'expiration du délai indiqué dans les lettres d'avis pour le retrait des mandats de chez les syndics) :

1° Deux états des créanciers qui n'ont pas retiré leurs mandats certifiés par le syndic, modèle n° 3 de cette IIIᵉ partie.

2° Mandats qui n'ont pas été retirés.

Les deux états, modèle n° 3, sont visés par le juge-commissaire.

Le premier de ces états est destiné à la Caisse des dépôts et consignations et sert au préposé à la Caisse à porter les dividendes non touchés à un compte collectif ouvert aux créanciers de la faillite, dividendes qui sont retirés par les créanciers eux-mêmes.

Le second de ces états est destiné au dossier de la faillite qui contient, de cette manière, tous les renseignements relatifs à la répartition ainsi que les moyens nécessaires pour les contrôler.

Les mandats non retirés et portés sur ces états sont détruits en présence du juge-commissaire.

Toutes ces pièces doivent être remises directement au greffe ou à la comptabilité des faillites.

Le greffier ou le comptable des faillites est chargé de procéder à l'accomplissement des diverses formalités indiquées par l'instruction et de diriger les pièces suivant la marche qu'elles doivent suivre.

Nº   DU GREFFE.   **TRIBUNAL DE COMMERCE DE**   Modèle nº 1

Faillite du sieur

CONSIGNATION (a)

Nº   .

(b) RÉPARTITION ordonnancée le   .

NUMÉROS d'ordre des mandats délivrés.	MONTANT DES MANDATS.		OBSERVATIONS.

(a) Numéro de la déclaration du premier versement fait pour le compte de la faillite.
(b) Numéro de la répartition.

(Cet état doit être certifié véritable par le syndic et visé par le juge-commissaire.)

N° DU GREFFE.

TRIBUNAL DE COMMERCE DE Modèle n° 2

M...............

Faillite du sieur

juge-commissaire.

M...............

(*a*) RÉPARTITION ordonnancée le

syndic. *Taux de la répartition :* *Nombre de créances :*

Numéros des mandats.	NOMS ET ADRESSES des créanciers.	NOMS des mandataires.	MONTANT des créances affirmées.	MONTANT du dividende.	ÉMARGEMENTS.

(*a*) Numéro de la répartition.

Nᵒ.   DU GREFFE   **FAILLITE DU SIEUR**   Modèle nᵒ 3.

CONSIGNATION (*a*)
Nᵒ

(*b*) RÉPARTITION ordonnancée le

État des sommes restant à payer aux créanciers ci-après nommés pour leurs dividendes.

NOMS ET PRÉNOMS des créanciers.	SOMMES.	DÉSIGNATION des titres.	OBSERVATIONS.

(*a*) Numéro de la déclaration du premier versement fait pour le compte de la faillite.
(*b*) Numéro de la répartition.

(Cet état doit être certifié véritable par le syndic et visé par le juge-commissaire.)

CAISSE
des
DÉPÔTS ET CONSIGNATIONS
—

Modèle n° 4.
—

N°   (a)

CONSIGNATION

M^r

fr.   c.

—

FAILLITE du sieur
————

(b) *Répartition.*

MANDAT N° (c)   de la somme de   ,
à payer par la Caisse des dépôts et consignations,
sur quittance de M.   , syndic, à valoir
sur les consignations faites pour le compte de la
faillite.

A   , le   187 .

Le juge-commissaire,

Vu pour légalisation de la signature de M.   , juge-commissaire de la faillite
du sieur   .

Le Président du Tribunal de commerce de

Pour acquit de la somme de   énoncée ci-dessus.

A   , le   187 .

Le syndic,

(a) Numéro de la déclaration du premier versement fait pour le compte de la faillite.
(b) Numéro de la répartition.
(c) Numéro d'ordre du mandat.

Modèle n° 5

TRIBUNAL DE COMMERCE
de   .

Greffe.

LETTRE DE RÉPARTITION

FAILLITE du sieur

(*a*) *Répartition de dividende.*

M

Une répartition de dividende de   pour cent vient d'être ordonnancée par Monsieur   , juge-commissaire de la faillite du sieur   .

Vous êtes invité à vous présenter chez M.   , syndic de la faillite, rue   , n°   , du   au   inclusivement, et de   heure à   heure , pour retirer le mandat sur la Caisse des dépôts et consignations du dividende vous revenant dans cette faillite.

Vous devez être muni de cette lettre d'avis et de vos titres de créances sans lesquels le syndic ne pourrait vous remettre votre mandat.

A   , le   187 .

Le greffier du Tribunal,

(a) Numéro de la répartition.

QUATRIÈME PARTIE

COMPTABILITÉ DES FAILLITES

COMPTABILITÉ PARTICULIÈRE DU GREFFE. — COMPTABILITÉ GÉNÉRALE
DU TRIBUNAL. — SURVEILLANCE. — CONTROLE. — STATISTIQUE.

I

COMPTABILITÉ PARTICULIÈRE DU GREFFE.

Note indicative de son objet et de son but. — Bordereau A (relevé des
actes par journées). — Registre B (compte des faillites). — Registre C
(compte des syndics). — Chemises D et D bis (dossiers). — Registre E
(statistique). — État F (contrôle et produit).

Note indicative.

Cette comptabilité doit faire connaître jour par jour tous les actes
du greffe en matière de faillites.

Tenue exactement, elle sert : 1° à la confection du répertoire et du
registre des droits de greffe, livres prescrits par les lois des 22 frimaire an VII, art. 49, et 21 ventôse an VII, art. 13 ; 2° pour le contrôle de l'enregistrement des actes et des perceptions du greffe.

Elle est nécessaire au greffier pour constater la marche et le degré
d'avancement de chaque faillite et en établir le compte au double point
de vue des recettes et des dépenses.

Arrêtée chaque mois, cette comptabilité donne : 1° la position de
chaque faillite ; 2° celle de chaque syndic à l'égard de chacune de ses
faillites ; comme conséquence, la situation générale des faillites et des
syndics à l'égard du greffe ; 3° enfin, les résultats comme statistique,
contrôle et produit.

L'examen des divers registres employés fera connaître le mode de
comptabilité qui a paru le mieux répondre à ces diverses exigences, soit
légales, soit privées, en ce qui concerne la responsabilité, les obligations
et les intérêts du greffier.

BUREAU DES FAILLITES   *Journée du*

NOMENCLATURE des ACTES.	SOMMES versées.	ROLES.	Enregistrement. Minutes.	Enregistrement. Expéditions.	Répertoire.	Expéditions.	Feuille d'audience.
R Dépôt de bilan du sieur X.........							
R — de l'inventaire de la faillite Z.							
R Procès-verbal concordat, faillite Y.							
Lettre-avis de remplacement, juge-commissaire, faillite U..........							
R Procès-verbal de vérification, faillite T...................							
R Procès-verbal d'affirmation, faillite T...................							
R Jugement-clôture, faillite L.......							
Avis au parquet, faillite L.........							
R Jugement sauf-conduit, faillite M..							
Avis au parquet, faillite M........							
R Ordonnance fixant jour du syndicat, faillite N.................							
R Jugement maintenant syndic, faillite N...........							
Versé par M. X..................							
Total de la journée···							
Report des journées précédentes.							
TOTAL...······							

Le bordereau A, dont la disposition est tracée d'une manière générale, en vue des divers services du greffe, reçoit jour par jour et indistinctement tous les actes de faillites au fur et à mesure qu'ils se produisent (*aussi bien ceux qui ne doivent pas être portés au répertoire que les autres*).

Il y a lieu de remarquer, et c'est essentiel, qu'ils sont inscrits dès le premier jour de leur existence au greffe et non le jour de leur enregistrement.

L'inscription selon le mode ci-dessus indiqué, tout en répondant aux prescriptions légales, ne permet pas aux actes de s'égarer en attendant le jour de leur enregistrement, et, de plus, assure l'exactitude de cet enregistrement parce que les colonnes n'étant remplies qu'au fur et à mesure que les actes sont enregistrés, les lignes en blanc signalent à l'attention du greffier ceux qui ne le sont pas encore.

Le coût des actes est détaillé par nature afin d'en faciliter le contrôle.

187 .   Bordereau A.

OURS.			FAILLITES.		TOTAL des DÉBOURS.	HONORAIRES.			TOTAL GÉNÉRAL	OBSERVATIONS.
IER.						ROLES.	Droits du greffier.	Total des honoraires.		
Actes divers.	Registres.	Insertions.	Lettres.							
										RELEVÉ FINANCIER A LA FIN DU MOIS.
										Du mois précédent, dû..
										Dépenses du mois.......
										Total dû...
										Recettes du mois ......
										Net du fin du mois..

Les versements sont indiqués et doivent correspondre avec le livre de caisse du greffe.

La lettre R, mise en regard des actes au moment de leur inscription sur le bordereau, indique ceux qui doivent être portés au répertoire.

Les diverses colonnes étant totalisées jour par jour et mois par mois, en tenant compte, bien entendu, des délais de vingt jours pour l'enregistrement des actes, le mouvement des faillites est facile à connaître.

Ce bordereau, à la fin du mois, donne la situation financière des faillites à l'égard du greffe.

C'est par son dépouillement qu'est dressé le compte de chaque faillite (voir Registre B, ci-après).

FAILLITE du sieur (nom, prénoms, genre de commerce, domicile).

Juge-commissaire, M.

Syndic, M.

DATES DES ACTES.		NOMENCLATURE DES ACTES.	Art. du Code de commerce.	A-compte reçus.	PAPIER	Enregistrement et débours.	Droits du greffier.	TOTAL.
Juillet	1er	Dépôt de bilan.....................	438					
		Versé par le failli.................		25				
		Jugement déclaratif de faillite........	439					
		Lettre d'avis au juge de paix.........	457					
		— au juge-commissaire....	451					
		— au syndic..............	»					
		Extrait-affiche.....................	442					
		Procès-verbal d'affiche..............	»					
		Insertions	»					
		Lettre d'avis et copie au parquet du jugement déclaratif...............	459					
		Enregistrement du journal...........	»					
		Jugement de report d'ouverture sur requête du syndic ou demande des créanciers	441					
		Extrait affiche.....................	442					
		Procès-verbal d'affiche..............	»					
		Insertions	442					
		Ordonnance statuant sur demande en intervention de la veuve ou des héritiers du failli...................	478					
		Ordonnance statuant sur demande en dispense des scellés.............	»					
		Ordonnance autorisant l'inventaire sans apposition des scellés............	»					
		Jugement remplaçant le juge-commissaire...........................	454					
		Versé par le syndic............	....	100				
				125				
		Dépense............		53				
		Au 31 juillet.............		72				
		Ordonnance du juge fixant le jour de la séance pour syndicat définitif......	462					
		Lettres aux créanciers..............	»					
		Insertions	»					
		Procès-verbal de la séance du syndicat définitif	»					
		État des créanciers portés au bilan....	»					
		Jugement maintenant ou remplaçant le syndic	»					
		Insertions	»					
		Bulletin pour le casier judiciaire (à envoyer au parquet)	»					
		Ordonnance du juge autorisant l'un des syndics à agir séparément.........	465					
		Ordonnance du juge dispensant des scellés les objets prévus par l'article.	469					
		Ordonnance autorisant la vente d'objets sujets à dépérissement............	470					
		Ordonnance autorisant continuation d'exploitation	470					
		Ordonnance autorisant délivrance au failli d'objets nécessaires à lui ou à sa famille........................	469					
		Jugement accordant sauf-conduit.....	472					
		Ordonnance fixant secours...........	474					
		— autorisant le failli à se faire représenter à la clôture de ses livres.	475					
		A reporter............						

Registre B.

FAILLITE du sieur (nom, prénoms, genre de commerce, domicile).

Juge-commissaire, M.

Syndic, M.

DATES DES ACTES.	NOMENCLATURE DES ACTES.	Art. du Code de commerce.	A-compte reçus.	PAPIER	Enregistrement et débours.	Droits du greffier.	TOTAL.
	Report...............						
	Dépôt du bilan par le syndic s'il n'a pas été fait par le failli.............	476					
	Dépôt de l'inventaire par le syndic....	480					
	Rapport du syndic au juge-commissaire pour le parquet..................	482					
	Lettre d'envoi.....................	482					
	Ordonnance du juge autorisant la vente des effets mobiliers ou marchandises.	486					
	État du produit de vente.............	»					
	Ordonnance autorisant la transaction..	487					
	Copie de la transaction.............	»					
	Jugement homologuant la transaction..	»					
	Ordonnance fixant les conditions du travail du failli ou des personnes employées par le syndic............	488					
	Ordonnance du juge prescrivant le dépôt de fonds à la Caisse des dépôts et consignations et autorisant le retrait sur mandat délivré par le juge-commissaire..................	489					
	Lettres aux créanciers pour remise de titres.....................	491					
	Insertions............	»					
	Ordonnance fixant le jour de la séance pour les vérifications et affirmations.	493					
	Lettres........................	»					
	Insertions........................	»					
	Procès-verbal de la première séance de vérifications..................	»					
	Procès-verbal de la première séance d'affirmations..................	»					
	Procès-verbal de la deuxième séance de vérifications..................	»					
	Procès-verbal de la deuxième séance d'affirmations..................	»					
	Clôture des vérifications et des affirmations............	»					
	Ordonnance prescrivant l'apport des livres d'un créancier ou ordonnant un compulsoire.....................	496					
	Procès-verbal de défaut à la séance de vérifications et affirmations........	498					
	Jugement statuant sur contestation de créances..................	»					
	Jugement ordonnant de passer outre aux délibérations du concordat......	499					
	Ordonnance fixant le jour de la séance du concordat.....................	504					
	Lettres..................	»					
	Insertions.................	»					
	Ordonnance autorisant le failli à se faire représenter au concordat..........	505					
	Procès-verbal définitif de concordat ou de renvoi à huitaine avec rapport du syndic.................	506					
	Deuxièmes convocations. (Dans le cas de renvoi à huitaine).............	506					
	Lettres..................	»					
	A reporter.........						

Registre B.

FAILLITE du sieur (nom, prénoms, genre de commerce, domicile).

Juge-commissaire, M.

Syndic, M.

DATES DES ACTES.	NOMENCLATURE DES ACTES.	Art. du Code de commerce.	A-compte reçus.	PAPIER	Enregistrement et débours.	Droits du greffier.	TOTAL.
	Report............						
	Insertions........................	»					
	Ordonnance fixant jour pour délibérer sur sursis au concordat..........	510					
	Procès-v. de sursis au concordat dans le cas de poursuites en banqueroute..	510					
	Procès-verbal de concordat par abandon d'actif avec rapport du syndic...	541					
	Jugement fixant les honoraires du syndic	462					
	Jugement homologuant le concordat ou statuant sur les oppositions........	513					
	Procès-verbal de reddition de comptes.	513					
	Jugement refusant d'homologuer le concordat.............................	515					
	Insertions........................	»					
	Jugement annulant le concordat......	520					
	Insertions........................	522					
	Affiche	»					
	Procès-verbal d'affiche............	»					
	Jugement résolvant le concordat.....	520					
	Insertions........................	522					
	Affiche	»					
	Procès-verbal d'affiche............	»					
	Dépôt d'un bilan supplémentaire par le syndic............................	»					
	Invitation aux créanciers de produire leurs titres. (Reprise de la faillite)....	523					
	Procès-verbal de reddition de comptes (s'il intervient un concordat).......	»					
	EN CAS D'UNION.						
	Procès-verbal d'union..............	529					
	Procès-verbal de concordat pour l'un des faillis (s'il y a lieu, dans le cas d'une société)....................	529					
	Jugement maintenant ou remplaçant le syndic............................	»					
	Ordonnance du juge accordant un secours au failli...................	530					
	Ordonnance fixant jour de la réunion des créanciers pour donner au syndic mandat de continuer l'exploitation...	532					
	Lettres............................	»					
	Insertions	»					
	Procès-verbal de la séance..........	»					
	Ordonnance autorisant la vente des immeubles du failli.................	534					
	État du produit de vente...........	»					
	Ordonnance autorisant transaction.....	535					
	Copie de la transaction.............	»					
	Jugement homologuant la transaction.	»					
	Ordonnance fixant le jour de la réunion annuelle des créanciers...........	536					
	Lettres............................	»					
	Insertions	»					
	Procès-verbal de reddition annuelle des comptes avec rapport du syndic....	»					
	A reporter.........						

Registre B.

FAILLITE du sieur (nom, prénoms, genre de commerce, domicile).

Juge-commissaire, M.

Syndic, M.

DATES DES ACTES.	NOMENCLATURE DES ACTES.	Art. du Code de commerce.	A-compte reçus.	PAPIER	Enregistrement et débours.	Droits du greffier.	TOTAL.
	Report...............						
	Ordonnance autorisant le syndic à retirer un gage.................	547					
	Ordonnance autorisant le syndic à payer les créanciers privilégiés.........	551					
	Ordonnance du juge fixant les répartitions entre les créanciers...........	565					
	Lettres............................	»					
	Insertions.........................	565					
	Légalisation des mandats...........	»					
	Ordonnance autorisant la conversion en vente judiciaire de la saisie immobilière avec vente judiciaire par expropriation......................	571					
	Ordonne autorisant la vente des immeubles dépendant de l'actif de la faillite.	572					
	Ordonne autorisant la revendication d'effets ou valeurs remis au failli à titre de mandat ou avec destination spéciale.	574-579					
	Ordonnance autorisant la revendication de sommes encaissées par le syndic sur des remises en effets de commerce faites au failli à titre de mandat ou avec destination spéciale........	574-579					
	Ordonnance autorisant la revendication de marchandises consignées au failli.	575-579					
	Ordonnance autorisant la revendication de marchandises consignées au failli et par lui vendues avant la faillite...						
	Ordonnance autorisant la revendication de marchandises expédiées au failli..	576-579					
	Ordonnance autorisant la revendication de marchandises expédiées au failli et déposées chez un tiers ou vendues par le syndic.........................	» »					
	Ordonnance de dissolution d'union....	537					
	Lettres............................	»					
	Insertions	»					
	Procès-verbal de dissolution d'union...	537					
	Rapport et état des comptes du syndic.	»					
	Jugement prononçant sur l'excusabilité ou la non-excusabilité du failli.....	538					
	Insertions.........................	»					
	EN CAS DE CLOTURE DES OPÉRATIONS POUR INSUFFISANCE D'ACTIF.						
	Jugement prononçant clôture des opérations de la faillite pour insufᵉ d'actif.	527					
	Insertions.........................	»					
	Lettre d'avis au parquet.............						
	État de remboursement par le Trésor des frais de faillite close pour insuffisance d'actif.................	461					
	Jugement rapportant le jugement de clôture pour insuffisance d'actif.....	528					
	Insertions.........................						
	Lettre d'avis au parquet.............						
	A reporter...........						

Registre B.

FAILLITE du sieur (nom, prénoms, genre de commerce, domicile).

Juge-commissaire, M.
Syndic, M.

DATES DES ACTES.	NOMENCLATURE DES ACTES.	Art. du Code de commerce.	A-compte reçus.	PAPIER	Enregistrement et débours.	Droits du greffier.	TOTAL.
	Report..........						
	EN CAS DE DEMANDE DE RÉTRACTA-TION OU RAPPORT DU JUGEMENT DÉ-CLARATIF DE FAILLITE.						
	Jugement ordonnant publication avant rétractation de faillite.............	580					
	Insertions........................	»					
	Jugement statuant sur le jugement dé-claratif de faillite.................	»					
	Insertions........................	»					
	Lettre d'avis au parquet.............						

NOTA. — Toutes les ordonnances sont rendues à la suite des requêtes qui font ainsi partie du dossier.

Ce Registre B contient l'indication, par faillites, des actes faits avec l'intervention du greffe. Les requêtes, adressées par les syndics ou les créanciers aux juges-commissaires, ainsi que les ordonnances qui y répondent et qui sont libellées par le greffe, y sont portées. Ces divers actes sont fournis par le bordereau A au fur et à mesure qu'ils se produisent.

Ce Registre B est donc lui-même le bordereau des pièces de chaque faillite, pièces qui, réunies dans la chemise D, forment au greffe le dossier de la faillite. Il fait connaître, en ce qui concerne l'intervention du greffe, la marche judiciaire et financière de chacune des faillites en cours.

Concurremment avec les pièces du dossier et le Registre G dont il sera parlé à la comptabilité générale du Tribunal, ce Registre B permet de tenir au courant le Registre G de cette même comptabilité générale.

Le Registre B, arrêté tous les mois, donne la situation financière de chaque faillite, et le relevé de toutes les faillites, à la fin du mois, doit être le même que le relevé total du bordereau A. (Voir à ce bordereau le relevé financier à la fin du mois, colonne des observations.)

Les requêtes, ordonnances et tous actes faits au greffe doivent être contresignés par le greffier et portés sur le Répertoire prescrit par la loi du 22 frimaire an VII, art. 13, dont il a été parlé au début dans la note indicative.

Les syndics doivent, lorsqu'ils agissent, être pourvus de l'expédition de l'acte en vertu duquel ils opèrent.

C'est à l'aide du Registre B qui, arrêté chaque mois, donne la si-

tuation financière de chaque faillite, qu'est établi le compte financier de
chaque syndic. (Voir Registre C ci-dessous).

M   syndic.   Registre C.

Nº du folio du Registre B.	NOMS des FAILLITES.	AU 1er JANVIER 187 .		JANVIER 187 .		TOTAL AU 31 JANVIER.		AU 1er FÉVRIER 187 .	
		Doit.	Avoir.	Doit.	Avoir.	Doit.	Avoir.	Doit.	Avoir.
	Faillite X....	53		18		74			
	Faillite Y.....		45	15			30		
	Faillite Z......	175			100	75			
	Faillite U......	63			60	3			
	Faillite V......		17						
						149	30		

30
Dû au 31 janvier...................... 119 fr. par le syndic.

Ce Registre C a un compte ouvert à chaque syndic, toutes les faillites
y sont inscrites par syndic, et la situation de chacune d'elles, à la fin
de chaque mois, y est indiquée, d'après le livre des comptes B.

La situation du syndic à l'égard de toutes ses faillites est parfaitement
établie, et la réunion des comptes de tous les syndics, à la fin du mois,
doit donner un total égal à celui du bordereau A et à celui du relevé
mensuel du Registre B.

Il y a donc double contrôle des actes, par ordre de dates et par
faillites.

Ce Registre C permet d'établir dans ce but le relevé suivant qui peut
être consigné chaque mois à la fin du Registre C, sous l'indication :
Situation collective et mensuelle des syndics.

SITUATION COLLECTIVE ET MENSUELLE DES SYNDICS.

NOMS des SYNDICS.	FIN JANVIER.		FIN FÉVRIER.		FIN MARS.		FIN AVRIL.	
	Doit.	Avoir.	Doit.	Avoir.	Doit.	Avoir.	Doit.	Avoir.
M. X.....................	119							
M. Y.....................	203							
M. Z.....................		75						
M. V.....................		40						
M. U.....................	10							
Total	332	115						
Différence...........	115							
Dû par les syndics au 31 janvier.	217							

Chemise D.

TRIBUNAL DE COMMERCE DE .

N^{os} d'ordre $\begin{cases} \text{du greffe...} \\ \text{de l'année..} \end{cases}$ ————— *Folios des comptes.*
Comptabilité du greffe......
Comptabilité au Tribunal...

Jugement du   187
qui déclare en état de faillite
M. (nom, prénoms)   , négociant en   ,
demeurant à   , rue   , n°   .

Sur $\begin{cases} \text{dépôt de bilan.................} \\ \text{poursuites de créanciers.........} \\ \qquad — \quad \text{du ministère public....} \end{cases}$

ndiquer $\begin{cases} \text{si le dépôt a été ordonné.........} \\ \text{si un sauf-conduit a été} \begin{cases} \text{accordé..} \\ \text{retiré....} \end{cases} \\ \text{s'il y a eu condamnation.........} \end{cases}$

Montant après vérification

Avis au $\begin{cases} \text{juge de paix du} \quad \text{canton le} \quad 187 \\ \text{parquet................ le} \quad 187 \\ \text{juge-commissaire......... le} \quad 187 \\ \text{syndic................ le} \quad 187 \end{cases}$

de l'actif $\begin{cases} \text{immobilier ....} \\ \text{mobilier ......} \end{cases}$

du passif $\begin{cases} \text{hypothécaire...} \\ \text{privilégié......} \\ \text{chirographaire..} \end{cases}$

Juge-commissaire, M.
Syndic, M.

Dates.. $\begin{cases} \text{de la rétractation............. le} \quad 187 \\ \text{de la clôture pour insuffisance... le} \quad 187 \\ \text{du concordat .... le} \quad 187 \\ \text{du concordat par abandon d'actif.. le} \quad 187 \\ \text{de la reddition des comptes...... le} \quad 187 \\ \text{de l'union.................. le} \quad 187 \\ \text{de la dissolution d'union........ le} \quad 187 \end{cases}$

homologué le   187
—   le   187

excusable le   187
non excusable le   187

Dividendes $\begin{cases} \text{par concordat...... pour 100.} \\ \text{après abandon d'actif. pour 100.} \\ \text{après union,....... pour 100.} \end{cases}$

Date de la réhabilitation : le   187 .

Cette chemise D, destinée à recevoir toutes les pièces du greffe formant le dossier de la faillite, est établie pour répondre aux besoins de la statistique générale annuelle du ministère de la justice, prévue par le décret du 30 mars 1808, art. 80, et dont le modèle est à la fin de l'ouvrage, pages 342 et suivantes.

TRIBUNAL DE COMMERCE DE   Chemise D bis.

N° d'ordre du greffe....

Faillite du sieur (nom, prénoms)   , négociant en
demeurant à   , rue   , n°   ,
déclarée par jugement du   187 .

M.   *juge-commissaire.*
M.   *syndic.*

Cette chemise D *bis,* qui n'est qu'une annexe de la précédente, reçoit les pièces courantes de la faillite, c'est-à-dire celles qui se rattachent aux opérations en cours. Lesdites pièces, une fois que les opérations qu'elles concernent sont terminées, doivent être versées dans la chemise D.

C'est sur la chemise D *bis* que sont consignées, au moment des séances, toutes les notes et indications devant faciliter la rédaction des procès-verbaux, lorsqu'ils n'ont pas été rédigés à la séance même.

Cette première partie fait connaître le mouvement général des faillites au greffe, les débours de toutes sortes auxquels elles donnent lieu (enregistrement, timbre, frais divers et honoraires), les avances du greffier avec leur répartition par faillites et par syndics. Ces indications sont indispensables pour assurer les rentrées et les consignations.

Il est essentiel de contrôler ce premier résultat; à cet effet sont établis le Registre E et l'État F.

STATISTIQUE DES FAILLITES.   **Mois d**

NOMENCLATURE DES ACTES.	1er	2	4	5	6	7	8	9	10
Dépôts { de bilans............................									
{ d'inventaires.........................									
Lettres diverses.............................									
Insertions.................................									
Verbaux affiches............................									
Certificats d'affiche.........................									
Expéditions pour le Parquet..................									
Bulletins individuels........................									
Enregistrement de journaux..................									
États des créanciers.........................									
Ordonnances..............................									
Syndicats définitifs									
Procès-verbaux, vérifications et affirmations, défaut...................................									
Verbaux vérifications........................									
— affirmations									
Concordats, renvoi à huitaine.................									
— définitifs.......................									
Contrats d'union............................									
Verbaux délibération et communication aux créanciers...................................									
Dissolutions d'union........................									
Redditions de comptes......................									
Jugements divers...........................									
Rôles d'expéditions.........................									
Légalisations (mandats de répartitions et autres).									

Ce Registre E donne par jour, par mois et par nature, le nombre exact de tous les actes.

Ce relevé statistique est dressé à l'aide du bordereau A.

Le produit de ces divers nombres d'actes par le droit correspondant donne le montant des honoraires provenant des faillites.

187 .

Registre E.

12	13	14	16	18	19	20	21	22	23	25	26	27	28	29	30			TOTAL.	OBSERVATIONS.

Il est évident que s'il n'y a pas eu erreur d'un côté ou de l'autre, le produit fourni par le Registre E doit être le même que celui accusé par la colonne affectée aux droits du greffier, au bordereau A, p. 313.

Il y a lieu de constater que le résultat du bordereau A est obtenu jour par jour, tandis que celui du Registre E l'est par nature d'actes.

TRIBUNAL DE COMMERCE DE
Greffe.

ÉTAT DE SITUATION

ACTES sur registres.	ACTES au répertoire.	NOMBRE.	RECETTES. NOMENCLATURE DES ACTES.	HONORAIRES pour chaque acte.	TOTAL.
			Mise au rôle....................		
			Jugements, ceux de radiation de causes compris, ceux de remise exceptés....		
			Jugements par défaut — contradictoires } expédiés, qualités..................		
			Rôles d'expéditions		
			Enquêtes....................		
			Serments d'experts		
			Cautions....................		
			Émancipations, autorisations commerciales, interdictions		
			Séparations de biens....................		
			Contrats de mariages....................		
			Sociétés....................		
			Nominations d'agents de change, de courtiers interprètes..................		
			— de courtiers inscrits.		
			Démissions d'agents de change, de courtiers interprètes..................		
			Actes de voyage....................		
			Rapports d'experts, d'arbitres....................		
			Visites du grand cabotage....................		
			— du petit cabotage		
			Rapports de mer		
			Naufrages....................		
			Billets de grosse....................		
			Compulsoires....................		
			Commissions rogatoires....................		
			Certificats....................		
			Actes divers....................		
			Retraits de pièces....................		
			Légalisations		
			Dépôt de bilans et d'inventaires....................		
			Lettres....................		
			Insertions....................		
			Procès-verbaux ; affiches....................		
			Extraits....................		
			Expéditions, jugements déclaratifs, faillites pour le Parquet..................		
			Bulletins individuels....................		
			États de créanciers....................		
			Ordonnances....................		
			Procès-verbaux ; syndicats définitifs....................		
			— de vérification ; affirmation....................		
			— — et affirmation....................		
			Concordats ; renvoi à huitaine....................		
			— définitifs....................		
			Contrats d'union....................		
			Délibérations et communications....................		
			Redditions de comptes....................		
			Dissolutions d'union....................		
			Légalisations des mandats....................		

du mois d **187** . État F.

DÉPENSES.

Traitements : MM.

Expéditions : Rôles.

Frais divers.

DÉPENSES TOTALES.....

Produits bruts.....
Frais généraux....

Produit net.......

Cet état F, dit de situation, donne les produits des divers services du greffe.

Il est divisé par sections : 1° mise au rôle, jugements, rôles et enquêtes, 2° serments d'experts, cautions, 3° dépôts divers, 4° faillites.

Il est établi à l'aide des relevés statistiques, Registre E, qui se reproduit pour toutes les sections.

Le produit total doit être considéré comme exact s'il est le même que celui indiqué par la colonne affectée aux honoraires ou droits du greffier dans le Registre des droits du greffe dont il a été parlé dans la note indicative et prescrit par la loi de ventose, an VII, art. 13.

Le Registre des droits de greffe est établi sur le même modèle que le bordereau A.

Il est la réunion des bordereaux spéciaux à chaque service.

Il reçoit donc tous les actes au fur et à mesure qu'ils se produisent au greffe, tandis que l'état général de situation les reçoit par nature.

Cette remarque est essentielle au point de vue de l'exactitude du produit qui s'obtient ainsi par des voies différentes.

Cet état de situation F facilite le contrôle du répertoire. C'est dans ce but qu'est réservée la deuxième colonne.

II

COMPTABILITÉ GÉNÉRALE DU TRIBUNAL.

Note indicative de son objet et de son but. — Registres G (renseignements généraux sur les faillites pour le Tribunal et les juges-commissaires).— Registre H (compte financier des-faillites).— Bordereau, mod. n° 1 (relevé des opérations des syndics). — Registre K (compte financier des syndics). — Registre L (compte général financier des faillites).

Note indicative.

La comptabilité générale a pour objet de centraliser au Tribunal le service des faillites confié à plusieurs syndics, de faciliter la surveillance de ce service et de réunir les renseignements de toute nature que le Tribunal ou les créanciers eux-mêmes peuvent désirer.

Ce triple objet nécessite une comptabilité spéciale et une réunion méthodique de tous les documents relatifs aux faillites.

Il importe de connaître : 1° en détail, les opérations financières et judiciaires de chaque faillite; 2° la situation financière de chaque syndic à l'égard de toutes ses faillites; 3° la situation financière générale de toutes les faillites en cours à l'égard de la Caisse des dépôts et consignations.

Les éléments nécessaires à cette comptabilité et à cette collection de documents doivent émaner de sources sûres et régulières.

Le greffe, d'un côté, les syndics, de l'autre, peuvent seuls fournir ces éléments.

Cela posé, l'examen des divers modèles d'imprimés qui rentrent dans l'ensemble de ce système permettra de se rendre aisément compte de son fonctionnement.

Il n'est pas indifférent de constater que, tandis que la comptabilité du greffe ne fait connaître que la partie du service qui rentre dans les attributions du greffe, la comptabilité générale comprend l'ensemble du service des faillites. Si la première garantit la responsabilité et les intérêts du greffier, la seconde est une mesure d'ordre public que le Tribunal doit à tous les intérêts engagés.

TRIBUNAL DE COMMERCE DE

Comptabilité générale.   Registre G.

Numéros d'ordre.	DÉSIGNATION personnelle du failli. NOMS, domicile, genre de commerce.	DATES du jugement déclaratif de la faillite.	DATES de l'ouverture de la faillite.	MODE D'OUVERTURE DE LA FAILLITE : Sur dépôt de bilan, poursuite des créanciers, d'office ou à la requête du ministère public.	DÉSIGNATION des juges-commissaires, des syndics provisoires, définitifs.	MONTANT PRÉSUMÉ D'APRÈS LE BILAN de l'actif		MONTANT PRÉSUMÉ D'APRÈS LE BILAN du passif		SITUATION PERSONNELLE DU FAILLI. (Indiquer s'il a été affranchi du dépôt ou de la garde; arrêté ou incarcéré; s'il a obtenu un sauf-conduit; s'il est en fuite.)
						mobilier.	immobilier.	hypothécaire ou privilégié.	chirographaire.	
1	2	3	4	5	6	7	8	9	10	11
					Juge-commissaire. Syndics : provisoire, définitif, Honoraires du syndic. }					

CAISSE DES DÉPOTS ET CONSIGNATIONS.			SITUATION FINANCIÈRE PAR MOIS.			
Versements.	Retraits.	Différence.	Recettes.	Dépenses.	Doit.	Avoir.
Dates.	Dates.		Dates.	Dates.		

Ce registre G présente l'ensemble de la faillite et plus particulièrement les détails judiciaires.

Il est rempli : 1° avec les documents que le greffe peut fournir, tels que bilans, jugements déclaratifs, inventaires, procès-verbaux de vérifications, de concordat et autres, états de répartition, requêtes, ordonnances et jugements relevés jour par jour sur le bordereau A; 2° avec le rapport des-

ACTES DIVERS de la procédure. — Jugements sur incidents. Leurs dates, etc.	MODE DE CLOTURE de la faillite; sa date. Clôture pour insuffisance d'actif. Concordat, union des créanciers et liquidateurs.	MONTANT après vérification et à l'époque de la clôture				MONTANT du dividende convenu par le concordat ou obtenu par la liquidation après union des créanciers.	DATE de la reddition des comptes ou de la dissolution.	MONTANT des frais et dépens liquidés et taxés.	OBSERVATIONS DIVERSES. Causes du retard. Date de l'avis donné au parquet. Sens du rapport.
		de l'actif		du passif					
		mobilier.	immobilier.	hypothécaire ou privilégié.	chirographaire.				
12	13	14	15	16	17	18	19	20	21
Date { de l'apposition des scellés. de la levée des scellés. Évaluation à l'inv. Date du dépôt de bilan p. le syndic.									

	VÉRIFICATIONS.			
	1	2	3	4
Dates .... Nombre de créanciers .... Sommes vérifiées ou affirmées. Remis à l'audience				

Date de la remise } des titres.	RÉPARTITIONS. Par concordat. Par union.

tiné au Parquet, rapport dont un double reste annexé au dossier de la faillite.

Le compartiment destiné à la situation financière et celui réservé à la Caisse des dépôts et consignations sont remplis à la fin de chaque mois à l'aide du compte rendu, modèle n° 3, dont il est parlé plus bas.

TRIBUNAL DE COMMERCE DE

FAILLITE

Date de la déclaration

DATES.	DÉTAILS ET RENSEIGNEMENTS.	RETRAITS de la CAISSE DES DÉPOTS.	RECETTES.

Ce registre a un compte ouvert à chaque faillite; toutes les opérations financières y sont inscrites.

Ces renseignements résultent du bordereau ci-après, mod. n° 1,

Registre H.

M.   syndic.

M.   juge-commissaire.

DATES.	DÉTAILS ET RENSEIGNEMENTS.	VERSEMENTS à la CAISSE DES DÉPOTS.	DÉPENSES.

que chaque syndic doit tenir jour par jour et remettre à la comptabilité tous les quinze jours.

Ce bordereau indique les opérations de toute nature, judiciaires et financières, accomplies par le syndic pendant la quinzaine.

TRIBUNAL DE COMMERCE DE

N°   Bordereau du

DATES.	NOMS des FAILLITES.	DÉTAILS ET RENSEIGNEMENTS ACTES DIVERS.	RETRAITS de la CAISSE DES DÉPOTS.	RECETTES.	
				fr.	c.
		Total...................			

M.　　　　　　　　　Syndic　　　　　Modèle n° 1.

au　　　　　　187 .

DATES.	NOMS des FAILLITES.	DÉTAILS ET RENSEIGNEMENTS ACTES DIVERS.	VERSEMENTS à la CAISSE DES DÉPOTS.	DÉPENSES.	
				fr.	c.
		Total....................			

TRIBUNAL DE COMMERCE DE

COMPTE FINANCIER de M   Syndic

DATES.	INDICATION DES QUINZAINES.		RETRAITS de la CAISSE DES DÉPOTS.	RECETTES.
	Total............			

Ce Registre a un compte ouvert à chaque syndic; chaque compte est formé à l'aide du bordereau mod. n° 1 ; le total de chaque quinzaine y est inscrit. Ce total, qui résulte des opérations effectuées par les syndics,

Registre K.

DATES.	INDICATION DES QUINZAINES.		VERSEMENTS à la CAISSE DES DÉPÔTS.	DÉPENSES.
	Total..........			

au fur et à mesure qu'elles se sont produites, représente bien l'ensemble de toutes les opérations financières du syndic pour toutes ses faillites en général.

TRIBUNAL DE COMMERCE DE

COMPTE FINANCIER général des faillites du mois de

DATES.	NOMS DES SYNDICS. — COMPTES SPÉCIAUX.		RETRAITS de la CAISSE DES DÉPOTS.	RECETTES.
Total.............				

Ce Registre, qui n'a qu'un seul compte intitulé *Compte financier général des faillites*, est formé par le report à ce compte des totaux obtenus toutes les fois que les comptes des syndics sur le Registre K sont arrêtés.

Si, par exemple, ces comptes sont arrêtés chaque mois, le total de chaque compte de syndic à reporter résultera des deux totaux de quinzaine du bordereau, mod. n° 1, et le compte ouvert sur le Registre L, qui contiendra autant de totaux partiels qu'il y a de syndics, également arrêté à la même date, donnera tous les mois la situation financière générale des faillites en cours.

Registre L.

au   187 .

DATES.	NOMS DES SYNDICS. — COMPTES SPÉCIAUX.		VERSEMENTS à la CAISSE DES DÉPOTS.	DÉPENSES.
	Total............			

Ce Registre permettra, par une balance mensuelle, de s'assurer si le dépouillement financier du bordereau, mod. n° 1, a été fait exactement, le total de ce Registre à la fin du mois devant donner le même résultat que tous les comptes des faillites totalisées.

Les bordereaux, mod. n° 1, réunis, ne sont autre chose que le journal de la comptabilité dont le Registre H est le grand livre.

Les combinaisons qui précèdent ne sont qu'une application de la comptabilité en partie double.

SURVEILLANCE ET CONTROLE.

Registre G bis.— Compte rendu, modèle n° 2, pour les juges.— Compte rendu, modèle n° 3, pour le Président. — Compte rendu général financier, modèle n° 4, pour le Président. — **Registre M.** (Statistique générale et contrôle.) — **Registre N.** (Contrôle spécial des répartitions.)

La surveillance qui, pour le Tribunal, est faite directement par l'intermédiaire de la comptabilité, s'exerce d'une manière spéciale par les juges pour les faillites qui leur sont confiées, et d'une manière générale par le Président pour toutes les faillites en cours.

Il importait de créer des moyens de nature à faciliter cette surveillance spéciale et d'ensemble. C'est à l'aide d'un Registre G *bis*, remis à chaque juge et qui n'est que la reproduction par extrait du Registre G de la comptabilité et par des états mensuels intitulés *Comptes rendus*, que ce résultat a été atteint.

Modèle n° 2.

TRIBUNAL DE COMMERCE DE   Comptabilité générale.

COMPTE RENDU par M.   syndic des faillites placées sous la surveillance
de M.   ˮ   , juge-commissaire,

Mois d   187 .

NUMÉROS D'ORDRE.	NOMS des faillites.	DATE de la déclaration.	RECETTES.	DÉPENSES.	CONSIGNATIONS.	RETRAITS.	SOLDE A LA CAISSE des consignations.	SOLDE aux mains du syndic.	AVANCES du syndic.	DEGRÉ D'AVANCEMENT de la faillite au 1er	DEGRÉ D'AVANCEMENT de la faillite au 1er	OBSERVATIONS et causes du retard.
Totaux......												

RÉSUMÉ ET BALANCE.

Recettes totales....
Dépenses totales....
Solde de l'actif re-
couvré...........

Solde à la Caisse des
   consignations ......
Solde aux mains du
   syndic............
Avances du syndic à
   déduire...........

Somme égale à l'actif.

Faillites en cours à la précédente
   balance...................
Faillites reçues dans le courant du
   mois......................

Total des faillites portées au
   présent état............
Faillites terminées dans le courant
   du mois....................

Faillites en cours de liquidation ce
   jour......................
Avec M.   juge.

Le syndic.

Chaque syndic remet mensuellement à chacun de ses juges l'état
ci-dessus, mod. n° 2. présentant toutes ses faillites avec ce juge.

Modèle n° 3.

Tribunal de commerce de

Compte général rendu par M.

Mois de

Comptabilité générale.

syndic des faillites placées sous sa gestion.

187 .

NUMÉROS DU GREFFE.	NOMS des faillites.	DATE de la déclaration.	NOMS des juges-commiss[re].	RECETTES.	DÉPENSES.	CONSIGNATIONS.	RETRAITS.	SOLDE A LA CAISSE des consignations.	SOLDE aux mains du syndic.	AVANCES du syndic.	DEGRÉ D'AVANCEMENT de la faillite au 1er .	DEGRÉ D'AVANCEMENT de la faillite au 1er .	OBSERVATIONS et causes du retard.

Totaux ......

RÉSUMÉ ET BALANCE.

Recettes totales....

Dépenses totales....

Solde de l'actif re-
couvré ....

Solde à la Caisse des
consignations......
Solde aux mains du
syndic ....
Avances du syndic à
déduire ....

Somme égale à l'actif.

Faillites en cours à la précédente
balance.....................
Faillites reçues dans le courant du
mois.......................

Total des faillites portées au
présent état............
Faillites terminées dans le courant
du mois...................

Faillites en cours de liquidation ce
jour en mains du soussigné.......

Le syndic.

Les divers états, mod. n° 2, sont reproduits par les syndics sur l'état général ci-dessus, mod. n° 3, destiné au Président qui connaît ainsi la position de chaque syndic à l'égard de toutes ses faillites.

Modèle n° 4.

TRIBUNAL DE COMMERCE DE   . Comptabilité générale.

COMPTE RENDU GÉNÉRAL mensuel de MM. les syndics pour le Président du Tribunal.

Mois d   187 .

NOMBRE des faillites.	NOMS des syndics.	RECETTES.	DÉPENSES.	CONSIGNATIONS.	RETRAITS.	SOLDE A LA CAISSE des consignations.	SOLDE aux mains du syndic.	AVANCES du syndic.	OBSERVATIONS
Totaux.									

RÉSUMÉ ET BALANCE.

Faillites en cours à la précédente balance. . . . .
Faillites reçues dans le courant du mois. . . . .

Recettes totales. . . .   Solde à la Caisse des consignations . . . . . .
Dépenses totales. . . ,   Solde aux mains des syndics. . . . .
Solde de l'actif re-   Avances des syndics à couvré . . . .   déduire . . . .

                              Somme égale à l'actif.

Total des faillites portées au présent état. . . . .
Faillites terminées dans le courant du mois. . . . .

Faillites en cours de liquidation ce jour. . . . .

Le comptable des faillites.

Les états collectifs, modèle n° 3, sont totalisés à la comptabilité sur l'état, modèle n° 4, destiné au Président qui, d'un coup d'œil, peut se rendre compte de l'ensemble financier des faillites.

Les phases de chaque faillite pendant le mois sont indiquées dans ces divers comptes rendus qui se rattachent toujours au précédent.

Les faillites doivent y figurer jusqu'après la reddition de comptes ou le jugement d'excusabilité.

Les colonnes des recettes ne doivent indiquer que les fonds réellement reçus ou recouvrés pour compte de la faillite, et celles des dépenses, les frais seuls nécessités par la marche de la faillite.

Les versements à la Caisse des dépôts ne sont qu'un emploi de fonds et non une dépense. Les retraits de la Caisse ne comprennent que les sommes qui ont été déposées; les intérêts, s'il y a à en retirer, doivent figurer à la colonne des recettes comme recette au profit de la faillite.

Les résumés doivent présenter l'emploi des fonds provenant de l'excédant des recettes sur les dépenses.

Cet emploi est justifié par le solde à la Caisse des dépôts et par la différence de l'avoir en mains du syndic avec les avances qu'il a pu faire. Cette différence établie à côté du mot Avance du syndic, doit être portée en dessous du Solde à la Caisse pour former un total égal à l'excédant des recettes sur les dépenses, soit à l'actif recouvré.

Le modèle n° 3 réunit les états des syndics par juges mod. n° 2, tandis que le mod. n° 4 résume les états précédents et donne ainsi le chiffre total et l'emploi des fonds de toutes les faillites en cours.

Les états, mod. n° 2, par juges, permettent aux juges de remplir les cadres destinés à la situation financière et à la Caisse des dépôts sur le Registre G *bis* tenus par eux, tandis que les états mod. n° 3, par syndics, qui restent à la comptabilité, permettent de remplir les mêmes cadres sur le Registre G. Il suffit de retrancher du total du mois présent le total du mois précédent pour avoir les recettes, dépenses, versements à la Caisse et retraits effectués pendant le mois auquel s'applique le compte rendu.

Ces comptes rendus partiels ou collectifs présentent l'avantage de remettre sous les yeux des juges et du Président, à des époques fixes et périodiques, toutes les faillites en cours. Comme conséquence, MM. les syndics, de leur côté, sont obligés de s'occuper tous les mois des faillites qui leur sont confiées. Les oublis ou les retards dans la marche des opérations ne peuvent plus alors résulter que de causes indépendantes de la marche normale des faillites.

Ces divers états arrivent tous à leur destination par la voie de la comptabilité des faillites, qui les vérifie avant de les remettre aux juges. Ils doivent être dressés avec la plus rigoureuse exactitude parce qu'ils sont contrôlés au bureau de la comptabilité par les comptes ouverts à chaque faillite et à chaque syndic, comptes établis avec les propres documents des syndics.

STATISTIQUE POUR LE TRIBUNAL.

En même temps qu'il importait de connaître les opérations judiciaires et financières des faillites, il n'était pas moins nécessaire de connaître les mouvements d'entrée et de sortie afin de se rendre compte et par comparaison de la marche mensuelle des faillites; il fallait aussi répondre à la statistique annuelle du ministère de la justice.

TRIBUNAL DE COMMERCE DE   Registre M.

Mois de   187 .

FAILLITES DÉCLARÉES.					FAILLITES TERMINÉES.						RÉPARTITIONS.			
N° D'ORDRE.	DATE.	NOMS et prénoms des faillis.	JUGES-commissaires.	SYNDICS.	N° D'ORDRE.	DATE.	NOMS des faillis.	SYNDICS.	MODE de clôture.	DATE de la reddition des comptes.	DATE des répartitions ouvertes.	NOMS des faillis.	DATE des répartitions terminées.	NOMS des faillis.

RÉSUMÉ.

Faillites déclarées pendant le mois..   Répartitions ouvertes pendant le mois.
Solde du mois précédent...........   Solde du mois précédent...........

         Total...........   Total........
Faillites terminées pendant le mois..   Répartitions terminées pendant le mois.

     Solde au   du mois......   Solde au   du mois...

Ce Registre M est disposé de manière à recevoir les faillites déclarées et celles qui sont terminées pendant le mois, avec leur mode de clôture.

Le résumé tracé au bas, à gauche de chaque feuille, rattaché au résumé de la feuille précédente, donne exactement le nombre des faillites en cours à la fin de chaque mois.

Sur la droite de la feuille de ce Registre M, des colonnes sont également tracées pour les répartitions de dividendes ouvertes et terminées pendant le mois. Cette disposition est prise en conséquence du mode adopté de faire les répartitions de dividendes par la voie de la Caisse des dépôts et consignations et en vue surtout du délai fixé pour les distributions dont il est essentiel de surveiller la durée.

Comme complément de moyens de surveillance du service des répartitions, il doit être tenu à la comptabilité un Registre conforme au Registre N ci-après.

Cette statistique, qui trouve les moyens de vérification au greffe, sert de contrôle au résumé statistique placé au bas et à droite du contrôle général mensuel, mod. n° 4.

Tandis que ce Registre M donne la statistique générale de toutes les faillites en cours pour le Tribunal, le Registre G, précédé d'une table des faillites confiées au juge détenteur de ce Registre, donne la statistique particlle des faillites de chaque juge, si la table sus-mentionnée est tenue au courant au fur et à mesure que les faillites sont déclarées ou clôturées.

TRIBUNAL DE COMMERCE DE

NUMÉROS D'ORDRE.	NOMS des faillites.	JUGES-commissaires.	SYNDICS.	DATE du concordat par abandon d'actif ou de l'union.	DATE de l'ordonnance de répartition.	NUMÉRO de la répartition.	TAUX de la répartition.

Ce Registre N doit être précédé ou suivi d'une table alphabétique des

Registre N.

Comptabilité générale.

PASSIF VÉRIFIÉ sur lequel porte la répartition.	NOMBRE de mandats.	DATE de l'ouverture de la répartition.	DATE de la clôture de la répartition.	NOMBRE des mandats non retirés.	MONTANT des dividendes non touchés et déposés à la Caisse des consignations.

répartitions ouvertes.

STAT. CIV. N° 3.

COUR D'APPEL

d   DÉPARTEMENT

d   TRIBUNAL DE COMMERCE
(ou Tribunal civil jugeant commercialement)

COMPTE RENDU DE L'ADMINISTRATION DE LA JUSTICE
EN MATIÈRE COMMERCIALE
PENDANT L'ANNÉE 1874

A. *Affaires commerciales introduites et terminées.* — *Jugements sur requête ou sur rapport.* — *Actes de sociétés commerciales.* — *Appels de décisions des Conseils de prud'hommes ; leur résultat.*

NOMBRE DES AFFAIRES CONTENTIEUSES												**JUGEMENTS NON CLASSÉS dans les colonnes 1 à 11 ci-contre et qui ont été rendus ou sur rapport.**		**NOMBRE DES ACTES**						**APPELS des DÉCISIONS des conseils des prud'hommes suivis**		
A JUGER DANS L'ANNÉE.				**TERMINÉES PENDANT L'ANNÉE.**						**RESTANT à juger le 31 décembre.**			**DE CONSTITUTION de sociétés commerciales déposés au greffe. Actes de sociétés**				**DE DISSOLUTION DE SOCIÉTÉS déposés et publiés.**				
ANCIENNES	**NOUVELLES**		**TOTAL.**	**par jugement contradictoire.**		**par jugement par défaut.**		**par transaction, radiation, jonction, etc.**	**sans avoir été l'objet d'avant-faire-droit.**				en nom collectif.	en commandite.	anonymes.	à capital variable.		de conciliation.	d'infirmation.	de confirmation.	
qui restaient à juger de l'année précédente.	qui ont été réinscrites après avoir été considérées comme terminées dans les comptes précédents.	inscrites pour la première fois pendant l'année.		en première ressort.	en dernier ressort.	en première ressort.	en dernier ressort.	après des jugements préparatoires ou interlocutoires, renvoi devant experts, arbitres ou C. 429 du C. P. C.			en matière de faillite.	en toute autre matière.									
1	2	3	4	5	6	7	8	9	10	11	12	13	14	15	16	17	18	19	20	21	

B. C. *Faillites.* — *Date de leur ouverture.* — *Leur situation au 31 décembre de l'année du compte.*

D. *Faillites ouvertes pendant l'année.* (3°, 4° et 5° lignes de l'État B.)

GENRE DE COMMERCE DU FAILLI.	NOMBRE DES FAILLITES ouvertes.
TOTAL (3°, 4° et 5° lignes de l'État B)...	

T. S. V. P.

B. Nombre des faillites dont le Tribunal a eu à s'occuper pendant l'année : faillites......

ouvertes avant le 1er janvier de l'année du compte, et qui n'a-vaient pas encore été terminées par concordat ou liquidation de l'union, ou closes en vertu de l'art. 527, etc......
{ qui étaient en cours de liquidation......
qui ont été reprises après avoir été con-sidérées comme abandonnées...... }

ouvertes pendant l'année......
{ sur la déclaration du failli......
sur les poursuites des créanciers......
d'office, ou sur les poursuites du mi-nistère public...... }

revenant devant le Tribunal par suite d'annulation ou de résolution d'un concordat antérieur. (Art. 520 et suivants du Code de commerce.)......

TOTAL des faillites à régler......

C. Situation, au 31 décembre de l'année du compte, des faillites inscrites au cadre D précédent......

Nombre des faillites réglées dans l'année (État E, voir au verso).
{ par concordat......
par liquidation { de l'actif abandonné.
terminée au 31 décembre, } de l'union. }

Nombre des faillites closes par suite de l'insuffisance de l'actif. (Art. 527 du Code de commerce......

Nombre des faillites dont le jugement déclaratif a été rapporté......

Nombre des faillites qui n'avaient pas encore été réglées suivant l'un des modes précédents, le 31 décembre de l'année du compte......

TOTAL ÉGAL à celui du cadre B......

Observations de MM. les juges-commissaires sur les causes des retards subis par les procédures dont ils sont chargés (dernière ligne du cadre C).

E. *Faillites liquidées pendant l'année du compte.*

Nota.—Cet État E ne comprendra que les faillites des 3 premières lignes de l'État C.

(*) Il faut additionner les chiffres inscrits dans les colonnes 3 à 7. (Négliger les centimes.)

SITUATION PERSONNELLE DU FAILLI. Nom, prénoms et genre de commerce.	DATE de L'OUVERTURE de la faillite.	MONTANT APRÈS VÉRIFICATION C'EST-A-DIRE LORS DE LA CLOTURE DE LA FAILLITE					SITUATION PERSONNELLE du failli. Marquer s'il a été affranchi du dépôt ou de la garde, etc.; arrêté ou incarcéré; s'il a obtenu un sauf-conduit; s'il est en fuite, etc.	DATE DU CONCORDAT ou de la liquidation de la faillite.	MONTANT DU DIVIDENDE		
		de l'actif		du passif					convenu par le conc ordat.	obtenu par la liquidation de la faillite	
		immobilier. (*)	mobilier. (*)	hypothécaire. (*)	privilégié. (*)	chirographaire. (*)				après abandon d'actif.	après union.
1	2	3	4	5	6	7	8	9	10	11	12
TOTAUX....											

VU ET CERTIFIÉ PAR LE
Le   187 .

GUIDE PRATIQUE ET JUDICIAIRE

EN

MATIÈRE DE FAILLITES

———

SUPPLÉMENT

JUGEMENTS ET ARRÊTS DES TRIBUNAUX, COURS D'APPEL
ET COUR DE CASSATION, ACTES ET FORMULES

JUGEMENTS ET ARRÊTS DES TRIBUNAUX, COURS D'APPEL ET COUR DE CASSATION.

I. — Caractères de l'état de faillite.— Sa déclaration.— Établissements à l'étranger. — Cas de décès du commerçant qui a cessé ses payements.— Société. — Établissements divers. — Détermination de l'époque de la cessation de payements. — Ouverture de la faillite. — Report de l'ouverture; affiches; insertions; leur validité. — Conséquences du report. — Recomblements ou rapports à la masse. — Voies de recours contre le jugement déclaratif de faillite et contre celui qui détermine l'époque de son ouverture. — Rapport ou rétractation du jugement déclaratif de faillite.

499. *Ouverture de la déclaration de faillite. — Compétence du Tribunal civil.* — Confirmation, par la Cour de cassation, de l'affirmative établissant la compétence prononcée par la Cour de Grénoble, arrêt du 7 juin 1834. (Voir Ire partie des arrêts, n° 31, p. 65.)

Cour de cassation, 7 novembre 1811, 22 mars 1838.

500. *Jugement statuant après opposition.* — Le jugement intervenu sur l'opposition autorisée par l'art. 442 est-il lui-même susceptible d'opposition?

Jugé négativement : Cour de cassation, 9 janvier 1812.

501. *Cessation de payements d'un particulier. — Faillite.* — Un simple particulier qui, ayant contracté des engagements, cesse ses payements, ne peut être constitué en état de faillite.

Cour de cassation, 11 février 1812.

502. *Opposition.— Droit de tierce opposition.*— Un tiers pourrait-il, s'il avait omis de prendre la voie de l'opposition dans le délai prescrit, prendre celle de la tierce opposition?

Jugé négativement : Cour de cassation, 10 novembre 1824.

503. *Déclaration de faillite. — Dettes susceptibles de contestations.* — Le commerçant qui paye ses dettes liquides peut-il être déclaré en faillite parce qu'il refuse de payer des dettes susceptibles de contestations?

Jugé affirmativement : Cour de cassation, 29 mars 1825.

504. *Jugement déclaratif de faillite.— Sa rétractation.— Réhabilitation.* — Le jugement déclaratif de faillite ne peut être rétracté sur le motif que le failli s'est entièrement libéré envers ses créanciers pendant les opérations préliminaires de la faillite; par suite, le failli ne peut, en interjetant appel en temps utile, faire déclarer sa faillite non avenue, et il n'a pour cela d'autre voie que la réhabilitation; mais la Cour a jugé en même temps qu'en un tel cas, le dessaisissement du failli n'ayant plus d'objet, la Cour d'appel doit ordonner que ce dernier soit remis à la tête de ses affaires et reprenne la possession et administration de ses biens.

Jugé affirmativement : Cour de cassation, 28 novembre 1827. — Cour de Paris, 21 juillet 1849.

505. *Notaire.— Actes de commerce. — Conséquences.* — Un notaire qui a fait des actes de commerce peut-il être déclaré en état de faillite? Cas d'opérations habituelles du commerce. — Faillite. Cas d'opérations accidentelles de commerce. — Déconfiture.

Cour de cassation, 28 mai 1828, 15 avril 1844, 9 août 1849.

506. *Cessation de commerce après concordat.— Inexécution des conditions. — Déclaration de faillite.* — Le commerçant dont le concordat a fait cesser l'état de faillite peut-il être constitué de nouveau en cet état de faillite pour n'avoir pas rempli ses engagements, s'il n'a pas continué à faire le commerce?

Jugé négativement : Cour de cassation, 27 mai 1829.

507. *Cessation de payements, — Renouvellement de billets.* — Un commerçant cesse-t-il réellement ses payements lorsqu'il renouvelle les billets que son insolvabilité ne lui permet pas d'acquitter?

Jugé affirmativement : Cour de Bordeaux, 11 juin 1830, 4 août 1835. — Cour de cassation, 26 avril 1841.
Jugé négativement : Cour de Lyon, 6 août 1832. — Cour d'Orléans, 10 avril 1845. — Cour de Bourges, 18 août 1845.

508. *Bilan signé par la femme avec son mari.— Effet de cette signature.* — La femme qui ne fait que détailler les marchandises du commerce de son mari peut-elle être déclarée en état de faillite, particulièrement lorsqu'elle a signé conjointement avec son mari le bilan que celui-ci a déposé au greffe?

Jugé négativement : Cour de Paris, 7 février 1835.

509. *Faillite. —Son caractère constitutif.—* Le fait seul de la cessation de payements constitue-t-il la faillite bien qu'il n'y ait pas de jugement du Tribunal de commerce qui l'ait déclarée?

Jugé affirmativement ; Cour de cassation, 13 novembre 1838. — Cour de Grenoble, 3 janvier 1842. — Cour de Bordeaux, 6 mai 1848. — Cour de cassation, 26 mai 1852.

510. *Tribunal.— Déclaration de faillite.— Compétence.* — La faillite d'un commerçant doit-elle, ou du moins peut-elle être déclarée par le Tribunal du lieu de son domicile actuel, encore bien que ce domicile ne soit pas celui où il exerçait son commerce?

Jugé affirmativement : Cour de Bourges, 19 juin 1839.

Jugé négativement : Cour de Rouen, 19 décembre 1842.

(Le domicile, dans ce dernier cas, n'était pas suffisamment établi.)

511. *Faillite d'une société. — Ses conséquences à l'égard des associés individuellement.* — La déclaration de faillite d'une société entraîne-t-elle nécessairement la faillite individuelle de ceux de ses membres qui ne sont pas en état de cessation de payements à l'égard de leurs créanciers personnels?

Jugé négativement : Cour de Paris, 26 mars 1840. — Cour de cassation, 10 novembre 1845.— Cour d'Orléans, 27 novembre 1850.

Jugé affirmativement : Cour de Douai, 9 février 1825, 15 mai 1825, 17 juin 1825.

512. *Société. — Déclaration de faillite. — Lieu du principal établissement.* — La déclaration de faillite d'une société en nom collectif doit être faite au greffe du Tribunal dans le ressort duquel se trouve le principal établissement de cette société; dès lors, c'est devant ce Tribunal que toutes les opérations de la faillite doivent être poursuivies.

Cour de cassation, 6 avril 1840, 7 décembre 1841.

513. *Tribunal étranger. — Déclaration de faillite. — Syndic.* — Les Tribunaux peuvent reconnaître l'état de faillite d'un individu et, par suite, la qualité du syndic en se fondant sur la déclaration d'un Tribunal étranger.

Cour d'Aix, 8 juillet 1840. — Cour de Bordeaux, 22 décembre 1847.

514. *Déclaration de faillite prononcée par deux Tribunaux.*—La Cour de cassation a jugé qu'au cas où la faillite d'un commerçant a été déclarée par deux Tribunaux différents, il y a lieu à règlement de juges pour faire déterminer celui des Tribunaux qui restera saisi de la faillite.

Cour de Douai, 3 mai 1841, 13 mai 1862.

515. *Dettes civiles. — Déclaration de la faillite.*— Un commerçant qui cesse de payer ses dettes civiles peut-il être déclaré en état de faillite ?

Jugé affirmativement dans le cas où, ayant cessé de payer ses dettes civiles, le commerçant cesse également le payement de ses dettes commerciales; les créanciers civils peuvent, dans ce cas, provoquer la déclaration de faillite : Cour de Paris, 27 novembre 1841. — Cour de cassation, 9 août 1849. — Cour de Rouen, 14 mai 1853.

516. *Date de l'ouverture de la faillite.* — *Délai.* — *Vérifications.* — Le droit qui appartient à chaque créancier du failli de demander la fixation de l'ouverture de la faillite à une époque autre que celle qui aurait été déjà déterminée par un jugement, ne cesse-t-il qu'à l'expiration de la huitaine qui suit la vérification de la créance présentée la dernière au juge-commissaire, alors même que cette présentation a eu lieu après le délai de vingt jours (avec augmentation à raison des distances) donné aux créanciers par l'art. 492 du Code de commerce pour se présenter à la vérification?

Jugé affirmativement : Cour de cassation, 4 janvier 1842, 8 mai 1860.

517. *Inobservation de l'art. 42 sur la publication des sociétés.* — *Conséquences pour l'associé.* — L'inobservation des formalités prescrites par l'art. 42 du Code de commerce pour donner à un acte de société en nom collectif les caractères d'une société commerciale à l'égard des intéressés, peut-elle constituer en état de faillite l'associé qui n'a pas rempli cette formalité?

Jugé négativement : Cour de cassation, 20 avril 1842.

518. *Demande de faillite.* — *Débouté.* — *Appel.* — *Délai.* — Le jugement qui déboute d'une demande en déclaration de faillite est-il susceptible d'appel? Cet appel doit-il être interjeté dans les quinze jours à partir de la signification du jugement?

Jugé affirmativement : Cour de cassation, 16 août 1842. — Cour de Paris, 8 décembre 1849.

519. *Avocat.* — *Acte de commerce.* — *Conséquences.* — Un avocat qui se livre habituellement à des actes de commerce doit-il être réputé commerçant et, dès lors, doit-il être déclaré en faillite s'il cesse ses payements?

Jugé affirmativement : Cour de Montpellier, 14 mai 1844.

520. *De l'ouverture de la faillite.* — *Renouvellements de billets.* — Pour qu'il y ait ouverture de la faillite, faut-il qu'il y ait cessation effective de payements, ou suffit-il que le négociant failli ne soutienne son crédit qu'à l'aide d'emprunts et de renouvellements de billets?

Jugé que cette dernière circonstance est insuffisante : Cour d'Orléans, 15 mai 1844. — Cour de Metz, 6 décembre 1855.

Avis contraire, mais basé sur des faits attestant l'impossibilité où était le failli d'acquitter ses dettes à l'époque où la faillite a été reportée : Cour de Douai, 10 avril 1844.

521. *Report d'ouverture.* — *Billets de complaisance.* — *Billets faux.* — Dans le cas de payements effectués par le failli, non-seulement à l'aide de billets de complaisance, mais même de billets faux, l'ouverture de la faillite devrait-elle être reportée à l'époque où ces payements ont été faits?

Jugé négativement : Cour de Bourges, 18 août 1845.

522. *Report d'ouverture.* — *Dissimulation de l'insolvabilité.* — Dans le cas de dissimulation d'insolvabilité au moyen de conventions arguées de fraude, l'ouverture de la faillite devrait-elle reportée à l'époque où ces conventions ont été faites?

Jugé négativement : Cour de Paris, 14 décembre 1846.

523. *Tribunal civil.* — *Déclaration de l'état de faillite.* — Un Tribunal civil peut-il décider que la faillite existe et appliquer les conséquences légales de cette décision à la contestation qui lui est soumise sans empiéter sur les attributions du Tribunal de commerce?

Jugé affirmativement : Cour de Bordeaux, 6 mai 1848. — Cour de Lyon, 21 février 1851. — Cour de cassation, 9 août 1851. — Cour de Rouen, 15 mai 1854. — Cour de cassation, 24 juin 1864.

524. *Société.* — *Associé retiré.* — *Sa déclaration de faillite.* — Un associé retiré de la société peut, malgré cette retraite, être déclaré en faillite comme associé, alors qu'au moment de sa retraite la société était déjà hors d'état d'acquitter ses dettes et que la faillite a été amenée par cet état de choses.

Jugé affirmativement : Cour de cassation, 9 août 1849.

525. *Affiches.* — *Leur constatation.* — L'apposition des affiches du jugement déclaratif ou de report d'ouverture peut être constatée aussi bien par un huissier que par le greffier.

Cour de cassation, 7 janvier 1856.

526. *Opposition.* — *Date des délais.* — Le délai de huitaine pour faire opposition aux jugements de déclaration de faillite ou de report d'ouverture court-il contre toute partie intéressée à partir de l'accomplissement des formalités énoncées dans l'art. 442, sans qu'il soit nécessaire

que les jugements dont il s'agit aient été signifiés au failli, soit par un huissier commis, soit par un huissier quelconque?

Jugé affirmativement : Cour de cassation, 4 novembre 1857.

527. *Report de l'ouverture de la faillite.— Délai. — Clôture de vérification.* — Le report de l'ouverture de la faillite peut-il être prononcé même après la clôture du procès-verbal de vérification et d'affirmation des créances, quand la demande en a été formée en temps utile, c'est-à-dire avant l'expiration du délai pour la vérification et l'affirmation, et que la demande n'en doit pas moins être considérée comme formée avant ce délai, bien qu'elle ait été renouvelée depuis, si la seconde demande ne tend pas à d'autres fins que la première?

Jugé affirmativement : Cour de cassation, 22 janvier 1861.

528. *Effet de la faillite sur l'existence d'une société. — Faillite de l'un des associés.* — La faillite d'une société n'entraîne pas de plein droit sa dissolution; il n'en est pas de ce cas comme de la faillite de l'un des associés.

Cour de Lyon, 3 juillet 1862.

529. *Société anonyme. — Déclaration de faillite.* — Une société anonyme peut-elle être mise en faillite?

Jugé affirmativement : Cour de Paris, 27 novembre 1852.

Mais comme dans les sociétés anonymes il n'y a pas de personne faillie, les gérants existant seuls dans ces sociétés, la faillite n'est qu'une liquidation judiciaire où l'on observe toutes les formalités relatives aux biens sans avoir égard à celles qui regardent la personne faillie.

Une Société anonyme formée pour la création et l'exploitation d'un chemin de fer étant essentiellement commerciale, malgré le contrôle dont elle est l'objet de la part de l'administration, malgré le séquestre dont le chemin de fer a été frappé par un décret, peut être déclarée en faillite. Les porteurs d'obligations, étant de véritables créanciers de cette société, ont qualité pour provoquer sa mise en faillite; on prétendrait vainement qu'ils ne sont que des créanciers privilégiés.

Cour de cassation, 14 juillet 1862.

530. *Payement à bureau ouvert. — Déclaration de faillite.* — Tout commerçant qui ne paye pas à bureau ouvert est en cessation de payements sans distinction entre la cessation et la suspension de payements; quelques créanciers suffisent pour faire déclarer la faillite, sans que les juges puissent refuser la déclaration, malgré l'opposition de certains autres.

Cour de Colmar, 19 janvier 1864.

531. *Commerçant retiré du commerce. — Sa déclaration de faillite.* — Bien qu'un individu ait cessé le commerce depuis plusieurs années, il peut être déclaré en faillite lorsque les créances pour lesquelles il est poursuivi se rattachent au commerce qu'il a exercé.

Cour de cassation, 24 juin 1864. — Cour de Paris, 31 mars 1865.

532. *Société. — Déclaration de faillite. — Siége de la société. — Principal établissement.* — Le cas où les statuts déterminent le siége de la société dans un autre lieu que le principal établissement a été prévu ; c'est dans le lieu du principal établissement que la faillite doit être déclarée.

Cour de cassation, 13 mars 1865.

533. *Faillite d'une société. — Faillite personnelle des associés. — Leur séparation.* — Bien qu'une faillite d'une société en nom collectif entraîne la faillite personnelle de chacun des associés solidaires, il ne suit pas de là que ces diverses faillites soient indivisibles. A moins d'accord entre les créanciers, la faillite sociale et celles personnelles des associés doivent être administrées séparément par des agents et des opérations propres à chacune d'elles.

Cour de Toulouse, 15 décembre 1865.

534. *Recomblements. — Droit du failli.* — Dans le cas où pendant la faillite et sur la demande du syndic un jugement a été rendu pour annuler un payement et ordonner le recomblement de la somme payée, le failli, après le concordat, a-t-il qualité pour signifier et faire exécuter ce jugement ?

Jugé négativement : Cour de cassation, 30 juillet 1866.

<small>(L'action en nullité n'est ouverte que dans l'intérêt de la masse.)</small>

___

II. — Effets de la faillite : 1° relativement aux biens et à la personne du failli ; 2° relativement aux actes faits par le failli antérieurement ou postérieurement au jugement déclaratif. — Loyer. — Bail. — Propriétaire. — Loi nouvelle de 1872.

535. *Créance du propriétaire.— Frais d'administration.* — La créance du propriétaire prime-t-elle les frais d'administration de la faillite ?

Jugé affirmativement : Cour de cassation, 20 août 1821.

536. *Dessaisissement du failli.— Son droit de contracter et de se livrer à*

une industrie. — Le failli, bien que dessaisi de l'administration de ses biens, conserve-t-il le droit de contracter et de se livrer à une industrie ?

Peut-il agir en justice sans l'intervention des syndics en payement des sommes qui lui sont dues à raison des actes auxquels il s'est livré postérieurement à sa faillite ?

> Jugé affirmativement : Cour de cassation, 6 juin 1831. — Cour de Paris, 20 février et 5 avril 1834, 2 février 1835, 28 juin 1851. — Cour de cassation, 8 mars 1854. — Cour de Douai, 11 novembre 1856. — Cour de cassation, 24 juin 1860.

537. *Faillite.* — *Exigibilité des dettes non échues.* — *Compensation.* — Aux termes de l'art. 444, la faillite rend exigibles les dettes non échues ; suit-il de là que le débiteur d'un failli puisse opposer la compensation entre les sommes qu'on réclame contre lui et celles dont il est lui-même créancier ?

> Jugé négativement : Cour de cassation, 10 juillet 1832 et 9 juillet 1860.

538. *Nullité de payement à la demande d'un tiers seulement.* — La nullité du payement ne peut-elle être prononcée, en conformité de l'art. 447, qu'autant qu'elle est demandée par la masse et dans son intérêt, et non lorsqu'elle n'est demandée que par un tiers auquel ce payement aurait causé un préjudice personnel ?

> Jugé affirmativement : Cour de cassation, 16 novembre 1840.

539. *Immeuble.* — *Rétrocession par le failli.* — *Conséquences pour ses créanciers.* — La rétrocession d'un immeuble faite par un failli et qui n'a acquis date certaine que depuis la faillite, peut-elle avoir son effet à l'égard de la masse de ses créanciers représentée par les syndics ?

> Jugé affirmativement : Cour de cassation, 15 juin 1843.

540. *Cessation de payements.* — *Payements effectués.* — *Faillite.* — *Bonne foi.* — *Validité.* — Les payements reçus de bonne foi et pour une dette échue sont-ils valablement faits pendant l'époque intermédiaire de la cessation de payements à la déclaration de faillite, encore bien que le créancier ait eu connaissance de cette cessation de payements ?

> Jugé affirmativement : Cour de cassation, 12 février 1844, 20 janvier 1857.

541. *Transports de créances.* — *Clôture de la faillite.* — *Annulation.* — *Droits des créanciers.* — Les créanciers d'un failli ou leurs représentants sont-ils fondés, après la clôture de la faillite, à demander la nullité du transport non enregistré ni notifié avant la faillite, mais ratifié par les syndics et exécuté par eux pendant les opérations de la faillite, de concert avec les principaux créanciers?

Jugé négativement : Cour de cassation, 18 juin 1844.

542. *Dettes échues.* — *Payement.* — *Validité.* — *Cas de l'échéance après cassation.* — Les dispositions combinées des art. 446 et 447 qui déclarent valables les payements pour dettes échues, effectués de bonne foi par le failli en espèces ou effets de commerce dans l'intervalle de la cessation de payements au jugement déclaratif, s'appliquent-elles nonseulement aux dettes échues avant la cessation de payements, mais encore aux dettes échues après la cessation de payements et avant le jugement déclaratif?

Jugé affirmativement : Cour de cassation, 17 février 1845.

543. *Constitution dotale.* — *Cas de validité.* — Une constitution dotale est-elle un acte à titre onéreux que les créanciers du constituant tombé en faillite ne peuvent attaquer comme faite en fraude de leurs droits, si les époux ont été de bonne foi?

Jugé affirmativement : Cour de cassation, 25 février 1845.

544. *Mineur.* — *Femme mariée.* — *Failli.* — *Assistance dans les poursuites du tuteur, mari ou syndic.* — La règle qui veut qu'un mineur, une femme mariée, un failli, ne puissent être poursuivis en justice sans l'assistance de leur tuteur, mari ou syndic, reçoit-elle exception en matière criminelle, bien qu'il ne s'agisse devant cette juridiction que de dommagesintérêts réclamés contre un accusé acquitté? Les dommages-intérêts accordés dans ce cas appartiennent-ils à tous les créanciers du failli et même à ceux qui ne se sont pas portés partie civile? L'exécution de la contrainte par corps prononcée par la juridiction criminelle contre le failli doit-elle se concilier avec les dispositions du Code de commerce qui déterminent les cas où dans l'intérêt de la masse des créanciers le failli peut être admis ou privé de jouir de la liberté de sa personne?

Jugé affirmativement : Cour de cassation, 9 mai 1846.

545. *Lettre de change.* — *Cas de faillite du tireur.* — *Rapport.* — La disposition de l'art. 449 est-elle applicable non-seulement en cas de faillite du tiré, mais encore au cas où le tireur, qui est en même temps celui pour le compte duquel la lettre a été fournie, et contre lequel le porteur exerce son recours en garantie, est en état de faillite?

Jugé affirmativement : Cour de cassation, 16 juin 1846.

546. *Dette échue.* — *Payement dans les dix jours.* — *Cas de validité.* — Le

payement en marchandises d'une dette échue, effectué dans les dix jours qui précèdent l'ouverture de la faillite de son débiteur, peut-il être maintenu lorsqu'il résulte d'une opération de commerce ordinaire ?

Jugé affirmativement : Cour de cassation, 3 août 1847.

547. *Hypothèque après faillite.* — *Nullité des payements faits.* — La nullité de l'hypothèque postérieure à l'époque de l'ouverture de la faillite entraîne-t-elle, par voie de conséquence, la nullité des payements faits en vertu de cette hypothèque ?

Jugé affirmativement : Cour de cassation, 30 mai 1848.

548. *Payement après la déclaration de faillite.* — *Cas de nullité.* — Les payements en marchandises faits par un failli postérieurement à l'époque de l'ouverture de la faillite sont-ils frappés de nullité, alors même que le créancier avait reçu ces marchandises avec mandat ou autorisation de les vendre pour en employer le prix à l'acquit de sa créance ?

Jugé affirmativement : Cour de cassation, 30 mai 1848.

549. *Nantissement avant cessation de payements.* — *Signification.* — *Validité.* — Le nantissement consenti avant la cessation de payements est-il valable à l'égard des créanciers de la faillite, bien qu'il n'ait été signifié qu'après cette cessation, mais avant le jugement déclaratif de faillite et encore qu'il se soit écoulé plus de quinze jours entre l'acte de nantissement et la signification ?

Jugé affirmativement : Cour de cassation, 19 juin 1848.

550. *Inscription hypothécaire.* — *Créances principales.* — *Intérêts.* — La disposition qui interdit l'inscription des créances hypothécaires après le jugement déclaratif de faillite s'applique-t-elle aux créances principales seulement, et non aux intérêts d'une créance antérieurement inscrite ?

Jugé affirmativement : Cour de cassation, 20 février 1850.

551. *Hypothèque légale en faveur de la femme du failli* — *Connaissance de la cessation de payements.* — *Validité.* — Une hypothèque légale résultant en faveur d'une femme mariée d'engagements pris pour favoriser certains créanciers de son mari, tombé depuis en faillite au préjudice des autres, doit-elle être annulée si la femme connaissait l'état de cessation de payements où se trouvait son mari ?

Jugé affirmativement : Cour de cassation, 15 mai 1850.

552. *Payement effectué.* — *Connaissance de la cessation de payements.* — *Nullité.* — Les Tribunaux annulent-ils légalement les payements pour dettes échues, reçus depuis la cessation de payements, lorsqu'ils con-

statent en fait que le créancier avait connaissance de cette cessation, bien qu'ils ne constatent pas la mauvaise foi?

Jugé affirmativement : Cour de cassation, 30 juillet 1850.

553. *Hypothèque après cessation de payements.* — *Garantie de crédit.* — *Sa validité.* — Si l'hypothèque n'a pas été consentie pour une dette antérieurement contractée, et qu'elle l'ait été en même temps que la dette par un négociant, même postérieurement à la cessation de ses payements, mais pour garantie d'un crédit qui lui était ouvert de bonne foi et dans la vue d'empêcher sa faillite, l'hypothèque est-elle valable?

Jugé affirmativement : Cour de cassation, 8 mars 1854.

554. *Rentes sur l'État.* — *Droit de vente par les syndics.* — L'insaisissabilité des rentes sur l'État empêche-t-elle qu'en cas de faillite du titulaire, ces rentes ne tombent sous la main mise des créanciers de la faillite, et que les syndics ne puissent les vendre au profit de la masse, comme procédant au nom du failli et ses mandataires légaux?

Jugé négativement : Cour de cassation, 8 mars 1859.

555. *Femme du failli.* — *Son obligation solidaire.* — *Hypothèque légale.* — *Subrogation.* — L'article 446, qui déclare nulles et sans effet toutes les hypothèques conventionnelles ou judiciaires constituées pour dettes antérieures sur les biens du failli, depuis l'époque de l'ouverture de la faillite ou dans les dix jours qui l'ont précédée, est-il sans application aux hypothèques légales, et, par suite, la femme qui, postérieurement à la cessation de payements de son mari, s'oblige solidairement avec lui, a-t-elle pour indemnité de cette obligation une hypothèque légale dans l'effet de laquelle elle peut valablement subroger le créancier envers lequel elle s'est obligée?

Jugé affirmativement : Cour de cassation, 25 juillet 1860.

556. *Intervention.* — *Droit du failli.* — Le failli n'est-il recevable à intervenir, même dans les instances qui touchent à la propriété de ses biens, qu'autant que les Tribunaux jugent convenable d'admettre son intervention? À plus forte raison ne peut-il réclamer à intervenir, soit pour demander la nullité de l'ordonnance qui prescrit la vente de ses biens, soit pour demander le remplacement du syndic et du juge-commissaire?

Jugé affirmativement : Cour de cassation, 25 février 1862.

557. *Nantissement après cessation de payements, mais avant déclaration de faillite.* — *Validité.* — Le nantissement consenti par le failli, depuis sa cessation de payements, pour une dette contractée dans le même acte

est-il valable quand cet acte a précédé le jugement déclaratif de la faillite et a été signifié aussi à une époque antérieure?

Jugé affirmativement : Cour de cassation, 18 juin 1862.

558. *Dette échue.* — *Payement antérieur à la faillite.* — *Droit commun.* — *Cas de nullité.* — Le payement d'une dette échue fait antérieurement à l'état de cessation de payements du débiteur, s'il n'est pas annulable en vertu de l'art. 446 du Code de commerce, peut-il néanmoins être déclaré nul quand il est vicié sous le rapport du droit commun?

Jugé affirmativement : Cour de cassation, 23 août 1864.

559. *Dessaisissement du failli.* — *Nouvelles opérations commerciales.* — Le failli, bien que dessaisi de l'administration de ses biens et de l'exercice de ses actions, n'en a pas moins capacité pour faire de nouvelles opérations commerciales et, par suite, pour stipuler et s'obliger de même que pour agir, défendre en justice, à raison de sa nouvelle industrie, sauf aux syndics à prendre toutes mesures utiles.

Cour de cassation, 12 janvier 1864.

Le failli peut également produire dans un ordre et demander allocation au profit de la masse de ses créanciers.

Cour de Rennes, 22 mars 1865. — Cour de cassation, 17 juin 1865.

560. *Loyers.* — *Cas de faillite.* — *Leur exigibilité.* — *Résiliation du bail.* — En cas de faillite du locataire, tous les loyers, même ceux à échoir, deviennent-ils exigibles, à défaut par le failli ou par le syndic de ses créanciers d'en effectuer le payement immédiat ou la consignation? Le bailleur est-il fondé à demander la résiliation du bail?

Jugé affirmativement : Cour de cassation, 28 mars 1865.

561. *Propriétaire.* — *Bail.* — *Résiliation.* — Le propriétaire est-il fondé à demander la résiliation du bail? Cette résiliation doit-elle être prononcée par le juge, bien qu'il estime que, malgré la faillite, le bailleur conserve, pour le payement des loyers à échoir, des garanties suffisantes, notamment à raison de ce que les lieux loués restent garnis de mobilier et de marchandises comme antérieurement à la faillite?

Jugé affirmativement : Cour de cassation, 28 mars 1865.

562. *Dette échue.* — *Payement par endossement de récépissés et warrants.* — *Cas de validité.* — *Nullité.* — Le payement d'une dette échue fait par un débiteur au moyen de l'endossement simultané, à son créancier, de récépissés et warrants relatifs à des marchandises déposées dans un magasin général établi en vertu de la loi du 28 mai 1858, est-il nul s'il a

eu lieu dans les dix jours avant la cessation de payements du débiteur, ou dans l'intervalle de cette cessation au jugement déclaratif de la faillite?

Jugé affirmativement : Cour de cassation, 7 mai 1865.

563. *Tiers porteur d'une lettre de change.* — *Rapport à la masse.* — Le tiers porteur d'une lettre de change est-il affranchi du rapport, par application de l'article 449, lorsqu'il a reçu du tiré, à l'échéance de la lettre de change, le montant de l'effet qu'il ne pouvait faire protester, puisqu'il ne pouvait refuser le payement? — Si, au contraire, il y a eu refus de payement, de sorte que le tiers porteur ait pu faire protester et exercer son action en garantie contre les souscripteurs antérieurs, solidairement obligés envers lui, est-il obligé de rapporter conformément à l'art. 447 ce qu'il a reçu de ces souscripteurs qu'il savait être eux-mêmes en état de faillite?

Jugé affirmativement : Cour de cassation, 8 décembre 1865.

III. — Du juge-commissaire et des syndics. — Maintien ou remplacement. — Leurs fonctions. — Ordonnances du juge. — Recours.

564. *Syndics provisoires.* — *Gestion.* — *Responsabilité.* — Les syndics provisoires sont-ils tenus solidairement des fautes de leur gestion?

Jugé affirmativement : Cour de cassation, 18 janvier 1814, 26 juillet 1836.

565. *Action judiciaire.* — *Syndic.* — *Autorisation du juge-commissaire.* — L'autorisation du juge-commissaire est-elle nécessaire pour que les syndics puissent intenter toute espèce d'action?

Jugé négativement : Cour de cassation, 1er février 1830.

La règle que les syndics représentent les créanciers est-elle absolue?

Jugé négativement : Cour de cassation, 13 juin 1837.

666. *Responsabilité du juge-commissaire.* — *Du greffier.* — Le greffier qui assiste le juge-commissaire d'une faillite ne peut être actionné en dommages-intérêts, à raison des actes qu'il a accomplis par les ordres de ce juge. Le juge est le rédacteur du procès-verbal.

Cour de Bordeaux, 18 novembre 1842. — Cour de cassation, 13 mars 1850.

567. *Juge-commissaire.* — *Récusation.* — Les principes généraux sur la récusation sont-ils applicables aux juges-commissaires?

Jugé affirmativement : Cour de cassation, 2 juillet 1855.

(Dans ce cas, l'acte de récusation doit être fait dans les trois jours du jugement qui nomme le juge-commissaire.)

568. *Instance contre un failli.* — *Intervention du syndic.* — Le créancier qui a introduit une instance contre son débiteur, depuis tombé en faillite, est-il recevable à appeler le syndic de la faillite dans l'instance, et celui-ci ne peut-il résister à sa mise en cause ?

Jugé affirmativement : Cour de cassation, 23 janvier 1866.

IV. — Des syndics. — Révocation. — Leur rôle. — Indemnité.

569. *Salaires ou émoluments.* — *Employé de syndic.* — *Réduction.* — Le failli, légalement replacé à la tête de ses affaires, peut-il faire réduire par les Tribunaux les salaires accordés par le syndic à un agent dont il s'est fait aider, même avant l'autorisation de la justice, dans l'administration de la faillite, lors même que les salaires ont été approuvés et autorisés par l'assemblée des créanciers ?

Jugé affirmativement : Cour de cassation, 13 mai 1840.

570. *Indemnité des syndics.* — *Appel.* — *Motif du jugement.* — Le jugement par lequel, en matière de faillite, le Tribunal de commerce arbitre l'indemnité due aux syndics est-il susceptible d'appel ?

Le jugement doit-il être motivé à peine de nullité ?

Jugé affirmativement : Cour de Rennes, 22 décembre 1841.

V. — Premières dispositions à l'égard des biens et de la personne du failli. — Apposition ou dispense des scellés. — Titres et livres du failli. — Leur extraction des scellés. — Vente des objets sujets à dépérissement ou dépréciation. — Arrestation du failli. — Sauf-conduit. — Secours.

571. *Apposition des scellés.* — *Affirmation mensongère.* — La déclaration mensongère, sous serment, faite dans un procès-verbal d'apposition de scellés après faillite, par une personne habitant la maison du failli, que ni par elle ni à sa connaissance, il n'a été rien soustrait ni détourné, constitue-t-elle le crime de faux témoignage en matière civile ?

Jugé négativement : Cour de cassation, 7 décembre 1838.

572. *Jugement retirant sauf-conduit.* — *Appel.* — Le jugement qui re-

tire le sauf-conduit précédemment accordé à un failli est-il susceptible d'appel ?

Jugé négativement : Cour de Lyon, 30 juin 1847.

VI. — Des mesures conservatoires et des premiers actes de l'administration des syndics. — Inscription aux hypothèques. — Arrestation des lettres à la poste et des dépêches au télégraphe, etc., etc.

573. *Inscription hypothécaire. — Son effet. — Droit de surenchérir. —* L'inscription hypothécaire prise par le syndic donne-t-elle aux créanciers chirographaires le droit de surenchérir ?

Jugé négativement : Cour de cassation, 22 juin 1841.—Cour de Caen, 29 février 1844.

574. *Inscription hypothécaire prise par le syndic. — Son effet. —* L'inscription hypothécaire prise par le syndic d'une faillite, dans l'intérêt de la masse, sur les immeubles du failli, en conformité de l'article 490, a-t-elle eu pour effet non pas seulement de rendre publique la faillite, mais encore de créer un droit hypothécaire au profit de la masse ?

Jugé affirmativement : Cour de cassation, 29 décembre 1858. — Cour de Besançon, 16 avril 1862.

Jugé négativement : Cour de cassation, 22 juin 1841. — Cour de Paris, 22 juin 1850.

L'enregistrement perçoit, suivant ce dernier avis, c'est-à-dire qu'il ne perçoit le droit proportionnel sur l'inscription que lorsqu'elle est renouvelée en vertu de l'art. 517 qui prescrit l'inscription, de la part du syndic, du jugement qui homologue le concordat.

VII. — Du bilan.

Néant.

VIII. — Des opérations postérieures à l'apposition des scellés et à la formation du bilan. — Levée des scellés. — Confection de l'inventaire. — Intervention du parquet. — Rapport du syndic.

Néant.

IX. — De la vente des meubles et marchandises.— Des recouvrements.— Transactions. — Homologation.

575. *Saisie immobilière.— Débiteur devenu failli. — Poursuites.—* Une

366   GUIDE JUDICIAIRE ET PRATIQUE DES FAILLITES.

saisie immobilière dirigée contre un débiteur qui n'avait pas alors la qualité de commerçant, mais qui plus tard a été déclaré en état de faillite, peut-elle être poursuivie contre les syndics, d'après ses premiers errements, sans qu'il soit nécessaire de la recommencer?

Jugé affirmativement : Cour de cassation, 10 mars 1845.

576. *Ventes aux enchères. — Officiers publics. — Attributions.* — Le juge-commissaire est-il tenu, dans la détermination de la classe d'officiers publics (art. 486), de se conformer aux dispositions qui fixent les attributions des différents officiers publics, de sorte que, dans les lieux où il existe des commissaires-priseurs, les huissiers ne puissent être désignés par le juge-commissaire pour procéder à la vente des marchandises?

Jugé affirmativement : Cour de cassation, 5 janvier 1846.

577. *Vente d'effets mobiliers. — Absence d'enchérisseur. — Vente à l'amiable.* — Le syndic d'une faillite qui, le failli entendu, a été autorisé par le juge-commissaire à procéder à la vente, par adjudication publique, des effets mobiliers ou marchandises dépendant de la faillite, peut-il, s'il ne se présente pas d'enchérisseur, être autorisé par le juge-commissaire à vendre ces objets à l'amiable, sans qu'il soit nécessaire d'entendre de nouveau le failli?

Jugé affirmativement : Cour de cassation, 7 août 1862.

578. *Transaction.— Homologation.— Tribunal de commerce.— Tribunal civil. — Compétence.* — L'homologation d'une transaction passée entre les syndics d'une faillite et l'un des créanciers, sur une contestation qui aurait été de la compétence du Tribunal de commerce, telle que celle de la nullité d'une hypothèque prétendue consentie en temps suspect par le failli, appartient-elle à ce Tribunal et non au Tribunal civil; en d'autres termes, la règle générale de l'art. 487 du Code de commerce, qui attribue à la juridiction civile l'homologation des transactions relatives aux droits immobiliers du failli, est-elle sans application dans ce cas?

Jugé affirmativement : Cour de cassation, 13 décembre 1865.

X.— Vérification et affirmation des créances.— Remise des titres.— Délai des distances. — Contestation des créances.— Production des livres d'un créancier. — Compulsoire.— Sursis pour la séance du concordat. — Situation des créanciers défaillants aux séances de vérification et d'affirmation. — Droit d'opposition des créanciers.

579. *Titres de créances. — Timbre. — Enregistrement.* — Les titres de créances doivent-ils être timbrés et enregistrés?

Décidé négativement par une instruction du ministre des finances du 28 juin 1808.

580. *Récépissé des titres.* — *Enregistrement.* — Le récépissé que le greffier est tenu de donner lorsqu'il reçoit des titres de créances (exécution de l'art. 491) n'est pas sujet à l'enregistrement.

Décision ministérielle du 11 octobre 1808.

581. *Pouvoir général ou spécial.* — *Interprétation de l'art.* 627 *du Code de commerce.* — Le pouvoir produit dans une faillite peut-il être général, c'est-à-dire s'appliquer à toutes les affaires du même mandant, ou doit-il être spécial à chaque affaire ?

Il doit être spécial à chaque faillite.

Cour de cassation, 19 juillet 1825.

582. *Société.* — *Porteurs d'actions.* — *Leur situation.* — Les porteurs d'actions annoncées dans la publication d'un contrat de société et détachées du livre à souche du capital social peuvent-ils être considérés comme prêteurs vis-à-vis des tiers, par suite de conventions secrètes résultant du registre des délibérations de l'assemblée des actionnaires, et être admis au passif de la faillite de la société ?

Jugé affirmativement : Cour de Lyon, 5 juillet 1845.
Jugé négativement : Cour de cassation, 8 mars 1848. .

583. *Vérification et affirmation de créances.* — *Cas d'annulation.* — 1° L'admission d'une créance après vérification et affirmation, sans protestations ni réserves de la part des syndics, peut-elle être ultérieurement annulée pour dol, fraude ou force majeure ?

2° Peut-elle être annulée pour cause d'erreur de fait ou de droit dans l'appréciation des titres et documents sur lesquels l'admission a été prononcée ?

Jugé affirmativement sur la 1re question : Cour de cassation, 1er mai 1855.

Jugé négativement sur la 2e question : Cour d'Amiens, 10 janvier 1856. — Cour de cassation 16 janvier 1860.

Jugé affirmativement sur la 2e question : Cour de Paris, 11 août 1849. — Cour de Nîmes, 29 novembre 1849. — Cour de Caen, 2 août 1854. — Cour de Besançon, 20 mars 1855. — Cour de Colmar, 30 juin 1855.

584. *Vérification de créances à la séance du concordat.* — Peut-il être procédé à la vérification des créances le jour de la séance du concordat ? La négative résulte d'un arrêt de la Cour de cassation, 20 juillet 1858, qui décide que rien ne s'oppose à ce que l'*affirmation* des créances

ait lieu le jour même de la réunion des créanciers pour délibérer sur le concordat, à la condition que la *clôture* du procès-verbal des *vérifications précède cette séance.*

585. *Créance admise sans contestation. — Jugement de report d'ouverture.* — Le contrat judiciaire résultant de l'admission d'une créance sans contestation ni réserve, et sans dol ni fraude, doit produire tous ses effets, bien que, depuis cette vérification, il soit intervenu un jugement de report de la faillite, susceptible d'atteindre ou de modifier les créances, s'il eût existé avant la vérification, ce jugement ne pouvant avoir pour effet de remettre en question ce qui a été réglé d'une manière définitive.

Cour de cassation, 15 décembre 1863.

586. *Titres de créances. — Leur remise au failli après payement des dividendes promis.* — Le failli n'est pas fondé, en payant le dernier dividende stipulé par le concordat, à exiger du créancier la remise du titre de créance, sous l'offre d'y mentionner que cette remise n'a été faite que contre le payement du dividende seulement et de donner récépissé du titre dans les mêmes termes ; le créancier a le droit de conserver son titre, sauf à y mentionner le payement du dernier dividende et en donner une quittance séparée.

Cour de Paris, 2 décembre 1865.

XI. — Convocation et assemblée des créanciers pour le concordat.

Néant.

XII. — Du concordat. — Comment il est délibéré et arrêté. — Majorité. — Renvoi à huitaine. — Situation du créancier hypothécaire ou privilégié. — Concordat par abandon d'actif. — Liquidation suivant les règles indiquées pour l'union. — Avantages particuliers. — Conséquences. — Cas de la banqueroute frauduleuse ou simple.

587. *Cessionnaire de plusieurs créances. — Sa situation au concordat. — Nombre de voix.* — Comment figurera, dans la majorité numérique, le cessionnaire de plusieurs créances ?

Avec autant de voix qu'il a de créances cédées : Cour de Bordeaux, 26 avril 1836.

Après pourvoi, avec une seule voix : Cour de cassation, 24 mars 1840.

588. *Société anonyme.*— *Concordat.* — En cas de faillite d'une société anonyme, cette société, représentée par un liquidateur précédemment nommé, doit-elle être appelée à l'assemblée des créanciers et entendue sur des propositions de concordat?

Jugé affirmativement : Cour de Paris, 29 décembre 1838.

589. *Délai de huitaine.* — *Dernière limite.*— Le délai de huitaine pour une seconde assemblée de créanciers, au cas où le concordat n'aurait pas réuni dans une première assemblée la majorité voulue, est-il fatal en ce sens que si le concordat n'a pu réunir ladite majorité, il n'y a plus lieu de délibérer un nouveau concordat?

Jugé affirmativement :·Cour de cassation, 6 août 1840. — Cour de Bordeaux, 10 mai 1845.

Jugé négativement : Cour de Paris, 15 novembre 1836.

590. *Créancier privilégié.*— *Participation au concordat.*— *Conséquence.* — Le créancier privilégié qui se présente à une faillite et prend part au concordat fait-il novation de sa créance, de telle sorte qu'étant présumé renoncer à son privilége, il ne soit plus créancier que de la somme fixée par le concordat?

Jugé affirmativement : Cour de cassation, 19 juillet 1841.

. **591.** *Concordat.* — *Parents du failli.* — *Créancier caution solidaire d'un autre créancier.* — Les créanciers parents du failli peuvent-ils valablement prendre part au concordat? Le même droit appartient-il aux créanciers qui ont pour caution solidaire un autre créancier du failli?

Jugé affirmativement : Cour de Dijon, 21 mai 1844.

592. *Société.* — *Concordat.*— *Créanciers personnels d'un des associés.* — *Créanciers sociaux.* — *Homologation.* — Si la majorité obtenue au concordat est celle des créanciers personnels d'un débiteur, membre d'une société dont la faillite a été déclarée et tombé lui-même en faillite, et si des créanciers sociaux ont refusé le concordat et se sont constitués en contrat d'union, l'homologation du concordat doit-elle être refusée?

Jugé négativement : Cour de Paris, 19 août 1844.

593. *Erreurs et omissions au bilan.*— *Leur redressement après concordat.* — *Droit du failli.* — Le failli peut-il, nonobstant le concordat dûment homologué, demander le redressement des erreurs et la réparation des omissions commises dans le bilan, et par suite, peut-il, en prouvant qu'un créancier n'a figuré au concordat comme tel qu'à raison de l'omission, à l'actif du bilan, d'une créance d'une valeur supérieure qu'il avait lui-même contre cet individu, former, contre ce dernier, une action en payement de l'excédant?

Jugé affirmativement : Cour de Bordeaux, 27 janvier 1846.

594. *Failli en état d'union.* — *Nouvelles propositions de concordat.* — Le failli en état d'union, après tentative infructueuse de concordat, conserve-t-il le droit de faire avec ses créanciers un traité amiable de concordat, valable après homologation par le Tribunal?

Jugé négativement : Cour de Rouen, 3 mai 1846.
Jugé affirmativement : Cour de Lyon, 29 août 1840.

595. *Concordat.* — *Annulation.* — *Nouvelles propositions.* — Lorsqu'un concordat ne réunit pas les conditions exigées par la loi (par exemple, la majorité des trois quarts en somme des créances vérifiées et affirmées), la nullité doit être prononcée, mais le failli peut faire un nouveau concordat avec ses créanciers, en obtenir l'homologation, alors même que le jugement qui l'avait d'abord refusée aurait déclaré les créanciers en état de contrat d'union.

Cour de cassation, 10 août 1847.

596. *Concordat.* — *Sa validité.* — *Majorité des créanciers.* — *Présents ou affirmés.* — Pour la validité d'un concordat faut-il non-seulement que la majorité des créanciers présents à l'assemblée représentent les trois quarts en somme, mais encore que cette majorité soit celle des créanciers vérifiés et affirmés, c'est-à-dire la moitié plus un de ces créanciers?

Jugé affirmativement : Cour de Paris, 7 août 1850. — Cour de Metz, 22 décembre 1863. — Cour de cassation, 7 janvier 1867.
Jugé négativement : Cour de Rouen : 30 juin 1853. — Jugement du Tribunal de la Seine, 5 mai 1847.— Cour de Bordeaux, 28 mars 1865.

(L'arrêt de la Cour de cassation est le plus récent.)

597. *Concordat.* — *Avantages particuliers.* — *Mandataire.* — L'art. 597 du Code de commerce qui punit correctionnellement de l'emprisonnement celui qui stipule, soit avec le failli, soit avec toute autre personne des avantages particuliers à raison de son vote dans les délibérations de la faillite, est applicable non-seulement au créancier, mais aussi au mandataire, et il en est ainsi, alors même que le mandataire n'aurait pas profité de la stipulation illicite ou en aurait fait compte à son mandant.

Cour de cassation, 2 avril 1863.

XIII. — Opposition au concordat.

598. *Concordat.— Failli.— Son droit de protester contre des titres de créances après le concordat.* — Le failli peut-il, par une protestation postérieure au concordat, contester les titres contre lesquels il n'a pas réclamé lors de sa présence au concordat?

Jugé négativement : Cour de cassation, 23 avril 1834.

599. *Opposition au concordat.— Appréciation des juges.*— L'appréciation par les juges saisis d'une opposition à un concordat et du caractère des faits comme y formant obstacle, est-elle souveraine et par suite échappe-t-elle à la censure de la Cour de cassation?

Jugé affirmativement : Cour de cassation, 14 mai 1839.

600. *Créancier hypothécaire.— Opposition au concordat.*— Le créancier hypothécaire qui n'a aucune chance d'être colloqué en ordre utile, peut-il, bien qu'il n'ait pas concouru au concordat, former opposition à ce concordat entaché de fraude à son égard?

Jugé affirmativement : Cour de cassation, 21 décembre 1840.

601. *Créanciers non vérifiés. — Protestation contre le concordat.* — Les créanciers dont les créances n'ont été ni vérifiées ni affirmées sont-ils sans qualité pour contester la régularité du concordat obtenu par le failli, alors même que le concordat aurait été consenti après la formation de l'état d'union, surtout lorsqu'il y a eu homologation du concordat?

Jugé affirmativement : Cour de cassation, 2 mai 1864.

(L'arrêt constate l'irrégularité du concordat quant au moment de la faillite où il est intervenu.) (*Intervenu après union ou du moins pendant l'union.*)

602. *Créancier non convoqué. — Droit d'opposition au concordat.* — Le créancier qui, s'étant fait connaître au syndic, n'a pas été convoqué par lettre du greffier, est recevable à former opposition au concordat et à en demander l'annulation, sans qu'on puisse lui opposer les art. 512 et 518 du Code de commerce.

Jugé affirmativement : Cour d'Aix, 14 mars 1867.

XIV. — Homologation du concordat.

603. *Homologation du concordat.— Cas de faits étrangers à la faillite.* — Des faits étrangers à la faillite, et qui ont motivé une condamnation

correctionnelle, sont-ils un obstacle absolu à l'homologation du concordat?

Jugé négativement : Tribunal de commerce de la Seine, 19 septembre 1838.

604. *Homologation du concordat.— Pouvoir discrétionnaire des juges.—*
Les juges ont-ils un pouvoir discrétionnaire dans l'appréciation des faits
sur lesquels ils se fondent pour refuser l'homologation d'un concordat
comme contraire, soit à l'ordre public, soit à l'intérêt des créanciers;
par suite peuvent-ils, sans contrevenir à l'autorité de la chose jugée au
criminel, fonder leur refus sur des faits que le Tribunal correctionnel
devant lequel le failli était poursuivi pour banqueroute simple, aurait
déclarés n'être pas suffisamment établis au point de vue de ce délit?

Jugé affirmativement : Cour de cassation : 23 mai 1864.

605. *Homologation du concordat. — Juge-commissaire. — Sa participation au jugement.* — Est-il nécessaire, à peine de nullité, que le juge-
commissaire de la faillite participe au jugement qui statue sur l'homologation du concordat, si le rapport de ce magistrat a été mis sous les
yeux du Tribunal?

Jugé négativement : Cour de cassation, 8 janvier 1866.

XV. — Effets du concordat. — Inscription aux hypothèques. — Reddition de comptes
du syndic.

606. *Droits civiques. — Concordat. —* L'article 5 de la Constitution de
l'an 8 qui déclare l'exercice de citoyen français suspendu par l'état de
faillite, est-il encore en vigueur même pour le failli concordataire?

Jugé affirmativement : Cour de cassation, 6 août 1838.

607. *Bailleur au profit de la masse. — Concordat. — Ses effets. —* Le
bailleur ou locateur d'une chose qui a été employée pendant la faillite
dans l'intérêt de la masse, sur une usine appartenant au failli, est-il lié
comme les autres créanciers par le concordat et, par suite, privé de
toute action contre le failli?

Jugé affirmativement : Cour de cassation, 11 février 1841.

608. *Faillite d'une Société. — Concordat. — Ses effets par rapport aux
créanciers personnels de chaque associé. —* En cas de faillite d'une société,
le concordat social peut-il être opposé aux créanciers personnels de
chaque associé, si ceux-ci ne se sont pas présentés, n'ont pas été admis

au passif de la faillite et par suite n'ont pu être appelés à prendre part au concordat ?

Jugé négativement : Cour de cassation, 10 novembre 1845.

609. *Rente viagère.* — *Sa situation par rapport aux conditions du concordat.* — La rente viagère est-elle soumise à la réduction portée au concordat, tant pour les arrérages échus et non payés à l'époque de l'ouverture de la faillite, que pour ceux à échoir postérieurement ?

Jugé affirmativement : Cour de cassation, 22 mars 1847.

XVI. — De l'annulation et de la résolution du concordat. — Reprise de la faillite.

Néant.

XVII. — De l'union des créanciers. — Maintien ou remplacement des syndics. — Secours au failli. — Cas d'une société. — Concordat individuel accordé à un ou plusieurs des associés. — Situation de l'associé ou des associés concordataires. — Liquidation de l'actif de l'union par les syndics. — Ventes. — Transactions. — Cessions à forfait ou mandat donné aux syndics par les créanciers de continuer l'exploitation de l'actif. — Droit d'opposition à ce mandat. — Reddition de comptes du syndic. — Dissolution d'union. — Excusabilité ou inexcusabilité du failli.

610. *Union.* — *Liquidation par voie de forfait.* — *Majorité.* — *Délibération.* — Lorsque l'union traite à forfait doit-elle réunir, comme dans le cas de l'article 507 (ancien art. 519), les trois quarts en somme des créances ?

Jugé négativement : Cour de cassation, 17 décembre 1833.

611. *Union dissoute.* — *Créanciers.* — *Droit de poursuites contre le failli.* — Les créanciers d'un failli peuvent-ils, du moment où les opérations de la faillite, après union, ont été terminées et que les syndics définitifs ont rendu leur compte de gestion, exercer des poursuites contre le failli en payement de ce qui leur reste dû, sans être astreints à prouver que le failli a acquis de nouveaux biens ?

Jugé affirmativement : Cour de Paris, 31 janvier 1841.

612. *Union dissoute.* — *Réouverture de la faillite.* — La dissolution de l'union, si elle ne fait pas cesser complétement l'état de faillite, le modifie-t-elle du moins si profondément que les créanciers, au cas de survenance d'un nouvel actif, ne puissent plus demander la réouverture des opérations de la faillite et la nomination d'un nouveau juge-commissaire

et de nouveaux syndics, mais seulement exercer leurs actions individuelles contre le failli ou sur ses biens ?

Jugé affirmativement : Cour de cassation, 4 août 1841, 13 août
1862.

613. *Excusabilité ou inexcusabilité.* — *Jugement.* — *Appel.* — Le
jugement qui statue sur l'excusabilité du failli est-il susceptible d'appel ?

Jugé affirmativement : Cour d'Orléans, 4 mai 1852.

614. *Excusabilité.* — *Cas de la clôture des opérations par insuffisance
d'actif.* — Le failli peut-il être admis au bénéfice de l'excusabilité lorsque
les opérations de la faillite ont été clôturées pour insuffisance de l'actif ?

Jugé négativement : Cour de Toulouse, 11 janvier 1867.

XVIII. — Clôture de la faillite en cas d'insuffisance de l'actif.— Réouverture.

615. *Réouverture de faillite après clôture pour insuffisance.* — *Rapport à
la masse.* — Si, dans l'intervalle qui sépare le jugement prononçant la
clôture des opérations d'une faillite de celui qui prononce sa réouverture, le failli a payé certains de ses créanciers, les payements faits doivent être rapportés à la masse.

Cour de Paris, 8 mars 1856.

XIX. — Des différentes espèces de créanciers et de leurs droits en cas de faillite. —
Coobligés et cautions.

616. *Concordat.* — *Caution du failli.* — *Conséquences pour la caution.* —
Celui qui s'est rendu caution de l'exécution d'un concordat doit-il, comme
le failli lui-même, en subir toutes les conséquences, de telle sorte que,
bien qu'il ait été stipulé dans le concordat que le payement du dividende ne serait fait qu'aux seuls créanciers vérifiés et admis, s'il est jugé
que le failli doit le payer également aux créanciers non vérifiés, la caution se trouve aussi obligée envers ces derniers ?

Jugé affirmativement : Cour de Bordeaux, 6 décembre 1837.

617. *Caution.* — *Concordat.* — *Ses obligations.* — *Créanciers non vérifiés
et affirmés.* — La caution de l'exécution du concordat est-elle obligée
envers les créanciers non vérifiés et affirmés comme envers ceux qui le
sont ?

Jugé affirmativement : Cour de Bordeaux, 24 février 1843.

618. *Coobligés. — Effet de commerce. — Prescription de cinq ans. —* Les coobligés du failli qui, malgré le concordat obtenu par celui-ci, restent soumis à l'action du créancier, peuvent-ils, quand leur dette résulte d'un effet de commerce, opposer à ce créancier la prescription de cinq ans, après comme avant le concordat, lequel n'opère pas novation à leur égard ?

Jugé affirmativement : Cour de cassation, 7 mars 1866.

XX. — Des créanciers nantis de gages et des créanciers privilégiés sur les meubles.

619. *Créanciers privilégiés ou hypothécaires. — Vérification et affirmation.* — Les créanciers privilégiés ou hypothécaires d'un failli sont-ils, comme tous autres, soumis à l'affirmation et à la vérification de leurs créances, de sorte que si cette vérification n'a pas eu lieu, ils soient non recevables à poursuivre l'ordre pour la distribution du prix des immeubles affectés à leurs créances ?

Jugé affirmativement : Cour d'Amiens, 27 février 1839. — Cour de Grenoble, 19 mars 1860. — Cour de cassation, 8 avril 1862.

620. *Propriétaire. — Insuffisance du mobilier. — Droit de participer aux délibérations.* — Si le mobilier est insuffisant pour désintéresser intégralement le propriétaire bailleur, a-t-il droit d'être porté au passif de la faillite de son locataire et d'être admis aux délibérations des créanciers?

Jugé affirmativement : Cour de Paris, 15 décembre 1836.

Dans ce cas, il renonce à son privilége ; c'est à lui de rechercher où se trouve son intérêt.

621. *Frais d'administration de la faillite. — Créanciers hypothécaires. — Privilége.* — Les frais d'administration de la faillite doivent-ils être colloqués par privilége lorsqu'ils n'ont pas été faits directement et spécialement dans l'intérêt des créanciers hypothécaires ?

Jugé négativement : Cour de Poitiers, 14 janvier 1847. — Cour de cassation, 8 mars 1848.

622. *Administration des contributions indirectes. — Vérification et affirmation.* — En cas de faillite du redevable, l'administration des contributions indirectes est dispensée des formalités ordinaires de production et de vérification ; le privilége de la régie sur tous les meubles et effets mobiliers des redevables atteint les cautions des redevables comme ces redevables eux-mêmes.

Cour de Paris, 29 novembre 1864.

XXI.— Des créanciers hypothécaires et privilégiés sur les immeubles.

623. *Immeubles du failli. — Biens advenus depuis la faillite. — Hypothèque.* — Le créancier, ayant hypothèque générale, qui n'est pas venu en ordre utile sur le prix des immeubles du failli, peut-il prendre inscription sur les biens advenus au failli depuis le concordat nonobstant les dividendes qu'il a pris dans la masse chirographaire?

Jugé affirmativement : Cour de cassation, 1er mars 1848.

624. *Créancier privilégié ou hypothécaire. — Poursuite en expropriation. — Vérification et affirmation.* — Le créancier hypothécaire ou privilégié d'une faillite qui veut poursuivre l'expropriation de l'immeuble affecté à la créance, est-il tenu de se soumettre préalablement aux formalités de la vérification et de l'affirmation?

Jugé négativement : Cour de Bordeaux, 19 mars 1860. — Cour de Paris, 21 mars 1861. — Cour de Rouen, 11 juillet 1863. — Cour de Nîmes, 5 avril 1865.

625. *Créancier hypothécaire. — Résolution du concordat.* — Le créancier hypothécaire qui n'a pas renoncé à son droit de préférence et qui, par conséquent, n'est pas devenu simple chirographaire, n'étant pas régi par le concordat, est-il sans droit aux dividendes fixés par ce traité, tant que l'insuffisance de son hypothèque pour le payer intégralement n'est pas établie, et, par suite, ne peut-il, faute de payement du dividende, demander, avant que l'insuffisance dont il s'agit soit constatée, la résolution du concordat pour inexécution des conditions stipulées?

Jugé affirmativement : Cour de cassation, 25 mai 1864.

XXII. — Des droits des époux en cas de faillite de l'un d'eux.

626. *Femme du failli. — Participation au concordat. — Reprises matrimoniales.— Dot.—* La femme qui prend part à un concordat dans lequel les créanciers ont fait à son mari remise de toutes ses dettes, est-elle supposée avoir aussi entendu lui faire remise de ses reprises matrimoniales et spécialement de sa dot?

Jugé que cette remise ne comprend que les autres dettes mobilières contractées par le mari envers sa femme. Cour de cassation, 2 mars 1840.

627. *Enfants mineurs du failli. — Vote du subrogé-tuteur. — Consé-*

quences. — Le vote au concordat par le subrogé-tuteur des enfants mineurs du failli n'emporte-t-il renonciation à l'hypothèque légale de ces mineurs, sur les biens de leur père et tuteur, qu'autant que le subrogé-tuteur a été autorisé par une décision du conseil de famille homologuée par le Tribunal ?

Jugé négativement : Cour de cassation, 18 juillet 1843. — Cour de Paris, 17 juillet 1866.

628. *Femme du failli séparée de biens. — Participation au concordat.* — La femme séparée de biens, dont le mari est tombé en faillite et qui a signé le concordat accordé à celui-ci par ses créanciers, peut-elle réclamer la totalité de ses reprises, nonobstant la remise faite au concordataire, par le motif que son adhésion au concordat constituerait un acte de pure libéralité et une dérogation aux conventions irrévocables du contrat de mariage?

Jugé négativement : Cour de cassation, 1er juin 1847.

629. *Femme du failli. — Deniers à elle échus pendant la faillite. — Constatation.* — Pour que la femme d'un commerçant failli ait hypothèque légale sur les biens de son mari, à raison des deniers qui lui sont échus par succession depuis le mariage, suffit-il que la délivrance de ces deniers soit constatée par la quittance authentique qu'elle en a donnée avec l'autorisation et l'assistance de son mari, sans qu'il soit nécessaire qu'elle fournisse la preuve, par acte authentique ou ayant date certaine, que les deniers ont été versés dans les mains de son mari?

Jugé affirmativement : Cour de cassation, 27 décembre 1852.

630. *Contrat de mariage. — Apport promis. — Quittance.* — La déclaration, dans le contrat de mariage, que l'acte de célébration vaudra quittance, équivaut-il à une quittance authentique faisant preuve de l'apport promis ?

Jugé affirmativement : Cour de cassation, 22 février 1860.

XXIII. — Répartition entre les créanciers. — État mensuel de la situation financière.

Néant.

XXIV — De la vente des immeubles du failli.

Néant.

XXV. — De la revendication.

661. *Lettre de change.* — *Ordre passé à un tiers.* — *Revendication.* — Lorsque le failli a passé l'ordre à un tiers depuis la déclaration de faillite, la remise de la lettre de change peut-elle être ordonnée au profit du signataire qui la revendique ?

Jugé affirmativement : Cour de cassation, 24 juin 1834.

632. *Marchandises.* — *Magasins du voiturier.* — *Revendication.* — La revendication des marchandises vendues à un failli peut-elle être exercée lorsqu'elles ont été déchargées et déposées dans les magasins du voiturier, sur la demande du failli lui-même ?

Jugé affirmativement : Cour de Paris, 16 juillet 1842.

633. *Commissionnaire.* — *Marchandises en route.* — *Connaissement.* — *Revendication.* — Le commissionnaire qui a acheté et payé des marchandises pour le compte du failli, peut-il les revendiquer, quoique déjà en route, à la destination de ce dernier, s'il a pris soin de faire les connaissements en son nom et à son ordre.

Jugé affirmativement : Cour de cassation, 18 avril 1843.

634. *Revendication.* — *Commissionnaire.* — *Remboursement de ses avances.* — La revendication des marchandises par le vendeur peut-elle empêcher que le commissionnaire n'exerce son privilége pour les avances, encore bien qu'il ne soit pas saisi en vertu d'un connaissement à ordre ou d'une lettre de voiture à lui adressée ?

Jugé négativement : Cour de cassation, 26 janvier 1848.

635. *Marchés.* — *Annulation.* — *Faillite.* — Les marchés passés par un négociant sont-ils annulés de plein droit par l'effet de la faillite ultérieurement déclarée ?

Jugé négativement : Cour de cassation, 23 février 1858.

636. *Marchés.* — *Bénéfices.* — *Cessions par le syndic.* — Les syndics peuvent-ils céder à un tiers le bénéfice de marchés passés par le failli avant sa faillite ?

Jugé affirmativement : Cour de cassation, 23 février 1858.

637. *Marchandises restées suivant convention chez le vendeur.* — *Revendication.* — Peut-on considérer comme délivrance ou tradition effective la convention arrêtée entre les parties au moment de la vente, et d'après laquelle les marchandises resteraient dans les magasins du vendeur, à la disposition de l'acheteur, moyennant un droit de magasinage?

Jugé négativement : Cour de cassation, 24 janvier 1859.

638. *Commissionnaire tombé en faillite.* — *Vendeur.* — *Son droit de revendication.* — Celui qui a fait acheter des marchandises par l'entremise d'un commissionnaire depuis tombé en faillite, peut-il empêcher le vendeur de revendiquer les marchandises, si dans l'acte d'achat et dans les actes subséquents il a été désigné, non comme le mandant, mais comme le correspondant du commissionnaire acheteur?

Jugé négativement : Cour de cassation, 11 février 1860.

XXVI. — Compétence en matière de faillite. — Voies de recours.

639. *Privilége.* — *Contestation.* — *Faillite non intéressée.* — *Tribunal de commerce.* — *Compétence.* — En matière de faillite, les tribunaux de commerce sont-ils compétents pour statuer sur le privilége réclamé par un créancier, lorsque la faillite n'est pas intéressée dans la contestation?

Jugé négativement : Cour de cassation, 17 juillet 1849. — Cour de Nancy, 13 juillet 1853.

Ils sont compétents lorsque le privilége intéresse la faillite.

Cour de Bordeaux, 17 décembre 1839. — Cour de Limoges, 16 mai 1840. — Cour de Caen, 6 juillet 1862.

XXVII. — Des banqueroutes. — De la banqueroute simple. — Des peines appliquées aux banqueroutiers.

640. *Poursuites en banqueroute.* — *Jugement déclaratif de faillite.* — Est-il nécessaire qu'il existe un jugement déclaratif de faillite pour que les poursuites en banqueroute puissent avoir lieu?

Jugé négativement : Cour de cassation, 7 novembre 1811, 1er septembre 1827, 11 août 1837.

641. *Commerçant français à l'étranger.* — *Banqueroute.* — *Poursuites.* — Un commerçant français, établi en pays étranger, peut-il être poursuivi en France pour banqueroute, si les faits de banqueroute ont été commis en France au préjudice de Français?

Jugé affirmativement : Cour de cassation, 1er septembre 1827.

642. *Avantage fait à un créancier.* — *Intention.* — *Banqueroute simple.*
— La circonstance que le débiteur payant un créancier au préjudice de
la masse n'aurait eu d'autre intention que d'éviter la déclaration de
faillite, empêche-t-elle qu'il se rende coupable de banqueroute ?

Jugé négativement : Cour de cassation, 30 juillet 1841.

643. *Banqueroute simple.* — *Tribunal correctionnel.* — *Déclaration de
faillite.* — Un Tribunal correctionnel saisi d'une poursuite en banqueroute simple peut-il reconnaître dans un prévenu la qualité de commerçant et le déclarer en faillite, nonobstant la décision contraire
émanée d'une juridiction civile ou commerciale.

Jugé affirmativement : Cour de cassation, 22 mars 1846, 23 mai
1846, 9 août 1851.

XXVIII. — De la banqueroute frauduleuse.

644. *Banqueroute frauduleuse.* — *Acquittement.* — *Abus de confiance.* —
Poursuites. — L'abus de confiance a-t-il cessé de constituer, sous l'em-
pire de la nouvelle loi, un cas de banqueroute frauduleuse, et par suite,
l'accusé de banqueroute frauduleuse par détournement d'actif peut-il,
après acquittement, être poursuivi correctionnellement sous la prévention d'abus de confiance, à raison de faits signalés dans l'arrêt de renvoi
et dans le cours des débats, mais qui n'ont pas fait l'objet de questions
posées au jury ?

Jugé affirmativement : Cour de cassation, 7 juin 1845.

XXIX. — Des complices des banqueroutiers. — Crimes et délits commis dans les faillites par d'autres que par le failli. — Peines appliquées aux complices des banqueroutiers.

Néant.

XXX. — De l'administration des biens en cas de banqueroute.

Néant.

XXXI. — De la réhabilitation.

645. *Failli non réhabilité.* — *Acte authentique.* — *Témoin.* — Le failli
non réhabilité peut-il être témoin dans un acte authentique ?

Jugé affirmativement : Cour de cassation, 10 juin 1824.

646. *Failli non réhabilité.* — *Élections municipales.* — Le failli non réhabilité peut-il participer comme électeur aux élections municipales ?

Jugé négativement : Cour de cassation, 6 août 1838.

647. *Failli concordataire.* — *Failli non concordataire.* — *Réhabilitation.* — Le failli concordataire doit-il être assimilé au failli non concordataire quant à la réhabilitation ?

Jugé affirmativement : Cour de cassation, 6 août 1838.

648. *Failli non réhabilité.* — *Juré.* — Le failli non réhabilité est-il incapable d'être juré et son incapacité entraîne-t-elle la nullité de la déclaration à laquelle il prend part ?

Jugé affirmativement : Cour de cassation, 12 novembre 1841.

ACTES DIVERS.

---

15 bis. *Acte de clôture des livres par le juge de paix* (art. 471 du C. de c.)

Arrêté par nous, juge de paix de   , le présent registre écrit sur   pages et remis à M.   , syndic de la faillite du sieur   .

A   , le   , 187 .

Le juge de paix.

Sceau.

---

15 ter. *Acte de caution pour sauf-conduit* (art. 472 du C. de c.).

Cejourd'hui (date et heure)   , au greffe du Tribunal de commerce de   , a comparu M.   , négociant, demeurant à   , lequel nous a d'abord présenté : 1° l'expédition d'un jugement de ce Tribunal en date du   , qui accorde au sieur (nom, prénoms)   , négociant en   , demeurant à   , failli, sa liberté provisoire moyennant caution de se représenter, sous peine de payer une somme que le Tribunal a fixée à   francs ; 2° l'expédition de l'ordonnance de M.   , juge-commissaire de ladite faillite en date du   , qui reçoit M.   pour caution dudit   failli, jusqu'à concurrence de la somme de   francs.

En conséquence il nous a déclaré faire la soumission requise dans les termes ci-dessus indiqués.

Nous avons concédé acte à M.   de sa déclaration qu'il a, après lecture, signée avec nous.

Signatures : de la caution,   *du greffier.*

LETTRES.

---

111 bis. *Lettre aux créanciers pour la délibération sur le sursis au concordat en cas de poursuites en banqueroute* (art. 510-511 du C. de c.).

A , le 187 .

Monsieur,

En votre qualité de créancier de la faillite du sieur , et conformément à l'art. 510 (*ou* 511) du Code de commerce, vous êtes invité à vous rendre le , à heures, dans la salle des assemblées du Tribunal de commerce, à l'effet de décider s'il doit être sursis à la délibération du concordat du sieur , jusqu'après l'issue des poursuites en banqueroute frauduleuse (*ou* simple) dont il est l'objet;

(Ou bien :)

(dans le premier cas) si les créanciers de cette faillite doivent être constitués immédiatement en état d'union;

(Ou bien :)

(dans le second cas) s'il doit être procédé immédiatement à la délibération du concordat.

Le greffier.

Voir Ordonnances n° 135 *bis*

---

111 ter. *Lettre aux créanciers pour délibérer sur la continuation de l'exploitation* (art. 532 du C. de c.).

A , le 187 .

Monsieur,

En votre qualité de créancier de la faillite du sieur , et conformément à l'art. 532 du Code de commerce, vous êtes invité à vous rendre le , à heures, dans la salle des assemblées du Tribunal de commerce, à l'effet de décider s'il y a lieu de continuer l'exploitation de l'actif de ladite faillite suivant les prescriptions de l'article précité.

Le greffier.

Voir Ordonnances n° 136 *bis*.

---

111 quater. *Lettre aux créanciers pour assister à la reddition annuelle*
des comptes du syndic (art. 536 du C. de c.).

A   , le   137 .

Monsieur,

En votre qualité de créancier de la faillite du sieur   , et conformément à l'art. 536 du Code de commerce, vous êtes invité à vous
rendre le   , à   heures, dans la salle des assemblées
du Tribunal de commerce, pour assister à la reddition annuelle des
comptes de M.   , syndic de l'union.

Le greffier.

Voir Ordonnances n° 138 *bis.*

---

111 quinquies. *Lettre d'avis au parquet de la clôture des opérations*
de la faillite pour défaut d'actif (art. 527 du C. de c.

A   , le   187 .

Monsieur le Procureur de la République, près le Tribunal civil d

J'ai l'honneur de vous informer que par jugement en date du
          , le Tribunal de commerce de   a prononcé, pour cause
de défaut d'actif et en conformité de l'art. 527 du Code commerce, la
clôture des opérations de la faillite du sieur (nom et prénoms)
          , négociant en   , demeurant à   , rue   ,
n°   , déclaré en état de faillite par jugement du   .
Veuillez agréer, Monsieur le Procureur de la République, l'assurance
de mes sentiments respectueux.

Le greffier.

Voir Jugements n° 91.

---

111 sexies. *Lettre d'avis au parquet de la réouverture des opérations d'une*
faillite précédemment closes pour défaut d'actif (art. 528 du C. de c.).

A   , le   187 .

Monsieur le Procureur de la République, près le Tribunal civil d

J'ai l'honneur de vous informer que, par jugement en date du
          , le Tribunal de commerce de   a prononcé, en confor-
mité de l'art. 528 du Code de commerce, la reprise des opérations de la
faillite du sieur (nom et prénoms)   ; négociant en   ,

demeurant à   , rue   , n°   , qui avaient été déclarées closes pour défaut d'actif, par jugement en date du   .

Veuillez agréer, Monsieur le Procureur de la République, l'assurance de mes sentiments respectueux.

Le greffier.

Voir Jugements n° 92.

ORDONNANCES.

135 bis. *Ordonnance fixant jour pour délibération sur sursis au concordat, en cas de poursuites en banqueroute* (art. 510-511 du C. de c.).

(Sur timbre.)

Nous, juge-commissaire de la faillite du sieur (nom et prénoms)
, négociant en   , demeurant à   , rue   ,
n°   , assisté du greffier;

Vu l'art. 510 (ou 511) du Code de commerce;

Fixons au   la réunion des créanciers de ladite faillite, à l'effet de décider si, en l'état de l'instruction en banqueroute frauduleuse (*ou* simple) commencée contre le sieur   , failli, ils se réservent de délibérer sur un concordat en cas d'acquittement, et si, en conséquence, ils sursoient à statuer jusqu'après l'issue des poursuites.

(Ou bien en cas de banqueroute simple :)

S'ils veulent qu'il soit procédé immédiatement à la formation du concordat.

Mandons au greffier de ce Tribunal de les convoquer aux formes de droit.

A   , le   187 .

Le greffier.   *Le juge-commissaire.*

Voir Lettres n° 111 *bis*, Insertions n° 60, Procès-verbal n° 162.
(D'office.)

---

135 ter. *Ordonnance fixant le jour de la séance de reddition des comptes du syndic après concordat* (art. 519 du C. de c.).

(Sur timbre.)

Nous, juge-commissaire de la faillite du sieur (nom et prénoms)
, négociant en   , demeurant à   , rue
n°   ;

Vu l'art. 519 du Code de commerce;

Fixons au (jour et heure)   la séance dans laquelle M.   ,

syndic de ladite faillite, devra en notre présence rendre au sieur
le compte définitif de sa gestion et lui remettre] en même temps l'uni-
versalité de ses biens, livres et papiers; le sieur   devant d'ailleurs
en donner décharge, après approbation et acceptation.

Mandons, en conséquence, au greffier de ce Tribunal de convoquer à
cet effet M.   , syndic, et le sieur   , failli.

A   , le   187.

Le greffier.   Le juge-commissaire.

Voir Procès-verbal n° 165.
D'office.

---

136 bis. *Ordonnance fixant jour pour délibérer sur continuation d'exploi-*
tation de la part du syndic (art. 532 du C. de c.).

(Sur timbre.)

Nous, juge-commissaire de la faillite du sieur (nom et prénoms)
  , négociant en   , demeurant à   , rue   , n° ,
assisté du greffier ;

Vu l'art. 532 du Code de commerce ;

Fixons au (jour et heure)   la réunion des créanciers de ladite
faillite à l'effet de délibérer sur la continuation de l'exploitation de
l'actif, sur le mandat à en donner au syndic, sur la détermination de
la durée et de l'étendue de ce mandat et sur les sommes qu'il pourra
garder entre ses mains afin de pourvoir aux frais et dépenses.

La délibération à intervenir sera susceptible d'opposition de la part
du failli ou des créanciers dissidents.

L'opposition, d'ailleurs, n'étant pas suspensive de l'exécution de la
présente délibération.

Mandons au greffier de ce Tribunal de convoquer lesdits créanciers
aux formes de droit.

A   , le   187 .

Le greffier.   Le juge-commissaire.

Voir Lettres n° 111 *ter*, Insertions n° 67, Procès-verbaux n° 168.
(D'office.)

---

138 bis. *Ordonnance fixant jour pour reddition de comptes annuelle*
(art. 536 du C. de c.)

(Sur timbre.)

Nous, juge-commissaire de la faillite du sieur (nom et prénoms)
  , négociant en   , demeurant à   , rue
n° , assisté du greffier ;

Vu l'art. 536 du Code de commerce ;

Fixons au (jour et heure)   la réunion des créanciers de ladite faillite, en état d'union, à l'effet de venir entendre la reddition annuelle des comptes du syndic, approuver ou refuser lesdits comptes, présenter toutes observations qu'ils croiront devoir faire et se prononcer sur le maintien ou le remplacement du syndic.

Mandons au greffier de ce Tribunal de convoquer lesdits créanciers aux formes de droit.

A   , le   187 .

Le greffier.   *Le juge-commissaire.*

Voir Insertions n° 68, Lettres n° 111 *quinquies*, Procès-verbal, n° 168 *bis*.
     (D'office.)

PROCÈS-VERBAUX

---

155 bis. *Procès-verbal de non-comparution du failli* (art. 475 du C. de c.).

(Sur timbre.)

Cejourd'hui   , s'est présenté devant nous   , juge-commissaire de la faillite du sieur   , négociant en   , demeurant à   , rue   , n°   , **M.**   , syndic de ladite faillite, lequel nous a déclaré qu'ayant appelé auprès de lui, par voie de sommation, en conformité de l'art. 475, le sieur   , failli, pour procéder à la clôture de ses livres, ce dernier ne s'y est point rendu ; il nous a, en conséquence, prié de constater cette déclaration, ce que nous avons fait en dressant le présent procès-verbal qu'il a signé avec nous et le greffier, après avoir toutefois décidé, vu ce défaut de comparution, que le syndic procédera (tel jour et telle heure) à la vérification et clôture desdits livres.

A   , le   187 .

Le greffier.   *Le juge-commissaire.*

Le syndic.

---

168 bis. *Procès-verbal de reddition annuelle des comptes* (art. 536 du C. de c.).

(Sur timbre.)

Cejourd'hui   , dans la salle des assemblées du Tribunal de commerce de   ;

Par-devant nous, juge-commissaire de la faillite du sieur   , négociant en   , demeurant à   , rue   , n°   , en état d'union, assisté du greffier, s'est présenté **M.**   , syndic de ladite faillite, à l'effet de rendre compte de sa gestion pendant l'année qui vient de s'écouler, conformément aux prescriptions de l'art. 536 du Code de commerce ;

Après avoir déclaré la séance ouverte, nous avons constaté la pré-

sence de MM.   ,
tous créanciers dénommés et qualifiés aux procès-verbaux de vérifications et convoqués par la voie du greffe dans les formes légales, en vertu
de notre ordonnance en date du   , à l'effet de venir entendre
cette reddition de comptes.

Après avoir lu un rapport détaillé (faisant suite à celui de l'année
précédente, *s'il y a lieu*) sur les actes et opérations aussi bien judiciaires
que financières auxquels ladite faillite a donné lieu pendant l'année,
rapport que nous avons ordonné devoir être annexé au présent procès-
verbal, le syndic a présenté un état détaillé de ses recettes et dépenses,
également annexé au présent, avec production à l'appui des pièces
justificatives et portant : En recettes diverses. . . . . . . fr.

En dépenses diverses. . . . . . »

Différence qu'il a déclarée. . . . . »

être : fr.   à la Caisse des dépôts et consignations, et fr.
en ses mains.

Ce rapport et cet état de comptes ayant été soumis à l'examen et à la
discussion ainsi que le maintien ou le remplacement du syndic, il a été
fait les observations suivantes :

(Les consigner.)

et le remplacement du syndic a été demandé.

(Ou bien, s'il n'y a pas eu de contestation :)

Ce rapport a été approuvé par les créanciers qui ont déclaré vouloir le
maintien du syndic.

Nous avons concédé acte aux comparaissants de leurs déclarations et
avons dressé le présent procès-verbal que nous avons signé avec le
syndic et le greffier.

A   , le   187.

Le greffier.   *Le juge-commissaire.*

Le syndic.

Voir Ordonnances n° 138 bis.

REQUÊTES.

---

205 bis. *Requête en reprise de faillite après clôture des opérations pour défaut d'actif* (art. 528 du C. de c.).

(Sur timbre.)

A MM. le Président et les juges du Tribunal de commerce de

Le sieur   , négociant en   , demeurant à   ,
rue   , n°   , déclaré en état de faillite par jugement du Tribunal de commerce de   , en date du   ;

A l'honneur de faire connaître au Tribunal que les opérations de sa faillite ont été closes pour défaut d'actif par jugement du   ;

Que, depuis, de nouvelles ressources lui sont survenues qui lui permettent de faire face aux frais des opérations de sa faillite ;

Que déjà il a consigné entre les mains de M.   , son syndic, la somme de   à titre de provision ;

Qu'en conséquence, et en conformité de l'art. 528 du Code de commerce, il demande qu'il plaise au Tribunal rapporter le jugement de clôture en date du   , et ordonner que les opérations de la faillite seront reprises.

(Signature du failli.)

Voir Jugement n° 92.

Nota. — Le syndic ou tout autre intéressé doit ou peut, à toute époque, demander le rapport du jugement de clôture, s'il peut justifier qu'il existe des fonds, c'est-à-dire que de nouvelles ressources sont survenues au failli.

FIN.

PARIS. — IMPRIMERIE DE E. MARTINET, RUE MIGNON, 2

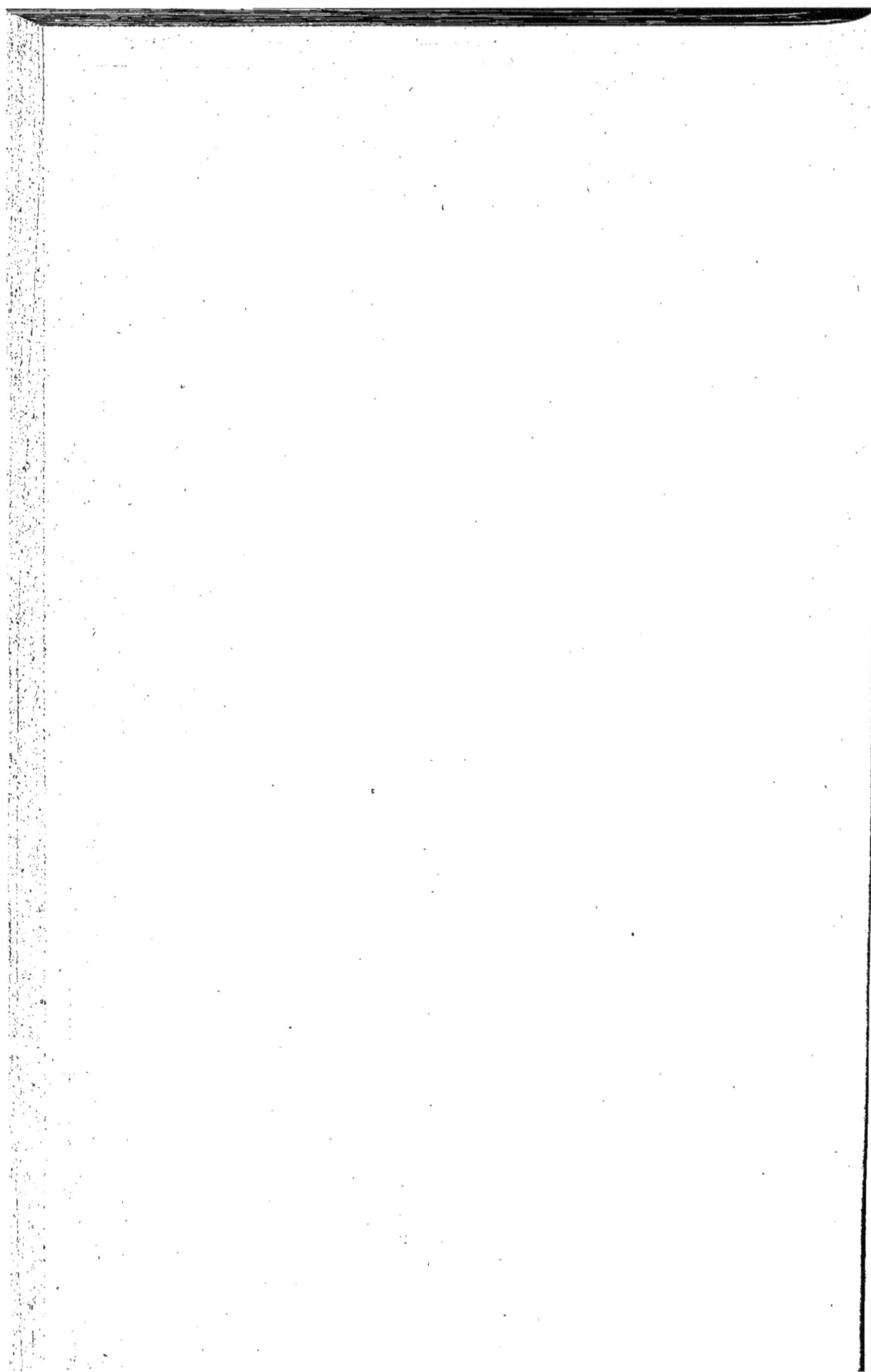

TABLES

DU

GUIDE JUDICIAIRE ET PRATIQUE EN MATIÈRES DE FAILLITES

DIVISION GÉNÉRALE DE L'OUVRAGE

QUATRIÈME PARTIE.

Comptabilité des faillites.

SUPPLÉMENT.

TABLE PAR ORDRE DES MATIÈRES

NOTA. — Pour les détails de cette énumération générale, voir pages suivantes.

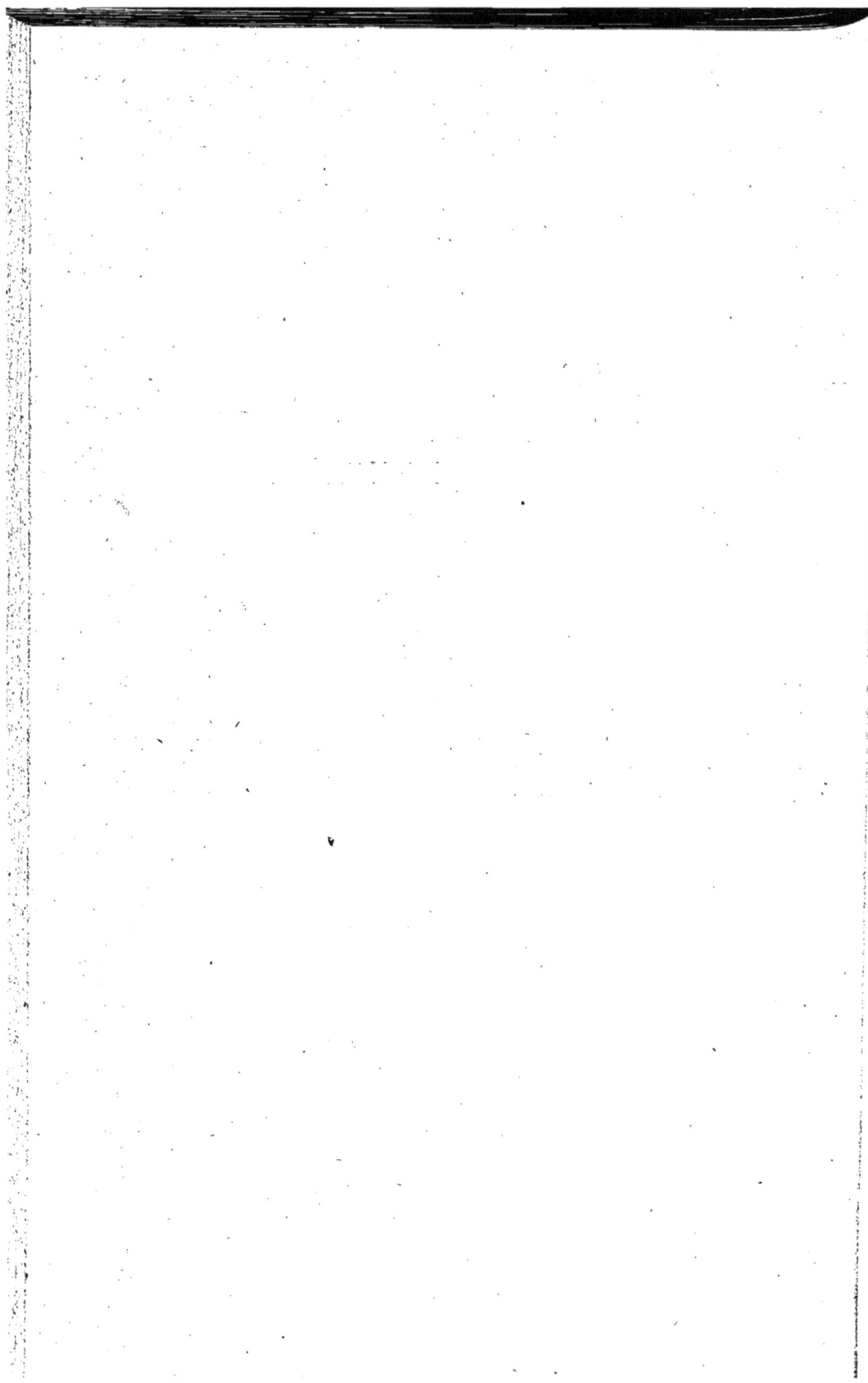

TABLE PAR ORDRE DES MATIÈRES.

(1) Les jugements et arrêts ayant donné lieu à un supplément, page 349, il y a une double pagination.

4° Lettres.

5° *Ordonnances.*

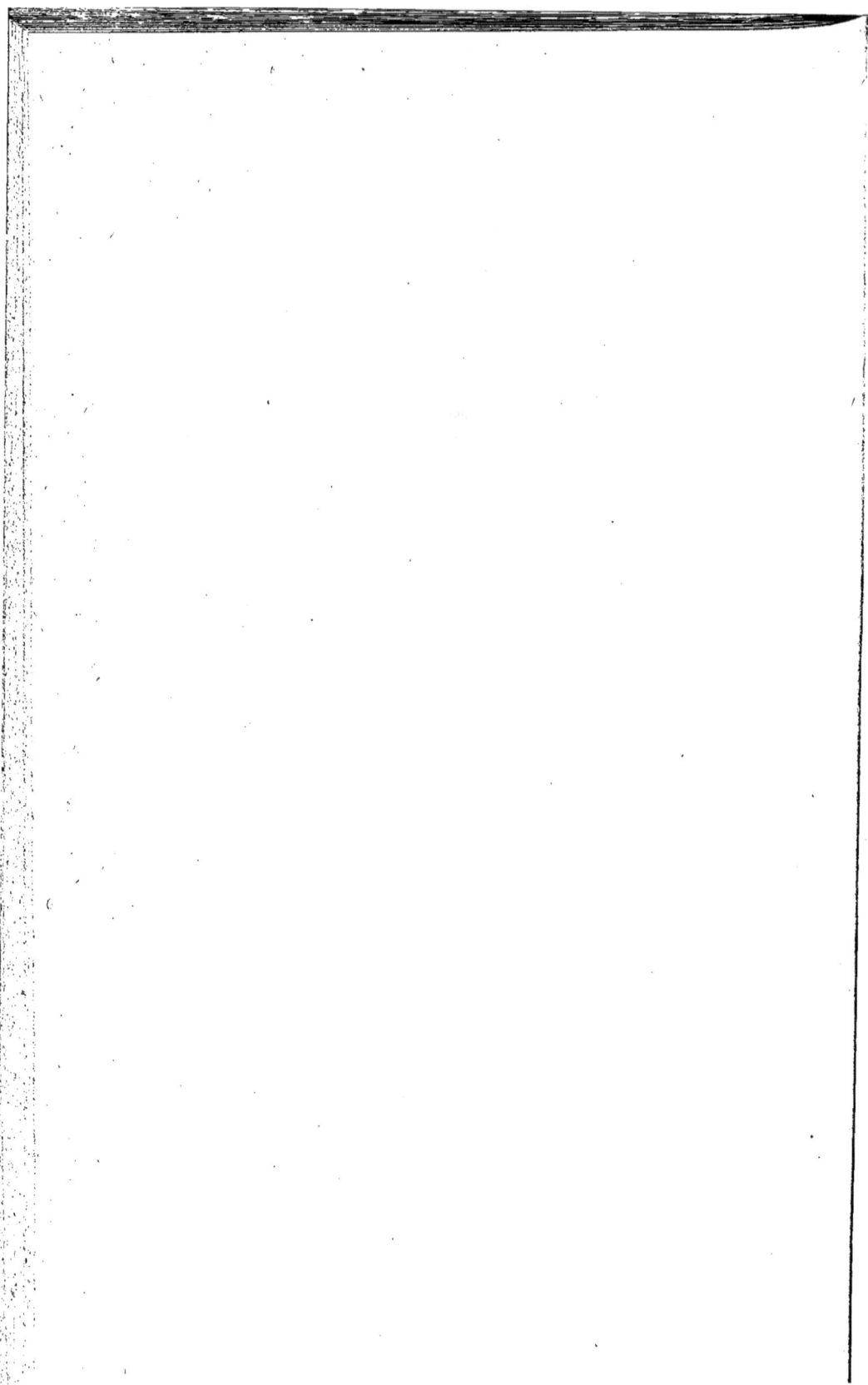

TABLE ALPHABÉTIQUE DES MATIÈRES

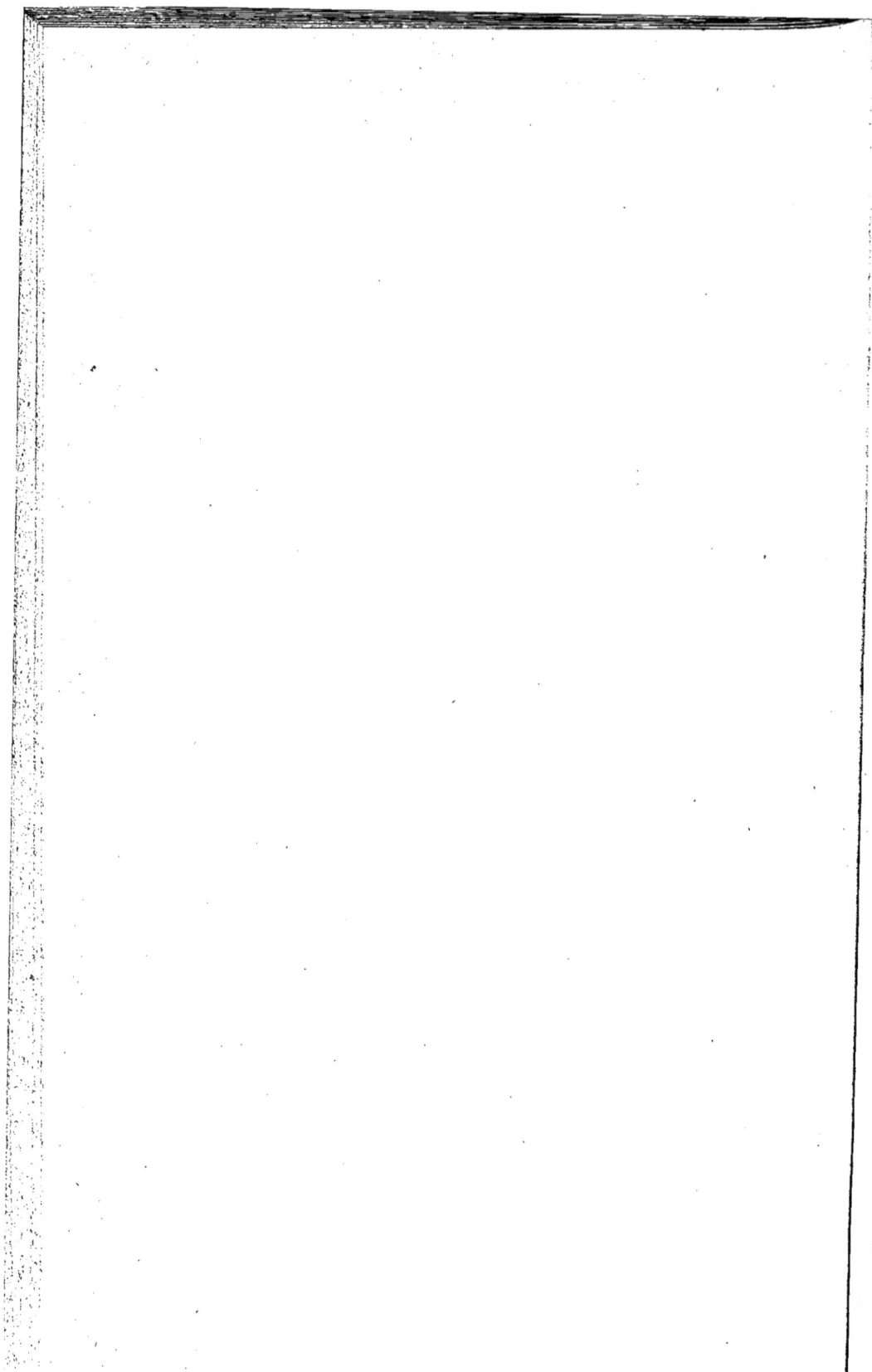

TABLE ALPHABÉTIQUE DES MATIÈRES

2° **Arrêts et jugements.** (Voir pages 31 et 351 au Supplément.)

DUCOIN.   29

3° Actes et formules.

1° Actes divers.

2° Insertions.

3° *Jugements et arrêts.*

6° Procès-verbaux.

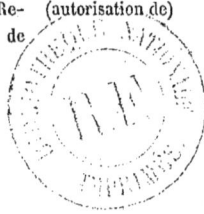

FIN DES TABLES.

PARIS. — IMPRIMERIE DE E. MARTINET, RUE MIGNON, 2

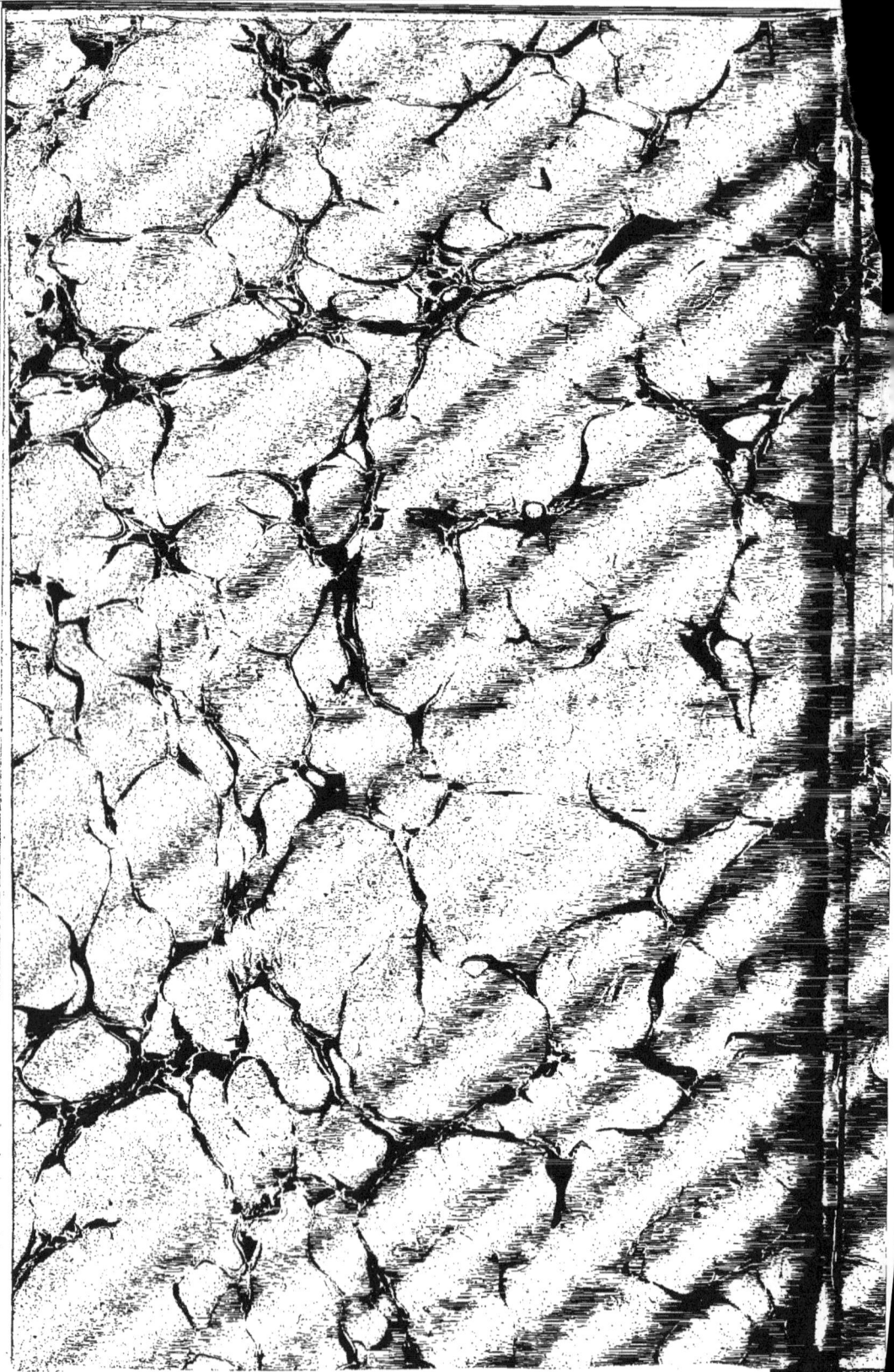